KARL KORN

Lange Lehrzeit

Ein deutsches Leben

SOCIETÄTS-VERLAG

Societäts-Verlag Frankfurt am Main

Ausstattung von August Wolf
Satz und Druck Poeschel & Schulz-Schomburgk, Eschwege
Einbandarbeit Klemme & Bleimund, Bielefeld
Printed in Germany 1975
ISBN 3 7973 0272 X

Für
Robert
Katharina
Martin

Die Rheingauer Jahre

Ein Anfang nach 1945

Als ich nach dreijährigem Kriegsintervall im Januar 1946 nach Berlin zurückkehrte, war ich von dem Zustand, den man medizinisch einen Schock nennt, nicht weit entfernt. Nächtelang wanderte ich allein durch die völlig verlassenen, einst vertrauten Straßen der Friedrichstadt. Mauerstraße, Kochstraße, Friedrichstraße waren eine Spuklandschaft aus ragenden Brandmauern und riesigen Geröllhalden geworden. Meine Schritte hallten, von keinem andern Laut gestört, über freigeschaufelte Asphaltpfade. Ich fühlte mich wie auf dem Grund des Meeres. Werner Heldt, den ich damals kennenlernte, ein großer Maler und ein tragischer Mensch, bestätigte meine submarinen Gefühle, indem er mit der ihm eigenen umdüsterten Entrücktheit murmelte, Berlin sei eine vom Meer bedrohte Stadt. Gert H. Theunissen, damals wie Heldt und ich Ende der Dreißig, orakelte, Berlin sei buchstäblich versunken, ein gigantisches Vineta aus Ziegeln, Beton und Müll.

Schreckend wie diese visionäre Wirklichkeit der alten Berliner Innenstadt war mir 1946 auch das, was einmal Tiergarten gewesen war und geheißen hatte. Da half mir keiner der intellektuellen Troglodyten, die wir geworden waren, mehr mit einer Metapher. Ich habe den winterlich grauen Tiergarten gesehen, als er aussah wie eine von Bombentrichtern übersäte Antilandschaft, wie man sie von alten Fotos der Schlachtfelder des ersten Weltkriegs kennt. Ich befand mich angesichts der zerfetzten Erde und Baumstümpfe des Tiergartens vollends im Zustand der Desorientierung. Der riesige noble Herrenpark, der vom Brandenburger Tor bis zum Zoologischen Garten sich erstreckte, in dem ich oft spazierengegangen war, dessen alte Baumstämme, Teiche, Brücken und Schleusen ich bei hellem Lichteinfall als impressionistisches Bild genossen und dessen Melancholie in trüben Herbsttagen ich mich überlassen hatte, war nach der Zerstörung nicht mehr auszumachen. Selbst die umhergestreuten Brocken der marmornen Siegesallee konnten mir nicht zur Orientierung verhelfen. Die kahle Fläche bis hin zum eingestürzten Zoobunker war zerfetzt, verbrannt. Die Leere der Steppe zwischen Linden und Kurfürstendamm wurde mir zum Schreckbild der Vernichtung. Ich konnte in Berlin nicht mehr heimisch werden. Je behender sie darangingen, die Steppe mit niedrigem Buschwerk zu verdecken, um so fremder wurde mir das gewaltige Stadtwesen.

Fröstelnd setzte ich mich in meinem kahlen Wohnquartier hin und begann, mir meine Kindheit aufzuschreiben. So sind meine »Rheingauer Jahre« entstanden. Auf der ersten Seite stehen Sätze, die sich aus der Suche nach einer neuen Orientierung erklären. Ich schrieb: »Das Erinnern des Alltäglichen der Kindheit und Jünglingszeit scheint mir plötzlich nach all den Untergängen eine Pflicht. Ich will im Wort bewahren, was als Bild und Wirklichkeit verloren ist. Mit den guten alten Häusern sind vielfach auch die natürlichen Geborgenheiten zerstört, in denen wir aufgewachsen sind. Wir müssen beginnen, wieder Tradition zu bilden. Ein Anfang dazu scheint es mir, Erinnerungen zu haben.«

Das war 1946. Inzwischen erkenne ich mich nach fast dreißig Jahren kaum mehr in dem damaligen ersten Versuch der Selbststilisierung wieder. Ich mache den zweiten Versuch, meine jungen Jahre aufzuzeichnen. Es kann wohl nicht anders sein, als daß ein Leben in diesem Jahrhundert mehrere Wahrheiten enthält. Vielleicht ist das Leben im Fortgang eine nie abreißende Folge von Wiederentdeckungen und Selbstentfremdungen. Es stellt sich mir so dar, als förderte das Alter eine andere Kindheit aus der Erinnerung zutage. Ich lasse die Übereinstimmungen und die Widersprüche nebeneinander stehen, da es mir nicht gelingt, Damals und Heute nahtlos miteinander zu verbinden.

In den Bericht meiner langen Lebens-Lehrzeit schalte ich einzelne Partien meines ersten Versuchs ein. Diese Einschübe nenne ich Intermezzi. Sie sind im fortlaufenden Text durch Zwischentitel gekennzeichnet.

Es mag sein, daß sich aus diesem Verfahren das Thema des Ganzen als Identitätsverlust und der Versuch des Wiedergewinns von Identität herausstellt. In Rudolf Alexander Schröders Gedichtzyklus »Die Ballade vom Wandersmann« steht eine Strophe, die mir, seit ich sie 1937 in der ersten Fassung zum ersten Mal las, unvergeßlich ist. Sie umschreibt die Dialektik der Erinnerung in großen monumentalen Versen:

Ich bin mir selbst als wie entwandt,
Bekannt nicht und nicht unbekannt,
Nur so, als wär ich nicht vom Orden,
Der meiner wär, und wüßte noch
Mir keinen als den alten, meinen,
Der mir nun will so fremd erscheinen
Und ist der alte meine doch.

Kindheit und Jugend

Wiesbaden 1908 bis 1927

Meine Kindheit bis zum zehnten Lebensjahr fand in der wilhelminischen Großstadt Wiesbaden, genauer gesagt in einem ihrer dichtbevölkerten Neubauviertel, statt. Unsere Straße hieß Goebenstraße. Es gibt sie unter dem gleichen Namen heute noch. Der Volksschullehrer, der mein Vater war, und meine Mutter haben die Dreizimmerwohnung ein Jahr nach meiner Geburt bezogen. Darin sind meine drei Geschwister zur Welt gekommen, die jüngste Schwester 1916 mitten im ersten Weltkrieg, als Milch, Fleisch und Haferflocken bereits rar waren und unter Kindern zum ersten Mal die Ruhr grassierte, der, wie ich mich ungenau erinnere, auch Spielgefährten unserer Straße zum Opfer fielen. Das Miethaus, in dem wir wohnten, nahm sich mit seinen natursteinumrandeten Fenstern und den Jugendstilformen der Firsten, Erker und Fensterstürze einigermaßen epochengerecht und nicht gerade arm aus. Sah man näher hin – und ich habe als Knirps früh nahe hingesehen –, dann war unsere soziale »Heimat« etwa das, was die Briten treffend der lower middle class zurechnen. Wie unsere Straße sahen alle Straßen ringsum aus. Zwar gab es üppig grünende Alleebäume und innerhalb der Wohnung außer dem WC ein bescheidenes Bad. Doch hatte der Bauboom der Gründerjahre und der wilhelminischen Jahrzehnte die Vorderhäuser allemal mit Hinterhäusern von beleidigend häßlichem Äußeren und wenig Lichteinfall versehen. Die Straßen dieser Viertel waren noch kaum von Autos befahren. Unserm Haus gegenüber wohnte im Parterre ein Taxichauffeur, dessen gelber Wagen mit Außenbremse wir Kinder von den Fenstern unseres Wohnzimmers aus mit plattgedrückten Nasen stundenlang angestrengt beobachteten. Wir hatten für das seltene Gefährt immer wieder so gespannte Aufmerksamkeit, daß wir auf den Augenblick des Anfahrens lauerten und den unverstandenen Hebeln, die außen am Wagen angebracht waren und deren Betätigung zum Start offenbar notwendig war, wobei wir nicht begriffen, wie das vor sich ging, seltsame Namen gaben. Sie sind in meiner und meiner Geschwister Erinnerung bis heute aufbewahrt und seien Linguisten für ihre Deutungen der subkulturellen Kindersprache übermittelt. Die Bremse nannten wir Mastemmere und das Lenkrad die Matrere. Stemmen und drehen sind unschwer als Wurzeln der Neologismen zu erkennen, während die rätselhafte Vorsilbe Ma- mir unverständlich bleibt. Das Gegenüber enthielt außer einer grauen Hausfront mit den üblichen Mittelstandsbalkonen, die dem unsern fast genau glichen, die Besonderheit eines Restaurants, das den Namen »Bratwurstglöcklein« trug. Wenn meinen Vater die Lust auf ein Bier ankam, wurde es dort geholt. Meine Mutter, das Kind aus dem Rheingau, genauer gesagt aus Rüdesheim am Rhein, hatte lebenslang einen Ekel vor dem Geruch von Bier, den der Vater meist respektierte, wenn ihn nicht gerade mal die Lust auf das säuerlich schaumige Getränk gepackt hatte – sehr in Grenzen und mit Maßen, wie das meiste in unserm Lehrerhaushalt.

Unser Miethaus hatte acht Dreizimmer- und zwei Dachwohnungen. Wir bewohnten den zweiten Stock. Außer uns gab es in dem Haus noch eine Lehrerfamilie, die nur mit Töchtern gesegnet war, deren Haushaltvorstand einen, wenn auch bescheidenen Rang über uns lag, Herr H., ein rheinischen Singsang sprechender Mann, mir unvergeßlich ist, weil er zu einem Mittelscheitel einen Kinnbart trug, was auf den Versuch, aus der Konvention auszubrechen, hätte schließen lassen können, wenn ich damals zu solchem Schluß bereits in der Lage gewesen wäre. Ich war es nicht und nahm nur über das, was ich das Sensorium nennen möchte, wahr, daß mein eigener Vater eher dem Bild des Lehrers von damals entsprach. Er war zwar kaum mehr als mittelgroß und eher von zartem Körperbau, trug aber zum Kneifer den üblichen Kaiser-Wilhelm-Schnurrbart und bediente sich des Morgens der Schnurrbartbinde, die mir erst viel später als irgendwie anrüchiges Requisit des wilhelminischen Untertan durch den Film des gleichen Titels (nach Heinrich Manns Roman) vertraut wurde.

Der Vater war keine Untertannatur. Er räsonierte freiweg, sei es über die geistliche Schulaufsicht, sei es über Kollegen, die den Lehrberuf als Drückeberger versahen. Über den Herrn Stadtpfarrer oder den Kaiser erinnere ich mich nicht, den Vater räsonieren gehört zu haben. Über die liebe Umwelt, vor allem die aus dem Miethaus und den Hinterhöfen, ließ sich der Vater mit der ihm aus seinem Bauerndorf vertrauten Direktheit um so lieber aus und frönte dabei dem Hang zu kräftiger Namengebung. Das hat sich später in einer Mietwohnung am Stadtrand, wo wir in mehr Freiheit fast wie auf dem Dorf lebten, zwar bis zur Manie ausgeprägt, geht aber auf die Goebenstraße mit ihrem kleinbürgerlichen Sozialklima zurück. Da gab es Leute des landesunüblichen Namens Radtke, die in die Wohnung jenes bereits erwähnten Mittelschullehrers einzogen, als dieser seinen unaufhaltsamen sozialen Aufstieg in etwas Besseres nahm, das ich nicht mehr genau anzugeben weiß. Die Radtkes waren kinderlos und also offensichtlich wohlhabender als beispielsweise wir mit vier Nachkommen. Es muß auf der Haustreppe eine Begegnung gegeben haben, bei der die beleibte und in meiner Erinnerung kaum attraktive Frau R., sei es meinem Vater, sei es meiner Mutter klarmachte, daß sie nicht Sekretär, sondern Obersekretär seien. Der Spott, den meine Eltern für diese Subtilität von Leuten äußerten, die ansonsten nicht gerade für sich einnahmen, hat mich früh in die sozialen Friktionen und alles was damit zusammenhängt, eingeweiht. Unter uns wohnten die Sch.

Herr Sch. war ein freundlicher Mann, der unser Kindergrüßen gern erwiderte, was nicht alle Erwachsenen taten und von uns genau vermerkt wurde. Frau Sch. ist in unsere gesprochene Familienchronik mit dem Ausspruch »Das iss mich janz ejal« eingegangen. Als Schullehrers hatten wir allesamt früh auf sprachliche Eigentümlichkeiten achten gelernt. Was die heute vielberedeten Sprachbarrieren anging, hatten wir keinerlei Minderwertigkeitsgefühle. »Iss mich janz ejal« tönte es spitz von der Wohnung unter uns herauf, als es meiner sonst immer sehr vorsichtigen Mutter passiert war, daß auf dem Küchenbalkon aufgehängte Wäsche der Sch. auf den Balkon getropft hatte, wo wohl irgend etwas Eigenes zum Trocknen auf dem Geländer gehangen hatte. Wir hörten unter uns peinliches Gezeter und den mehrfach wiederholten Satz, der sofort meines Vaters Spottlust erregte. Wir vernahmen, wie Herr Sch., offenbar vergebens, seiner kleinen schwarzhaarigen Ehegefährtin zuzureden versuchte, daß wir doch friedliche Leute seien und so etwas passieren könne. Aber es blieb ihr »janz ejal«.

Solche Affärchen machten mir früh Eindruck, zumal unsere Mutter von derlei »Erlebnissen« bedrückt zu sein pflegte. Meine Eltern waren Kinder aus der Kleinstadt oder dem Dorf, und beide im eigenen Elternhaus, umgeben von Gärten, Stallungen oder Höfen, aufgewachsen. Das beklemmende Gefühl, in der kleinen Stadtwohnung mit zahlreichen anderen Mietparteien zusammengepfercht zu sein, ist eine meiner ersten Erfahrungen, die um so prägender gewesen sind, als die Kinder das heimliche oder offene Leiden der Eltern an der Mietskaserne wahrnahmen. Die Enge der Wohnung wurde durch die groteske Übung noch drückender, daß das sogenannte Erkerzimmer als das »gute Zimmer« dem täglichen Familienleben so gut wie verschlossen blieb. Es war das Zimmer für Besuche und Weihnachten. Dort durfte auch der Babywagen, worin die 1916 geborene jüngste Schwester ihre ersten Monate verbrachte, stehen. Da gab es so etwas wie ein Nähern auf Fußzehen.

Wenn das Wetter es zuließ, spielten mein um ein Jahr jüngerer Bruder Walter und ich viel auf dem Balkon, der mit Blumenkästen bewehrt den Überstieg übers Geländer fast mit Sicherheit erschwerte. Das Haus gehörte einem Schreinermeister, der im Hinterhof seitlich seine Werkstatt hatte. Herr Berghäuser wurde von uns gefürchtet. Er war der Typ des zu einigem Wohlstand gekommenen kleinbürgerlichen Vermieters, der Macht über die Mietparteien und vor allem die Kinder hatte. Eine Gelegenheit, bei der

der mit einem Spitzbart ausgestattete schwarzhaarige Mann Humor bewies, haftet in der Erinnerung. Mein Bruder verspürte oft den unwiderstehlichen Drang, allerlei Sachen aus der Wohnung zu verschleppen und sie aus dem zweiten Stockwerk in den Vorgarten hinunterzuwerfen. Eines Morgens gelang es ihm, sich eines schwarzen emaillierten Nachttöpfchens zu bemächtigen und es just in dem Augenblick nach unten zu befördern, da Herr Berghäuser in dem schmalen Vorgarten wirkte. Der verdutzte Mann mußte ob der Missetat des Dreijährigen meckernd lachen, weil das Objekt ihn nicht getroffen hatte und als Intimstück aus dem Kinderzimmer das Requisit einer Art vorweggenommenen schwarzen Humors darstellte.

Unvergeßlich ist mir Herrn Berghäusers allzeit freundliche Tochter, die den aparten Namen Amanda trug und etwa achtzehn Jahre zählen mochte. Das Mädchen, das infolge eines Hüftleidens beim Gehen einknickte, erschien mir, der ich etwa vier Jahre alt sein mochte, als eine Schönheit. Denn Amanda besaß das strahlende regelmäßige Gesicht der Rotblonden; sie war ein Typus Weib, dem ich ein Leben lang verehrend zugetan geblieben bin. Das Besondere scheint mir noch heute die Lagerung der Augenpartie zu sein. Ich nannte es später das Etruskische, weil die Augen flach im Gesichtsoval liegen und meist eine schöne Helligkeit haben. Amanda war den beiden Korn-Knaben zugetan und pflegte uns mit einem Gruß zu erfreuen, wenn ich, den jüngeren Bruder an der Hand, die Treppen des Hausflurs herunterkam, um das in den frühen Jahren nicht ungefährliche Spiel auf der Straße zu wagen. Amanda pflegte mich mit Bubi anzureden, was ich eines Morgens, durch eine Mahnung der Mutter angehalten, mit dem Satz »Ich heiße nicht Bubi, ich heiße Karl« quittiert haben soll, ein Vorfall, den Amanda mit Heiterkeit den Eltern wiedererzählte.

Die Versuche, auf der Straße zu spielen, waren damals trotz der dichten Bebauung für die Kinder ergiebiger als heute, weil es noch kaum Autoverkehr gab. Nicht als ob die Pferdefuhrwerke für vom Bürgersteig aufs Straßenpflaster hinüber- und herüberjagende Kinder ganz ohne Gefahren gewesen wären. Ich erinnere mich, eines Tages bei dem Versuch, rückwärts gehend, das dünne Halteseilchen abspulend, einen Papierdrachen steigen zu lassen, mit dem Hinterkopf plötzlich schmerzhaft gegen etwas Hartes gestoßen zu sein. Es war einer von zwei Pferdeköpfen eines am Straßenrand haltenden Fuhrwerks. Es blieb dank einem offenbar müden Gaul bei dem kleinen Schreck.

Die Straße als Spielplatz war sozial gesehen der Schmelztiegel. Die Kinder aus Mittelbau und Hinterhaus tummelten sich auffällig ungeniert, während wir aus den Vorderhäusern froh waren, wenn die andern es uns nicht entgelten ließen, daß wir als feiner galten. Unserm Haus gegenüber lag Nummer 19, ein schier unerschöpflicher Brutkasten der menschlichen Spezies. Was aus den Hinterhöfen von Nummer 19 hervorquoll, faszinierte und erschreckte uns aus dem Vorderhaus gleichermaßen. So gar verschieden von dem, was in neapolitanischen Volksvierteln oder in Brooklyn sozial mit allen Implikationen anzutreffen ist, will mir dieses frühe Wiesbadener Sozialerlebnis im Rückblick nicht erscheinen. Die Perspektive aus der gesicherten Wohnung auf das Straßenleben unten war zwar ergiebiger, aber schwächend. Denn die explosive Kraft derer aus den Hinterhäusern war im Kampfgetümmel der Straße unsrer Angst deutlich überlegen. Vor allen andern fiel ein kleiner schwarzhaariger Kerl auf, das »schwarze Kallche« genannt, ein Diminutiv, das eher seinem drahtig gedrungenen Körperbau als seiner seelischen Konstitution gegolten haben dürfte. Dieser Bursch liebte es, mit Peitschen zum Spielen aufzutreten und Kindern, deren sozialer Status in ihm schlummernde Aggressionen geweckt haben dürfte, mit den Lederriemchen über die nackten Beine zu streichen.

Das Kallche gehörte dem Typ des draufgängerischen Bengels an. Es verbreitete Furcht und gelegentlich sogar Schrecken. Einmal, als wir in Gegenwart unseres an komischen Szenen allemal belustigt teilnehmenden Vaters – es muß Nachmittag gewesen sein, da vormittags Schule war, was so viel besagt, daß der Vater dann Schule hielt – das Straßenleben unter uns beobachteten, hatte das Kallche einen besonders ausgelassenen Tag. Es tobte umher und strich den Kindern, mochten sie auch größer sein als er, mit der Peitsche laut knallend über die Beine. Plötzlich riß das Kerlchen sich die Hosenklappe auf, verfiel in noch lauteres Schreien und lief, die Peitsche unter Knallen schwingend, mit nacktem Hinterteil umher. Die Folgen dieser Provokation der Umwelt konnten mein kleiner Bruder und ich nicht mehr recht wahrnehmen, weil uns die schallende Lache unseres Vaters denn doch einigermaßen betroffen machte. Immerhin hatte der exhibitionistische Auftritt zur Folge, daß wir unsere Angst vor dem Kallche besiegten.

Das Kallche hat uns dann toleriert. Die entsprechende Vokabel für den Vorgang in der Hackordnung auf dem Hühnerhof ist mir nicht bekannt geworden. Was mag aus dem etwa Gleichaltrigen geworden sein? Ich gäbe was drum, es zu wissen. Vielleicht wäre sein rekonstruiertes Leben ein fesselnder Film.

Die Hinterhäuser von Nummer 19 enthielten viel Volk. Darunter auch merkwürdige ältere Leute, deren zwei in dem Film mit eigenen Rollen zu bedenken ich nicht vergessen würde. Im Souterrain, dessen bloßer Name den Vorderhauskindern, die wir auf jede Nuance in den Gesprächen der Eltern achteten, negativ aufgefallen war, hauste ein Mann um die Fünfzig, dessen Äußeres in der Straße Gruseln erweckte. Der Kerl hinkte ein wenig, schien aber sonst gut beieinander. Was er trieb und wovon er lebte, wußten wir nicht. Er schien Altwaren zu sammeln, weil man ihn von Zeit zu Zeit mit allerlei Zeug seine Treppe hinunterhumpeln sah. Er war also ein Lumpensammler, was irgendwie an Lump anklang. Ich war sehr früh ein Philolog, worüber noch Belege beigebracht werden sollen.

Der Hinkende hatte einen irgendwie gleißenden Blick, der uns durch einen randlosen Kneifer traf. Man muß sich das intelligente, wie mir erinnerlich ist, bedrohliche Gesicht irgendwie dem Gesichtsausdruck Trotzkis verwandt vorstellen. Von Zeit zu Zeit brachte der Unheimliche Knaben mit in sein Souterrain. Die bedenkliche Miene meines Vaters war mir zwar rätselhaft, doch wurde mir der kindliche Eindruck des Finsteren und Gefährlichen auf diese Weise bestätigt. Vielsagende Blicke, die der Vater mit der Mutter tauschte, taten ein übriges, um mich den Kerl als fürchterlich empfinden zu lassen. Ich sprach darüber mit niemand, zumal der einzige Partner, der dafür in Frage gekommen wäre, der Bruder, noch ein Dummchen war, von dessen eigenem Innenleben ich nichts erfuhr und vermutlich nichts erfahren wollte.

Der Hinkende hatte eine Komplementärfigur in einer armen, in dürftigster Kleidung einherkommenden gebeugten alten Frau. Wo die im Bienenkorb der Hinterhäuser von Nummer 19 hausen mochte, erfuhren wir nie. Die Frau fiel dadurch auf, daß sie sich auf der Straße zuweilen bückte, um etwas aufzulesen. Das arme Weib zog den Spott der Gosse auf sich, in die sich unsere Goebenstraße schnell verwandelte, wenn wir als Krethi und Plethi zusammen tobten und schrien. Es gab sogar einen schlimmen Spottvers auf das Weib. Sobald sie sich blicken ließ, ertönte es höhnisch:

Die Fraa Hotzedotze
frißt die faule Appelkrotze
von de Gass uff
mit de Kern.

Zu dem Namen muß angemerkt werden, daß ich ihn noch heute für einen genialen Fund halte. Hotze dürfte mit Hutzel zusammenhängen. Dotze klingt an den Namen eines Dorfs vor Wiesbaden, Dotzheim, an, wo die Armen als besonders dumm galten. Der Spottvers war so grausam roh und, wie mir im Rückblick scheint, ursprünglicher Volkston, daß er den Vergleich mit San Gennaro aushält.

Der Leser, dem sich die Stadt Wiesbaden nach nunmehr fünfzig Jahren noch immer als die feine Badestadt mit Kurpark, Konzert, Theater und vornehmem gesellschaftlichem Leben im Nerotal und an der Sonnenbergerstraße darstellt, wird entsetzt sein, wenn er durch solche Berichte Wiesbaden, die Stadt der Maifestspiele und der Feuerwerke, mit dem proletarischsten Viertel von Napoli auf eine Stufe gestellt sieht. Ich habe lange ein gebrochenes Verhältnis zu meiner Vaterstadt gehabt. Doch scheint es mir an der Zeit, auch einmal den Hinterhof der wilhelminischsten Stadt, die es im Deutschen Reich samt Nachfolgestaaten gegeben hat, ins Rampenlicht zu rücken. Wenn wir nicht endlich die Hinterhöfe, die mich ebenso faszinieren wie die Villenviertel, ins Bewußtsein heben, bleiben wir in alten Klischees hängen und dürfen uns nicht wundern, wenn es darin langweilig und unwahrhaftig zugeht.

Unser Kindheits-Wiesbaden war gerade im Begriff, die begehrte Großstadtgrenze von hunderttausend Einwohnern zu erreichen. Die damals als stattlich geltende Zahl kam aber nicht in den feinen Flächenvierteln der Villen zustande, sondern da, wo die späten Gründerjahre Kleinbürgertum und Proletariat zusammengepfercht hatten. Warum unsere Soziologen, ob marxistisch, sozialreformerisch oder konservativ gestimmt, die seit der Industrie gültige deutsche soziale Grund- und Urerfahrung des Gegensatzes zwischen Kleinbürgertum und Proletariat nicht zum Ausgang ihrer Darstellungen der jüngsten deutschen Sozialgeschichte machen, ist mir lange rätselhaft geblieben.

Unsere familiäre Situation war kleinbürgerlich, weil wir materiell zwischen den Armen und den Wohlhabenden hingen, Lohnempfänger wie die ersten und auf einen irgendwie herausgehobenen Bildungs- und Sittenstatus bedacht wie die letzteren.

Die Korns hatten durch die Eltern so etwas wie eine produktive Nostalgie. Die Mutter stammte von Leuten ab, die ihr eigen Haus und den dazugehörigen Hof, einen geldbringenden Gewerbebetrieb, nämlich eine ordentliche Bäckerei, in der der Großvater, ehe er Allüren bekam, selbst der Meister war, und Weinberge besaßen. Der Vater stammte aus einem rheinischen Höhendorf, wo es zwar nur in nassen Sommern volle Ernten gab, wo aber ein paar Stück Rindvieh samt Schweinen und Schafen im Stall gestanden haben und man nicht nur sein eigen Brot samt Butter und Milch, sondern auch die eigenen Kartoffeln und im Winter das Hausgeschlachtete verzehrte.

Von solchen vorindustriellen Erinnerungen zehrten wir, Eltern und Kinder, und am Verlust ihrer realen Basis litten wir. Das kleinbürgerliche Stadt-, wenn man will, Großstadterlebnis war aber doch neu und fruchtbar und brachte uns nach schwierigen Jahren schließlich voran, während die begüterte Verwandtschaft inzwischen abgerutscht ist und das bißchen ehrsamen Honoratiorenglanz verloren hat, das sie in ihrem Kleinstädtchen und im Dorf geziert und herausgehoben hatte. Vorbei die Zeiten, in denen der Großvater mütterlicherseits sich zwei Kutschpferde hielt und auf die Jagd im Niederwald fuhr, vorbei auch die Zeit, in der die väterlichen Verwandten ihre agrarischen Produkte gegen harte Besatzungswährung lieber verkauften als gegen »lumpige« Reichsmark.

Ahnungslos waren meine Eltern aus ihren vorindustriellen, handwerklich bäuerlichen Heimaten in die Stadt geraten. Dem Vater fiel es vergleichsweise leichter, weil er, der Kleinbauersohn, in seiner Arbeit als Schulmeister, mit großer, heute kaum noch zu ahnender Autorität und Gewalt ausgestatteter Herr der kleinen Schicksale, das neue Stadtvolk kennenlernen konnte. Die Volksschule war damals die Schule des unteren Volkes. Feine Leute schickten ihre Kinder in Vorschulen und ersparten ihren Sprößlingen das vierte Schuljahr vor dem Eintritt ins Gymnasium. Meine Mutter hatte aus dem heimischen Rüdesheim nur ein, zwei Jährchen hinausgucken können. Man hatte sie in ein von Nonnen geleitetes Internat nach Boppard am Rhein geschickt. Da hatte es ein bißchen Französisch und wohl außer Handarbeit und Anweisungen, wie man einen feinen Tisch deckt, auch dies und jenes Buch gegeben, Nathalie von Eschstruth oder Ida Boy-Ed. Meine Mutter muß, da sie aus einem begüterten Hause stammte, unter der Enge und dem Verlust alter eingewurzelter Nachbarschaften samt mitgegebenem Sozialprestige mehr gelitten haben als der Vater.

Die Mutter war scheu von Natur und überaus sensibel. Hätte sie in ihrem heimischen Kleinstädtchen geheiratet, würde sie auch als Frau eines Lehrers, was in dem weintrinkenden, jovial robusten Rüdesheim nicht gerade eine Empfehlung gewesen wäre, doch die Nachbarschaft und die damit verbundenen Hilfen gehabt haben. In Wiesbaden waren die Eltern inmitten eines für sie völlig ungewohnten Milieus praktisch so isoliert, daß sie ganz auf sich selbst angewiesen blieben. Den Umgang mit Kollegen aus dem Schulmilieu gab es überhaupt nicht. Kleinbürger können oder konnten sich Umgang, was mit einem unsäglich kläglichen Ausdruck dieser Kreise »Verkehr« hieß und wohl auch noch heißt, nicht leisten. Meine Eltern, insbesondere die empfindliche Mutter, galt in Lehrerskreisen als hochmütig, was die Ärmste gewiß nicht war. Wir waren mit unsern Rheingauer Erinnerungen allein und irgendwie abgesondert.

Die Isolierung hatte ihre besonderen Gründe. Meine Mutter, die als wenn nicht reiches, so doch begütertes Mädchen gegolten hatte, war es nicht, als die Rüdesheimer Familienakten nach dem Tode ihres Vaters, den ich nicht mehr gekannt habe, offengelegt waren. Da waren Schulden, die zum Teil dem rheinischen Leichtsinn des Großvaters zuzuschreiben waren. Was übrig gewesen war, reichte für eine sogenannte Ausstattung, wie man das in den Kreisen der kleinen Leute nannte, gerade aus. Ich habe als Ältester von den Spannungen, die in einer jungen Ehe allemal auch dem sozialen Hintergrund zuzuschreiben sind, einiges mitbekommen und bin davon für soziale Dinge früh hellhörig geworden. Gelegentlich sah ich die Mutter mit verweinten Augen und den Vater, der sich als Lehrer ernst nahm und es zu etwas gebracht zu haben glaubte, verdrossen. Da fielen Sätze, die der Älteste, wenn auch noch kaum schulreif, aufschnappte. Die Mutter muß eine starke Vaterbindung gehabt haben. Wenn die Ehegatten an die Grenzen ihrer äußeren Existenz gestoßen waren, ließ der Vater, dessen Selbstverständnis bei allem Respekt für seine ungewöhnliche, selbstbewußte Frau autoritäre Züge hatte, Wörter fallen, deren eines mir, dem Muttersohn, noch heute scharf und ungut in die Ohren klingt. Es hieß: Bankerotts-Glock und meinte den Schwiegervater, der in Rüdesheim als »der alte Glock« meinem brautwerbenden Vater vermutlich als ein nicht leicht zu gewinnender Bürger im Gedächtnis geblieben war. Bankerott hatte es in der Wirtschaft nach dem Tode des Alten zwar nicht gegeben, wohl aber eine leere Kasse, die der in meinem ersten Rheingauer Kindheitsbericht im Mittelpunkt stehende Großonkel Hannes, ein weinanbauender Zölibatär, wieder auffüllte, so daß die Schulden bezahlt wurden. Die durchweg älteren Geschwister der Mutter waren von diesem Ereignis weniger betroffen, weil sie ihr Erbteil als Äkker, Gärten, Häuser und Wingerte samt Hausrat längst bekommen hatten. Wie schwer meinen Eltern die Anpassung an ihre neue Lage gefallen sein muß, vermochte ich in frühen Kinderjahren allenfalls zu ahnen. Die Kindsgeburten der Jahre 1908, 1909 und 1911 haben die Situation für die beiden natürlich noch erschwert. Man wird das heutzutage kaum mehr verstehen.

Unser häusliches Milieu war übrigens, so lange wir in der Goebenstraße in den neuen Vierteln um die Ringstraßen wohnten, noch keineswegs so katholisch durchtränkt, wie es später war. Die Rückwendung zu einer in sich geschlossenen, fast dörflichen Lebensgemeinschaft katholischer Prägung erfolgte erst im Spätherbst 1918, als wir das Milieu verließen, von dem ich hier berichte.

Der Name der Straße nach einem Herrn von Goeben, der 1871 Kommandierender des VIII. Armeekorps gewesen war und die berühmten Spicherer Höhen erstürmt hatte, wovon uns Kindern die Bilder der Schokoladensammelalben der Firma Stollwerck berichteten, dürfte eher dem damals als deutsches Wunder bestaunten Schlachtkreuzer »Goeben« zu verdanken gewesen sein. Wiesbaden, Lieblingsstadt des Kaisers Wilhelm II., dekorierte sich gern mit Namen aus dem Vorrat von Preußens Gloria, nicht minder aus solchen der kaiserlichen Marine und der Flottenpolitik. Unsere Umgebung war durchweg auf solche Preußen getauft, deren Namen um 1910 die stolzen Kreuzer der deutschen Kriegsmarine ehrten. So hießen die Straßen meiner Kindheit Scharnhorst-, Gneisenau-, Blücherstraße.

Meine früheste einschlägige individuelle Erfahrung bezog sich auf einen Besuch des Kaisers im Mai 1912 oder 1913. Der Vater nahm den Ältesten mit zum Schloßplatz. Es wird vermutlich das erste Mal gewesen sein, daß ich in die Mitte unserer Stadt kam. Da gab es die neugotische evangelische Backstein-Markt-Kirche und ein Denkmal Wilhelms von Oranien, des Schweigers, das, wie ich später lernte, dem Kulturkampf seinen Ursprung verdankte. Das Schloß war keineswegs ein Hohenzollernbau, sondern ursprünglich die bescheidene Residenz der Herzöge von Nassau bis 1866, dem Ende ihrer Herrlichkeit, nachdem sie sich erlaubt hatten, im sechsundsechziger Krieg auf seiten Österreichs gegen Preußen zu stehen. Als der Vater mit dem Sohne zum Schloßplatz kam, war der bereits voller Menschen, Männern zumeist, die die Ausfahrt Seiner Majestät um die Mittagsstunde erwarteten und sich einen Platz gegenüber dem zweiflügeligen Tor zu behaupten versuchten. Ich erinnere mich, daß mir das Warten auf S. M. lang wurde und ich, als die Torflügel sich auftaten, wohl die vierspännige Karosse und die Pferde, nicht aber den Mann mit Helm erblickte, obwohl der Vater mich hoch über seinen Kopf hob, damit mir der große Anblick nicht entginge. Die Männer auf dem Platz riefen Hurra und schwenkten die Hüte.

Nachdrücklicher sind mir zwei andere patriotische Ereignisse im Gedächtnis geblieben. Das war der Flug des Zeppelin-Luftschiffs über unsere Kaiserstadt. Der große brummende Silberrumpf zog langsam minutenlang über die Stadt und war von unserm Balkon aus, der hier wahrhaft zur Loge wurde, gut zu sehen. Ich fühlte, daß auch meine Eltern auf das Luftschiff stolz waren – und ich war es mit unbestimmtem Gefühl mit ihnen. Dann kam der August 1914. Ich war sechs Jahre alt und vor ein paar Monaten in die erste Klasse der Mittelschule an der Blumenthalstraße, so benannt nach einem Grafen Blumenthal, ein wohlklingender Name für Patrioten von 64/66/70/71, eingeschult worden.

An den Ausbruch des ersten Weltkriegs erinnere ich mich, an das Aufwallen patriotischer Begeisterung und unbestimmter Angst vor einem unbekannten Etwas, die die Erwachsenen meiner Umwelt damals erfüllt haben muß. Vom Lande kam Bauernbesuch, eine junge, schmale, in Schwarz gekleidete Frau, Schimbachs Lieschen genannt, meiner Mutter seit den Tagen, da die Schimbach im Elternhaus der Glocks als Hausmädchen gearbeitet hatte, wie eine Freundschaft aus der Jugend zugetan. Die »Schimbachse«, wie sie kurz und bündig genannt wurde, hatte kurz zuvor geheiratet und begleitete ihren braven jungen Mann zum Güterbahnhof, wo er verladen wurde gen Westen, wie man das nannte. Er ist in den ersten Wochen gefallen. Ich sah die Tränen der Jungvermählten beim Abschied. Vom Blücherplatz herüber, kaum vierhundert Meter weit, drangen mehrfach am Tage die Klänge des niederländischen Dankgebets »Wir treten zum Beten vor Gott den Gerechten«. Dann kamen die jungen Infanteristen in Viererkolonnen durch die Straßen und hatten auf den Spitzhelmen schon feldgraue Überzüge. In den Gewehrläufen steckten Sträußchen frischer Sommerblumen, und nicht wenige junge und alte Frauen samt Kindern suchten mit den Kolonnen Schritt zu halten. Es schmetterte und trommelte, und die Hurras der Männer der mittleren Generation am Straßenrand erfüllten die Sommerluft. Aber es wurde auch viel geweint, und immerfort wurden Augen gewischt. Wir Buben zogen über die Dotzheimerstraße etwa anderthalb Kilometer mit. Dann war der Verladebahnhof abgesperrt, und wir sahen die Soldaten nur noch vom Rücken einschwenken. Im Staub verhallten die Kommandos. Ein zwiespältiges Gefühl beseelte die Menschen, Rausch des aufwallenden nationalen Stolzes und Angst, wie es wohl und wann es einmal enden werde. Wir hatten in der kleinen Mansarde, die zu unsrer Wohnung gehörte, einen wackeren Mann einquartiert. Dem muß es beim Anblick der Kinder seiner Quartierswirte das Herz bedrückt haben.

Nach ein paar Wochen schrieb uns eine vermutlich junge Witwe von irgendwoher, daß auch er wie der Mann der Schimbach bereits ein toter Held geworden war. Das Bild, das der weite Blücherplatz während jener ersten Wochen nach der Mobilmachung Tag für Tag bot, schiebt sich mir jedesmal wieder vor die Kulisse von heute. Statt der Hunderte von geparkten Mittelstandswagen vor dem weitläufigen Schulhaus, das im August 1914 als Rekrutierungskaserne diente, sehe ich die Blocks der Männer angetreten, ganze Regimenter, wenn sie zum Beten niederknieten.

Ihre Marschlieder waren gemischt. Das obligate »Es braust ein Ruf wie Donnerhall« und »Siegreich woll'n wir Frankreich schlagen, sterben als ein Held«. Wir Kinder hörten lieber die lustigen Refrains »Tja und das war die böse Schwiegermamama und kein Absatz dra« oder das sentimentale Lied jener Tage »Die Vöglein im Walde, die sangen, sangen, sangen so wunder- wunderschön, in der Heimat, in der Heimat da gibt's ein Wiedersehn«.

Unser Vater war, wie man das ausdrückte, ungedient, weil bei der Musterung wegen mangelnder körperlicher Robustheit zurückgestellt. So waren wir als Familie mit damals drei Kindern einstweilen der dringendsten Sorge enthoben. Mein Lehrer in der ersten Klasse dagegen, ein ungeschlachter Prügelmeister, verschwand. Statt seiner zog eine junge Lehrerin ein, in die ich mich verliebte, als sie sich über mich beugte und mir ein paar Schriftzeichen ins Heft schrieb. Ich meinte die Ahnung eines schönen jungen Busens und einen Duft von guter Haut wahrgenommen zu haben.

Das Leben, das sogenannte, ging weiter seinen Gang und wurde bald grau und grauer. Milch, Grieß, Eier, Fleisch und Kleidung, vor allem Schuhe, wurden rasch knapp. Die Kinder wuchsen das Zeug rasch aus, wie das Wort hieß. Der Vater war nicht dafür zu gewinnen, die städtischen Zuteilungsämter aufzusuchen, und die vielgeplagte Mutter, die, was ich natürlich nicht wahrnahm, 1915 wieder schwanger wurde, nicht in der Lage dazu. So kam es, daß ich Knirps von sieben, acht Jahren aufs Ernährungs- und Bekleidungsamt geschickt wurde. Unser guter Hausarzt Dr. Lang, eine Seele von einem Menschen, in den Zivildienst zurückversetzt, mitunter in der Uniform eines Stabsarztes im Heimatdienst, hatte ein Herz für die Nöte der Mutter einer Lehrersfamilie. Wenn ich in die Langgasse kam, wo der Doktor im Tagblatthaus Wohnung und Praxis hatte, wurde ich der gleichaltrigen Tochter zum Spielen zugesellt, so daß ich nicht in dem immer trister werdenden Wartezimmer mit bekümmerten Menschen Stunden zu warten brauchte. Mit allerlei ärztlichen Verschreibungen von zusätzlichen Lebensmitteln für Kinder bewaffnet, zog ich dann weiter ins alte, damals verwahrloste Prinzenpalais an der Wilhelmstraße, wo ich in der Menschenschlange warten mußte. Da gab es von zersorgten Weibern kein Pardon. Wenn ich schließlich am Schalter mit dem Anfangsbuchstaben K stand und meine Atteste vorlegte, hing es von der Laune der Frau ab, ob und wieviel Grieß, Mehl oder Zucker zusätzlich zu den kärglichen Kartenportionen bewilligt wurden.

Am schlimmsten waren die Gänge um Schuhe. Das Zeug war bald nach Kriegsausbruch nicht mehr aus Leder, sondern aus irgendwelchem Ersatz. Die Schuster murrten, weil sich das Gelumpe nicht reparieren ließ. Einige Male ist es mir gelungen zu der Abteilungsvorsteherin, einem älteren, sehr freundlichen adligen Fräulein, vorzudringen und ihr meine Bitterkeit über Ablehnungen und Kürzungen zu sagen. Mit großem Stolz kam ich dann nach Haus und wies den Erfolg einiger Bewilligungen für zwei Wochen vor. Danach begann das Elend von neuem. Die Bauernverwandten des Vaters haben uns zwar nicht im Stich gelassen, aber sie dachten nicht daran, von sich aus aktiv zu werden. Das war begründet, weil die Männer des Dorfs zum Teil beim Heer irgendwo in Rußland oder Frankreich waren, wo sie freilich meist mit den Pferden oder dem Schlachtvieh zu tun hatten, so daß die meisten lebendig wieder heimkamen.

Die Hamsterreisen, die mein Vater, wenn es sein Schuldienst erlaubte – in den Ferien also –, in sein Heimatdorf über der Höh' des Rheintals unternahm, konnten den kargen Haushalt nicht immer mit dem Nötigsten versorgen. Der Krieg wurde auch in der Heimat eine rechte Plage. Längst war die Hurrastimmung auf die Schulfeiern unsrer glorreichen Siege zusammengeschmolzen, und auch dort blieb den Kindern nicht verborgen, wie ernst und gedämpft das Thema inzwischen geworden war. Unser Vater war 1916, als die Jüngste zur Welt kam, noch zu Haus. Der Prügelschulmeister der Mittelschule war inzwischen »aus dem Felde« zurückgekommen und schwang den Bakel für Fehler im Diktat, solche der Rechtschreibung eingeschlossen. Der Mann war baumlang, und ich habe mich immer vor ihm gefürchtet. Auch mein eigener Vater, der an der ältesten Volksschule der Stadt im volkreichsten, einem eindeutigen Proletarierviertel Schule hielt, hätte sich kaum ohne den Rohrstock als Schulmeister verstanden. Das gehörte zur Zeit. Immerhin hätte unser Vater wohl kaum es so gehalten wie der in der Mittelschule, daß die Zahl der Hiebe nach der Zahl der Fehler im Diktatheft genau bemessen war. Ich habe bei diesen grausamen Exekutionen das Gefühl der eigenen Erniedrigung nicht loswerden können, obwohl es andere arme Teufel traf. Auch zu Hause gab es ein Rohrstöckchen, dessen diminutive Benennung mich heftig in meinem Stolz blessierte. Es wurde selten angewandt. Doch sind mir einige peinliche Szenen bis heute in Erinnerung. Wie seltsam, daß man als alter Mensch diese Dinge noch oder wieder so lebhaft vor Augen und Sinnen hat. Es muß um der Ehrlichkeit willen berichtet werden, daß in diese frühe Zeit ein erster erinnerbarer Vorfall von Sexualität sich ereignete. Zwei etwa gleichaltrige Mädchen wollten den Bruder und mich partout und hartnäckig einladen, ihre blanken Hinterteile ausgiebig zu besichtigen. Wir waren, wie ich noch genau weiß, ebenso fasziniert wie inaktiv und gehemmt, so daß es beim scheuen Anblicken blieb.

Eine Welle von sexueller Begierde und Hektik stellte sich ein, als ich etwa neun Jahre alt war. Da gab es keine Gemeinsamkeit mit dem Bruder mehr, sondern glühende Heimlichkeiten mit etwa gleichaltrigen Mädchen. Der Drang war ziellos, zumal wir alles andere als sexuell »aufgeklärt« waren. Die neuen Entdeckungen ließen alles, was die Kriegszeit an Schatten über die Kinderwelt geworfen hatte, vergessen. Ich erinnere mich an ein apartes Mädchen des Vornamens Vally, eine Brünette, die zart wirkte und beim Ballwerfen eine Art hatte, den Fangball schnell aus der Hüfte zurückzugeben. Ich muß etwa neun Jahre alt gewesen sein, als dieses Wesen mich tagelang verrückt machte. Nachdem ich die Hemmung überwunden und ihr meine Wünsche, sie nackt zu sehen, zugeflüstert hatte, ohne daß sie widersprach, ließ sie deutlich Angst erkennen. Das steigerte meine Zudringlichkeit, weil ich es genoß, die Zögernde zu überreden. Es kam dazu, daß sie mit mir einige hundert Meter weit zum Elsässer Platz lief, wo damals die Stadtbebauung aufhörte und ein Niemandsland mit allerlei Buschwerk und Bodenkuhlen wild sich ausbreitete. Das Mädchen schickte sich gerade an, sich zu entblößen, als etwas geschah, das mich furchtbar traf und mich wochenlang verstörte. Plötzlich hörten wir, erregt, wie wir waren, aus einer etwa fünfzig Meter entfernt liegenden Kate einen scharfen Schrei und sahen eine Frau das Fenster ihrer im Grün verborgen liegenden Behausung aufreißen. Die Frau mußte uns beobachtet haben und erging sich wie eine Furie gegen das, was sie unter den beiden Kindern vermutete. Entsetzt sprangen wir auf und rasten besinnungslos vor Angst über den weiten Platz zurück in die Goebenstraße nach Haus.

Ich war bedrückt und ging dem verängstigten Mädchen in den kommenden Tagen aus dem Wege. Zur selben Zeit schienen meine Eltern zu ahnen, was mit mir vorging. Ich war entsetzlich gehemmt und vermied alles, was irgendwie gegen den durchschnittlichen Alltag hätte zielen können. Tagelang ging ich umher und quälte mich mit der Frage, ob etwa die eigenen Eltern oder die anderer Kinder, insbesondere ob Vallys Mutter im Bilde seien.

Entscheidend an dem peinvollen Erlebnis waren ein tiefes Schuldgefühl und eine Abwendung von dem unheimlichen dunklen Gebiet der Sexualität, wie sie nicht strikter und energischer vorgestellt werden kann. Die Furiengestalt am Fenster der Kate, die uns wie ein Racheengel eine Drohung entgegenschrie, steht für mich am Anfang einer Entwicklungsstufe, über deren Bedeutung für mein künftiges Leben ich mir bis heute nicht im klaren bin. Was mich daran zuweilen noch beschäftigt, ist der Umstand, daß dieses Erlebnis von Schuld im Zusammenhang mit nach heutiger Sicht normalen Triebregungen nicht entscheidend mit der katholischen Erziehung und Beichtpraxis zusammenhing. Es war anders.

Solange wir in der Goebenstraße im Mittelstandsviertel mit Hinterhäusern lebten, war katholisches Milieu schwach. Wir gingen zwar am Sonntag in die entlegene Bonifatiuskirche zum Kindergottesdienst. Aber das war fast wie eine Schulveranstaltung und ohne den Integrationseffekt, den wir später, als wir an den Stadtrand verzogen, in der neuen Pfarrkirche Maria-Hilf stark erlebten. Bis zum zehnten Lebensjahr war ich ein Großstadtkind und religiös sozusagen »simultan« wie meine Umwelt. Die Familie, Vater und Mutter, kamen dagegen nicht nur nicht an, sie haben es nach meiner Erinnerung darauf auch nicht angelegt. Das eigentlich grundlose Schulderlebnis, das mich nach dem Verführungsversuch tagelang förmlich schüttelte und dessen Intensität gewiß auch mit der Angst, entdeckt und zur Verantwortung gezogen zu werden, zusammenhing, hatte in meiner Erinnerung wenig mit der Beichte zu tun. Wir hatten im Religionsunterricht der Schule gelernt, wie man beichtet, aber so, wie man das Einmaleins lernt. Die Beichte meiner heimlichen Sünden damals ist mir nicht in Erinnerung, während ich mich sehr wohl an die Qualen späterer Beichten in der Pubertät erinnere, einschließlich der tristen Samstagabende, der dunklen Beichtstühle und der Namen der Beichtiger. Als ich, eine Art potentieller Triebtäter, wie ich das heute ironisch benennen würde, etwas zu beichten gehabt hätte, nämlich die Absicht sogenannter Unkeuschheit, war die viel kritisierte Keuschheitserziehung der katholischen Sittenunterweisung kaum im Spiel. Die Affäre endete damit, daß ich nach einigen peinlichen Tagen, an denen die Eltern sich besonders nachsichtig und gelassen gegeben hatten, ein Gespräch mit ihnen hatte, das noch einmal peinlich war und darum bis heute unvergessen ist.

Mein Eintritt ins Gymnasium stand bevor. Der Vater hatte mich natürlich da angemeldet, wo ein Volksschullehrer unserer Konfession und Bildungserwartung hintendierte, im Humanistischen Gymnasium am Luisenplatz. Die Rede kam auf die Frage, was ich denn einmal werden wolle. Ich brachte in Erinnerung an meine mir ungeheuer dunkel erscheinende jüngste Vergangenheit vor, daß ich vielleicht Pfarrer, Priester, werden könnte. Das hatte, wie ich mich zu erinnern glaube, kaum andern Ernst als den, von dem Kapitel Weiblichkeit und Sexualität loszukommen. Es war wohl meine Mutter, die meinte, das könne doch ein sehr schöner Beruf werden. In diesem Augenblick entschlüpfte mir der Satz, ob ich denn das noch werden könne nach dem, was ich gemacht hätte. Meine Frage war der Versuch, herauszubekommen, ob die Eltern im Bilde waren, das heißt, ob das verängstigte Mädchen geredet hatte. Ich bekam begütigende Worte zu hören, was man als unwissendes Kind anstelle, sei doch alles nicht schlimm. Mein Stolz war dadurch eher gekränkt, sah ich mich doch über die Schwelle zurückgeworfen, über die ich gerade getreten war, die Schwelle früher Männlichkeit. Die Folge war die totale und endgültige Verschlossenheit in allem, was man mit einem Wort der bürgerlichen Ära das Innenleben nannte. Ich habe eine Jugend durchlebt, die sich mit Konsequenz jede erotische Regung versagte oder sie verdrängte und sublimierte.

Doch machte man sich ein falsches Bild jener Jugend während des ersten Weltkriegs, sähe man sie nur unter frühen Irrungen oder Wirrungen. Wir spielten in Horden Krieg. Die Organisation der Trupps oder Truppen Jugendlicher geschah nach Straßen, deren Name, wie ich bereits erzählt habe, dazu angetan waren, kriegerische Phantasie anzuregen. Da gab es die von der Gneisenaustraß' und die »Scharnhorster«, die besonders gefürchtet waren. In der Goebenstraße brachten wir es nicht zu einer eigenen Einheit. Ich erinnere mich, mit hochrotem Kopf zum Kommandeur der Gneisenaustraß' gegangen und mich dort mit dem Bruder als jüngste Rekruten angemeldet zu haben. Der halbwüchsige Truppenführer, der ein karges und strenges Gesicht hatte, fragte nach turnerischen Leistungen und Waffen und willigte ein, daß wir erst einmal einige Übungen mitmachten.

Die fanden auf dem sogenannten Exert statt, zu deutsch dem großen Exerzierplatz an der Straße nach Schierstein. Unsere Eltern ließen uns gewähren, wenn wir den Aktionsradius unserer Kinderspiele erweiterten und nach rasch hingeschriebenen Schularbeiten bis zum Abend verschwanden. In der Goebenstraße erzählte man sich Wunderdinge vom harten Aufeinanderprall derer von der Gneisenaustraße mit den Scharnhorstern. Das dürften Aktionen gewesen sein, die auch sozial als Schmelztiegel wirkten. Die jugendlichen Bandenführer sahen eher aus, als seien sie aus den Hinterhöfen und -häusern gekommen. Der Exert war oft das Feld unserer heißesten Kriegserlebnisse. Wie der Blitz verbreitete sich in der zweiten Kriegshälfte gelegentlich die Nachricht, daß ein leichtes Jagd- oder Aufklärungsflugzeug auf dem Exert abgestürzt sei. Dann waren wir nicht zu halten. Wir rasten hin und starrten stundenlang auf zertrümmertes Gestänge und zerschmetterte Tragflügel von Flugzeugen, die vermutlich Übungsmaschinen waren. Immerhin waren sie mit dem Eisernen Kreuz schwarz-weiß auf den Tragflächen bemalt. Als gar im Jahr 1918 in der Stadt – ich weiß noch heute, daß es in der Riehlstraße war – einige feindliche Sprengbomben ein Miethaus bis in den ersten Stock durchschlagen hatten, lagerte die Schuljugend der Stadt tagelang um die Stätte der Verwüstung. Der Vorfall wurde für unsere Familie dadurch besonders nah, daß in jener Unheilsnacht zwei junge Fähnriche unsrer weiteren Verwandtschaft auf Urlaub in den Mansarden des Nachbarhauses genächtigt hatten und unversehrt geblieben waren.

Wir waren wie alle Stadtjugend, vor allem die männliche, geradezu elektrisiert von jedem Vorfall, der den Beigeschmack Unfall oder Unglück hatte. Entgleiste Elektrische am Bismarckring, ein überfahrenes Kind und gestürzte Pferde erregten stundenlang unsern Augen- und Erlebnishunger. Natürlich gab es auch kindliche Spiele, Schlagball und allerlei Wettläufe, die um so lieber ausgeführt und bis in die Sommerabende betrieben wurden, wenn tüchtige Mädchen mittaten. Das blieb dann gottlob im Spiel und reagierte sich sportlich ab.

Ich weiß noch von einer Erna, die ein oder zwei Jahre älter gewesen sein dürfte, einer Schönheit mit aschblondem Haar. Sie war die Nichte von Frau Güll, der matronenhaften Hausbesitzerin von nebenan, strahlend und behend im Spiel, daß wir jüngeren Buben uns hochgeehrt fühlten, wenn sie mittat, daß ihr die schweren Zöpfe flogen und das hübsche Gesicht sich vor Eifer rötete. Eine Hausnummer weiter gab es Familien, deren Sprößlinge reicher zu sein schienen als die meisten andern. Sie besaßen sogenannte Holländer, gummibereifte, kleine Fahrzeuge, die die Jungen mittels einer einfachen Hebelübersetzung in Bewegung zu setzen wußten. Unser Begehren nach einem so kostbaren Spielzeug blieb unerfüllt. Das war nicht in unserm Budget. Diese Entbehrung fiel uns aber nicht schwer, da wir allen Grund hatten, uns als solche aus dem Vorderhaus ausreichend privilegiert zu empfinden und zu wissen. In dieser Hinsicht hatten unsere braven Eltern mit uns nie Probleme.

Gegen Kriegsende war meine Schwester Elisabeth, die drei Jahre jünger war, zur handelnden Person geworden. Sie war als Schwester zweier älterer Brüder uninteressant und eher störend und mußte sich ihren Platz mit einiger Mühe erkämpfen. Die Ebeth, wie sie noch heute heißt, ist an den Widerständen gewachsen. Sie ist ein ebenso energischer wie herzensguter Mensch geworden und im sogenannten Leben, will sagen Berufsleben, besonders tüchtig und erfolgreich gewesen. Aber Ebeth hat immer zahlen müssen, was sie unverdrossen tat – schon unter den Geschwistern. Ihre tränengefüllten, braven braunen Augen haben den Eltern oft verraten, was das kleine Ding zu leiden hatte. Ich muß mich da anklagen, durch raffinierte Bosheiten – die Hackordnung des Hühnerhofs – zur Lebenstüchtigkeit der guten Schwester erheblich beigetragen zu haben.

Von Ebeth gibt es eine Reihe von anekdotischen Erlebnissen zu berichten, die ihren Ruf, sie sei eine originelle kleine Person, früh befestigten. Da war die Affäre mit der Maredei. Auf diesen volksliedhaften Namen hörte ein Mädchen aus unserm Hinterhaus. Meine Eltern und natürlich wir alle konnten es nicht vermeiden, gelegentlich von dem Familienleben bei Maredeis Notiz zu nehmen. Man hörte Schreie der Frau und Weinen der Kinder und mußte vermuten, daß die Armut im öden häßlichen Hinterhaus bittere Szenen des Lebenskampfes und der Roheit erzeugte. Unsere allemal tapfere und unbefangene Ebeth hinderte der Schreck vor den schlimmen Familienverhältnissen im Hinterhaus nicht, mit den »unglücklichen« Kindern zu spielen. Ebeth und Maredei brachten es fertig, ihre Puppen auszutauschen und im Hof Mütterchenspiele zu veranstalten. Dabei passierte, was passieren mußte, daß nämlich Ebeth die Puppe der Maredei kaputtmachte.

Kaum hatte sich das Malheur zugetragen und hatte es ein Geschrei gegeben, wie ich es später in Neapel durchgängig gehört habe, da erschien an der Flurtür im 2. Stock des Vorderhauses Maredeis Mutter und machte der meinen, völlig ahnungslosen, die bittersten Vorwürfe über die Bosheit ihres Töchterchens und den angerichteten Schaden. Der kleine Anlaß war der von Leben geschundenen Frau aus dem Hinterhaus gerade recht, es endlich einmal denen vom Vorderhaus zu geben. Ebeth stand als Bösewicht da, und alle Beteuerungen meiner Mutter, daß sie die Puppe reparieren lassen werde, halfen nichts. Da war nämlich nichts mehr zu reparieren, weil das Spielzeug unseres Nachbarkindes so oder so dem Zerfall nahe war.

Ebeth fiel auch früh bei den Verwandten des Vaters in Ransel durch Unbefangenheit auf. Die lieben Anverwandten, über die man in diesem Buch an andrer Stelle ausgiebig lesen kann, wurden auch während des Krieges wenn es anging, besucht. Ebeth, eine kräftige kleine Person, fand das dörfliche Essen, das immer aus Schweinefleisch, Sauerkraut und Kartoffeln bestand, ebensowenig ansprechend wie ihre Geschwister. Sie aß bei Tisch kaum etwas und plärrte bald, nachdem abgetragen war, jetzt wolle sie »ein Bollebaa«. Das war, obwohl sie schon vier Jahre und mehr zählte, ihr Wort für Butterbrot, das der Kleinen viel besser schmeckte als fettes Schweinefleisch mit Sauerkraut. Ihr Onkel, Bruder des Vaters, hörte amüsiert den Ruf nach dem Bollebaa und sorgte dafür, daß die mürrische Großmutter das Kind mit dem versorgte, was der Kleinen besser schmeckte.

Intermezzo Rüdesheim

In die Zeit frühesten Kindheitserinnerns reicht das Gefühl Schiff, großes Schiff. Für mich ist jedes Schiff, das ich je später erlebt habe, mit der ersten Erinnerung eines Dampfers der Köln-Düsseldorfer Dampfschiffahrtsgesellschaft verbunden. Ich habe es noch im Gefühl, daß mich das Weiß, die gediegene Vornehmheit und die Größe des Schiffes gebannt haben müssen. Ich ahnte dunkel, dieses Schiff sei ein Salon, ein großer schwimmender Salon. Selbst der Blick, den man vom Promenadendeck aus durch mit Gitterstäben gesicherte, schräge Fenster in den Maschinenraum tun konnte, wahrte die Vornehmheit des Salons. Die schmutzigen Heizkessel und die rußig-verschmutzten Heizer sah man nicht, nur die silberblanken riesigen Arme der beiden Kolben, die die Radschaufeln in Bewegung setzten. Es war erregend zu beobachten, wie die Kolben bei den Landungsmanövern langsamer gingen und dann stillstanden. Dann raste ich an die Reling, um zu kontrollieren, ob nun auch wirklich die Schaufeln stillstanden – wirklich, sie standen still. Es roch nach Wasser überall auf dem Schiff und nach heißem Schmieröl, dazwischen nach guten Speisen aus der Schiffsküche. Ich sah die Kellner in einen durch Glaswände abgesperrten Salon eilen, sah ältere Herren mit feinen Damen an weißgedeckten Tischen sitzen und grüne, geschliffene Gläser heben, wobei sie sich mit leichten Verneigungen ansahen. Ich begriff dunkel etwas von der feinen Welt und von der mondänen Luft auf Schiffen. Wir dagegen gingen auf das obere Deck, weil, wie der Vater sagte, unsere Fahrt ja nur eine Stunde dauern würde. Da oben war es luftig, und ich starrte hinter der wehenden Flagge am Heck auf die gischtenden Wellenberge, die der Raddampfer zurückließ. Wir fuhren an langen Schleppzügen vorbei. Die Kähne lagen so tief im Wasser, daß sie zu versinken drohten. Aber die Schiffersleute vor den kleinen Häuschen hinter den Wimpeln ihrer im Winde flatternden Wäsche waren fröhlich und hatten offenbar keine Angst unterzugehen. Ich weiß noch, daß der Kapitän unseres Schiffs einen unauslöschlichen Eindruck auf mich gemacht hat und daß meine Eltern einer ganzen Serie von Fragen über diesen Mann in blauer Uniform mit goldenen Tressen standhalten mußten.

Wie an einem Zipfel kann ich noch heute an dieser Erinnerung Schiff, salonartig verkleidete Technik, Uniformtressen, Damen mit kneiferbewehrten, weißwestigen Bürgern speisend, Palme im Speisesaal, an diesen flüchtigen und doch so haftenden Impressionen die Grundlegung einer Art von Sensorium für die Luft und Atmosphäre der spätbürgerlichen Zeit mit all ihrer heimlichen Poesie erkennen. So werden in frühester Kindheit bereits die sinnlichen Organe für die Bildungswelten, in denen man sich später heimisch fühlen wird, gelegt.

Ich erinnere mich, daß wir in Rüdesheim bei solchen Besuchen einen Cousin meiner Mutter zu besuchen pflegten. Da herrschte ein anderes Milieu als bei den direkten Verwandten der Mutter, die teils Winzer, teils Bäckermeister waren, was am Rhein damals noch einen biederdeftigen Beigeschmack von ehrsamem und recht wohlhabendem Biedermeierhandwerk hatte und die Brezelreime aus dem bunten Kinderbilderbuch vollauf bestätigte. Der Cousin war ein Architekt, und seine alte Mama, die in der Familie den respektvoll ausgesprochenen Sippenmatronennamen »Reuschetant« hatte, war in ihrem ganzen Gehaben und der Führung des Haushalts feiner. Die Reuschetant war zwischen siebzig und achtzig alt, hatte noch sehr dunkles, glatt anliegendes, in der Mitte gescheiteltes Haar und trug schwarze Taftkleider mit vielen Fältchen. Am Hals war ein feines Spitzenbörtchen, und ihre Augen funkelten sehr lebhaft. In ihrem Haus ist mir der lange Korridor des Oberstocks im Gedächtnis, wo an groß-geblümter Tapete eine

Reihe Stahlstiche vom Rhein hing. Darauf waren Dampfschiffe mit langen schwarzen Schornsteinen zu sehen, die oben eine Art von Blechkrone hatten, aus der schwarzer Rauch wolkig wehte. Ich fühlte, daß das eine Vorform meines so sehr viel eleganteren Schiffs sein müsse und bekam eine erste vage Vorstellung davon, daß auch das Technische seine Geschichte hat. Der Cousin sprach anders, als es im Bäckerhaus üblich war. Es war dort gebildet. Ich merkte es an einer moquanten Erzählung des Onkels, der berichtete, wie er seinen Filius – mein Vater nannte mich auch manchmal so, und zwar immer dann, wenn er mit solchen Leuten zusammen war – gelehrt habe, bei Besuchen, die etwa fragen könnten, was denn der kleine Georg für eine Krankheit gehabt habe, Diarrhoe zu antworten. Mein Vater und der Reuscheonkel fanden das komisch und lachten, während sie sich aus der Flasche einschenkten und, was ich schon öfter gehört hatte, bemerkten, es ging doch nichts über den eigenartig nussigen Beigeschmack des Rüdesheimers. Ich durfte auch einmal trinken, und es wurde mir in Aussicht gestellt, daß ich später, wenn ich erwachsen sei, mit den Großen richtige Flaschen trinken werde. Einstweilen sei mir der Weingenuß untersagt, da man als Kind davon dumm werde. Da ich nicht dumm werden wollte, war ich's zufrieden.

Wir Kinder freuten uns immer sehr auf diese Rüdesheimer Besuche. Da gab es das alte Haus am Markt, wo die Tante wohnte, und direkt daneben das, worin der Großonkel Hannes mit seiner spindeldürren Haushälterin Sophie wohnte. Ein wunderbar knorriger alter Rebstock wuchs an beiden Häusern hoch, und sein Laub hing in die Zimmer des ersten Stocks hinein, in denen wir schliefen. In der Wohnstube unten im Erdgeschoß waren an die Wand in Öl Bilder vom Rhein gemalt. Das eine stellte den Mäuseturm dar, und ich habe mir von meinem Vater, vorausgesetzt, daß er dazu aufgelegt war, immer wieder die Geschichte vom Erzbischof Hatto, den die Mäuse ob seines Geizes bis auf die kleine Insel im Binger Loch verfolgten und dort im finstern Turm auffraßen, erzählen lassen. Auf der andern Seite der Zimmerwand war über dem alten biedermeierlichen Ledersofa der Loreleifelsen abgebildet, und unten fuhr ein Dampfer vorbei. Die Bilder sind gewiß einfältige Malereien eines Tünchers, der über sein solides Handwerk hinaus nach dem Höheren strebte, gewesen. Als ich in späteren Jahren wieder einmal zu Besuch kam und eine moderne Tapete an der Stelle sah, war es mir, als wäre mir ein Stück Kindheit genommen. Damals hatte die Tante auch noch den Canez. Das war ein biedermeierliches Möbel, ein hoher in eine Ecke eingepaßter Schrank, in dessen oberem zurücktretendem Teil das Geld und die Papiere waren. Das Wohnzimmer hatte für uns Wiesbadener Kinder seine besondere Anziehungskraft. Die Hauswände waren über einen Meter dick, so daß regelrechte Fensternischen da waren, die eine Stufe höher lagen. Da konnte man sich hineinsetzen und ein Klapptischchen an der Wand hochklappen und dann in einer Art von kleinstem Kämmerlein ganz allein sitzen und die bunten Bilder in den Kalendern irgendwelcher Missionsgesellschaften betrachten oder hinausgucken auf den Marktplatz und den gerade vorm Haus liegenden, achteckigen Marktbrunnen, aus dessen vier Röhren Tag und Nacht das Wasser floß. Abends, wenn die Alten noch beisammensaßen und wir ins Bett geschickt worden waren, konnten wir meist vor Erregung über all das Seltsame und Anziehende nicht einschlafen. Ich schlief mit meinem ein Jahr jüngeren Bruder in einem Zimmer, und wir lauschten dem Brunnen und den Schlägen der Turmuhr.

Die Türen im Haus waren auch merkwürdig, weil sie so handwerklich echte Drücker hatten, ganz anders als die zu Haus in der städtischen Mietwohnung. Und diese Türen hatten ovale Fensterchen, vor denen ein weißer Vorhang war. Kam man ins Haus, dann stand man unmittelbar im Bäckerladen. Das ganze Haus duftete nach frischem Brot und den köstlichen Wasserwecken, und es war muffig warm vom Backofen, der gleich hinter dem Laden, den Blicken frei, eingebaut war. Der Onkel schoß mit den Schießerstangen das Brot zusammen mit den Gesellen ein und, wenn es nach einer Stunde wieder herausgeholt wurde, dann stand der Lehrjunge dabei und strich die Brote mit einem nassen Besen an, daß es zischte. Da bekamen die Brote alsbald eine lackglänzende Politur. Als ich älter war, durfte ich dieses Geschäft öfter zu meiner kindischen Freude verrichten. Im Sommer war es im Hause unerträglich warm. Darum wurde im Kelterhaus gegessen. Dort war es immer kühl. Das Kelterhaus konnte man auch direkt von der Straße her betreten. Ein schönes grünes Tor schloß es ab, in dessen Mitte eine Tür eingelassen war. Das ganze Tor wurde nur zur Zeit der Lese geöffnet, wenn die Bottiche mit den frisch geschnittenen Trauben oder mit der bereits im Wingert durch Zermanschen hergerichteten Maische hereingebracht wurden. Der Onkel war nämlich nicht bloß Bäcker, welches Geschäft er meist den Gesellen überließ, sondern auch Winzer. Er machte in mittleren Jahren seine sechs bis acht Halbstück. Wenn wir zu Besuch kamen, dann wurden gute Flaschen heraufgeholt. Der Keller lag tief und war, wie es in den alten Häusern am Rhein Bausitte war, aus Schieferwacke zu einem schönen Tonnengewölbe gemauert. In diesem feuchten, kühlen Gelaß war es feierlich still wie in der Kirche. Man ging durch den Mittelgang und hatte zu beiden Seiten die Stirnfronten der Fässer, in denen der Wein war. Sehr früh lernte ich, was ein Spundloch ist und was ein Stechheber, und ich schaute andachtsvoll zu, wenn der Onkel an dem Schlauch sog, um meinem Vater eine Probe des Neuen aus dem Faß zu saugen. Das war etwas Feierliches, und ich begriff, daß der Wein etwas Edles ist und eine Art von Feierlichkeit, fast etwas Zeremonielles erheischt.

Die ersten reifen Trauben des Jahres wuchsen an dem Hausstock und so hatten sie und die Bewohner des Hauses die Ehre, den Strauß zu schmücken, der dem Kirchenpatron von Rüdesheim, dem heiligen Jakob, im Juli auf den Altar gestellt wurde.

Nebenan wohnte, gleichfalls in einem Winzerhaus mit grünen Läden und einem hohen Schieferdach, der Großonkel, der überlebende Bruder des Vaters meiner Mutter. Dem Onkel Hannes, wie er in der ganzen Sippe hieß, wurde immer ein sehr umständlicher, zeremoniöser Antrittsbesuch gemacht, wobei die eigensinnig eingehaltene Hausordnung des Onkels genau beachtet wurde. Die Stunden von zwei bis vier Uhr nachmittags waren Sperrstunden. Da pflegte der Onkel Hannes der Ruhe im Lehnstuhl. Der

Onkel hatte eine ganze Reihe von Großneffen und Großnichten. Wir waren die aus der »Stadt«. Er nannte uns Buben immer seine »neveus«, was uns einen Eindruck machte. Onkel Hannes hatte ein ansehnliches Weingut, das er an Werktagen im grünen Lodenanzug mit den aufgenähten Taschen, in der Hand einen eichenen Knotenstock, besuchte, um die jahreszeitlichen Arbeiten der Wingertsarbeiter zu kontrollieren. Ich sehe ihn noch vor mir, den Onkel Hannes, der 1917 an einem Schlage starb. Er hatte ein glattrasiertes breites Gesicht mit lustigen Augen und einem starken breiten Kinn und vielen Fältchen auf der Stirn. In seiner Jugend, so hatte uns die Mutter erzählt, hatte der Onkel Pfarrer werden sollen und war schon ins bischöfliche Konvikt geschickt worden, um dort erst einmal Latein und Griechisch zu lernen. Eines Tages aber war der Quartaner zu Hause gestanden, ganz unverhofft. Das Heimweh hatte den Knaben nach Haus getrieben, und so war er denn zu Haus geblieben und Winzer geworden, wie sein Vater auch einer gewesen war. Etwas Geistlich-Salbungsvolles war dem Onkel aber bei aller Rüdesheimer Pfiffigkeit sein Lebtag geblieben, und mit uns, seinen Neveus, veranstaltete er bei jedem Besuch kleine schulmeisterliche Exerzitien, was den Respekt vor ihm vertiefte. Ich bin im Jahre 1916, ein Jahr vor seinem Tode, als achtjähriger Schuljunge einmal sechs Wochen bei dem Onkel allein zu Besuch gewesen und wurde während dieser köstlichen Zeit – es war im Frühjahr und das Städtchen war ohne Fremde ganz unter sich – zu seinem erklärten Liebling. Einmal nahm er mich an der Hand, setzte sein grünes Hütchen auf und sagte, wir gingen jetzt zu einer Weinversteigerung. Ich weiß nur noch, daß da viele Männer waren, die den Alten achtungsvoll begrüßten und viele Unterhaltungen mit ihm hatten, daß uns ganz kleine Gläschen mit den Weinproben vorgesetzt wurden und daß ich mit den Erwachsenen proben durfte. Zwischen den verschiedenen Sorten aß man Brötchen, damit die Zunge wieder frisch werde, erklärte mir der Onkel. Ich muß dann ziemlich müde und wohl berauscht nach Hause gekommen sein. Jedenfalls erlauschte ich andern Tags ein Gespräch, das die gute Tante von nebenan, die Schwester meiner Mutter, mit dem Großonkel hatte und worin sie ihm Vorhaltungen machte, daß der Onkel doch den Bub nicht auf die Weinversteigerung mitnehmen dürfte. Ich war stolz auf das Erlebnis und wußte mich heimlich mit dem Onkel Hannes in einem köstlichen Männereinverständnis. Was verstand die Tante von derlei Dingen!

Der Onkel Hannes war ein Original. Zu Tisch trank er seinen Wein. Wenn danach dann die stille Stunde des Mittagsschläfchens gekommen war, durfte ich in dem Zimmer, dessen Läden von der Haushälterin zugemacht wurden, sitzen bleiben. Der Onkel setzte das schwarze Seidenstülpchen auf. Ich hatte vorher am Marktbrunnen noch ein Glas Wasser zu holen, von dem der Onkel sagte, es sei sehr gesund. Davon trank er ein paar Schluck, und dann nickte er ein. Ich habe mich dann nicht gerührt und wurde für so viel Verständigkeit mit besonderen Vertrauensbeweisen belohnt. Einmal nahm er mich an einem Vormittag mit in den Berg. Der Berg ist eine Wingertslage unterhalb des Niederwalds rings um die alten Gemäuer der ehemaligen Zollburg der kurmainzischen Erzbischöfe, denen der Rheingau gehörte, des Ehrenfels. Die Wingert waren noch kahl. Wir kletterten die Mauertreppchen hinauf, und als wir einen bestimmten Punkt erreicht hatten, hieß mich der Onkel still stehen. Zu unseren Füßen lag der Rhein, drüben das alte Bingen und, herrlich zu sehen, die Nahemündung mit der modernen Eisenbahnbrücke und dahinter etwas talaufwärts der alten Drususbrücke der Römer. Der Onkel wies mir das Land und sagte, daß auch an der Nahe Wein wachse. Der sei aber leichter als der Rheingauer. Dann hieß er mich eine Weile ganz still sein. Ob ich etwas höre? Ich hörte angestrengt und sagte, ja, ein leises Summen. Wir horchten zusammen, und da war es wieder ganz deutlich zu hören, ein an- und abschwellendes Summen. Da machte der Onkel Hannes ein sehr ernstes und bekümmertes Gesicht und sagte, das seien die Kanonen von Verdun. Ich verspürte einen Schauder und wurde gepackt von dem Fürchterlichen, das man damals schon den Weltkrieg nannte.

Der Krieg brachte auch in das stille Rheinstädtchen seine Probleme. Wir waren viele Neveus und Nichten des

Großonkels, und der hielt sich für verpflichtet, gelegentlich an Vaters Statt – unsere Väter waren meist im Krieg – erzieherisch auf uns einzuwirken. Ich erinnere mich noch eines Nachmittags, an dem wir in des Onkels Hof, etwa sieben Neveus aus den verschiedenen Familien – ich war ja nur besuchsweise da – uns mit lautem Lärm balgten, während der geheiligten Mittagsschläfchenzeit. Sophie kam und mahnte uns vergebens, bis dann der Onkel selbst erschien und uns mit bedrohlich gedehnter Stimme fragte, warum wir so einen Radau machten. Wir haben ihm dann gestanden, daß wir uns nicht einig werden konnten, wer am meisten Pääl – worunter Pfähle, an die man die Reben bindet, zu verstehen sind – hinaustragen dürfe. Im Hof lag nämlich ein Haufen neuer Buchenholzpfähle, schön angespitzt, und der Onkel hatte uns versprochen, er werde uns alle mitnehmen in die Wingert, und jeder werde ein paar Pääl tragen. Als der Onkel den Grund gehört hatte, ging ein pfiffiges Lächeln über sein Gesicht, so wie wenn er mit meinem Vater einen eigenen Wein, den der noch nicht kannte, probierte und der Onkel auf ein Urteil wartete. Denn mein Vater, der ein Schulmeister war, galt etwas beim Onkel, und sie führten immer sehr gravitätische Gespräche, wie mir schien, miteinander. Der Onkel sagte: »Jetzt stellt euch alle mal in einer Reih' auf nach dem Alter. Toni, wie alt bist du, Josep – so heißt der Name im Rheingau – wie alt bist du?« So fragte er alle sieben durch. Was nun folgte, ist mir unvergeßlich. Der Onkel erhob die Stimme, rückte an seinem Stülpchen und sagte: »Wenn einer – und es klang gut rheingauisch wie oiner –, der zwölf Jahr' alt ist, sechs Pääl trägt, dann ist genau so viel geschafft, wie wenn einer, der sechs Jahr' alt ist, drei Pääl trägt.« Es war ganz still, und der Onkel sah uns an. Unser Jüngster, das Franzche, war erst vier Jahre alt und begriff die Sache noch nicht, schien aber auch sehr einverstanden. Dann fragte der Onkel, wieviel denn nun das Franzche tragen dürfe, damit es genau soviel geschafft hätte wie alle andern. Und der Toni durfte es nicht sagen, weil er's auf der Schul' schon gehabt hätte. Wie stolz war ich, als ich mit meinen acht Jahren antworten konnte, daß das Franzche zwei Pääl zu tragen bekäme und ich vier. Jawohl, sagte der Onkel und fand dann noch so salomonische Lösungen wie die, daß die mit den ungeraden Jahreszahlen durch dickere und dünnere Pääl entschädigt wurden. Der Onkel war sichtlich befriedigt und wir waren begeistert und beluden uns mit den Pfählen. Eine Viertelstunde später marschierten wir zwei und zwei durch die Kirchgasse, der Onkel nahm das Franzche an der Hand, und da begegnete uns der Herr Rektor Bertram, der mir durch seinen schwarzen Vollbart immer merkwürdig gewesen war. Der rief dem Onkel zu, ob er eine Schulklass' ausführe. Jawohl, meinte der, und er habe dem Herrn Rektor grade ins Handwerk gepfuscht. Ja, wie denn? Mit der Verhältnisrechnung, meinte der Onkel Hannes, und er hatte recht.

Als er gestorben war, bekam ich laut Testament ein besonderes Legat, nämlich die Helgoländer Reisetasche. Damit hatte es folgende Bewandtnis. Der Onkel war ein bodenständiger Mann all sein Lebtag. Der Rhein war ihm Welt genug, und daß er einmal in Köln gewesen war, hatte seinem Wissenstrieb genügt, soweit er die großen Städte betraf. Nein, richtig, der Onkel Hannes war auch einmal in Berlin gewesen, weil ein Neveu, diesmal ein echter, kein Großneffe, dorthin geheiratet hatte. Das eigentliche Reiseerlebnis aber war Helgoland gewesen. Der Onkel Hannes hatte einmal in seinem Leben das Meer sehen wollen. Wenn man am Rhein wohnt und lebt, dann ist das ein sehr begreiflicher Gedanke. Der Rhein hat auch mich immer auf das Meer verwiesen. Da steht am Heck der großen Radschlepper Rotterdam, und viele Flaggen werden auf dem Strom gezeigt. Wir haben unsere Krane und Häfen, und das Binger Loch war beständig vom Qualm der Schiffsschornsteine erfüllt. Am ganzen Rhein riecht es nach Wasser und Teer. In den alten Kirchlein werden am Fronleichnams- und am Patronatsheiligentag auch die Fahnen der alten Schifferzünfte hervorgeholt, und Schiffer ist ein Beruf. Bingerbrück ist ein Lotsenstädtchen, und an den Ufern des Stroms lagern Kisten und Fässer wie in den Seehäfen. Das hat der Onkel ein Leben lang gesehen, diese Luft geatmet und sogar eine aufregende Geschichte in die Chronik eingeschrieben von der Dampfkesselexplosion des Bingen-Rüdesheimer Trajektschiffes und von der Tant', seiner

Schwägerin eigentlich, die sich trotz ihrer Korpulenz in ihrem schweren Taftkleid, einen kleinen Sohn gleichzeitig rettend, ans Ufer schwimmend aus dem Desaster in Sicherheit gebracht hatte. Der Onkel wollte also das Meer sehen. Da damals der Flottenverein für Helgoland warb und die patriotischen Bürger zu Zahlungen aufrief, wählte der Onkel Helgoland. Für diese unerhörte Fahrt ließ sich Hannes eine wundervolle Tasche vom Sattler machen. Sie war aus sehr gutem braunem Segeltuch mit zahllosen Taschen innen und außen benäht, und alle Nähte waren mit weichem Kalbsleder umsteppt. Die Schlösser waren von noblem mattem Messing und die Griffe dick und weich. Es war ein Prachtstück, mit dem der Onkel losfuhr. Das habe ich geerbt. Ich erinnere mich noch an das saubere, graue Leinenfutter innen und daß ich mir später eine kleinere Schulmappe daraus machen ließ.

Im Zusammenhang mit den unvergeßlichen Wochen 1916 beim Onkel Hannes muß ich eines anderen Menschen gedenken, der einen tiefen Eindruck auf mich gemacht hat. Das war Aenne B. Sie war ein junges Mädchen, dessen Eltern mit meinen Rüdesheimer Verwandten bekannt waren. Die B., Mutter, Tochter und ein Sohn von etwa vierzehn Jahren damals, wohnten draußen in der Vorstadt jenseits des Grabens – der Graben hält im Straßennamen die Erinnerung an die alte Stadtbefestigung wach und endet an dem erhaltenen, mit zierlichen Zinnen gekrönten Adlerturm am Rhein. Aenne war ein sehr stilles und, wie mir schien, sehr feines Mädchen. Sie mochte damals neunzehn oder zwanzig Jahre alt sein. Ich glaube mich dunkel zu erinnern, daß sie einen Verlobten hatte, der gefallen war, es kann aber auch eine unglückliche Liebe gewesen sein. Was konnte ich achtjähriger Bub davon schon begreifen! Für mein Empfinden hatte Aenne B. etwas madonnenhaft Gesammeltes, eine milde frauliche Art. Ich empfand sie etwa so wie die köstliche mädchenhafte Madonna des Marienaltars in der Rüdesheimer Pfarrkirche. Dies Altarbild – es ist in der ausgebrannten Kirchenruine erhalten geblieben – ist ein etwa fünfviertel Meter hohes Marmorrelief aus der Renaissance und stellt die Gottesmutter auf der Flucht nach Ägypten dar. Sie führt den Jesusknaben an der Hand, und ihr leichtes Gewand ist ungemein anmutig im Schreiten bewegt. Nun, Aenne B. kam mich öfter zu einem Spaziergang beim Onkel Hannes abholen und ich bin immer sehr gern mitgegangen. Ich hatte gehört, daß Aenne, sehr zum Kummer ihrer mundflinken, zu allerlei Späßen aufgelegten Mutter, der auf eine komische Weise die Tränen ebenso locker saßen, wie sie rasch zu schluchzendem Lachen aufgelegt war, ins Kloster gehen wollte. Ich war in dieser religiösen Vorstellungswelt aufgewachsen und fand nichts Besonderes dabei. Aenne würde also ins Kloster gehen. Das stand für mich so fest wie für das junge Mädchen. Sie ist dann auch nach ihrer Ausbildung zur Lehrerin später in einen weiblichen Schulorden eingetreten.

Aenne B. hatte einen Lieblingsspaziergang, den an den kleinen Rüdesheimer Rheinhafen, der halbwegs nach Geisenheim zu lag. Wir gingen durch die Anlagen und näherten uns der großen Eisenbahnbrücke über den Rhein, an deren Anschlußgleisen damals russische Kriegsgefangene arbeiteten. Ich hatte viel zu fragen, und Aenne wußte viel und ging auf meine Fragen sanft und mit unermüdlicher Geduld ein. Das gefiel mir sehr. Ich fühlte unbestimmt die seelenvolle Art des Mädchens und konnte sie fragen, ob sie auch die Geschichte vom Heidi kenne. Aenne kannte die Geschichte, und wir schwärmten beide vom Almöhi und von Klara Sesemann und von dem Heimweh des Kindes aus den Alpen und wie dann alles am Schluß noch so wunderbar wurde. Der Rheinhafen war ein kleines Bassin ohne viel Betrieb. Er lag meistens still. Aber etwas dort war für mich merkwürdig, das waren die Maulbeerbäume, die rings um seinen Wall in zwei Reihen gepflanzt waren. Maulbeeren kannte ich nicht. Aenne erzählte mir von den Seidenraupen, die die Blätter dieses Baumes fräßen, von den Kokons und wie daraus die Seide gewonnen würde. Es sei ein oberitalienischer Baum. Ich wollte wissen, wie Maulbeeren schmecken, worauf Aenne mit einem Lächeln sagte, sie seien zu süß und die Rheingauer Trauben schmeckten viel besser. Im Sommer habe ich dann später die Probe darauf gemacht und gefunden, daß Maulbeeren doch ganz gut schmecken, diese brombeerähnlichen, schwarzblauen, sehr weichen Früchte. Der süßliche, ein wenig modrige Geschmack läßt mich immer an das stille Mädchen denken, das später ins Kloster ging, und an die Tränen einer unglücklichen Mutter. Wenn ich dummer Junge auch nichts deutlich verstand, so ahnte ich doch, daß hier etwas sehr Weibliches war, wovor ich tiefen Respekt empfand. Einmal nahm sie mich auch nach Eibingen mit, einem Weindorf hinter Rüdesheim mitten in den Rebhügeln. Wir gingen in die Kirche des neuen Hildegardisklosters, eines Klosters für Benediktinerinnen. Ich habe den Blick von der halben Höhe auf Rüdesheim und den Rhein mit seinen Schiffen im Gedächtnis behalten. Als ich vor ein paar Jahren wieder da oben stand – ich war als Soldat auf Urlaub zu Haus –, war das Kloster Lazarett, und in den Weinbergen wurden Stellungen für Geschütze gebaut. Ich mußte an den Spaziergang während des ersten Weltkriegs denken und an das Summen der Geschütze vor Verdun. Oben auf dem Niederwald reckte die Germania ihren die Reichskrone tragenden Arm in die blaue Luft, und ihr Haar flatterte noch immer wie Furienhaar im Wind.

Als ich von diesem langen Aufenthalt im Rheinstädtchen an dem belebten Strom und in den geräumigen Häusern und Höfen der Verwandten nach Wiesbaden in die elterliche Mietwohnung zurückkam, habe ich mich kreuzunglücklich gefühlt. Ich hatte ein Stück Freiheit und bunten Lebens verloren.

Das Gymnasium wurde mir 1918 zur entscheidenden Wende in meiner Entwicklung. Dies ist nicht so zu verstehen, daß die lateinischen Deklinationen und Konjugationen irgendwie wichtig gewesen wären. Das lernte ich wie das Einmaleins in der Mittelschule schnell mechanisch auswendig. Der Schuldrill unseres Lehrers der Anfangsstufe hatte einseitig und systematisch der Grammatik gegolten, so daß die lateinischen Vokabeln nur in die bereits eingeübten grammatischen Kategorien eingeführt zu werden brauchten.

Die Sexta war eine neue und wohl die wichtigste soziale und politische Lektion meines frühen bewußten Lebens. War die menschliche Gesellschaft bisher in Vorderhaus und Hinterhaus zerfallen und außerhalb dieser Pole in das kleinstädtisch-dörfliche, nachbarschaftlich und verwandtschaftlich geordnete Sozialfeld der rheingauischen Herkunft der Eltern, so erlebte ich am Luisenplatz zu Wiesbaden zum ersten Mal die feinen, reichen Leute in deren Söhnen.

Das Gymnasium verkündete mit einer Inschrift in plastischen vergoldeten Lettern über dem Gesims des ersten Geschosses, daß es 1918 noch ein »Königliches Gymnasium« war. Von dem Ursprung des gutgegliederten klassizistischen Baus in der biedermeierlichen Zeit der Herzöge von Nassau, als das Haus noch »Pädagogium« hieß, berichtete und wußte zu meiner Zeit niemand. Wir waren königlich preußisch. Was das sozial an Anspruch und Prätention hieß, wurde mir an der Art des Auftretens, der Kleidung und den Väterberufen meiner neuen Mitschüler imponierend und auch ein wenig belastend alsbald deutlich. Jedes Schuljahr und besonders die Sexta begann mit der sich oft über zwei Tage erstreckenden Personalbestandsaufnahme der Schüler. Zum ersten Mal in meinem jungen Leben hörte ich adlige Namen und saß neben den Trägern solcher Namen. Zum ersten Mal kamen auf die Frage Beruf des Vaters Begriffe wie Fabrikant, Berufsoffizier, Landgerichtspräsident, Kaufmann mit dem Zusatz selbständig, Hotelier, Arzt, Kurdirektor. Aber da war auch die Lower-middle-Class zahlreich vertreten. Ich weiß nicht, ob meine Mitschüler so gespannt, ja erregt diese Angaben, die der Gymnasiallehrer oder Gymnasialprofessor, wie die Herren damals gerade noch vor der Novemberrevolution 1918 hießen, abfragte und handschriftlich in Listen eintrug – ich weiß nicht, ob die andern diese Ranglisten so interessiert mit angehört haben wie ich. Wir waren etwa sechs Söhne von Lehrern in dieser Sexta. Wie wach das soziale Geltungsgefühl schon war, ließ sich darin erkennen, daß einige, sei es von sich aus, sei es auf Grund elterlicher Instruktionen, der Angabe »Kaufmann« ungefragt »selbständig« hinzufügten und daß einer sehr genau artikulierte, daß der Vater Magistratsobersekretär sei, was mich an die Radtkes im dritten Stock der Goebenstraße denken ließ.

Die Lehrersbuben zeichneten sich dadurch aus, daß einige betonten Wert auf die Mitteilung legten, daß ihr Vater Mittelschullehrer sei. Ich habe damals mit einigem Trotz den meinen ausdrücklich als Volksschullehrer deklariert. Ein rothaariger Hüne nannte nicht ohne einigen Stolz seinen Vater Berufsoffizier und fügte »gefallen« hinzu. Ein anderer, lieber, schlichter Junge wußte anzugeben, daß seine verwitwete Mutter ein Geschäft habe, wobei sich auf Frage herausstellte, daß es sich um eine Wäscherei handle. Dem Jungen, der noch als Schüler starb, bin ich alsbald zugetan gewesen. Seine Mutter und Schwester – sie waren die Wäscherei, und Paul sollte offenbar Priester werden. Er starb mit kaum sechzehn Jahren an Schwindsucht.

Die Söhne der Wiesbadener »großen Welt« saßen mit denen aus den »Vorderhäusern« auf den gleichen Schulbänken. Nicht als ob es von Anfang an oder später soziale Reibungen gegeben hätte. Doch waren und blieben gerade in dieser meiner Klasse – andere wie die meines Bruders, der ein Jahr danach in die »Huma« eintrat, waren sozial gleichmäßiger – die Sozialbarrieren deutlich und im Grund unaufhebbar. Das begann mit der Kleidung und dem Habitus und endete bei Taschengeld und Ferienreisen, von denen nach dem Sommer zu berichten war. Meine Bewußtseinslage in der Schulklasse war wie im Vorderhaus der Goebenstraße diffizil. Der Abstand zu den Kindern aus den Villen des Nerotals und des Kurviertels war unverkennbar. Andrerseits war ich nicht der Typus des flotten Anpassers. Zu meinem und meiner Familie Selbstverständnis hat gehört, daß wir unsere Erinnerungen an die agrarisch-gewerbliche, selbständige Herkunft aus dem Rheingau wachhielten. Ich fühlte mich in meiner Schulklasse nie ganz zu Haus. Erschwerend kam hinzu, daß mein Vater von Anfang an in einem Gespräch mit dem Direktor angefragt hatte, ob Schulgeldfreiheit für mich zu erwirken wäre. Ich mußte, weil das Schulgeld, dessen Höhe mir nicht mehr erinnerlich ist, eine Belastung gewesen wäre, ein Musterschüler werden. Ich bin es neun Jahre lang gewesen. Aber das ging nicht ohne innere Blessuren ab, von denen ich zu niemand gesprochen habe, auch nicht zu den Eltern. Vom Temperament hätte ich eher zu Umwegen der Entwicklung und heftigen Reaktionen geneigt. Als Schüler hatte ich, früh eingeweiht in die Schwierigkeiten des Familienlebens, jedes halbe Jahr den Nachlaß der Zahlungen im Zeugnis zu erbringen. Was blieb meinem empfindlichen Gefühl anders übrig, als mich irgendwie zu stilisieren? Dem sozialen Rang nach war mir das versperrt. Also habe ich die Camouflage als einsamer Schwieriger gesucht. Zu meinen einsamen Genugtuungen gehörte es, daß mich niemand, sei es von den Mitschülern, sei es den Lehrern, durchschaut hat. Ich galt als sonderbar, im übrigen tüchtig und begabt und war bei den Mitschülern beliebt, weil ich es peinlich vermied, in die Rolle des streberischen Klassenprimus zu geraten. Man mochte mich, weil ich mich nicht vordrängte und im übrigen von meiner Schulweisheit durch Vorsagen abzugeben allemal bereit war. Mein Spitzname war »Vatter« oder Papa, auf mittelrheinisch breitmaulig »Babba«. Aber auch das hat mich insgeheim beleidigt. Ich gab mich dem fatalen Hang hin, gekränkt zu sein. Es hat sehr lange, mindestens bis zum Ende der Schulzeit gedauert, bis ich mich von dieser Sucht einigermaßen frei machte.

Dem durch meine persönliche Kondition geschärften Sinn für das Soziale kam nicht nur die auffällig kontrastreiche Zusammensetzung meiner Schulklasse entgegen, sondern mehr noch die politischen Ereignisse meiner Gymnasialzeit. Ich habe die »Huma«, wie das Haus im Pennälerjargon hieß, Ostern 1918, im Endstadium der wilhelminischen Ära bezogen und es 1927 »mit dem Zeugnis der Reife« kurz vor der Krise der Weimarer Epoche verlassen. Dazwischen lag die Revolution von 1918 mit allen ihren politischen und sozialen Veränderungen und den daraus sich ergebenden Reaktionen.

Mit deutlicher Schärfe erinnere ich mich noch eines

grotesken Vorgangs etwa im Winter 1918/1919. Eines Morgens war vor der Fassade des Gymnasiums ein kleines, bis in den ersten Stock reichendes Baugerüst aufgestellt worden, wo sich die goldenen Stukkaturlettern »Königliches Gymnasium« befanden. Das Gerüst war mit Zeltplanen nach außen abgedeckt, so daß man nicht erkennen konnte, was ein paar Arbeiter dahinter machten. Ein paar Tage drauf waren Gerüst und Plane verschwunden und das inzwischen vollbrachte Werk jedermann zur Besichtigung freigegeben. Die Maurer hatten den König weggeschlagen und im übrigen die verstümmelte Inschrift »liches Gymnasium« stehenlassen. Es gab, selbst den Knirpsen der Sexta, deutlich vernehmbar, ein ungeheures Echo der Empörung. Denn unsere Schule war stolz auf das, was gerade unterging oder untergegangen war: Kaiser, König, der alte und der junge ständische Staat samt seiner Hofgesellschaft. Wiesbaden war eine Stadt der wilhelminischen Ära, ihres Offiziersadels und ihrer Lebensformen und -anschauungen gewesen. So schnell starb das nicht! – zum mindesten nicht in den Köpfen und Herzen derer, die Repräsentanten dieser Zeit gewesen waren. Der Knabe von S., dessen Vater als Offizier im Felde geblieben war, entrüstete sich mit lautem knabenhaftem Unmut. Andere, die reicher und vornehmer schienen, zeigten blasierte Überlegenheit. Was vollends die Großen damals, unter denen sich nicht wenige befanden, die von der Front auf die Schulbank zurückgekehrt waren, um das Abitur nachzuholen, sagten, drang auch zu uns und besonders zu mir. Ich redete darüber mit niemand. Wer auch hätte mein Frohlocken verstanden und geteilt, daß es nun mit den Vorderhaus- und Hinterhausproblemen anders werden würde. Es fiel mir wie Schuppen von den Augen, daß die Republik meine emotionale Heimat und nicht nur dies werden würde oder bereits war. Plötzlich wurde mir die Herkunft aus dem katholischen Rheingau zum politischen Rückhalt gegen das Wilhelminische. Ich kann nicht leugnen, daß sich in jenem Interregnum, als wir ein »liches Gymnasium« waren, in mir so etwas wie soziales Ressentiment festsetzte.

Ein paar Monate später setzten Stukkateure »»Staat« vor das »liche« und die neue Ordnung, im Staatlichen

Gymnasium symbolisiert, schien etabliert. Ich wurde ein glühender Anhänger von Schwarz-Rot-Gold, dies um so mehr, je deutlicher sich bei dem Teil meiner Schulklasse, die begriff oder fühlte, was vor sich ging, ein Hang zum guten alten Schwarz-Weiß-Rot bemerkbar machte. Es war aber keineswegs so, daß sich die Söhne der kleinen Leute auf die Seite der Republik schlugen und die andern wilhelminisch blieben. Ich erkannte bald, daß die Söhne aus den feinen Häusern Sicherheit und entsprechende Allüren mitbekommen hatten. Ich kann nicht behaupten, daß meine politischen Gefühle frei und unbefangen gewesen wären. Aus dieser Zeit datiert ein Grundverhalten, das mich zu Leuten der Arbeiterschaft und des Handwerks oft eine direktere Möglichkeit des Zugangs finden ließ als zur Mittelschicht. Mein Problem ist immer eine Art sozialer Heimatlosigkeit gewesen. So erinnere ich mich, in jenem Revolutionsjahr mehrere direkte Kontakte zu sozialdemokratischen Leuten gefunden zu haben. Zum Beispiel unserer Putzfrau, die schlicht Müller hieß. Eine imponierende Frau, schnell in ihren Bewegungen und in der Arbeit, unsentimental und tüchtig. In ihrem Verhältnis zu uns betonte die Frau den Abstand, der mir angesichts meiner Erfahrungen im Gymnasium fast grotesk vorkam. Einmal erklärte sie meiner Mutter, wie sie und ihr Mann, ein Bauarbeiter, und ihre Töchter es mit der Religion hielten, nämlich überhaupt nicht. Das sei nichts für Sozialdemokraten. Sie lebten nach dem Grundsatz: »Tue recht und scheue niemand«.

Diese kurzangebundene Unterhaltung ist mir bis heute im Gedächtnis geblieben und hat mir bleibenden Eindruck gemacht. Ich kannte den alten Müller, der wie seine Frau freundlich auf Abstand hielt. Da waren aber auch die Müllertöchter. Die Ältere ging, wie man das nannte, nähen und hat wohl auch gelegentlich für uns etwas geschneidert. Sie hieß Mariechen und hatte meist unglückliche Beziehungen zur Herrenwelt – zum Kummer ihrer Mutter. Das Mariechen hätte in einem Gerhart-Hauptmann-Drama vorkommen können. Dann war da die weniger hübsche, aber erzgescheite, mundflinke Tochter Frieda. Sie war Verkäuferin im »Konsum« und geistig ein Kind der

Arbeiterbildungsvereine. Frieda sprach gern mit mir. Sie wollte wissen, wie es auf dem Gymnasium sei und was wir da trieben. Sie hatte allerlei gelesen und lebte sichtlich in der neuen Zeit. Sie erzählte von Abenden im Volksbildungsheim in der Schwalbacher Straße. Dieses Haus habe ich, ohne es – typische Hemmung des Gymnasiasten – je zu betreten, später in den Unruhejahren oft als Mittelpunkt von Volksansammlungen in einer Mischung von Respekt und Fremdheit beobachtet.

Inzwischen kannte ich andere Leute in und aus Wohnungen, die unsern Hinterhäusern an Schäbigkeit, Schlichtheit und Gerüchen nicht nachstanden. Eine Familie wie die unsere mit einem knappen Gehalt und vier Kindern mußte zusehen, wie sie durch die schweren Zeiten kam. Der Mangel an Ernährung war ja keineswegs mit dem Krieg beendet. Jeder sah zu, wie er zu einem zusätzlichen Ratiönchen Milch oder Gemüse kam. Wir hatten Leute aufgetan, die uns jeden Abend einen Liter Ziegenmilch abließen. Der kostbare Saft mußte Tag für Tag in einer Blechkanne auf einem recht weiten Weg geholt werden. Dieser Weg führte in die Richtung des damals noch nicht nach Wiesbaden eingemeindeten Industriegebiets um Biebrich. Damals habe ich die wilde Schönheit üppig blühenden Mohns in jenem Zwischenland kennengelernt, das nicht Garten im Vollsinn und nicht industriell ist. Mein Weg führte mich jeden Abend, bevor die Tiere gemolken wurden, durch Schrebergartenzeilen und an Bahndämmen vorbei. Die Vorortzüge, die Leute auf Fahrrädern, das Volk wurden mir vertraut, und ich fühlte mich da heimisch. Unvergeßlich ist mir der stickige Geruch von Suppen, die abends in der Küche auf den Kohlenherd der Ziegenhalter brodelten, während die Leute wortkarg mir meine zwei Schoppen bitterer Ziegenmilch in die Kanne füllten und das Hartgeld dafür in Empfang nahmen. In dieses Milieu lernte ich mich einfühlen. Halb städtisch halb ländlich lebten die Leute dahin – und der Horizont der Chemie war derselbe wie an der Ruhr oder in Berlin-Nord oder an der Warschauer Brücke. Das war für mich vertrauter als das, was das Gymnasium an sozialem Hintergrund ahnen ließ. Erst viel später ist mir die Schönheit und die

Kultur der Villenregionen meiner Heimatstadt als Bildungserlebnis zugänglich geworden.

Meine Eltern begleiteten den Weg des Ältesten in die höhere Schule mit maßvollem Interesse. Was ich in diesem Betracht immer als angenehme häusliche Atmosphäre empfunden habe, war die Abwesenheit von Antreiberei mit dem Endziel des sozialen Aufstiegs. Mein Vater war nicht Abiturient. Er hatte wie die Volksschullehrer damals insgesamt eine Ausbildung in einem konfessionellen Lehrerseminar erhalten. Diese Seminarien waren energisch geführte Internatsanstalten, in denen Deutsch und Deutschdidaktik in einem gelehrt und eingepaukt wurden, in denen etwas Mathematik, aber immer im Hinblick auf den späteren Rechenunterricht, Geschichte mit besonderer Betonung der preußischen in neuerer Zeit, Religion, Turnen und wackere Staatsgesinnung ungebrochen von Zweifel oder, wie man das heute nennt, Problematik vermittelt und in den allermeisten Fällen unkritisch angenommen wurden. Etwas Latein scheint dazugehört zu haben. Es kann nicht viel gewesen sein, weil der Vater in den Jahren, als die Söhne über die Tertia hinaus waren, sich nicht selten kirchenlateinische Texte, die er für die Einübung des Kirchenchors brauchte, von uns übersetzen ließ. Keine moderne Fremdsprache, aber Religion und Orgel für die künftigen Organisten, seien sie evangelisch oder katholisch, und Geräteturnen: So muß der fünfjährige Kurs, der auf der Dorfschule aufbaute, ausgesehen haben. Daß die Kinder des Lehrers weiterkommen sollten, war klar. Aber das formulierte sich nicht als sozialer Aufstiegswille, sondern als Wille zu einer fundierten Bildung. Die Mutter aus dem viel begüterteren Milieu der Klein- und Weinstadt Rüdesheim hatte nur die Volksschule und danach als junges Mädchen ein Töchterinternat besucht. Das war für unsere Mutter die nach außen überaus scheu war, weil ihr Leben in den veränderten Verhältnissen schwer war, fast eine Tragödie. Der »alte Glock«, unser Großvater, den wir Kinder nicht kennengelernt haben, weil er vor der Ehe der

Mutter gestorben war, soll nach der Erzählung auf die Bitten seiner angeblichen Lieblingstochter, des Käthchen, in die höhere Schule geschickt zu werden, gesagt haben: »Das iss' nix für uns. Das iss' für Sturms Kinner.« Dieses in der Wirkung harte, aber gewiß so nicht beabsichtigte Diktum hatte seine Pikanterie darin, daß der alte Glock durchaus in der Lage gewesen wäre, sein Kind auf die höhere Schule zu schicken. Doch mag er sich gesagt haben, was denn daraus würde, wenn erst die Untersekunda absolviert und die Tochter dann irgendwohin in eine Stadt auswärts zu schicken gewesen wäre, dies um die Jahrhundertwende, als es in der Tat selbst in höher placierten Familien noch ein Wagnis war, die Töchter auf höhere Schulen zu schicken. Der Bezug auf »Sturms Kinner« erklärt sich daraus, daß diese führende Rüdesheimer Familie von Weingutsbesitzern mit den Glocks entfernt verwandt war. Frau Sturm, die damals in einer der schönsten Villen am Rheinufer wohnte, war eine Cousine des Glockgroßvaters. Wie dem auch sei, in dem Diktum war für meine Mutter der Zugang zu dem, was ihr das halbe Leben bedeutet hätte, versperrt. Was Wunder also, daß der Weg der Kinder zu den höheren Schulen für die Mutter von besonderer Wichtigkeit war.

Das Bildungsklima in unserm Elternhaus war insofern förderlich, als viel gesprochen und, wenn ich es mit einem modernen Wort sagen soll, reflektiert und diskutiert wurde. Mit Literatur war es allerdings schlecht bestellt. Um so gieriger waren wir nach Büchern. Die Mutter, die in der Woche über der Arbeit für vier Kinder kaum zum Lesen kam, habe ich an Sonntagnachmittagen oft in die Lektüre von Romanen versunken gesehen. Sie stammten meist aus der Borromäusbibliothek und dürften die typische Romanliteratur zwischen Unterhaltung, wacker lebenstüchtigem Ethos und dem Leben in höheren Kreisen gewesen sein. Wir Kinder lasen kurioserweise zunächst die Jungmädchenbücher der Mutter, eingeschlossen »Trotzköpfchen« und »Herzblättchen«. Man möge darüber lächeln. Ich habe daraus – und vermutlich auch meine Geschwister – Attitüden und Posen der gutbürgerlichen Gesellschaft kennen- und schließlich auch durchschauen gelernt. Doch hat uns das Zeug erst einmal irgendwie imponiert. Dann war da das unverwüstliche Rührstück »Heidi« von Johanna Spyri. Später sorgten die Eltern an Weihnachten dafür, daß »Robinson« und »Onkel Toms Hütte« in uns zugänglichen billigen Warenhausausgaben auf den Gabentisch kamen. Da war auch ein mir unvergeßliches Buch »Deutsche Schwänke«, worin alles Altdeutsche derb holzschnitthaft vom Rollwagenbüchlein an enthalten war, ein Bildungsbuch fürwahr. »Reineke Fuchs« haben wir auch verschlungen, was heute recht unzeitgemäß anmuten dürfte. Unsern Knabenhunger nach Abenteuergeschichten stillte nicht Karl May, zu dem ich keinen Zugang fand, sondern eine Serie, die von offenbar weltkundigen Jesuiten gemacht war und im Herder-Verlag erschien. Sie hatte den banalen Titel »Aus fernen Landen« und fand sich, da von Herder, in den Pfarrbibliotheken. Besonderer Beliebtheit erfreuten sich daraus die Geschichten von verschleppten Christensklaven und aus den Serails der Sultane. Das war Vorbereitung auf »Salambo« und andere erlesene Exotik.

Vom Vater gab es kaum Bücher. Als junger Mann hatte er sich das damals neueste Herdersche Konversationslexikon angeschafft, ein Schatz mehr für mich als für ihn. Richtigen Lesestoff boten nur Vaters aus der Seminarzeit erhaltene Schulbücher, vor allem ein dreibändiges Geschichtswerk, das mir gefiel, weil es zur Historie die Anekdoten, soweit aus den Quellen überliefert, enthielt. Das habe ich verschlungen, bis ich als Sekundaner zum ersten Mal den Weg zu unserer großen öffentlichen Nassauischen Landesbibliothek fand.

Die erste nachhaltige Erfahrung eines einwandfreien sozialen Oben im Gymnasium hatte eher Ordnung als Unordnung in meine Vorstellungen von deutscher Gesellschaft gebracht. Ich fühlte mich trotz der sozialen Rangliste, die im Klassenbuch der Sexta beinahe zu einem Gotha der reichen Leute wurde, keineswegs verunsichert. Im Gegenteil! Das Unbehagen, das ich von früher Kindheit an bei der Klassifikation Vorderhaus – Hinterhaus empfunden hatte, schwand und wurde durch die Einsicht ersetzt, daß »Vorderhaus« ein täuschender Scheinbegriff war.

Mein Einblick in die wirkliche Lage wurde durch aktuelle Umstände schärfer. Die beginnende Inflation machte in Haushalten wie dem unsern die banalsten Sorgen für das Alltägliche dringlich. Ich erinnere mich, mit dem Bruder Walter in den Herbsten der ersten Nachkriegsjahre den Weg in das der Stadt nahe Dorf Erbenheim angetreten zu haben. Das Nest, heute längst eingemeindet und durch einen amerikanischen Militärflugplatz und allerlei Bungalow-Besiedlung bis zur Unkenntlichkeit verändert, war damals ein reines Bauerndorf, in dem es penetrant nach Schweinemist duftete. Die Höfe waren so behäbig wie häßlich und ihre Bewohner reiche Mittelbauern. Es ging uns darum, etwa zwanzig oder dreißig Pfund Kartoffeln von Hof zu Hof zu erbetteln. Das Papiergeld, das wir anboten, fand nur verächtliches Zucken um die Mundwinkel. Damals kam das geflügelte Wort auf, die Bauern empfingen einen mit der breitmäuligen Frage »Hott er (ihr) aach Dollar«, wobei sie bei dem Wort Dollar den Ton auf die Endsilbe legten, was uns Städter grimmig erheiterte. Wir hatten keine Dollar und sahen bald die Nutzlosigkeit der Gänge von Tor zu Tor ein. Mit ein paar maulenden Weibern machten wir uns auf die Felder und begannen, nicht ohne mit den andern in feindselige Konkurrenz zu kommen, ans Stoppeln. Das heißt, wir lasen das Kleinzeug, das die, wie man sie nannte, dicken Bauern auf dem Feld hatten liegenlassen, auf und brachten es aus Ehrgeiz, und um nicht mit leeren Händen nach Hause zu kommen, auf an die zwanzig Pfund. Es gefiel uns, obwohl durch wackere elterliche Erziehung eher untauglich zum Stibitzen, letzte Äpfel von den Bäumen zu holen. Der Wind pfiff bereits scharf über die Stoppelfelder. Uns gefiel das Unternehmen, und wir wiederholten es. Was wäre gewesen, wenn wir zu solchem Tun die bunten Schülermützen des »Staatlichen Gymnasiums« getragen hätten?

Ich war inzwischen in Untertertia und um einiges weiter. Ob ich wollte oder nicht – ich führte in der Schule und außerhalb zwei getrennte Leben. Es wäre mir nie in den Sinn gekommen, meinen Mitschülern von den nachmittäglichen Fahrten und Wanderungen »in die Örter«, wie man am Mittelrhein sagt, auch nur ein Wort verlauten zu lassen.

Sozialen Neid haben wir in der Familie nicht gekannt. So war mir die liebedienerische Gefälligkeit, mit der Jungens meiner sozialen Kondition die Söhne der Sektbarone oder der hohen Magistratur umwarben, eher verächtlich. Es kam kaum mehr zu sozialem Ressentiment, weil wir von Herkunft und Erinnerung Besitzende waren. Wir hatten unsere, wenn auch durch die Einseitigkeit des Verhältnisses von Geben und Empfangen nicht ungetrübte Beziehungen zu einer Sippe, die zwar nicht reich, aber doch vor dem Kartoffelstoppeln auf Erbenheimer Feldern bewahrt blieb.

Die Lage wurde in den Jahren 1922/23 immer schwieriger. Kleidung und Schuhwerk für sechs Menschen zu beschaffen, wurde fast unmöglich. Schwatzende und ratschende Hausnäherinnen schneiderten in unserer Wohnung aus altem Zeug des Vaters Hosen und Jacken. Konfektion, Massenkonfektion gar, mit der sich heute jeder kleine Mann zu helfen weiß, gab es noch nicht. Der rasche Geldwertverfall, der das väterliche Gehalt von einem auf den andern Tag um beträchtliche Teile der Kaufkraft brachte, zwang uns, am frühen Nachmittag gleich nach dem Gymnasium und dem Mittagessen in ein großes Lebensmittelfilialgeschäft aufzubrechen und den kleinen Block neuer Geldscheine, den der Vater in der Frühe von der Landesbank geholt hatte, in Mehl und Dosenfleisch, Dauerwurst und runde rote Holländer Käse umzusetzen. Die kleine Hamster- und Vorratswirtschaft bereitete uns Jungen dadurch Vergnügen, daß wir zwei Tage danach die höheren Preisnotierungen als den schieren Gewinn für die Sippe buchten.

Die rapide Verarmung des »Vorderhauses« ließ kaum Kameraderie mit den Klassenkameraden außerhalb der Schule zu. Auf unsrer Seite war zu viel zu verbergen. Etwa Szenen wie diese, daß ich mit meiner zu solchen Dingen sehr unbegabten Mutter mich aufmachte, einen Bauern in dem Nest aufzusuchen, von dem wir in normalen Jahren bis in den Krieg hinein die Winterkartoffeln bezogen hatten. Früher hatte eine Postkarte genügt – und eines Tages im November stand das mit zwei Gäulen bespannte ländliche Fuhrwerk vor dem Haus. Der Bauer, des schönen Namens Essig, lud seine zwanzig Zentner gelber, gutkochender, wie er sagte, Kartoffeln ab, bekam sein Geld und einen Kaffee und fuhr weiter zum nächsten Städter, um den mit dem Ertrag seiner Felder zu beglücken. Das war in den Jahren der Inflation gründlich vorbei. Wir hatten keine Dollar – und Essig ließ nichts von sich hören. Die Mutter und ich fuhren mit der altmodischen rasselnden Wiesbadener Straßenbahn nach Erbenheim und traten zu Fuß über die Landstraße den Weg in Essigs Nest an, das noch heute Nordenstadt heißt und ein fast ebenso häßliches reiches Dorf war wie Erbenheim. Wir trafen den Essig wirklich an, und die Mutter brachte ihr Anliegen, wie man hier wohl sagen kann, viel zu schüchtern vor. Da begann der Essig, dessen listiges Nassauer Bauerngesicht ich sofort wiedererkennen würde, zu klagen und zu jammern, daß er dieses Jahr eine Mißernte gehabt habe, was jeder Evidenz der Felder und der Scheunen widersprach, und beendete seinen Sermon mit dem klassischen Satz »Da müßt' ich jo mei Dodesurteil unnerschreiwe, Frau Lehrer«. Der Kerl sagte, wie im Dorf damals noch üblich, wiederholt: »Frau Lehrer«. Das war für meine Mutter zuviel, und das stolze zu irgendwelchen Finten oder Grobheiten unfähige Mädchen, wie ich meine Mutter damals bereits insgeheim nannte, kriegte vor Scham einen roten Kopf und trat unverrichteterdinge mit mir den Rückzug an. Ich war schon so etwas wie ein harter Bursche geworden. Einerseits hatte ich die Erfahrung des Gymnasiums, das mir wie Kindern aus den Aufstiegsschichten zumeist seine Genugtuungen spielend überließ, und war nicht so verletzbar wie die Mutter.

Was war ihr Leben bisher gewesen? Von ihren siebzehn – achtzehn Jahren hatte sie die Erinnerung an ein unbeschwertes, wenn auch wohl nicht glückliches Leben. Die ersten Schatten waren gefallen, als sie nach dem Willen ihres Vaters nicht auf eine höhere Schule gehen durfte. Dann waren der Tod des Vaters und die Auflösung des Elternhauses gekommen, in dem man geborgen, sorglos in rheinischer Heiterkeit, selbstverständlich durch genaue strenge Sitte gehalten, dahingelebt hatte. Dann hatte sie den jungen Volksschullehrer genommen. Es war sicher eine sogenannte Liebesheirat. Anders würde die Mutter die vordem überhaupt nicht gekannten ökonomischen Probleme kaum gemeistert haben. Indem die Mutter nicht imstande war zu verleugnen, daß sie vor ihrer Heirat von den Realitäten Vorderhaus – Hinterhaus und allem weiteren nichts gewußt hat, konnte sie uns vier Kindern nur ein allzu schönes Bild ihrer eigenen Kindheit am Rhein übermitteln.

Glücklicherweise war die Lage des Vaters von der der Mutter nicht so verschieden, daß wir etwa innerhalb der Familie Vorderhaus und Hinterhaus gehabt hätten. Der Bauernjunge aus Ransel entstammte zwar nicht dem weinbauenden Teil der agrarisch-gewerblichen Ureinwohnerschaft unseres Ländchens. Er war der Bub aus dem vergleichsweise ärmeren Höhendorf. Aber Haus, Feld und Vieh waren für ihn genauso Urerlebnisse wie für die Mutter Wingert, volle Weinkeller und das behäbige eigene Haus.

Zu uns Kindern kam dieser Ursprung aus zweiter Hand oder aus kurzen Ferienwochen, deren Ende immer schmerzlich war. Wir waren in der vergleichsweise moderneren städtischen Situation aufgewachsen, darin bereits erfahren, und wenn man so will, fortgeschrittener. Die Konstellation war für uns fruchtbar. In den höheren Schulen begegneten wir dem, was diesen Schulen den heute unüblich gewordenen Namen gegeben hatte, dem »Höheren«, sei es als Bildung, sei es als die oberen Zehntausend. Bildung war uns ohne jedes Hemmnis offen. Wir haben sie uns genommen, wie man sie uns gab. Das andere Höhere erfuhren wir eher indirekt als direkt – und wir hielten uns in Distanz davon.

Das war unsere Lage. Sie wurde dadurch akzentuiert und in ihrer Kuriosität durch zwei Zufälle erst möglich. Gegen Kriegsende suchte der durch allerlei Nebenunterricht vielgeplagte Vater schier verzweifelt nach einer neuen größeren Bleibe, die unser Budget nicht übersteigen durfte. Er fand sie, und ich meine mich zu erinnern, wie er vor Glück triumphierend nach Hause kam, es der Mutter zu erzählen, in der Platterstraße oberhalb Wiesbadens. Wir verdankten die geräumigen vier Zimmer eines sonnigen Parterres dem Umstand, daß wir einen Friedhof zur direkten Nachbarschaft hatten. In die Friedhofsnähe zogen andere Reflektanten aus Scheu vor den Toten selten. Für uns war der Fund die Rettung aus Enge und allerlei Spannungen. Der Friedhof, von einer Steinmauer rings umgeben, zeigte uns herrliche hohe, immergrüne Parkbäume und störte uns überhaupt nicht. Wir lebten wie in der Nähe eines kaum besuchten Parks, dies um so mehr, als dieser Friedhof schon damals nicht mehr benutzt wurde – mit der einen Ausnahme, daß seine Kapelle als Aufbahrungsort diente. Etwa einen Kilometer weiter nördlich – unser Haus lag damals an der nördlichen Stadtgrenze zum Taunus – war der neuere Nordfriedhof angelegt, zu dem fast jeden Morgen Leichenbegräbnisse in feierlicher Prozession hinter einem von Pferden unter schwarzen Schabracken gezogenen Leichenwagen in der Lindenallee vor unsern Fenstern vorüberzogen. Dieses Bild gehört zu meiner Jugend. Ich sehe den Vater den Hut lüften, wenn solche Prozession kam. Ich sehe die Mutter nachdenklich einen Blick durchs Fenster werfen. Nicht selten sind wir, der Bruder und ich, die wir Chorknaben in der nahen Pfarrkirche Maria-Hilf geworden waren, mit unserm Pfarrer in schwarzen Kitteln und weißem Chorhemd, Weihwasser und Rauchfaß mit uns führend, vor dem Toten einhergezogen. Wir nahmen wahr, daß wohlhabendere Leute die nächsten Angehörigen in geschlossenen Droschken hinterher fahren ließen. Wir wußten, wer der Tote gewesen war, zumal wenn ein Verein und eine Blaskapelle mitzogen. Das war dann auch der letzte Weg unserer Mutter, deren nicht leichtes Leben mit zweiundfünfzig Jahren geendet hat.

Die neue Wohnung war zwar wie die alte eine Mietwohnung, aber das freistehende Haus, von wackeren Kleinbürgern bewohnt, lag nicht dicht an dicht in der Straßenzeile. Es gab kein Hinterhaus. Unser Haus lag isoliert für sich in einem Vorgarten, dessen größerer Teil den Bewohnern der Parterrewohnung zustand. Das war so etwas wie der Wechsel in eine neue Lebenslage. Nicht als ob es keine Probleme mit andern Mietern mehr gegeben hätte. Aber wir waren nicht mehr abgeschnitten von einem Stückchen Land und von einer freieren landschaftlichen Umgebung. Was das für uns bedeutet hat, kann nur ermessen, wer die auf die Dauer frustrierenden elterlichen Erinnerungen an das Umland ihrer Häuser zu würdigen weiß. Wenn ich mich auf mein Leben besinne, dann wird mir immer schärfer deutlich, wie entscheidend für meine Lebensorientierung und wohl auch die meiner Geschwister diese Kehre gewesen ist. Ich habe seit 1946 in Berlin, wo ich als Schreiber und Journalist wieder Fuß zu fassen suchte, wie so mancher andere Literat Entwürfe gemacht, wie dem gesellschaftlichen Leben in unserm zerstörten und verwüsteten Lande wieder aufgeholfen werden könne. Damals habe ich einen Essai geschrieben und in einer Zeitschrift veröffentlicht, betitelt »Die Laubenkolonie als Modell«. Später habe ich einmal zum Entsetzen eines städtischen »Kulturdezernenten« in Iserlohn mit einer Gruppe von Intellektuellen, unter denen auch Theodor Adorno war, davon geredet, daß man die Deutschen wieder glücklich oder überhaupt zum ersten Male glücklich machen solle und könne, indem man ihnen Schrebergärten nicht nehme, wie das schon in den fünfziger Jahren begann, sondern sie ihnen vermehrt gebe. Wie war der so fortschrittliche Stadtrat verzweifelt, als er meine Eisenbahnergesangvereins-Ideen vernahm. Ich lasse mich nicht irremachen. Die aus der Kindheit mir überkommenen Erfahrungen sagen mir, was den Menschen friedlich macht. Das mag man kleinbürgerlich oder reaktionär nennen. Erfahrungen und Prägung sind stark genug, mich nicht in der Grundüberzeugung beirren zu lassen, daß gerade der Deutsche einen immer wieder aufbrechenden Hunger nach einem kleinen Stück Nutzland empfindet und daß Humanisierung, Urbanisierung und Kultur über diese Station laufen.

Wir hatten endlich einen Garten! Es war wie der Aufbruch in ein neues Leben. Der Boden erwies sich dem kundigen Auge der Eltern zunächst als steril. Wenn man die kümmerliche Erdkruste mit dem Spaten durchstieß, kam man bald auf Bauschutt. Aber da lag buchstäblich auf der Straße der ideale Dünger. Tag für Tag zogen draußen die pferde- oder maultierbespannten Fouragewagen der französischen Besatzungsarmee vorbei. Die Fahrer waren näselnde Marokkaner im Hellblau der Poilus. Ihre Kasernen lagen oben am Eichwald, wo danach die Wiesbadener Filmateliers und heute die Studios des Zweiten Deutschen Fernsehens stehen.

Tag für Tag fuhren draußen die Armeewagen vorüber und hinterließen reichlich Ladungen Roßäpfel jeder Couleur von Grün bis Dunkelbraun. Ein bebautes Gegenüber hatte die Platterstraße damals noch nicht. Wir waren auf dem Stadtranddorf und fühlten uns freier als in der schrecklich engen städtischen Goebenstraße. Sobald wir, oft an lateinischen oder griechischen Schulaufgaben sitzend, hinter dem Fenster den neuen Segen auf dem Pflaster wahrnahmen, sausten wir, mit im Vorgarten bereitstehenden Eimern und Spaten bewaffnet, los und brachten die Fracht »heim«. Sie wurde in großen Bottichen gewässert und nach Tagen ins Erdreich gebracht.

Die große Pflanzung der Obstbäume begann im Herbst unseres Einzugs. Was Hortikultur ist und sein kann, wußten die Eltern von zu Haus und lernten wir geborenen Stadtkinder geschwind. Vier Äpfel, kräftiges Spalier, wurden mit zwei Mirabellen und zwei Birnen in der Baumschule an der Schiersteiner Straße erstanden und mit einem vom Vater selbstgebastelten Handwagen durch die halbe Stadt herangefahren. Dann begann die Lust des Pflanzens. Große Erdlöcher wurden ausgehoben, kräftig gedüngt, mit aus dem nahen Taunuswald geholtem Humus aufgefüllt und die Wurzeln darin versenkt. Die jungen Stämme wurden mit ordentlichen Pfählen von einem nahen Zimmermannsplatz versehen und vorsichtig angegossen.

Intermezzo Hühnerstall

Damals lebten wir zu Haus mehr denn je in familienhafter Abgeschlossenheit. Ich erinnere mich noch gut, wie Nächte lang die Militärautos der Franzosen die Platterstraße hinauf über den Taunus nach Limburg und von da über den Westerwald ins Ruhrgebiet gerollt waren. Wir fühlten uns angesichts dieses militärischen Schauspiels 1923 wenigstens insofern beruhigt, als wir wußten, daß es keinen Krieg geben würde. Wenn die bewaffnete Macht an den Häusern vorüberzieht und sich nur zeigt in all ihrer Drohung, ohne jedoch loszubrechen und die Kappen von den Kanonenrohren herunterzunehmen, dann kann einem das Haus erst recht das Gefühl der Geborgenheit geben.

Wir hatten den Garten ums Haus, den wir eifrig mit allerlei Gemüse bestellten. Wir hatten die Freude, alljährlich vom Knospen über das Blühen das Werden und Reifen der Früchte anzusehen. Zwei Mirabellenbäume trugen jedes Jahr Körbe voll der goldgelben süßen Früchte, so daß stattliche Reihen von Gläsern für den Winter eingemacht werden konnten. Im Sommer ging man nach Tisch in den Garten und hatte in ein paar Minuten eine Schüssel voll Mirabellen gepflückt, die als Nachtisch gegessen wurden. Auch gab es ein paar Jahre lang sehr schöne Aprikosen, die im Schutze der sonnigen Hauswand gut gediehen und auf den samtenen gelben Bäckchen hübsche rote Tupfen zeigten. Vor unserem Schlafzimmerfenster stand ein Birnbaum, dessen Früchte allerdings erst durch Lagern gegen Weihnachten saftig und weich wurden, so daß man sie dann schlürfen konnte.

Gärtnerische Arbeit ist mir seit diesen Jugendtagen vertraut, und ich habe bis heute eine große Sehnsucht nach dem Hegen und Pflegen des Gärtners. Den winterlich durchgegorenen und nach der Kälte aufgetauten Boden mit dem Spaten umbrechen, ist ein Hochgenuß. Der Boden, der dann verrottet ist und oft leicht säuerlich riecht, hat dann so etwas wie seine Brunstzeit. Ich zog die fetten Regenwürmer aus den aufgeworfenen Schollen und warf sie den in ihrer Volière gierig wartenden und aufgeregt hin- und herrennenden Hühnern hin, die sie würgend verschlangen. Mit fast ungläubiger Neugier beobachtete ich gern im Frühling das erste Durchbrechen der jungen Keimlinge, etwa der Bohnen, wenn sich ein Spitzchen den Weg bahnt und dann die beiden ausgelaugten Hälften der Bohne nach oben abstößt, indes die Wurzel nun die Nahrung aus dem Boden holt. Im nahen Wald holten wir im Leiterwagen, den wir mit Säcken abdichteten, Humuserde an Stellen, die wir zuvor entdeckt hatten, wo sich aus dem Buchenlaub durch Fäulnis in Mulden schöne, lockere schwarze Erde gebildet hatte. Damit verbesserten wir den Boden, taten verrotteten und verjauchten Pferdemist hinzu und hatten großartige Zuchterfolge. Es bereitet ein eigenartiges Vergnügen, das Wachstum so durch Eingriffe und durch ein bewußtes Hegen, stetes Auflockern des Bodens mit der Harke und kluges Gießen des Abends mit abgestandenem Wasser, vor allem aber durch planvolle Ernährung der Pflanze zu lenken. Wenn ich freilich heute von den modernen Züchtungsversuchen höre und lese, dann wird mir manchmal bange, ob wir etwa eines Tages eine willkürlich abgeänderte Natur und insbesondere Nutzpflanzenwelt bekommen werden. Nun, wir hielten uns ans bewährte Alte. Erbsen an Reisern, Bohnen an Stangen, Tomaten, weiße feste Blumenkohlköpfe, Zwiebeln und an die vielen Küchenkräuter, worunter auch die Kresse nicht fehlte, deren säuerliche Bitterkeit zu einem gebratenen Stück Fleisch einer der köstlichsten Genüsse ist. Natürlich wurden alle Salate gepflegt, schöne gelbe feste Kopfsalate und Endivien, kraus und lappig, dazu der Feldsalat, der etwas Herrliches ist, weil er so erdig schmeckt. Wenn ich meinen Homer präpariert hatte, ging ich hinaus in den Garten und machte mir da zu schaffen. Es gibt in den Gärten immer zu tun, zu gießen, aufzubinden, zu hacken, Komposthaufen anzulegen. Und dann waren da noch die Hühner, die unsere richtigen Haustiere waren. Sie hatten alle Charakternamen. Wir kannten sie von klein auf, weil wir selbst die Glucke gesetzt hatten. Zwölf zählte die Familie, und sie waren alle von der gleichen Rasse. Da gab es »das Schöne« und »das Freche«, das sich beim Füttern immer dadurch hervortat, daß es nach den andern pickte und alle Körner für sich haben wollte, oder den Platz am Napf mit dem Weichfutter für sich allein beanspruchte. Eines hieß »das Häubche«, weil es ein paar kleine Federn auf dem Kopf neben dem Kamm trug. Wenn die jungen Hähne ins mannbare Alter kamen, dann trugen sie fürchterliche Kämpfe miteinander aus und hackten sich die Kämme blutig. Wir guckten diesen rohen Spielen mit Eifer zu und versuchten die Streitenden zu trennen, wenn es gar zu hitzig wurde. Die Hahnenkämpfe endeten des Sonntags in unserem großen eisernen Topf. Nur einer, der stolzeste, blieb übrig und beherrschte das Hinkelsvolk. Ein paar Monate hatten wir auch einmal einen ganz jungen Hammel im Garten, ein Kerlchen, das von uns so verwöhnt wurde, daß er unablässig blökte, wenn man sich nicht mit ihm beschäftigte.

Der Vater hat all diese Unternehmungen, die Tierhaltung und die Gärtnerei, unternommen. Daß wir, vor allem die beiden Söhne, als Trabanten und Helfer dabei waren, verstand sich von selbst. Das Interessanteste waren stets die Pionierzeiten unserer Unternehmungen. Da mußte meist entweder herangeschafft oder gebaut werden. Der Bau des Hühnerhauses war ein Fest. Das Schreinern hat der Vater als Leidenschaft zeit seines Lebens bei Anlässen, wie es der Bau von Hühnerhäusern war, betrieben – mit einem knabenhaften Eifer, der es nicht abwarten kann, fertig zu werden und darum rührend komisch war. Wir gingen also an das Hühnerhaus. Das wurde nun nicht etwa ein primitiver Kasten, sondern da wurde ein stilgerechtes Häuschen mit einem Walmdach, doppelten Wänden, zwischen die Sägemehl gestreut wurde zur Erwärmung im Winter und zum Kühlhalten im Sommer, mit einem richtigen verglasten Fensterchen im Giebel und einem schönen Tor zum Ausmisten, mit genau eingepaßten Sitzstangen für die Nachtruhe der Hühner und einem vom Wohnungsfenster aus mittels einer Schnur zu bedienenden Schiebetürchen erstellt, das des Abends zugemacht wurde, damit es die Hinkel warm haben und daß kein Fuchs oder Wiesel räuberische Einbrüche machen kann. Unser Hühnerhaus stand auf Pfosten, damit der Holzboden nicht faule, und die Pfosten wurden gegen die Fäulnis mit Karbolineum oder Teer angestrichen. Wir Buben haben bei diesen Arbeiten mitmachen dürfen und viel gelernt. Der Vater war ernsthaft der Ansicht, daß Erziehung etwas mit Schreinerei zu tun habe, und ich glaube, daß er damit recht hat. Wenn wir seine Wünsche nicht richtig verstanden, etwa was das zuzureichende Material betraf oder die Auskerbung eines Pfostens, der verstrebt werden sollte, dann war der Vater im Eifer des Gefechts mit mißbilligenden Äußerungen wie »Holzbock«, was wohl ein Schulmeisterwort für ungeschickt und bockig zugleich ist, nicht sparsam. Der gemeinsame Werkeifer hat über gelegentliche Verstimmungen hinweggeholfen. War das Werk erstellt und die Dachpappe aufgenagelt, dann wurden noch die kleinen Finessen angebracht, so etwa die farbige Bemalung oder die Bekrönung des Firsts mit einem Birkenzweig zum Richtfest. Dann war der Augenblick, daß die Mutter geholt werden mußte, die das Werk bewundern sollte. Mochte die Mutter dann auch beschäftigt oder nicht abkömmlich sein, in solchen Richtfestaugenblicken gab es keinen Grund zum Fernbleiben. Mein Vater hatte alle Werkzeuge in malerischer Unordnung verstreut und betrachtete mit verzücktem Vergnügen sein, unser Werk. Die Mutter wurde auf alle Finessen und vor allem auf die »patenten« Dinge aufmerksam gemacht. Es war wieder einmal großartig und wir fühlten uns sehr zufrieden und stolz. Es ist mir noch gegenwärtig, wie wir den Hinkelzwinger bauten und ringsum mit Maschendraht bespannten. Da war es eine Marotte des Alten, daß er für die Küken einen kleineren Zwinger anbaute und beide miteinander durch einen Laufgang verband, den man wieder mit einem Falltürchen absperren konnte.

Das andere ebenso entscheidende Element der Veränderung unseres Lebens war die größere soziale Nähe der Leute zueinander, die dort oben am nördlichen Rande der Stadt wohnten, und die größere soziale Homogenität. Der weitläufige Park des alten Friedhofs trennte uns von einem Viertel der Stadt, das keinen guten Ruf genoß. Es hieß und heißt »die Hilf« und seine/ihre Bewohner hießen die Hilfer. Der als schlimm empfundene Name, den einem leibhaftigen Einwohner des Viertels nachzurufen man niemand empfehlen konnte, es sei denn, man hätte ihm zu einer Tracht Prügel verhelfen wollen, kam von dem Namen der katholischen Stadtpfarrei Maria Hilf. Die Madonna war im kommunen Gebrauch des Wortes Hilf abhanden gekommen, vermutlich nicht einmal verdrängt. In der Schule nannte man uns, die von jenseits der Hilf kamen, als Katholiken aber zu der so benannten Pfarrkirche gehörten, spöttisch »die von der Hilf«. Vermutlich hing der verhältnismäßig billige Mietpreis unserer Wohnung auch mit dem nahen ärmlichen Viertel zusammen. Es gab da zwei Straßen mit verwahrlosten zweigeschossigen Häusern, in denen allerlei Volk wohnte, vor dem man sich als einer von der »hoch Schul« in acht nahm, wenn einen der morgendliche und mittägliche Schulweg daran vorüberführte. Das war nun wieder so etwas wie Hinterhaus, aber weit weg und eher eine soziale Kuriosität. Die Stadt Wiesbaden, deren Image und Prestige trotz des Niedergangs der Kur und der feinen Gesellschaft die akute Misere überlebte, hat wie auch andere größere Kur- und Badestädte ausgesprochen arme Viertel gekannt. Da hatten sich Domestikenhäuser erhalten und darin das armselige Volk der Hausdiener, Kutscher und Hotelarbeiter. Mein Vater, der die ersten Jahre seiner Schulmeisterei in diesem Viertel und bei dessen Kindern verbracht hat, bis er es nach mühsamen Jahren des Wartens zum Schulrektor in einer andern Stadtregion brachte, kannte sich unter den »Hilfern« und verwandten Leuten schon aus, bevor wir in ihre pikante Nähe verzogen waren. Es war die Umgegend des Städtischen Krankenhauses mit der Adler- und Kastellstraße und dem Röderberg als Achsen. Zu uns, die wir durch den Friedhof abgetrennt waren, kam das nur indirekt, sozusagen literarisiert und gelegentlich sogar malerisch.

So waren wir Kornskinder schließlich zweifach sozial isoliert. Von den feinen Leuten trennten uns die Lebensnöte der ewigen Geldknappheit samt den Folgen, das Einsammeln von Pferdemist auf der Platterstraße einbegriffen. Von den Unteren in den verwahrlosten Slums rings um Ludwig-, Hoch-, Adler- und Kastellstraß' waren wir als die von der »hoch Schul« abgeschnitten. Als Sozialraum blieb uns die Region der Stadträndler in den zerstreut liegenden Miethäusern und den zahlreichen Kleinhäusern selbständiger Gärtner, unter ihnen viele Spezialisten für die Gräber der Friedhöfe, und der ebenso zahlreichen Grabsteinmetzen, von denen einer unser Hausbesitzer war.

Diese soziale Spezies kannte sich untereinander vom häufigen Begegnen. In ihr lebte man, ob man wollte oder nicht. Es waren vielfach Leute, die aus einem Isolierungstrieb heraus am Stadtrand ihr Zuhause gefunden hatten, nicht wenige Eigenbrötler unter ihnen. Die andern hatten sich in der merkwürdigen Randlage entsprechend gemodelt.

Den Nukleus bildeten die Erwerbsgärtner, von Natur aus Einzelgänger, sparsame, manchmal knurrige, selten freundliche Leute. Wenn wir Pennäler am frühen Nachmittag gegen halb zwei müde, abgespannt und hungrig den weiten Weg vom Gymnasium am Luisenplatz hinauf zur Platterstraße gemacht hatten, empfing uns gewöhnlich der in Ehren ergraute ehedem schwarze Spitz der Gärtnerei Müller mitten auf der Straße, zornig bellend. Frau Müller, eine rötlichhaarige feinere Frau schaute freundlich heraus mit einem Lächeln. Das häßliche Haus des Bauern Riess, der mit einem einzigen Pferd Spanndienste versah, kam danach, dann das Häuschen der großen Familie Röhrig, deren zahlreiche strohblonde Töchter in kuriosem Wechsel hübsch und weniger hübsch waren, dann trennten wir Hilfer uns, und die Korns schwenkten rechts ein zur Mutter, die mit dem Essen wartete. Wir erfuhren, daß heute morgen eine vornehme Beerdigung mit einem evangelischen Pastor und herrlichen Kränzen aus der Gärtnerei Becker gewesen sei. Der alte Herr K. hatte unsrer Mutter

»die Ansprach« gehalten, was vermerkt wurde, weil der distinguierte, gepflegt gekleidete alte Herr solche Gunst selten zu gewähren pflegte. Für den Ausgleich nach dem Volkstümlichen hin sorgte seine Frau, die alles andere als damenhaft, eher wie eine rheinhessische Urmatrone, untersetzter Statur die Blechbrille auf der Zinkennase gern mit jedermann tratschte und im Hilfer Volksmund herzhaft die Kampese hieß, wobei der Ton auf der ersten Silbe liegt während das vorletzte é gedehnt zu sprechen ist – laut einheimischen Lautgesetzen. Die Kanonen-Paula, eine wenig renommierte Dame aus einem der nahen Häuser, Mutter einer etwas louchen, aber schüchternen Tochter, soll wieder mit französischen oder, was schlimmer war, marokkanischen Unteroffizieren des Nachts betrunken gesehen worden sein. Die Nachricht stammte von dem rüstig auf die Achtzig zuschreitenden noch immer künstlerisch tätigen Chorbassisten Schuh von der Hofoper, vielmehr Staatsoper, was sich aber nicht einbürgerte, zumal der Schuh schon in Kaisers Zeiten, also höfisch als Sänger agiert hatte. Was die Kunst angeht, so hatten wir bei uns oben in der Platterstraße auch einen jüngeren, immer jovial lächelnden und grüßenden Herrn aus dem Kurorchester, seines Zeichens Bratschist, zum Einwohner und Nachbarn. Wichtige Figuren der »Gesellschaft« waren Damen meist des gehobenen mittleren Alters, voran das schwergewichtige Fräulein G., Zierde und Stütze des Soprans im Kirchenchor Maria Hilf unter der Stabführung des Vaters, wovon noch zu handeln sein wird. Es gab da noch mehr Damen, die wie die G. Postlerin waren und auffällig häufig katholischer Konfession, ein soziologisches Rätsel bis heute in der immerhin zu zwei Dritteln protestantischen Stadt. Überhaupt zeigte unser Außenviertel ein beängstigendes katholisches Übergewicht. Meine Eltern dachten tolerant und verhielten sich entsprechend, weshalb sie, vor allem unsere zu Unrecht als hochmütig verschriene Mutter, betonte Kontakte zu »Andersgläubigen« – so hieß das – unterhielten. Da war der Schuldirektor Hellwig mit seinen lebhaften Töchtern, deren älteste nie erfahren hat, daß ich sie oft nicht ohne Interesse und kleine Emotion schnellen Schritts in der Allee vorübereilen sah. Da waren die Ludolfs, ein Volksschullehrer wie wir, mit zwei offenbar eineiigen Zwillingssöhnen ausgestattet, die nach der sicheren Aussage unseres Vaters evangelische Pfarrer auf dem Westerwald werden würden, welche Prophezeiung prompt eingetroffen ist. Der alte Ludolf, einige Jahre älter als mein Vater, hieß in unserm Kreis »der Stänkerer«. Den unfreundlichen Beinamen hatte er sich eingehandelt, als er, ein Nörgler und trotzdem wohlbeleibter Mann, eines Tages verkündet hatte, was er tun werde, wenn er einmal pensioniert sei: stänkern. Da waren die Broglies, Lehrer, er und sie, mit zwei Söhnen, die mit uns ins Gymnasium gingen oder liefen, wenn es morgens spät geworden. Die waren altkatholisch und also auch »andersgläubig«, uns nahe, weil friedliche Leute. Der alte Broglie trug einen Zickelbart und eine starke Brille und war ein Mann jener sozialdemokratischen Richtung, die von bürgerlicher Herkunft aus Bildungsidealismus zum »Volk« gefunden hatte. Er war mit einem andern Schulmann befreundet, gleichfalls Sozialdemokrat, dem gescheitesten Kerl aus meines eigenen Vaters Seminarklasse. Dieser Mann namens Johannes Maass hat 1933 sein Amt als Schulrat verloren, weil er politisch konsequent war und blieb. Maass und Broglie spielten in der Schuldeputation der Stadt eine Rolle und haben meinem Vater mehr dazu verholfen, daß er endlich Rektor wurde, als die lieben Zentrumsmänner, deren Partei meine Eltern wählten, obwohl ihnen die katholische Ghetto-Enge nicht behagte. Wieder einmal waren die Eltern Außenseiter und die vier Nachkommen mit ihnen.

Hier muß eines Umstands gedacht werden, der für mein Selbstverständnis im späteren Leben und meine politische und kulturpolitische Orientierung entscheidend geworden ist. Wir kamen vom Problem unsrer Anfänge in der Goebenstraße wieder einmal nicht los. Wir sahen unsere Aufgabe darin, die Kluft zu schließen. Das war der Inhalt der Lebensarbeit unseres Vaters. Darin war er ein Meister. Das hat ihm bei seinen Kindern und in weiten Kreisen der Stadt Hochachtung und Dankbarkeit eingebracht. Der Vater war mehr als ein Volksschullehrer. Er war ein Volkslehrer im vollen Wortsinn. Sein Herkommen aus dem konkreten Leben der Kleinbauern hat ihn dazu befähigt. Zwar scheint der Vater von früh an wegen seiner zarten Konstitution von seiner verwitweten, ungemein lebenstüchtigen und energischen Bauernmutter, der Kornbas' in Ransel, geborene Schreiber aus Presberg im Wisperhinterland, zum »Studieren« bestimmt gewesen zu sein, weil er für die Feldarbeit nicht getaugt hätte. Aber er hatte im Dorf schon als Junge und, wenn er in die großen Ferien kam, an der Bewältigung der Lebensnotdurft mitzuwirken. So wurden dem Vater handwerkliche, meist schreinerische Reparaturarbeiten aufgetragen. Und so ist der alte Korn in einer Person Lehrer und Handwerker geworden und geblieben. Wie intensiv der Bauernjunge sich auf sein ihm bestimmtes Los in dem einsamen Höhenbauernnest vorbereitet haben muß, geht aus einer Erzählung der Großmutter hervor, die wir in den Sommerferien in Ransel zu besuchen pflegten. Der Knabe Karl, unser späterer Vater, habe in der Dorfkirche auf dem Boden der Empore ein altes Orgelmanual gefunden und es mit Erlaubnis des Pfarrers ins Bauernhaus gebracht. Auf den erhaltenen Tasten dieses stummen Bretts habe der Bub in den Ferien »geübt«. Welche Entsagungskraft konnte ein solcher Vater seinen Kindern mitgeben!

Intermezzo Ransel

In den Sommerferien unternahm der Vater mit seinen beiden Söhnen meist eine Wanderung nach seinem Heimatdorf. Die alte Großmutter wurde jedes Jahr mindestens einmal besucht. Das Dorf liegt auf der Höhe des rechtsrheinischen Schiefergebirges. Jedermann kennt das enge, eingeschnittene Rheintal von Bingen bis Koblenz. Links liegt der Hunsrück, rechts das Schiefergebirge. Es ist ein Plateau mit schluchtartigen Tälern. Auf den kahlen Höhen liegen bunt verstreut die Dörfer und Flurgemarkungen der Hinterwäldler. Die Täler und Berghänge sind meist waldig.

Es hat für mich immer einen eigenartigen Reiz gehabt, das so belebte Rheintal, in dem sich der Schiffs-, Bahn- und Straßenverkehr zusammendrängt und in dem Städtchen an Städtchen liegt, zu verlassen und ohne Übergang in das bergige Hinterland und seine Weltabgeschiedenheit zu kommen. Die Rheinanlieger sprechen ein wenig verächtlich von denen »üwwer der Höh'«. Gemeint sind die hinterwälderischen Bauern. Mein Vater war ein Bauernsohn aus einem solchen Dorf. Wir fuhren bei unsern Besuchen gewöhnlich den Rhein hinunter über Rüdesheim hinaus bis zu dem alten, an den Berg geklebten Städtchen Lorch.

Schon als Knabe habe ich die Klischees der Reiseprospekte, die von den fröhlich-grüßenden Städtchen am Rhein sprachen, verachtet. Der Rheingau ist heiter. Er ist ein fruchtbares Hügelland voller Licht und Anmut. Das enge Rheintal aber ist, wie Victor Hugo richtig gewußt hat, voller romantischer Düsternis. Der so viel gepriesene Rhein zwischen Bingen und Koblenz hat für mich immer etwas Dämonendunkles gehabt. Es gibt eine faszinierende Rheinmelancholie. Selbst die moderne Technik, die Schleppdampfer mit ihren Kähnen, die Brücken und die Schnellzüge, die an beiden Ufern wie Schlangen den Strom entlang huschen, haben den düsteren Genius loci nicht überwinden können. Das enge Tal ist Welle und Fels. Die Windungen des Tals geben immer aufs neue die Impression, daß man sich wie in einer Schlucht gefangen fühlt. In vielen Landschaften hat die Kultur, d. h. der Anbau und die Pflege des Bodens jede Erinnerung an das geologische Zeitalter der Erde überdeckt. In solchen Landschaften ist das Landschaftsgefühl zivilisatorisch. Im Gebirge dagegen, an wilden Seen und in allen Arten der ursprünglichen Wildnis erlebt der Mensch die Landschaft elementar, er vermag an solchen Orten gleichsam noch ein Stück Schöpfungsgeschichte oder geologisches Weltalter zu fassen. So habe ich das kañonartige Rheintal erlebt. Gewiß, die sonnenzugewandten Steilhänge sind mit Rebgärten, die wie die hängenden Gärten der Semiramis in Stufen übereinander angebaut sind, bestanden. Aber die wilden, von Buschwald bewachsenen oder kahlen Felsen – am bekanntesten die Spukkonturen des Loreleifelsens – überwiegen im Bild – und das graugrüne Wasser des Stromes. Es mag den ungewöhnlichen Zauber des Rheintals ausmachen, daß in dieser elementaren und wüsten Landschaft so viele Werke der Besiedlung, der Kultur und der Technik beisammen sind – und daß die Natur zu stark war, als daß sie sich hätte zähmen lassen.

Wenn wir nach Lorch fuhren oder nach Caub, dann starrte ich unverwandt aus den Fenstern des Zuges auf die finstere Bergwand gegenüber und auf das Wasser, das kaum Platz läßt für die Straße und den Bahndamm. Die in Trümmer gesunkenen Gemäuer der alten Burgen schienen dem Element zurückgegeben, dem zerklüfteten Fels. Wo aber die Reben wachsen, da fehlen hier im engen Tal die sanft geschwungenen Linien der rheingauischen Hügel. Steil steigen die in Treppen angelegten Wingerte an, und die Winzer kraxeln mühsam »im Berg« herum. Freilich hat das Bild seine Schönheit. Die Farben vor allem fließen zusammen in einem Maestoso von tiefdunklem Grün aller Schattierungen bis zum dämmerigen Blau weiter entlegener Höhenzüge, die das Bild im Hintergrund schließen. Wo aber Seitentäler einmünden wie in Lorch, Caub, Bacharach, St. Goar, da wird das Bild heiterer.

In diesen Talausgängen haben sich allenthalben kleine Städtchen eingenistet seit Jahrhunderten. Am besten kenne ich Lorch seit jenen Knabentagen, da wir ins Heimatdorf des Vaters wollten. Es hat sich da vor achtzig Jahren, als die Rheinuferbahn gebaut wurde, eine Tragödie abgespielt, deren Spuren sich wohl nie mehr tilgen lassen. Das schöne Rheinstädtchen, das dem Strom ähnlich wie Rüdesheim eine geschlossene Front alter Geschlechter- und Bürgerhäuser, aus früherer Zeit hohe Giebel, worunter der herrliche Treppengiebel des patrizischen Hilchenhauses, aus späterer klassizistische Landhausfassaden zukehrt, ist durch den hohen Bahndamm von seinem Element abgesperrt. So sieht man von der Rheinseite vom Schiff aus die Häuser nur von der Höhe des ersten Geschosses ab, die Sockel sind von dem Schotter des Bahndamms verdeckt. Es ist nur ein schmaler Straßendurchlaß zwischen den Häusern der Rheinstraße und dem Bahndamm verblieben, weil der Raum gar so eng ist. In Lorch tritt der Berg sehr hart ans Ufer heran.

Das Städtchen war für uns Ausgangspunkt einer mehr als zweistündigen Fußwanderung in das väterliche Heimatdorf. In früheren Jahren und vor allem, wenn meine Mutter, was selten geschah, einmal mitkam, waren wir von einem älteren Bruder des Vaters mit dem Bauernwagen abgeholt worden. Später wanderten wir zu Fuß hinaus. Die Stunde, die wir in Lorch vor unserem Abmarsch verbrachten, ist mir immer besonders merkwürdig gewesen. Dazu muß ich einiges erklärend bemerken: Als mein Vater noch ein Bauernbub war, dem die Mutter vorbestimmt hatte, daß er einmal Lehrer werden solle und dafür aufs Seminar käme, war Lorch dem hinterwälderischen Bub das Tor zur Welt. Da war der Rhein mit seinen Schiffen, und da war die Eisenbahn, und da gab es richtige kleine Hotels und viele Weinwirtschaften. Dort gingen die

Menschen städtisch gekleidet, und es gab Getreidemühlen, in die der Bauer sein Korn lieferte, und Geschäfte, wo er Kleidung einkaufen konnte, wenn er nicht den weiten Weg in eine größere Geschäftsstadt, auf Bingen, wie sie dortzulande sagen, wagte. Vor allem war Lorch der Sitz des nächsten Doktors. Obwohl ich mir die Bedeutung dieses Rheinstädtchens für meines Vaters Kindheit nicht so klarmachte wie heute, bemerkte ich doch während meiner Kindheit, wie der Vater in der Zeitung alle Nachrichten aus und über Lorch eifrig studierte. Er hat sich zeit seines Lebens nicht von einer gewissen aufsässigen, witzelnden Vorliebe für das Städtchen freimachen können. Die hinterwälderischen Bauern galten am Rhein nicht viel. Sie waren halt arme Bäuerchen, von denen man wußte, daß sie sich ihr Lebtag recht schinden und plagen mußten. Und den Bauern imponierte das rheinische Bürgerwesen mächtig. Mein Vater erzählte gern, wie er zur Firmung nach Lorch in das herrliche gotische Münster kam und wie er als Ministrant des Dorfpfarrers gelegentlich an den Rhein mitgenommen wurde, wo er vor Staunen überhaupt nicht wußte, wie ihm wurde. Darüber hat sich der Vater später aus eigener Kraft und sicher mit allerhand seelischem Aufwand hinausgeschwungen und ist gar ein Herr Rektor in Wiesbaden geworden. Was Wunder, daß er einerseits von der alten Bubenliebe und -verehrung für sein Tor zur Welt nicht loskam und auf der anderen Seite die Schatten auf dem einst so strahlenden Bild sehen lernte. Denn das Rheinstädtchen ist alles andere als reich. Gewiß, die Weinhändler und die Geschäftsleute, voran die »Wärt«, wie man im Land die Weinwirte nennt, und dazu ein paar größere Weingutsbesitzer sind angesehene und wohlhabende Leute. Aber das Gros setzt sich aus kleinen Winzern zusammen, die von der Gunst des Wetters abhängen und in mageren Jahren das Brot über den Winter borgen müssen. Diese kleinen Leute lebten oder suchten zu leben von allerlei kleinstbäuerlichen Betätigungen. Wer den Rhein wirklich kennt, weiß, daß da kümmerliche Kartoffel- und Haferäckerchen an schrägen Berghängen kleben und daß wohl nirgends auf der Welt jedes Fleckchen Bodens so ausgenutzt ist wie hier, wo die mageren Schieferfelsen durch die Verwitterung für den Anbau kümmerliche Felder freigeben. Nun haben solche kleinen Winzer, die ein bißchen Korn nebenher bauen, natürlich kein Vieh und auch keine Butter – und keinen Mist. Man kann sich denken, mit welcher Verachtung die als hinterwäldlerisch angesehenen »üwwer der Höh'-Bauern« das kümmerliche Gewerke ansahen. Denn an Korn und Dung, Butter und Schweinespeck fehlte es bei denen nicht. Ich erinnere mich, daß mein Vater mit komischer Konsequenz in der Zeitung die Rheingauer Lokalnachrichten verfolgte und darunter zuerst die Neuigkeiten von den Lorcher Holzschlaafern, wie er im Dialekt sagte. Denn das war der Name, den die Hinterwaldbauern den Stadtlorchern gegeben hatten. Die armen Lorcher lebten nämlich auch vom Gewerbe des Eichenlohschälens. Es gab im Hinterland an steilen Hängen junge Eichenbestände, deren Rinde für nahe liegende Gerbereien geschält wurde. Die Stämmchen schleiften die Leute mühselig aus dem Berg für den winterlichen Brennvorrat nach Haus. Daher der Spitzname »Lorcher Holzschleifer«.

Kein Wunder, daß ich gerade in diesem Nest am Rhein die Augen für alles auf hatte. So weiß ich noch, daß der Berg Nollig, auf dessen Kuppe eine verwitterte Ruine steht, eigentlich nur noch ein Turm, eines Tages, wie es in den Schieferbergen geschehen kann, durch vorherigen anhaltenden Regen ins Rutschen gekommen war und am Fuße ein paar alte Fachwerkhäuser verschüttet oder eingedrückt hatte. Das war ein Ereignis für die Gegend und vor allem natürlich für meinen Vater, der ebensosehr und leidenschaftlich an dem Vorgang teilnahm, wie er den Lorchern verübelte, daß sie sich wieder einmal wichtig gemacht hätten. Wenn wir hinter dem Stadtausgang bei Antritt unseres Ganges über Land eine Bank mit der landesüblichen Aufschrift »Verschönerungsverein Lorch« entdeckten, gab es ein von uns Buben bereits mit Wonne erwartetes Hallo über den »Verschönerungsverein«, dem wir dann aber doch die Ehre einer Rast mit Verzehr von Wurstbroten antaten.

Im Jahre 1923, als wir öfter nach unserm Dorf fuhren bzw. wanderten, war ich bereits so etwas wie ein rheingauischer Antiquarius. Ich verschlang, was ich an Abhandlungen über die Geschichte der kleinen Nester bekommen konnte, und war geradezu hungrig nach Altertümern aus der Bau- und Kunstgeschichte. Aus den Büchern kannte ich die Zeichnungen und Fotos all der Chorgestühle, alten Türme, Sakramentshäuschen, welschen Hauben über hohen Schieferdächern, der alten Geschlechtersitze und Zehnthöfe, der Stadtwehren und Erker und der schmiedeeisernen Herbergszeichen. Mein Vater ließ seinen frühgelahrten Filius gewähren. Er konnte den gar nicht professoral genug haben. So zogen wir denn vor Antritt unseres Marsches durch das Städtchen, und mein Vater war inkonsequent genug, auf sein gelegentlich so scharf getadeltes Lorch stolz zu sein, wenn wir etwa in der hohen gotischen Kirche an der dem Rhein zugekehrten Wand des Schiffes das lebensgroße Grabmonument des kaiserlichen Feldmarschalls Johann von Hilchen aus Lorch, ein Renaissancedenkmal von nobler Arbeit mit einem schönen bärtig-alamodischen Kopf und einer Prachtrüstung – man spürt die Zeit des Innsbrucker Maximiliangrabes – bewunderten. Es gab viel in diesem Rheingauer Nest zu sehen und zu entdecken, so etwa die Mönchssatiren, die in die Backen des spätgotischen Chorgestühls geschnitzt waren, indem da ein Bettelmönch in der Kutte plötzlich mit einem Affenkopf auftaucht und dazu allerlei phantastisches Fabelgetier. Unten am Rhein standen wir vor dem köstlichen, auf zwei toskanischen Säulchen aus rotem Sandstein ruhenden, aus der Front vorspringenden Hauserker des Hilchenhauses, dessen Treppengiebel zum Zeichen dessen, daß nicht mehr gotisch, sondern Renaissance gebaut wurde, mit halbrunden, flach aus dem bunten Sandstein gearbeiteten Muscheln verziert waren. Und dieses Haus hatte Fensterkehlen, wie man sie vom Heidelberger Schloß her kennt, und Butzenscheiben, daß man gleich den Götz drin spielen mochte.

Alles in dem Städtchen schien Vergangenheit zu träumen. Nebenan hämmerte ein Küfer an einem Faß herum oder allenfalls trat mal ein kleines Mädchen mit einem großen Beutel voll frischer warmer Wecken aus einer nahen Backstube. Nicht weit lag das behäbige weiße Landhaus des Doktor Schilson, der sicher einmal Gilson geheißen hat und dessen Namensschreibung sich der heimischen Sprechweise angepaßt hat im Gegensatz zu dem Dichternamen, dessen Träger aus dem nicht weit entfernten Büdesheim stammt und der sich nach der Art, wie seine rheinhessischen Landsleute ihn und seine Familie aussprechen, Stefan Schorsché schreiben müßte, was allerdings keinen so exklusiven Effekt gemacht haben würde. An Doktor Schilsons Haus wuchs ein schöner Rebstock, und die Messingknöpfe an der schweren eichenen Tür waren immer so blank geputzt, wie das wohl bei Doktoren sein muß.

Wir kamen zur Wisper. Das ist ein frischer Taunusbach, der, von Bad Schwalbach kommend, in einem der berühmtesten Wald- und Wiesentäler des Taunus munter seine dreißig Kilometer dahinfließt und als stattliches Wasser bei Lorch in den Rhein mündet. Lorch liegt am Ausgang des Wispertals in den Rhein. Die Berge öffnen sich, und das Städtchen hat einen rückwärtigen Teil, der in dem Talausgang Platz gefunden hat. Die Wisperstraße hat nichts von der repräsentierenden Noblesse der Rheinfront. Hier wohnten die kleinen Handwerker, vor allem Schmiede und Wagner, die für die hinterwäldlerischen Bauern arbeiteten, und vor manchem Haus hielten bäuerliche Fuhrwerke mit einem Ochsen- oder Kuhgespann davor. Wenn so ein Bauer ein Pferd hat, dann ist er schon wohlhabend. Mein Vater kehrte mit uns Buben traditionell in der Schenke ein, wo er mit seinem Vater schon als Bauernbub eingekehrt war. Wir wurden jedesmal mit linkischer Steifheit begrüßt, die aber bald in einem getreulichen Bericht über die wichtigsten Ereignisse im Hinterland überwunden wurde. Wir tranken unsern halben Schoppen und aßen unsere Brote dazu. Gewöhnlich hockte in der Wirtsstube irgendein Bäuerchen aus Presberg, Wollmerschied oder Espenschied. Der Vater schloß alsbald Bekanntschaften mit den Leuten und hatte rasch über allerlei Verwandtschaften heraus, was auf den Dörfern vorgegangen war. Dann machten wir uns auf und nahmen gewöhnlich noch ein Dutzend Grüß für die Kornsbas, wie die Großmutter im Umkreis der Dörfer hieß, mit. Denn die Kornsbas war alt und kannte die meisten Leute der Gegend.

Zuerst gingen wir etwa eine halbe Stunde wispereinwärts. Das Tal hat einen schmalen Wiesenboden, und die Hänge, mit Laub- und Tannenwald abwechselnd bestanden, stiegen steil wie im Schwarzwald an. An der Straße, die ziemlich belebt ist und nach dem Taunuskurort Langenschwalbach führt, lagen ein paar Mühlen, und eine uns Buben fesselnde Schmalspurbahn fuhr Kohle oder Schnittholz in eine nahe Essigfabrik. Am Heiligkreuz ist eine schlichte Wallfahrtskapelle, deren hohes Dach versteckt hinter noch höheren Tannen liegt. Um die Kapelle herum waren an den Weg zu einem sanft ansteigenden Hügel die vierzehn Leidensstationen gebaut. Es waren massive Steinhäuschen aus grauer Schieferwacke mit jeweils einem Schieferdach und darunter einer Bildnische, worin ein etwa meterhohes Relief je eine Station des Kreuzwegs Christi darstellt. Hier zweigte unser Weg links ab.

Wir schlugen uns in die Stille der Schieferberge. Die Straße, die für Bauernfuhrwerk ausreichte, führte hart am Hang in zahlreichen Kehren und Windungen immer höher. Das Erlebnis dieses einzigartigen Wegs ist mir unvergeßlich, und als ich es vor kurzem nach langer, langer Zwischenzeit, die ich nicht mehr da war, wieder hatte, da war es wieder so stark wie in der Knabenzeit. Wir gingen nämlich an der Bergwand immer höher mit der Straße ansteigend und ließen das sehr enge Sauertal, das nach einem an seinem Ursprung entquellenden Sauerbrunnen so heißt, immer tiefer zu unserer Linken. Mitten im Sauertal aber lag versperrend und den Horizont derer, die da zur Höhe wanderten, abschließend ein steiler Bergkegel mit einer ungewöhnlich imposanten Burg als Bekrönung. Das war die Sauerburg, die jahrhundertelang denen von Sickingen gehört hatte. Ein Bergfried von mächtiger Massigkeit und beträchtlicher Höhe ragte über dem sehr breit angelegten Gemäuer der dem Talausgang zugewandten Pallasfront. Die Burg war auf den alten Grundmauern wiederaufgebaut – nicht in dem fatalen Stil der Blechgotik des Schlößchens Rheinstein gegenüber Aßmannshausen am Rhein oder des Stolzenfels, auch nicht à la Bodo von Ebhardt wie die pedantisch rekonstruierte Marcksburg, sondern in einem gewissen Sinne modern und doch landschaftsecht, weil Fachwerk und Schieferwacke verwandt waren. Auf dieser noch immer drohenden Burgeinsiedelei saß damals irgendein Sonderling, den die Bauern den Legationsrat nannten und dem wohl die diplomatische Karriere zuviel Unruhe und Weltläufigkeit bedeutet hatte, sonst hätte sich der Mann nicht in diese Weltabgeschiedenheit zurückziehen können.

Die Sauerburg nun lag dem Wanderer, der aus dem Wispertal in dieses abgeschiedene Seitental eingebogen war, anfangs hoch in der blauen Luft vor den Blicken, ein Bild wie von Moritz von Schwind, eine Märchenburg auf hohem Fels. Aber langsam kam man im Höhersteigen den Serpentinen des Weges folgend näher an das Bauwerk heran. Die Burg verlor an Höhe, was der Wanderer selbst im Steigen gewann. Und dann war, für mich immer aufs neue eine Art von Überlistungsspiel, der Augenblick mit einem Male da, wo man auf der gleichen Höhe mit dem Bergkegel und der Burg angelangt war. Da die Burg aber auf einem von unserer Seite aus unzugänglichen Kegel lag, blieb immer ein tiefer natürlicher Graben zwischen dem einsamen Bergsitz drüben und uns, die wir an der entgegengesetzten Bergwand mühsam hochkraxelten.

Ich habe die Sauerburg oft in meinem Skizzenbuch festgehalten. Es ist mir noch in Erinnerung, daß der kolossale Bergfried mitten einen wohl aus dem Jahrhundert der französischen Burgenzerstörungen am Rhein stammenden Längsriß hatte, der dem Gemäuer eine verwegene Kontur gab. Fast ebenso erregend war der Blick hinunter ins schluchtartig enge Sauertal, wo das gleichnamige Dörfchen in der Rinne des natürlichen, um die Sauerburg herumverlaufenden Grabens sich duckte. Das waren Häuserchen wie aus der Spielzeugschachtel. Sehr schön war vor dem Dorf am schrägen Hang der Sauertaler Friedhof zu sehen, in dessen einer Ecke drei hohe dunkle Tannen standen. Mein Vater hatte uns einmal durch das tiefliegende Dorf geführt und auf dem Kirchhof das Grab des letzten Sickingers gewiesen, der da etwa um 1830 bestattet worden sein mag. Der war, wie die Inschrift auswies, ein Franz von Sikkingen wie sein berühmter Vorfahr aus den Bauernkriegen. Es hat auf uns Jungen einen tiefen Eindruck gemacht, als uns der Vater die merkwürdige Inschrift lesen ließ, die ich nie vergessen werde: »Er starb im Elend.« Bei den Bauern ging die Sage, daß dieser letzte Herr, der wohl durch die Ereignisse der Napoleonischen Kriege um die letzten Reste seiner einstigen feudalen reichsunmittelbaren Existenz gekommen sein mochte, der Letzte aus einem berühmten Geschlecht, elend in einer Sauertaler Scheuer gestorben sei. Es war leider nichts Näheres über diesen merkwürdigen Mann, den das Schicksal geschlagen zu haben scheint, zu erfahren. Wir Jungen spannen um so eifriger mit der Phantasie an dem harten Satz: »Er starb im Elend.«

Dazu paßte der Charakter des Dörfchens Sauertal ausgezeichnet. Denn es war mangels jeglicher Feldflur kein Bauerndorf, sondern das Ärmste an Siedlung, was ich je gesehen habe, ein Dorf von Bergleuten, die in den nahen Schiefergruben arbeiteten. Nun muß man wissen, daß es wohl unter der Sonne keinen armseligeren Bergbau gibt als den nach dem Schiefer. Da versagen alle Metaphern vom schwarzen Gold, und ist eine Stufe der Arbeit noch nicht überwunden, die man steinzeitlich nennen möchte. Das Produkt, der Schiefer, mit dem in der Gegend dort nicht bloß die schwarzblauen Dächer, sondern auch die Wetterseiten der Bauernhäuser bekleidet sind, war so billig und Konjunkturschwankungen des Marktes so unterworfen, daß nur wenige, dem Bankrott nahe und mit den knappsten Löhnen noch kargende Unternehmer an diese Form von Ausbeute des Bergs herangingen. Mit dem Vater sind wir oft in die von Nässe tropfenden, dumpfigen Stollen einige zehn Meter weit eingedrungen. Weiter kamen wir nicht, weil wir keine Grubenlampen hatten. Daß sich Männer finden, die dieses armseligste aller Gewerbe betreiben, liegt an der bis ins Groteske gehenden fränkischen Erbteilung, die in den nassauisch-rheinischen Gegenden üblich ist. Wenn im Rheingau oder am unteren Main die Teilung so winzig kleine Gütchen ergibt, daß man nicht mehr davon leben kann, dann gehen die Männer in die Fabrik, die im Lande »Fawwrik« heißt und meist etwas mit der Chemie zu tun hat. Hunsrück und Schiefergebirge aber zu beiden Seiten des tiefeingeschnittenen Rheins zwischen

Bingen und Koblenz sind karge Gegenden, in denen es keine Schlote und keine Chemie gibt. Nur ein Reichtum ist da: Wald, viel Wald. Der reichte aber nicht aus, um all die überzähligen Existenzen aufzunehmen, die in den Höhendörfern kein Auskommen mehr fanden. Und so ging sie denn in den Berg, Schiefer zu graben und zutage zu fördern. Ständig waren die Grubenbesitzer vom Bankrott bedroht, und die Bergleute bangten um das trockene Brot. Wenn sie reich waren, hatten sie eine Ziege und eine Wiese, wo sie für den Winter Heu machen konnten. Es war ein Elendsdorf, dieses Sauertal zu Füßen der gewaltigen Burg, und die triste Inschrift auf dem Grabstein des letzten feudalen Sickingen stimmte zu den verfallenden Hütten des Nests. Zum erstenmal habe ich in diesen primitiven Verhältnissen auch die soziale Seite des Elends gesehen. Die Sauertaler waren im Verruf, Diebesgesindel zu sein, vor dem die Bauernhöfe auf den Höhen nicht sicher seien. Und von dem Sauertaler Lehrer hieß es, er hetze die Bergleute gegen die Kirche auf und habe das Kruzifix aus der Schulstube entfernt. Das war seltsam schaurig für mein Knabengemüt, diese Verbindung von Elend, sozialer Diffamierung und Aufrührertum.

Wir kamen auf die freie Höhe und ließen Bergkegel und Waldschluchten hinter uns. Da oben wehte selbst im Sommer der berühmte frische »Überhöher«-Wind. Der Blick war nicht mehr von Bergwänden eingeengt. Die Wälder verschwanden, und breite Fluren kündigten, noch bevor hinter einer Bodenwelle die Spitze des Kirchturms auftauchte, die nahe dörfliche Welt an. Hier waren wir etwa 500 Meter hoch, nach zweieinhalb Stunden Fußmarsch dem Rhein und seiner so belebten Welt völlig entrückt. Es war Sommer, und die Flur zeigte das farbige Bild des Wechsels zwischen sehr hellgelben Getreideflächen und den dunkelgrünen Kartoffel- oder Kleeäckern. Die Haferfelder waren noch zartgrün, und der Weizen, der da oben nur in den sogenannten Dellen, was die niedriger gelegenen, windgeschützteren und fruchtbareren Senken bedeutet, mischte braungoldne Töne ins Bild. Es war herrlich befreiend hier oben. Die Bodenwellen ergaben sanfte Schwingungen, und die knorrigen Apfelbäume zogen ihre gekrümmten Zeilen die Landstraße entlang. Rechts lag ein Hofgut, das die Bauern den Oders nannten, und jenseits unserer breiten Kuppe zogen hinter Talschluchten blaue Bergrücken, die sich tief im Bild staffelten und hie und da die bunten Röcke ähnlicher in der Reife stehender Flurgemarkungen auf dem Rücken trugen. Die Feldwege konnte man an dem dornigen Randgestrüpp weit erkennen, und die Luft war so klar und rein, daß es eine rechte Freude war, sich die Lungen damit aufzublasen. Zur Linken waren Höhen, die der Vater als über dem Rhein, also jenseits gelegen, bezeichnete. Hier und da begegnete uns ein Bauerngefährt, und wir grüßten die Leute, die den Vater kannten und bei aller äußeren Gelassenheit das Ereignis dieses städtischen Besuches genau vermerkten.

Im Dorf wohnten wir bei der Großmutter im Elternhaus des Vaters. Das war ein zweistöckiges Bauernhaus mit niedrigen Stuben. An einem Balken der Decke hing die Petroleumlampe, und das Wasser wurde in den ersten Jahren nach dem Weltkrieg noch aus den großen Ziehbrunnen in Eimern geholt. Erst das Inflationsjahr 1923 brachte der abgelegenen Gemeinde so viel Wohlstand, daß Wasserleitungen gebaut und elektrische Leitungen gelegt werden konnten. Die Großmutter war nicht aus Ransel, sondern aus dem einige Wegstunden entfernt gelegenen Presberg gebürtig. Sie war eine große schlanke Bäuerin und damals schon hoch in die Siebzig. Sie trug immer ein schwarzes Kopftuch und des Werktags dunkelblaue Kattunblusen, auf die feine weiße Pünktchen aufgedruckt waren. Wenn wir kamen, gab es viel Freude für die alte Frau, die mit dem ältesten Bruder meines Vaters zusammen hauste. Der hieß in der Sippe der Petter, weil er verschiedene Patenonkelschaften hatte und selbst unverheiratet geblieben war. Der Petter war für uns die Attraktion der Dorfbesuche. Er hatte fuchsiges Haar und war von einem Sturz als Knabe – die Bauernbuben hatten Stabhochsprung über einen Bach gespielt – bucklig. Ein Mädchen, das der leidenschaftliche Mann hatte freien wollen, der wegen seines Jähzorns gefürchtet war, hatte den Buckligen abgewiesen, und so war er allein geblieben. Die Großmutter hatte ihre Last mit ihm. Denn wenn ihn die wilde Natur überkam, dann setzte er sich auf seinen Gaul und ritt über Land, um mit den Viehjuden allerlei Handelsgeschäfte zu treiben. Er soll das ausgezeichnet verstanden haben und, wenn er dann ein ordentliches Stück Geld gemacht hatte, blieb er Tage lang aus, pokulierte kräftig und ließ die heimische Bauernwirtschaft der Sorge seiner alten Mutter.

Die Großmutter verstand sich wie eine rechte alte Bäuerin ausgezeichnet aufs Klagen. Kam mein Vater, der ihr Lieblingssohn zu sein schien und dazu der aus der Stadt, dann jammerte sie ihm alles Leid, das sie als altes Weib auf der Seele hatte, vor. Aber die Großmutter war dabei durchaus nicht lebensuntüchtig oder sentimental. Mein Vater wußte das, und darum machte er sich aus der Klage nur eben so viel, als ihm angemessen schien. Es war mir schon als Buben eine komische Beobachtung, meinen Vater mit leicht gequältem Gesicht dem ewigen Gejammer der Großmutter zuhören zu sehen, bis der Vater gelegentlich mit leiser Ungeduld sagte: »Ei, Großmutter, das hast du mir doch schon gestern erzählt.« Die Alte hatte scharfe wasserblaue Augen und nahm noch immer alles, was um sie vorging, wahr. Vor allem die Heiratsgeschichten wußte sie genau und ob dies oder jenes Mädchen auch was gehabt und in die Ehe gebracht habe. Die Bäuerin in ihr sah auf die Wirtschaft und daß tüchtig Feld und Vieh zueinanderkam, wenn geheiratet wurde. Auf Ehrungen für ihre Person war sie aus. Niemand, der von den Stunden weit entfernten Dörfern nach Ransel kam, versäumte es, der alten Kornsbas Grüße auszurichten und bei ihr vorzusprechen. Dann erkundigte sie sich nach den ältesten Leuten und war stolz, als sie später – ich glaube mit sechsundachtzig – die älteste Frau rund in der Gegend war. Ihren Mann hatte sie früh verloren. Sie muß ein hartes Los gehabt haben, als sie mit etwa vierzig Jahren allein dastand, mit einer Bauernwirtschaft und etwa zehn unversorgten Kindern. Sie hat es sich nicht anfechten lassen, wie uns der Vater erzählte, und hat die Last nicht nur getragen, sondern auch bewältigt. Darüber ist sie eine zähe und lebenstüchtige Frau geworden, eine ganz unsentimentale Frau, die das Jammern betrieb wie ein Geschäft, dessen die alten Weiber nun einmal nach Konvention und Brauch sich zu befleißigen haben. Mein Vater, der alles mit einem knorrigen und skurrilen Humor zu nehmen wußte – dies war sicher ein Bauernerbteil –, liebte es, der Großmutter in gutmütigem Spott eine Lieblingswendung zu wiederholen. Das war »Für mei paar Tag'«. So pflegte die Alte nämlich schon seit Jahren zu sagen und wurde dabei in Gesundheit immerhin achtundachtzig Jahre alt. Die Frömmigkeit der Großmutter hatte etwas starr Unnachgiebiges. Nicht daß sie bigott gewesen wäre. Der Sonntag gehörte Gott und dem Herrn Pfarrer, der Werktag der Arbeit, so hielt sie es. Außer der christkatholischen Rechtgläubigkeit aber gab es für die Großmutter nichts, und so hat es sich auf meinen Vater übertragen, was mir insgeheim noch heute einen ordentlichen Respekt abnötigt. Ich weiß noch, daß oben im ersten Stock in der großen Stube, die uns als Schlafzimmer bei unsern Besuchen diente, zwei Bilder, billige Buntdrukke, hingen, die mich als Knaben sehr gefesselt haben. Sie stellten eine Gruppe nackter Menschen dar, deren Oberkörper aus rotgelben Flammen ragten und die mit betenden Händen um Erlösung aus dem Fegefeuer flehten. Das Fegefeuer hatte ich noch nirgends so realistisch brennend abgebildet gesehen. In späteren Jahren, als der rheinische Antiquarius in mir rumorte, entdeckte ich bei der Großmutter den großen zinnernen Weihwasserkessel mit dem schönen Kruzifixus drüber. Sie hat ihn uns geschenkt und es dabei so gut gemeint, daß wir sie nur im letzten Augenblick davor zurückhalten konnten, das kostbare alte Stück neu, wie sie sagte, anbronzieren zu lassen. Unten im Haus war links vom Flur die Tür, die zum Wohnraum führte. Am großen Tisch dort wurde gegessen, meistens dasselbe: gekochtes Schweinefleisch aus der Räucherkammer, Kartoffeln und Sauerkraut. Auf dem Dorf gab es wenig Gemüse und, wenn es welches gab, dann saure Stiel, die ich nicht gern aß. Viel schöner war es, bei der Großmutter, Kaffee zu trinken. Das Bauernbrot war aus reinem weißen Roggen und die Marmelade selbsteingekochte, sehr süße Waldhimbeeren oder Brombeeren. Man strich sich die frische Hausmacher-Butter dick aufs Brot und darüber dick die Marmelade. Wenn wir kamen, buk die Großmutter alle zwei Tage herrliche Napfkuchen aus lauter Butter,

Zucker, Eiern und Weizenmehl. Abends gab es Speck und Eier, riesige Pfannen voll, und dazu Milch zu trinken. Im Sommer ernteten wir mit den Dorfbuben die späten Kirschen von sehr alten hohen Bäumen oder gingen mit ins Heu oder streunten in den Ställen herum, wo wir das glotzende und kauende Rindvieh aufscheuchten. Petters Pferd war die Hauptattraktion. Mal hatte er einen Fuchs, der Fritz hieß, und ein andermal einen Rappen, der auf den Namen Emma hörte und dem Petter zu unruhig war. Im Dorf sah ich einmal einen Stier eine Kuh bespringen und war entrüstet, daß uns der Vater derartige Schauspiele vorenthalten wollte. Abends kamen die Schafe heim und wurden in einen engen Stall hineingelassen. Für liebliche Lämmchenrührseligkeit war da kein Platz. Die Schafe sind auf einem Bauernhof das geringste Vieh.

Den Vater belegte die Großmutter meist mit Beschlag für allerlei schreinerische Ausbesserungsarbeiten. Fast jedesmal, daß wir kamen, war eine Schiebetür am Hinkelstall oder ein Wandregal in der Küche zu reparieren. Die Großmutter erklärte uns Enkeln, daß sie den Vater nur darum habe Lehrer werden lassen, weil es dessen Vater selig – so sagte sie, wenn sie von Verstorbenen sprach – so gewollt habe. Die Großmutter hätte aus meinem Vater lieber einen tüchtigen Schreiner gemacht. Im Dorf lebten noch einige Brüder und eine Schwester unseres Vaters. Da wurden ziemlich steife Besuche gemacht, die insofern etwas Komisches hatten, als die Redensarten, mit denen förmlich nach Ergehen und Erlebtem gefragt wurde, in kuriosem Gegensatz zu dem kargen Lebensstil dieser Kleinbauern standen. Unter uns hatten wir Städter unsere diebische Freude daran, die eckigen Bauernverwandten, ihre Ungeschliffenheiten, ihren Geiz und ihre ungeschickten Versuche, großspurig zu tun, zu beobachten und zu glossieren. Der Vater hielt dabei eindeutig zu seinen frechen Sprößlingen. Man mag ein derartiges Verhalten, von dem allein die Großmutter ausgenommen wurde, roh und vielleicht sogar häßlich finden. Wir waren dagegen der Meinung, daß die Bauernverwandtschaft in all den Kriegsnotjahren und nachher Geiz und Raffsucht so grob geltend gemacht hatte, als wir gezwungen waren, hamstern zu kommen, daß die Beziehungen von daher ein für allemal kühl und distanziert wurden. Es bildete sich in unserer Familie sogar eine Art Ulksprache heraus, die in der Nachahmung bäuerischer Kraßheiten bestand und uns manche Lustigkeit verursacht hat. Da gab es den jüngeren Bruder meines Vaters, einen rothaarigen, witzigen Krakeeler, der es mit seinen zahlreichen Kindern gewiß nicht leicht hatte und es im Dorf durch ewiges Streiten mit Pfarrer oder Lehrer zu einigem negativen Ansehen brachte. Dabei war der Jokkob schlau und listig und für uns durchaus amüsant. Die Beziehungen zu ihm beschränkten sich auf einen traditionellen Besuch, der ausgestanden werden mußte. Als der Petter starb und sein Anteil Feld und der ihm gehörige großväterliche Bauernhof unter die Erben aufzuteilen war, tat sich der Jokkob durch Raffsucht hervor. Er blieb Sieger und bekam das meiste, sehr zum Ärger des Anton, der ein älterer Bruder war und es, wie mein Vater derlei ausdrückte, auch gern von den Lebendigen nahm. Wir Städter hatten die Freude, daß die Dörfler unter sich nicht einig wurden. Immerhin erhielten wir im Jahre 1923 ein paar Morgen Land, darunter Wiesen und Kleestücke.

Nun herrschte damals am Rhein wieder eine Nahrungsnot ähnlich wie im ersten Weltkrieg. Die Ursache waren der von Berlin inszenierte passive Widerstand und die Inflation, die den kleinen Mann seiner finanziellen Ressourcen beraubte und ihn unfähig machte, mit den horrend ansteigenden Preisen mitzukommen. Wie durch eine Fügung von oben fiel meinem Vater damals diese Grund- und Bodenerbschaft in den Schoß. Er verkaufte also nicht, wie es seine Brüder gern gewollt hätten, die ja als Bauern im Papiergeld schwammen, sondern behielt fürs erste das Feld.

Wir wurden »Grundbesitzer«. Für meinen Bruder und mich war das ein Fest wie kaum je eines zuvor oder später. Kamen wir nach Ransel – und wir gingen natürlich in diesen Jahren oft hin –, dann zeigte uns der Vater, schon bevor wir ins Dorf gekommen waren, unsere »Stücker«, wie man dortzuland Felder nennt. Wir hielten es so, daß der ältere Bruder des Vaters gegen die Nutzung der Wiesen und Kleestücke unsere übrigen Äcker bestellte. So haben wir also Ernten gehabt, richtige Ernten mit vielen Zentnern Korn und Hafer, auch etwas Weizen, der in unserm schönsten Acker, der Kreuzdell, wuchs, und unsern eigenen Winterkartoffeln. Wir kamen in den Sommermonaten zur Ernte heraus und ließen uns den Segen im Bauernfuhrwerk nach Lorch an die Eisenbahn fahren. Als im Herbst 1923 der nutzlose passive Widerstand gegen die Franzosen eingestellt worden war, hatten die Franzosen unsere rheinischen Bahnen zunächst mit eigenem Personal wieder in Betrieb genommen. Mein Vater hatte einige Mühe, mit uns die Säcke Getreide und Kartoffeln in der Bahn von Lorch zu verfrachten, und ich mußte mit meinem Schulfranzösisch den Dolmetscher machen. Es war einigermaßen schwierig, da man im Gymnasium früher Molière lesen lernt, als man erfährt, daß Fracht »petite vitesse« heißt. In diesem August 1923 strichen wir mit ganz anderem Gefühl als je zuvor durch die dörfliche Gemarkung. Denn unser Ziel waren die eigenen Felder. Wir konnten den Vater nicht oft genug fragen, wieviel Zentner Weizen die Kreuzdell denn hergeben würde und ob der Hafer in den faulen Stückern, die in einer anderen Gewann lagen, was die verschiedenen Zonen der Flur meint, ausreichen werde, unsere fünfzehn Hühner zu Haus das ganze Jahr hindurch zu füttern. Wir hatten mit dem Vater romantische Pläne, daß wir uns ein Sommerhaus da droben bauen wollten. Es ist bei dem Projekt geblieben. Unser Witz ließ uns immer wieder nach diesen dörflichen Besuchen, die landschaftlich herrlich waren, die Kehrseite der dörflichen Idylle in der Enge und Eintönigkeit des sozialen Milieus erkennen. Hatten wir wieder einmal einen unserer Besuche glücklich absolviert und den internen Erbschafts- und sonstigen Hader zur Genüge genossen, brachen wir auf, machten uns davon und zitierten nach einem feststehenden Ritus »Fleuch Wandersmann von hinnen«.

Ich bin durch diese Jugenderlebnisse mit den lieben Bauernverwandten, die sich ihr Lebtag geschunden haben und deren Lebensinhalt war, nicht genug kriegen zu können, so immun gegen alle Blut- und Bodenromantik geworden, daß ich nur lächeln kann, wenn die geistigen Sommerfrischler derartigen Phantasien nachhängen. Doch bin ich dem Dorf des Vaters im Innern treu geblieben. Es war ein schönes dreckiges Nest. Seine Häuser boten einen stilistisch behaglichen und einheitlichen Anblick: Fachwerk aus grellen Kalkwänden und schwarzen Balken in geometrischem Lineament, schöne hohe Schieferdächer und Wetterseiten, die auch ganz mit Schiefer gedeckt waren. Die Fensterläden waren einheitlich grün, und die besseren Bauern hielten üppig blühende Geranien in den Fenstern. Scheußlich waren nur die paar modernen Backsteinhäuser, die das geschlossene architektonische Bild störten. Die Kirche lag auf einem Hügel mitten im Kirchhof, dessen rostige gußeiserne Kreuze in Regen und Wind schief geworden waren. Zu Füßen der Kreuze lagen die üblichen Glasperlenkränze der Bauern, und schwarz gekleidete Frauen und alte Männer gingen zwischen den Gräbern herum.

Nahe der Kirche wohnte die einzige Schwester des Vaters, die in der Familie die ›Katt‹ hieß. Sie war mit einem wohlhabenden Bauern verheiratet, der der Fuchsepeter hieß und ein durchtriebener Viehhändler nebenbei, so wie der Petteronkel, gewesen sein soll. Der Fuchs gehörte zu den Bauern, die sich immer ein Pferd halten konnten, was da oben in der armen Landgemeinde ein Zeichen von Wohlstand war. Die Katt habe ich im besten Angedenken. Sie war eine herzensgute Frau und hielt sich aus dem Erbschaftsgezänk draußen. Ich sehe noch ihr von Falten kummervoll aussehendes Gesicht mit den wasserblauen Augen, aus denen Güte und Frömmigkeit sprachen. Die Katt war die jüngere Schwester der ersten Frau des Fuchsepeters und hatte, als die Schwester im Wochenbett gestorben war, alsbald den Fuchs geheiratet. Sie hatte zwar keine eigenen Kinder, trat aber als eine gute Mutter in die Stelle der Toten und zog dem Fuchs die Kinder auf. Wenn ich die Katt sah und ihr in die fromm ergebenen Augen schaute, dann fiel mir das Wort aus der Marienandacht der Kirche ein: »Ecce ancilla domini«. (»Siehe ich bin die Magd des Herrn.«) Es gibt im Umkreis der Katholizität einen Typus Weib, der ganz Magd ist. Wer etwas von Madonnen weiß und von der geheimnisvollen Schönheit ihrer großen Seelen, die sich in stillem Dienen verzehren, der hat den Blick und das Organ für diese Weiblichkeit, die nicht ganz von dieser Welt zu sein scheint. Die Katt trug einen Knirzel, wie mein Vater sagte, das ist ein steil auf den Kopf aufgetürmter Haarknoten, wie man ihn von den hessischen Bäuerinnen aus der Schwalm kennt. Sie ist sicher einmal ein hübsches, schlankes Bauernmädchen gewesen. Aber sie hatte damals schon einen Zug ergebenen Leidens im Gesicht. Ihr Leben war nicht eigenes Glück, sondern Opfer. Sicher trägt die kirchliche Unterweisung über das Opferleben Mariens zusammen mit der schweren Arbeit auf dem Dorf dazu bei, daß dort noch jene großen einfachen Frauenseelen wachsen, die ein ganzes Leben für andere verbringen und sich dabei gar nicht einmal einer besonderen Verdienstlichkeit oder gar Tragik bewußt werden.

Als wir 1923 die Erbschaft gemacht hatten, war es gerade Frühsommer. Infolge der politischen Spannung zwischen der Berliner Regierung und Frankreich war das damals besetzte Rheingebiet vom Unbesetzten, wie wir das übrige Deutschland nannten, abgesperrt. Nun muß man sich erinnern, daß die Franzosen zu dem von ihnen besetzten linken Rheinufer damals rechtsrheinische Brückenköpfe innehatten, einen um Mainz, mit dem Zirkel im Umkreis von fünfzig Kilometern geschlagen, und einen entsprechenden um Koblenz. Der Halbkreis um Mainz stieß genau zwischen Aßmannshausen und Lorch ans Rheinufer, und der um Koblenz erreichte den Rhein etwa bei St. Goar. Sah man sich das so entstandene Kartenbild an, dann gab es von Lorch bis Caub ein Stück unbesetzten rechtsrheinischen Gebietes, das – der Vergleich lag im Weinland nahe – einem Flaschenhals ähnlich aussah. Des Vaters Heimatdorf lag genau im Flaschenhals. Wie sollten wir in jenem Sommer, als die Bahnen nicht über die Besatzungsgrenzen fuhren und im eigenen Land eine Grenze entstanden war, die zu überschreiten gefährlich war, nach Ransel kommen? Wir standen vor einem Problem, wie sie sich heute am Thüringer Wald und am Harz tausendfach stellen. Da wir zu dem nächsten Ausgangspunkt Lorch nicht gelangen konnten, fuhren wir nach Rüdesheim. Von dort aus gab es einen Wanderweg hinten über das Gebirge, etwa fünf Stunden weit. Unsere Rechnung war richtig. In dem einsamen Hinterland waren keine Grenzwächter.

Wir machten uns zu dritt auf, der Vater mit den beiden Söhnen. Der weite Weg ist mir unvergeßlich. Stundenlang sahen wir keinen Menschen in den hohen Buchenwäldern. Im Forsthaus »Weißer Turm« machten wir eine Rast. Es liegt auf der Taunushöhe und ist im behäbigen Landhausstil an einen alten Turm der ehemaligen rheingauischen Landesbefestigung gebaut. Von da oben sah man weit ins Land über die Höhen. In der Nähe lag die offene Feldgemarkung des Dörfchens Presberg, und nicht weit davon vermuteten wir in der waldigen Talschlucht die Grenze des Flaschenhalses.

In Presberg drangen wir in das alte Kirchlein ein, und mein Vater fand zu seiner großen Freude die Orgel unverschlossen. Er setzte sich, während die Bauern zur frühen Mittagsstunde auf den Feldern waren, an die Orgel. Wir traten den Balg und bald rauschten die Klänge einer Fuge durch den Raum. Plötzlich stand hinter uns balgtretenden Buben ein großer Mann in schwarzem Rock mit Strohpantoffeln an den Füßen und sah uns dreien mit einer Mischung aus Verwunderung und leiser Mißbilligung zu. Als der Vater geendet hatte, näherte sich der Herr Pfarrer, den wir aus dem Mittagsschlaf gestört hatten, dem Vater – und bald war ein Gespräch im Gange, das wir dann im Pfarrhaus fortsetzten. Der Pfarrer war ein im Land bekannter Mann, weil er fast jeden Sonntag, den Gott werden ließ, in der in Wiesbaden erscheinenden »Rheinischen Volkszeitung« in Prosa oder Versen unter dem Pseudonym Silvanus seine Erlebnisse mit den Presberger Bauern zum besten gab. Silvanus hat seine Bauern nicht idealisiert, sondern sie so eckig und aufsässig geschildert, wie er sie in den langen Jahren seines Pastorats oben auf der Höhe hinter den Wäldern, wo sich die Füchse gute Nacht sagen, kennengelernt hatte. Es ging manches Histörchen von den Kämpfen zwischen Silvanus und seinen halsstarrigen Bauern, dem Borjemaaster und dem Gemaaneroot, wie es hieß, im Lande um. Die Bauern fühlten sich gegen die literarischen Satiren ihres Pfarrers machtlos und nahmen auf ihre Weise Rache, wenn es galt, dem Pfarrer das Holz aus den Gemeindewäldern zu liefern oder wenn es um andere Leistungen aus dem Gemeindesäckel ging. Mein Vater, der diese Vorfälle kannte, konnte es sich nicht versagen, Silvanus im Gespräch sacht dahin zu lenken, und wir hatten unsern Spaß an den kauzigen Äußerungen des temperamentvollen Pfarrherrn von jenseits der Wälder. Silvanus rauchte eine lange Pfeife und setzte uns sogar einen sauren Wein vor. Wir schieden mit der Gewißheit, ein Original mehr zu kennen, und waren vollends von dem gut informierten Pfarrer unterrichtet, daß es keine französischen Grenzposten an der Flaschenhalsgrenze gebe. Unterwegs, als wir ins Wispertal hinunterstiegen, trafen wir auf ein blauweißrot gestrichenes Schild »limite de la zone occupée«, und als wir jenseits bei einer verschlossenen Jagdhütte Rast machten, schlug ich vor, zum Andenken an diese denkwürdige Wanderung in die Bohlen der Jagdhütte »Anno Calamitatis p. Ch. n. millesimo nonagesimo vicesimo tertio« einzugravieren, was mit einem derben Taschenmesser ausgeführt wurde. Nie sind mir unsere heimatlichen Wälder so schön und strahlend in der Sommersonne erschienen wie damals. Die Himbeeren waren gerade reif, und es war in den vom Verkehr gemiedenen abgelegenen Landstrichen eine üppig wuchernde Wildnis von Baum und Strauch, die wir nach den ausgestandenen Kümmernissen um besetzt und unbesetzt mit doppelter Lust genossen.

So sind meine Knaben- und Jünglingsjahre zwischen der Stadt und dem Land gleichsam geteilt gewesen. Ich bin der Schicksalsfügung dankbar, daß meine Eltern beide aus dem nahen Rheingau stammten und verwandtschaftliche Bande die Beziehungen dauernd wachhielten. Die Stadt mit ihrem weltstädtischen Einschlag gab, zumal in den damaligen bewegten Jahren, Möglichkeiten genug, über provinzielle Enge und Befangenheit hinauszuwachsen, dazu eröffnete sie uns Bildungsmöglichkeiten der mannigfaltigsten Art. Der Rheingau aber gab den Wurzelboden her, aus dem wir ein solides Traditionsbewußtsein, Beharrlichkeit und Sinn für den Wert ererbter Vätersitte gewannen.

Die Schule kam in der Weimarer Zeit, die ich trotz der materiellen Enge als eine glückliche erlebt habe, in eine erste idealistische Reformbewegung. Der Vater, von Naturell eher ein Praktiker als zur Reflexion geneigt, begriff intuitiv, daß man mit den alten autoritären Methoden nicht mehr Schule machen könne. Wer aus diesem Satz freilich heraushören wollte, daß ich schon damals so etwas wie die antiautoritäre Schule gewittert haben wolle, der kännte weder den alten Korn noch mich, noch die Weimarer Jahre. Wir – und ich kann sagen auch ich, obwohl erst Sekundaner in der Mitte des Weimarer Jahrzehnts, wollten eine modernere, aber eine energisch geführte Schule. Der Name lautete freilich anders. Die Entdeckung hieß Arbeitsschule. Der erwähnte Johannes Maass war theoretischer, Broglie wohl auch. Beide erkannten in meinem Vater den geborenen praktischen Schulreformer. Und so kam es, daß die Schulverwaltung den Vater auf eine Studienreise schickte. Ein damals unerhörtes Ereignis, das dem Korn zuteil wurde, indes die übrige Schulmeisterei, eine Spezies Mensch, die von nahem gesehen nicht selten die unguten Züge der Besserwisserei und der professionellen Übellaunigkeit entwickelt, dem »Kollegen« den Ausbruch ins pädagogische Neuland verübelte. Schulreform, was konnte das schon sein, Neuerungssucht, alles schon dagewesen! Wehe dem, der als Idealist Lehrer ist und so naiv, von Kollegen Beifall zu erwarten. Unser Vater war unbeirrbar. Er machte sich zu einem Kurs über die von dem Idealisten Hugo Gaudig begründete Arbeitsschule auf die Reise nach Leipzig. Auch Kerschensteiner, der Münchener Schul- und Bildungspolitiker, muß auf dem Programm gestanden haben. Als der Vater zurückkam, gab es zu Haus und mit seinen Kollegen kein anderes Gespräch mehr als »die Arbeitsschule«. Literatur kam ins Haus, und ein Philosoph namens Lindworsky, wie ich mich erinnere, spielte in der theoretischen Fundierung eine Rolle, weil dieser Mann die Willensmotivationen bei Schüler und Erzieher systematisch durchdacht und in konkreten Lebens- und Praxiszusammenhängen dargestellt hatte.

Parallel zu solchen Durchbrüchen ereignete sich nach etwa 1924 im Schulwesen etwas Unerhörtes, das dann auch einige Mißgunst erzeugt hat. Der Vater übersprang die schäbige Mittelschulstufe, die den Seminaristen der einzige Weg nach einem bißchen weiter oben war und blieb, und wurde ausgerechnet von Studienräten meines Gymnasiums regelrecht entdeckt. Das waren freilich am Humanistischen nicht gerade die Hüter und Heger der traditionellen Exklusivität, sondern die Demokraten. Hier kann ich meines Deutschlehrers in Sekunda und Prima, Georg Reichwein, gedenken, eines Vetters des andern pädagogischen Idealisten Adolf Reichwein, den man aus der Geschichte des Aufstands 1944 kennt. Georg Reichwein und mit ihm einige andere hatten im stockkonservativen Wiesbaden zusammen mit Leuten der Volksschule begriffen, daß allgemeiner gesellschaftlicher und politischer Wandel in der Schule ihre Konsequenzen haben mußten. Wie war mein Vater, gegenüber höheren Bildungsgraden autoritätsgläubig, stolz, als ihn eine Gruppe leibhaftiger Gymnasiallehrer im Unterricht besuchte – und das nicht einmal, sondern in fortan ständiger Übung.

Der Vater hatte, als er in Leipzig seine reformpädagogische Erweckung erlebt hatte, einen kühnen Entschluß gefaßt. Er ließ sich einen Posten geben, den jeder andere ablehnte, die Leitung einer sogenannten Förderklasse. Das war etwas von dem heutigen Begriff der Förderstufe Grundverschiedenes. Vorher hatte man solche Klassen nur innerhalb einer eigenen Anstalt, die den Namen Hilfsschule trug, gekannt. Hilfsschule bedeutete für ihre Absolventen, daß kaum ein Handwerksmeister oder Geschäftsmann ein solches Kind als Lehrling nahm. Dem schulischen Deklassement entsprach das soziale. Der Vater stellte aus Kindern, die in der normalen Volksschule wegen schlechter häuslicher Verhältnisse zurückgeblieben waren, eine Klasse zusammen, natürlich nicht gerade von Schwachsinnigen. Die war sein Experimentierfeld.

Mit den Kindern aus der Adlerstraße und Umgebung begann der Vater zu werkeln. Dies meine ich wörtlich. Er suchte die Kinder, die für einen normalen Schulbetrieb schwer zu gewinnen waren, weil ihr häusliches Milieu dank der sozialen und wirtschaftlichen Kondition bildungsfeindlich war, durch die Vorschaltung der Hobelbank vor den Unterricht zu mobilisieren. So trug Lindworksy in der Praxis seine Früchte, worum diesen Mann mancher berühmtere philosophische Kopf heute beneiden sollte oder müßte. Auch unser Familienleben war erfüllt von dem Thema Arbeitsschule, so daß es uns gelegentlich zuviel wurde.

Die Hobelbank als Unterrichtsmittel gab natürlich Anlaß zu schulmeisterlicher Médisance der Kollegen ringsum. Den Vater entschädigten die unentwegten Idealisten, die sich selbst, sei es in tödlichem Ernst, sei es mit einer Prise Skepsis und Ironie, »entschiedene Schulreformer« nannten.

Zunächst hatten die Jungen sich durch den schreinernden Lehrer gewinnen lassen. Sie fertigten das in unserer Familie gelegentlich bewitzelte Wandbrett für die Mutter an. Da wurde gesägt, Winkel wurden berechnet, dann wurde geleimt und schließlich mit weißem Emaillack gepinselt, bis etwas Brauchbares gemacht war. Das konnte der Junge aus der Adlerstraß' tatsächlich als eigenes handwerkliches Stück unter den Weihnachtsbaum legen. Daß Vaters Schüler für solchen Lehrer durchs Feuer gingen, kann ich bezeugen, weil ich es gelegentlich selbst erlebt habe. Das Handwerkliche war dem passionierten Schulmeister der Einstieg und die Motivation in den normalen Unterricht, in Rechnen und Geometrie – und vor allem in die Einübung der Hochsprache.

Der pädagogische Höhenflug führte unsern Vater zum Rektorat, was ihn unendlich befriedigt hat. Er wurde aber nicht zum Verwaltungsmann. Er war als Schulrektor herausgehoben und angesehener. Danach hatte der Vater gehungert. Seine Familie hat sich mit ihm gefreut, zumal auch das Einkommen bescheiden stieg. Was der Vater in seinem Leistungswillen übersah, das haben ihm Frau und Kinder mit der sippeneigenen Unverblümtheit gesagt. Der pädagogische Eifer führte nämlich dazu, daß allemal der Typus des ellenbogentüchtigen Jungen sich bei dem Meister in Gunst zu setzen suchte und wußte. Die Fachmannsbesuche von draußen züchteten in Klassen, die noch ein Jahr zuvor eine negative Auslese darstellten, auch Strebertum, Ehrgeiz und die Sucht zu blenden. Der Vater pflegte die brillantesten Burschen zu seinen »Adjutanten« zu ernennen, eine Betitelung, die heutige Linkspädagogen die Stirn tief kraus in Falten legen lassen würde, vernähmen sie von solchen »Rückfällen«. Was unser »Alter« war, der blieb einem gewissen militärähnlichen Kommandosystem durchaus verpflichtet. Wehe dem Buben, der sich von ihm nicht hätte hinreißen lassen!

Es blieb meiner Mutter vorbehalten, sich die Adjutanten, die gelegentlich bei uns zu Haus allerlei ausrichten oder holen durften, kritisch anzusehen. Ich erinnere mich an zwei ranke, intelligente Burschen, die sich bei meiner kritischen Mutter kaum Gunst erwerben konnten. Einer hieß Siegfried, hatte rote Haare und ein Köpfchen von aufgewecktester Helle. Meiner Mutter gefiel er nicht, und das machte den Vater doch ein wenig nachdenklich, wenn er es auch nicht eingestand.

Noch in späteren Jahren bestand Verbindung zu tüchtigen Schülern, die zu ihrem Lehrer kamen, um ihm auszudrücken, daß sie ihm und seiner Energie die gute Lehrstelle, ein ordentliches Wissen in Deutsch, Rechnen und Geographie und berufliches Fortkommen verdankten. Das war gewiß keine Liebedienerei, da ja die Schulzeit inzwischen längst hinter den jungen Männern lag. Als Student habe ich es noch gelegentlich während der Semesterferien in Begleitung des Vaters erfahren, daß ein Lehrer mit vierzig Jahren Schuldienst selbst in einer Großstadt zu einem wohlbekannten Manne werden konnte. Immer wieder die lebhafte Freude des Wiedersehens mit den inzwischen älter gewordenen ehemaligen Schülern. Unser Vater hatte im Gegensatz zu vielen meiner ehemaligen Lehrer nicht die geringste Scheu, die Menschen, und wenn sie noch so erwachsen und weit gekommen waren, als die anzusprechen, die sie einmal gewesen waren: »seine« Buben und Mädchen.

Der Bruch im Glauben kam nicht erst mit dem erwachenden kritischen Bewußtsein. Wenn ich an meinen Umgang mit den Sakramenten denke, packt mich Erschrekken. Ich meine heute, mich sehr früh dem drückenden Beichtzwang innerlich dadurch entzogen zu haben, daß ich äußerlich tat, was ich innerlich nicht bejahte. Die Verdrängungsasketik, in der ich geradezu virtuos war, blieb meinem geistigen und seelischen Haushalt äußerlich. Ich erinnere mich, die Keuschheitsgebote der Beichtpraxis einfach dadurch geradezu blasphemisch erfüllt zu haben, daß ich, weil es mir anders nicht vollziehbar erschien, sogenannte Gedankensünden, also sexuelle Triebhaftigkeit und willentliches Nachhängen in Wunschvorstellungen als Sünden bekannte, obwohl ich wacker verdrängte und also nicht viel zu bekennen hatte. Vielleicht war das eine Neurose. Wenn es eine war, dann hat sie mich zwar gequält, aber nicht beschädigt. Ich habe es meinem Vater lange verargt und kann es selbst heute noch nicht gutheißen, daß er seine Kinder unter Druck mindestens alle vier Wochen an einem Samstagabend zur Beichte schickte. Es ist in meiner Sicht von heute ausgeschlossen, daß ich je ernsthaft für mich an den Priesterberuf gedacht hätte, der mich ja dann zum »Beichtvater« gemacht hätte. Es ist mir erspart geblieben, daß der mächtige Vater etwa von mir erwartet hätte, daß ich mich zum geistlichen Beruf entscheide. Zu solch primitiver Gewalt war der Vater denn doch im Laufe seines Lebens zu liberal geworden. Auch hat er keineswegs in der Familie den frommen Mann herausgekehrt. Es gehörte in unsrer spottlustigen Sippe zum allgemeinen Usus, daß man sich über die in der Gemeinde blühende Bigotterie lustig machte oder auch regelrecht Ärgernis daran nahm. Meine Mutter war vollends empfindlich gegen zur Schau gestellte Gottwohlgefälligkeit. In irgendeinem Roman hatte die Mutter eine ältere Weibsgestalt kennengelernt, die auf den vielsagenden Namen »Hummelsgritt« getauft war. Wir hatten den Namen alsbald übernommen, und einige Frauen mußten sich, ohne daß sie davon wußten, den Beinamen zulegen lassen. Wir hatten sie in nächster Nähe und konnten die abstruse Vereinbarkeit von Frömmelei und Bosheit daran studieren.

Wenn ich als alter Mensch mir eingestehe, Sakramente gebraucht zu haben, die ich nicht bejahte und nicht bejahen konnte, dann muß ich mir konsequent den Vorwurf machen, daß ich lieber simuliert als gekämpft habe. In meiner Lage würde der Kampf freilich aussichtslos gewesen sein. Ich habe darüber nie mit jemand gesprochen. Es gab niemand, der mein fast blasphemisches Verhalten verstanden hätte. Daß meine Kirche heute in einer Krise ist, hängt mit solchen Erfahrungen zusammen. Der geistliche Studienrat, ein gebildeter kunstsinniger Mann, der am Gymnasium den Religionsunterricht erteilte, hat uns an jedem Monatsanfang der Reihe nach abgefragt, wo wir zur heiligen Kommunion gegangen seien, wenn wir schon nicht das Sakrament aus seiner Hand in der allmonatlichen Sonntagsschulmesse empfingen. Nach meiner Erinnerung hat keiner meiner Mitschüler gegen diese fatale Praxis protestiert.

Man wird mich fragen und ich muß mich fragen, wie ich unter solchen Voraussetzungen mein Verhältnis zur Kirche sah und sehe. Meine Antwort ist, daß ich darin geboren bin. Ich habe und bejahe die Katholizität als Wesensprägung. Das Katholische ist auch die Basis meines Kulturkonservativismus. Aber auch der findet seine Grenze am Protest gegen Zwänge des verdinglichten Gewissens.

Wie immer ich es wende: auch die persönlich erfahrene konfessionelle Problematik treibt mich zwischen Fronten auf jene Grenze, auf der ich gelebt habe und noch lebe. Unter solchen Voraussetzungen konnte wohl nichts anderes aus mir werden als ein traditionsverhafteter und zugleich freischwebender Intellektueller.

Um nun aber vollends der Wahrheit die Ehre zu geben, füge ich noch einzelne Erinnerungen zum Thema der sakramentalen Verweigerung an. Es war nicht so, daß ich mir der blasphemischen Einstellung zu dem Hersagen von nicht begangenen »Sünden« wider die Keuschheit immer voll bewußt gewesen wäre. Es gab selbstquälerische Versuche genug, Natur und sechstes Gebot in Einklang zu bringen. Ich kannte die unter katholisch erzogenen Jünglingen eingeübte aloysianische Praxis, so genannt nach dem heiligen Jüngling von Gonzaga, den schreckliche Kitschbilder stets mit einer weißen Lilie zeigen. Ich habe das bis zur Kasteiung und Hypochondrie praktiziert. Allem, was mit Sexualität irgend zu tun hatte, ging ich aus dem Weg. Sublimierung von Trieb und Gefühl waren mir vertraut. In den abendlichen Maiandachten zu Ehren der Jungfrau-

Mutter habe ich Wonneschauder einer sublimierten Marienminne gehabt. Das hat es im 20. Jahrhundert gegeben, und vielleicht gibt es das immer noch. Ich bereue nicht, diese Seite kirchlicher Praxis gekannt zu haben. Die Schwierigkeit lag in der für mein Empfinden und erwachendes Wissen entsetzlichen Grobheit der Beicht.

Ich war in meiner Schulklasse bekannt für absolute Ferne zu Mädchen. Unmöglich der Gedanke, daß ich am Tanzunterricht teilgenommen hätte. Ich war sozusagen durch eigene Verordnung tabuiert. Vielleicht gibt es auch außerhalb des Katholizismus ähnliche Phänomene. Aber die Tortur der Beicht ist katholisch. Das kann bis zur fast vollkommenen Verdrängung der Pubertät führen. Ich habe nicht den Eindruck, dauernden Schaden genommen zu haben. Ein Hang zum Trotz ist mir freilich geblieben, fast bis in meine alten Tage. Heute bedaure ich den Abbau des katholischen Kults. Manche reduzierten Kurzmessen sogenannter Reform sind mir ein Greuel.

Es wird mir in der Rückschau jetzt klar, daß ich aus den Pubertätsnöten und -schwierigkeiten eine allgemeine Lebenshaltung erlernt habe, die Tarnung. Später, während der nationalsozialistischen Zeit ist es mir fast zur spielerischen Lust und zur zweiten Natur geworden, getarnt zu existieren. Ich konnte verbergen bis zur Unkenntlichkeit. Ich bin kein Kämpfer mit offenem Visier geworden. Die Witterung für die Macht, sei es der Konventionen, sei es der Gewalt und ihrer subalternen Domestiken, habe ich früh erworben und geübt. Es war mir Genugtuung, undurchschaut zu bleiben. Als Primaner muß ich fast finster und sonderlinghaft gewirkt haben. Vor Jahren hat mir ein mir persönlich unbekannter Lehrer an meiner alten Schule aus Akten, auf die er zufällig gestoßen war, in einer fotografischen Ablichtung die Beurteilung zugeschickt, die meine Lehrerkonferenz 1927 vor dem Abitur in ein paar Sätzen zu meiner Person niedergelegt hat. Darin las ich nach 45 Jahren, daß ich mit Achtzehn für mein Alter »zu ernst« gewesen sei. Die gutgemeinte Floskel erfüllt mich nach so langer Zeit noch mit einer Mischung aus Grimm und Triumph. Es war mir also gelungen, den »Ernsten« oder Schwierigen zu spielen.

Unsere Lehrer waren zum überwiegenden Teil ausgezeichnete Leute. Die älteren repräsentierten noch den Typus des alten königlichen Gymnasialprofessors. Sie hatten ihre skurrilen Eigenarten und traktierten jahraus jahrein die Verba auf »mi« oder Balladen von Schiller oder den Livius ab urbe condita. Gelegentlich erfuhren wir aus der Zeitung oder aus den Annalen des Nassauischen Altertumsvereins, daß dieser oder jener unter ihnen ein gelehrtes Haus war und insbesondere ein angesehener Heimathistoriker. Einer dieser älteren, die noch den Titel Professor führten, ist mir besonders lebhaft im Gedächtnis geblieben. Wir nannten ihn nach seinem kuriosen Vornamen Daniel. Er war ein baumlanger, hagerer Westfale, der sich immer sehr gerade hielt und dessen dunkle Anzüge penetrant nach Zigarren dufteten. Daniel hatte einen großartigen kahlen Kopf mit hohem Stirnjochbogen. Sein Gebaren war unnahbar aristokratisch, und er hatte meine ganze Liebe, weil er das Geschäft ausdrücklicher Erziehung als ein indiskretes und hoffnungsloses Beginnen verabscheute. Hinter seiner feierlichen Art verbarg sich feiner überlegener Humor. Daß Daniel westfälisch »fein« sprach, war für uns Lausbuben eine Quelle des Vergnügens. Mit dreisten Unschuldsmienen ahmten wir ihn nach, indem wir jedes »ch« wie »k« aussprachen und mit Vorliebe Wörter wie »manke« statt »manche« in die Homerübersetzungen einfließen ließen. Dann schaute er den Übeltäter mit rollenden Augen an und sagte ironisch: »Mankes Chameau hat den Text gar nicht verstanden.« In Daniels griechischem Unterricht war es immer hochinteressant. Wenn wir es darauf anlegten, Daniel zum Erklären zu bringen, dann ließ er sich willig oder scheinbar nichtsahnend durch Fragen ablenken. Einzelne unter uns waren so raffiniert, sich zu Hause im Konversationslexikon schwere Fremdworte, deren griechischen Ursprung wir ahnten, zu suchen und Daniel vor Beginn des Unterrichts zu befragen. So hörten wir von der Wortableitung an bis zur genauen begrifflichen Definition, was Idiosynkrasie sei oder was ein Hippopotamos. Daniel steckte voller spannender Erzählungen »aus dem Leben«. Die schönste war die von dem Schäfer, der dem Daniel einmal erklärt hatte, daß der Hund dem

Schäfer, was »der Düwel dem Pastor«. Daniel schien kein kirchentreuer Christ zu sein. Wer auf ihn hörte, den machte er unversehens zum Sokratiker. Wie herrlich konnte er von der Heimkehr des göttlichen Odysseus erzählen, und wie großartig von dem Sauhirten Eumaios, der seinen Herrn zuerst erkannt hat. Daniel war ein Mensch, kein Handwerker. Wohl keiner seiner Schüler hat seine Originalitäten vergessen, seine feinsinnigen Aperçus über die kleinen Wörtchen »men« und »te«, die dem Griechischen das attische Salz geben, und nicht seine gelegentlichen skurrilen Grobheiten, etwa »Man meint, man hätte Ochsen auf den Pampas spazieren zu führen«. Daniel hatte einen Garten oben auf der Platterstraße, wo meine Eltern wohnten. Den Garten bestellte der alte B., ein Original, und Daniel ging nur dahin spazieren und saß mit seiner baumlangen Tochter, die ein studiertes Wesen war und einen genialischen Struwwelkopf hatte, in dem mit Eichenrinde benagelten Gartenhäuschen, wo er mit seiner Filia gelehrte Gespräche führte. Ich sehe ihn noch vor mir, wie er erhobenen Hauptes durch die Bankreihen wandelt und hinter den hageren glattrasierten Wangen – Daniel war in seinem Äußeren immer gepflegt – ein dickes Malzbonbon – der starke Raucher bediente sich dieses Palliativs im Unterricht, wenn er nicht rauchen konnte – und auswendig unsere fehlerhafte Lektüre des Homer oder des Platon verbesserte. Daniel war einer der taktvollsten Lehrer, die ich kennenlernte. Er mied alles Persönlich-Indiskrete, das mir an andern verhaßt war, er hat uns gewiß geliebt wie ein weiser Vater, dabei aber theoretisch stets eine von Schopenhauer inspirierte Menschenverachtung an den Tag gelegt.

Damals in den Weimarer Jahren kam ein jüngerer Lehrertypus auf, der sich in Temperamtent, Gehaben und Lehrweise von den Gymnasialprofessoren stark unterschied. Diese Männer waren Demokraten, der neuen Ära begeistert zugetan, weil sie ihnen Befreiung von der Reserveoffiziersfeudalität und der damit verbundenen geistigen Enge brachte. Einer von ihnen, der auf Prima Deutsch und Geschichte lehrte, ist mir besonders im Gedächtnis haftengeblieben. Er hat uns in die Bildungsluft der deutschen Klassik und der idealistischen Philosophie eingeführt. Er richtete – ein Novum der Weimarer Schulreformen und gewiß ein sehr schönes – eine philosophische Arbeitsgemeinschaft ein und las mit uns Texte aus einem philosophischen Lesebuch und später Fichtes Reden. Diese Reden nun genossen einen schlechten Ruf, mußten sie doch im Munde von »knarschen« preußischen Obersten, denen die Philosophie ziemlich »schnurz« war, herhalten, um preußische Heldentodphrasen mit einigen Bildungsschnörkeln aus der Zeit der Königin Luise und der preußischen Erhebung zu verzieren. So fürchterlich und unsinnig manche Folgerungen des preußischen Philosophen in den Reden an die deutsche Nation auch sind, das Buch enthält doch, zumal in der Hand eines tüchtigen Interpreten, der unser Lehrer war, die Quintessenz der idealistischen Philosophie. Ich bekam einen Geschmack von dem kühnen Versuch, das Absolute aus dem Bewußtsein zu statuieren, und muß bekennen, daß ich bei aller inzwischen gewonnenen Einsicht in die Fragwürdigkeit der Metaphysik mich immer wieder seit diesen ersten Begegnungen von der Genialität und Kühnheit solcher Spekulationen zur Bewunderung hinreißen lasse.

Als Siebzehnjähriger habe ich zum erstenmal etwas von der rhein-mainischen Substanz Goethes geahnt. Ich las Goethes köstliches Tagebuch seiner Reise an Rhein und Main aus den Jahren 1813/14. Ich lernte Natur, Landschaft und Geschichte des Mittelrheins fühlen als die eines abendländischen Kernlandes. Ich vergrub mich in der guten nassauischen Landesbibliothek in rheingauische Geschichte und Altertümer. Volksleben und Volkscharakter des Rheingaus begann ich aus dem Zusammenklang mit der uralt besiedelten Gartenlandschaft und der reichen Geschichte, die von den ältesten Rodungszeiten über das frühe mönchische Mittelalter, über die kurmainzische Zeit bis hin zur Aufklärung und dem behäbigen 19. Jahrhundert reicht, zu begreifen. Ich las wieder und wieder den Band Rheingau des staatlichen Inventarisationswerks der heimischen Kunst- und Baudenkmäler und Gesamt- und Einzeldarstellungen der politischen Geschichte. Darüber wurde ich unversehens zum Europäer. War das kleine kurmainzische Ländchen nicht Abendland, tausendfältig verwoben in die großen Geschicke des alten Kontinents? In unserm Landesmuseum war der Mithrastempel von Heddernheim aufgestellt. Auf dem großen Relief vor dem Opferaltar war der Gott mit der phrygischen Mütze, wie er auf dem Stier reitet, zu sehen. Den Grundstein zur Zisterzienserabtei Eberbach hatte Bernhard von Clairvaux gelegt, und die alten Osttürme des Mainzer Doms stammten von lombardischen Steinmetzen. In Rauenthal über Schlangenbad gab es in der alten Pfarrkirche eine süße Madonna, die dem Jesusknaben eine Traube hoch in der Hand vors Gesichtchen hielt, und aus den Bauernkriegen waren Spottverse auf die rebellischen Winzer erhalten, die dem Abt das große Faß ausgesoffen hatten und denen darob übel mitgespielt worden war. Auf den Schlußsteinen der aus rotem Sandstein gefügten Torbogen alter Zehnthöfe war überall das kurmainzische Rad zu sehen, und der Schwedenkanzler Oxenstierna hatte in Eberbach im heute noch so benannten Schwedenbau gehaust und beim Abzug die kostbare Bibliothek nach Upsala mitgehen heißen. In Geisenheim hatte Leibniz mit dem kurmainzischen Hofjuristen Boineburg über die Union der christlichen Bekenntnisse verhandelt, und in Winkel war die Günderrode in die Wellen des Rheins gegangen, um dort den romantischen Tod zu suchen, jene merkwürdig begabte Frau, die von einer tiefen, unstillbaren Sehnsucht getrieben war. Als es dann biedermeierlich und winkelpoetisch wurde, da hat Wilhelm Heinrich Riehl, der auf dem Wiesbadener Gymnasium zur Schule gegangen ist, das damals noch das Pädagogium hieß, der Sohn des Schloßkastellans von Biebrich, die verträumte, mit geschichtlichen Erinnerungen gesättigte rheingauische und dazu die altherzoglich nassauische Welt des Taunushinterlandes in köstlichen Novellen und erwanderten Idyllen eingefangen.

Dies alles habe ich unter dem Einfluß jenes Lehrers, der uns die Luft des Wilhelm Meister atmen ließ und uns die Klänge eines Novalis oder Brentano zum erstenmal hören lehrte, in mich aufgenommen. Auch die Heimatstadt wurde mir durch diese Bildungserlebnisse lieb und vertraut. Ihre Zentren waren außer dem Elternhaus das Pennal und die Bibliothek, wo all die Schätze zu heben waren.

Die nassauische Landesbibliothek ist mir Jahre hindurch, vor allem auch später, als ich in dem nahen Frankfurt studierte, ein wohlig vertrauter Studierplatz gewesen. Ich erinnere mich des schönen mit Eichenholz ausgekleideten Lesesaals, der eine reichhaltige Standbibliothek hatte, die längs einer Galerie aufgestellt war. Als ich sehr viel später einmal durch den Mittelgang der alten Laurenziana in Florenz ging und meinen Blick ehrfürchtig über die Lesepulte der Humanisten gehen ließ, da habe ich mit Behagen mich so mancher stillen Stunde im Lesesaal der winterlichen »La-Bi« erinnert, wenn ich an meinem Stammplatz hinter einer grün abgeschirmten Tischlampe saß. Meine Bücher hatte ich wie einen schützenden Wall vor mir aufgebaut. Die Lämpchen erhellten immer nur gerade den Studierplatz und ließen jeden, der da saß, die köstliche Stille und Sammlung einer Zelle kosten – und zugleich die beflügelnde Gemeinsamkeit der Privilegierten, die in den artes liberales ihre Heimat haben. Dort las ich den Wilhelm Meister zum erstenmal und verweilte in der idealischen Welt, der die Bildung in dem großen Sinne der Goethezeit Religion war. Ich hatte, als ich noch Primaner war, einmal den Auftrag, Rankes Monographie über Wallenstein zu lesen und einen Vortrag darüber zu halten. Der Band ist mir noch heute vor Augen, sein starkes weißes Papier und der weiche Lederrücken. Ich war ganz erfüllt von der großen Kunst der historischen Monographie, in der die verwickelten diplomatischen Fäden im Zusammenhang mit der abenteuerlichen Gestalt und den bewegenden Ideen der Zeit so spannend dargestellt waren. Wie waren wir in den Jahren nach dem verlorenen Weltkrieg reich und haben trotz äußerer Armut glücklich leben können!

Der Direktor des Gymnasiums war der Typus des standesbewußten »Akademikers«. Ich wich ihm, wo ich konnte, aus. Er suchte mich einerseits zum Paradepferd seines Lateinunterrichts aufzuzäumen und mich andererseits wegen eigenbrötlerischem Wesen und Verschlossenheit zu schurigeln. Der Mann, im Kollegium wegen seines demonstrativen akademischen Katholizismus und seiner musikalischen Ambition nicht durchaus akzeptiert, war als autoritäre Erscheinung erdrückend. Er hat mich einmal, als ich schon in der Prima war und ein großer Schulausflug zu Schiff auf dem Rhein gemacht wurde, tödlich beleidigt, als er mir eine Silbermark als Weggeld für zwei Schoppen Wein zusteckte. Das hat er wohl auch bei andern so gehalten, von denen er wußte, daß sie kein Taschengeld hatten. Ich war so gekränkt, daß ich es bis heute weiß. Ich war es um so mehr, als ich damals durchaus Taschengeld besaß. Denn man hatte mich etwa von Sekunda an als einen seriösen Nachhilfelehrer ausgemittelt und bezahlte mich pro Stunde mit einer Mark und fünfzig. Ich erinnere mich an den Vater eines liebenswerten Lausebengels von Mitschüler, dem wir den krassen Beinamen Wutz gegeben hatten, was den gutgenährten Jungen nicht kränkte. Der Vater war Tierarzt und offenbar von meinem »ernsten« Wesen angetan. Er hätte es zu gern gesehen, wenn sein Söhnchen, ein köstlicher Schlingel, der es darauf anlegte, den Nachhilfelehrer zum Lachen zu bringen, was ihm mit mir nicht gelang, sich auch privat statt mit andern Lausbuben mit mir eingelassen hätte. Aber das scheiterte an meiner Reserviertheit.

Jener Herr Oberstudiendirektor, der sich das Stück mit der Silbermark geleistet und mir jede Freude an der Rheinfahrt verdorben hatte, frönte einer Art kultureller Sucht, die nicht frei von Ehrgeiz war. Preising – so hieß er – kannte keinen größeren Ehrgeiz, als einmal im Winter mit dem Schulchor mit einem unter unendlichen Mühen einstudierten Werk für Chor und großes Orchester im großen Kurhaussaal als Dirigent aufzutreten. Chef des Kurorchesters war damals der Generalmusikdirektor Carl Schuricht, ein über die Stadt hinaus bekannter und wohl auch berühmter Mann mit einem Falkenkopf. Die Kreise der regelmäßigen Kur- und Kulturkonsumenten erzählten sich von ihm wunderliche und manchmal sogar schockierende Dinge und genossen die sozial herausgehobene und auf solche Personen beschränkte Sonderstellung »des Künstlers«.

Preising gierte danach, einmal im Jahr an Schurichts

Pult dessen Orchester zu beherrschen. Was die Musiker dazu dachten oder sagten, drang nicht bis zu uns. Wir Pennäler waren im wörtlichen Sinne Preisings Stimmvieh. Fast ein Jahr lang dauerten die Proben bis zur Aufführung von Haydns »Jahreszeiten« oder der »Schöpfung«. Ich habe im zweiten Baß an den Aufführungen im wilhelminisch reich dekorierten großen Konzertsaal des Wiesbadener Kurhauses mitwirken dürfen oder müssen. Denn Preising ließ keinen aus, der einigermaßen Stimme hatte. Musikunterricht, der diesen Namen verdient hätte, kam darüber vollkommen zu kurz. Wir hatten entweder von Haus aus durch die Erlernung eines Instruments musikalische Gaben und Kenntnisse und konnten vom Blatt unsere Stimme lesen und singen, oder wir wurden stur eingepaukt, was für meinen Bruder und mich galt.

Dies mag verwundern, wenn zugleich mitgeteilt wird, daß unser eigener Vater an die fünfzehn Jahre lang an Maria-Hilf nicht nur Organist, sondern auch Dirigent des Kirchenchors war. Wir Kinder waren erstaunlicherweise von der nebenberuflichen Musikübung des Vaters dispensiert und waren es zufrieden. Vermutlich hatte der Vater den richtigen Instinkt, daß es nicht gut sei, eigene Kinder in einem kollektiven Lernprozeß zu haben. Es mochte auch mitsprechen, daß der alte Korn, gewitzt wie er war, es nicht gern gesehen hätte, wenn wir mit einigen recht jungen Mädchen des Soprans oder auch des Alt in abendliche Kontakte nach oder vor den Kirchenchorproben gekommen wären. Vaters Kirchenchor hatten wir an den hohen Festtagen einschließlich Kirchweih und Marienfeste als Kirchengänger anzuhören und zu begutachten, wobei allemal die Tenöre das Problem waren. Vater wollte wissen und erfuhr, ob sie wieder krächzend und kratzig, wie wir das in der Familiensprache ausdrückten, gewesen seien. Denn zu Vaters Unglück hatten die Tenöre nicht das beste Stimmaterial vorzuweisen – und nicht selten haben wir den Alten die Einsätze mitsingen hören. Wir wußten, daß es wieder einmal schwierig geworden war, wenn wir Vaters metallische Stimme vernahmen. Aber er hätte nicht der energische Schulmeister sein müssen, wenn er die Sache nicht durchgerissen hätte. Sein Glanzpunkt waren die

Damen vom Sopran und allen voran das nicht mehr junge, in anderm Zusammenhang als Postlerin von der oberen Platterstraß' bereits erwähnte Fräulein G., eine Dame stattlicher Statur. Wenn sie an unsern Fenstern vorbeiwalzte – sie wohnte etwas weiter oberhalb als gewichtige Tante in einem einer Lehrerfamilie gehörenden Siedlungshaus –, dann wurde es Zeit, zur Kirche aufzubrechen.

Der Kirchenchor war Vaters Galeere. Er verdiente bei diesem Job im Monat hundertundzehn Mark. Das war für das Familienbudget unerhört wichtig. An Weihnachten war es besonders schlimm. Der Chor hatte am ersten Feiertag dreimal volle Programme zu bieten, zunächst in der Christmette um Mitternacht, dann im Hochamt um zehn Uhr und schließlich in der Vesper um zweieinviertel Uhr. Die Geistlichkeit, Pfarrer und zwei oder drei Kapläne mögen solche Tage auch nicht gerade als Ausspannung erlebt haben. Für den Schulmeister Korn war es »Nebentätigkeit« und so gering bezahlt, daß allenfalls der Küster noch darunter rangierte. Unser Vater war mit seinem Chor natürlich ehrgeizig. So blieb es nicht aus, daß am darauffolgenden Werktag in der »Rheinischen Volkszeitung«, dem CDU-Blatt, wie man heute sagen würde, eifrig gesucht wurde, was der Lokalteil über die Darbietungen des Kirchenchors zu schreiben wußte. Es war wichtig, daß die »Stabführung« mit dem Dirigentennamen gedruckt zu lesen war, ärgerlich, wenn der Chor »zur Verschönerung des Gottesdienstes beigetragen« hatte. Durch seine Bekanntschaft mit dem Chefredakteur des Blattes, einem Manne namens Geuecke, dessen Beweglichkeit und intellektuelle Lebendigkeit mir früh Eindruck gemacht hatten, war es dem Vater gelungen, daß solche albernen Berichte wenigstens durch die Nennung der Messen und der andern »Chorvorträge« aufgebessert wurden. Manchmal steckte der Musikpapst Preising hinter den Bosheiten der Zeitungsberichte. Denn Preising ließ es sich aufgrund seiner akademischen Präpotenz und seiner Auftritte »im Kurhaus« nicht nehmen, ungebeten den Mentor der katholischen Kirchenchöre der Stadt zu machen.

So kehrt mein Bericht über das »Musikleben«, ein Ausdruck, den man damals erfreulicherweise noch nicht kannte, zum Schulchor des Humanistischen Gymnasiums zurück. Es war ein Ausdruck des elitären Selbstverständnisses unserer Schule, daß wir, die »Huma«, und keine andere von den immerhin zahlreichen höheren Schulen zu solchem öffentlichem Rang in der Kurstadt aufgestiegen waren. Den Triumph, Schurichts Orchester dirigieren zu dürfen, verdankte unser beliebter Gymnasialchef wohl auch der Bekanntschaft mit dem Kurdirektor Hofrat Rauch, dessen Sohn in meiner Klasse zu den angenehmen Erscheinungen gehörte. Es könnten sogar honorige Kompensationsabreden im Spiel gewesen sein, daß nämlich die Primen des Gymnasiums den literarischen Vortragsabenden der Tochter Rauchs, einer Schauspielerin namens Charlotte Christann, einer mich faszinierenden Weiblichkeit, das Publikum stellten, um den kleinen Kurhaussaal zu füllen, wenn die Vortragskünstlerin Rilke und Verwandtes zelebrierte.

Wie dem auch gewesen sein mag, wir kamen in den großen Konzertsaal, und unsere Eltern saßen auf dem Rang und bewunderten Haydn, das Gymnasium und die Söhne, wenn sie auch, wie unser Vater nur zu gut wußte, musikalische Inculti waren und blieben. Als wir den Haydn hinter uns hatten, verfiel der Direx, wie der Mann im Pennälerjargon hieß, auf den Komponisten Max Bruch, der u. a. Homers Odyssee in ein Chorwerk mit Singstimmen und großem Orchester verwandelt hatte. Die Einstudierung war besonders mühsam, und der Stoff weniger in der Stadt zugkräftig als Haydns große Oratorien. In der Generalprobe gab es fast einen Skandal, als der Sänger des Eumaios, des bekannten Sauhirten, der Amateurbassist Seiffert, bekannter Apotheker der Stadt und Vater eines werdenden Pharmazeuten mit humanistischer Gymnasialvorbereitung, wieder den Satz »Sprich, o Fremdling, warum weinest du?« verballhornte, indem er sang »weinstedu«. Auf diesen Gag wartete die gesamte Sängerschar und brachte das Kunstwerk durch Gelächter zum Erliegen. Der Direx, der, obwohl Stardirigent, sich nicht des besten Gehörs erfreute, sah den Tumult mehr, als er ihn hörte, und begann zu brüllen, wie er Schüler gelegentlich anzubrüllen pflegte. Das wiederum brachte die Herren des Kurorchesters, die wenig Lust hatten, einem Amateur zu dienen, in solche Verdrossenheit, daß sie einfach aufhörten. Würde die Aufführung am Abend platzen? Was sollte geschehen? Da kam wie der leibhaftige Deus ex machina aus dem Künstlerzimmer urplötzlich und geschmeidig wie eine Katze kein anderer als Schuricht aufs Podium, bat den Direx artig um einen Augenblick, hob den Taktstock – und alles ging wie von Geisterhand bewegt glänzend. Ob Preising die Abfuhr zur Kenntnis genommen hat, blieb ungeklärt. Der große Konzertabend fand statt, und wir brüllten unsere Chorpartie »Mut, Mut, Odysseus, gewaltiger Held, Trojazerstörer« heraus, so daß wieder einmal viel Unmut und Verdrossenheit sich in der Euphorie eines Erfolgs der »Huma« auflösten.

Was unser Vater war, der dem Ereignis natürlich beigewohnt hatte, so bemerkte der, es habe gelegentlich bei den Bässen gehapert. Aber mit solchem Orchester decke man leicht Mängel des Chors zu. Am folgenden Tag deutete der Kritiker der Rheinischen Volkszeitung ähnliches an –, und der Kirchenchor Maria-Hilf war gerächt – bis zur nächsten Nörgelei.

In der Schule wie in der Familie habe ich als Jüngling im Ruf der Querköpfigkeit gestanden. Ich hatte mir ihn verdientermaßen eingehandelt. Eine Ursache ist wohl darin zu sehen, daß ich als der Älteste, der oft der uneingestandene Mitwisser der Schwierigkeiten seiner Eltern ist, an einer Art Trauma litt. Was ich bisher erzählt habe, mag erklären, was gemeint ist. Ich hatte, seit ich zum Bewußtsein gelangt war, die Lage meiner Familie als sozialen Abstieg empfunden. Da war natürlich viel Übertreibung im Spiel. Empfindsame Jünglinge neigen dazu, ihre Verletzungen zu vergrößern und dann zu sublimieren. Die Kehrseite meines zur Schau getragenen Hochmuts oder der Einsamkeit, in der ich mir gefiel, war die mit Mühe unterdrückte Sehnsucht nach Kontakten, nach geselligem Leben, nach Mädchen.

Es blieb bei heftigen Wünschen und bei einer entsetzlichen Unsicherheit in allen Dingen gesellschaftlicher Form. Unsere familiäre Autarkie ließ mich das gesellschaftliche Draußen, zumal in der Stadt Wiesbaden, wo solches aus Snobismus übertrieben ernstgenommen wurde, als ein Feld voller Tücke und Fallen betrachten. Ich erinnere mich, daß mich mein Schul- und Schulbankgefährte Otto M.-G., der älteste Sohn aus einem bekannten Eltviller Sekthaus, zu sich in die elterliche Villa überm Rheinufer einlud. Das war ein Ereignis, von dessen Bedeutung für mich der eher harmlose und freundliche Otto sich kaum eine Vorstellung gemacht haben dürfte. Es ging alles gut, und ich könnte mir denken, daß es mir gelungen ist, Schüchternheit und Befangenheit zu verbergen. Dazu trug die freundliche, mit vielen Kindern gesegnete Mutter und Dame des Hauses bei. Auch schienen die beiden Schwestern weder arrogant noch irgendwie anders als meine eigenen Schwestern. Dann wurde zum Abendessen gegongt. Der Schulgefährte stellte mich dem Vater vor, einem betont eleganten Herrn. Die Ms. waren sehr weltläufig. Ich wurde als Gast neben den Hausherrn placiert, und dieser ließ es sich nicht nehmen, mir das Roastbeef als erstem anzubieten. Als er mich dazu bewegen wollte, doch von dem Jus, der das köstlichste sei, zu nehmen, geriet ich in Verlegenheit und lehnte wahrscheinlich ungeschickt und dümmlich ab. Da geschah es. Mir schräg gegenüber am großen Tisch, an dem die Familie mit, wenn ich mich recht erinnere, sieben bis acht Personen versammelt war, saß die junge hübsche Hausdame, eine Art gehobenes Kinderfräulein. Die hatte mich natürlich längst durchschaut und sandte mir, als ich verwirrt von dem Jus nehmen sollte – das Wort war mir unbekannt – einen Blick zu, den ich mein Leben lang nicht vergesse. Darin war vielleicht, weil sie Bediente im Hause war, die Bosheit der Verachtung für einen, der es nicht fertigbrachte, gelassen und natürlich zu bleiben.

Ich könnte mir denken, daß Frau M.-G. und die Kinder den kleinen Vorgang entweder überhaupt nicht oder nur flüchtig wahrnahmen. Für mich war die lächerliche Affäre eine furchtbare Niederlage. Ich weiß bis heute nicht, wie ich am Abend aus der Villa gekommen bin und ob ich mich ordentlich verabschiedet und bedankt habe. Das hübsche Wesen und seine gekonnte Bosheit sind mir unvergeßlich geblieben.

Was Wunder, daß es mir bei solcher Befangenheit im gesellschaftlichen Felde gerade recht war, wenn man mich in jungen Jahren als Sonderling ansah. Ich hatte nicht das Glück, daß mich rechtzeitig jemand von der Schüchternheit befreite. Ich konnte es wohl nicht haben, weil ich mich, sobald ich mich auf sicherem Terrain befand, alles andere als schüchtern verhielt. Dies Terrain war natürlich die Schule. Ich habe als einziger meines Jahrgangs im Abitur die Gesamtwertung »mit Auszeichnung« erhalten – und so fiel es mir zu, die sogenannte Abschiedsrede vor dem hohen Kollegium, den versammelten Eltern und Klassen des Gymnasiums zu halten. Da war ich in meinem Element, redete ohne Konzept drauf los und erhielt zur Erbitterung des Schuldirektors Beifall. Ich erinnere mich, daß am gleichen Abend eine törichterweise »Kommers« zubenannte Feier mit Studienräten und Vätern mir allerlei schmeichel- oder gönnerhafte Begrüßungen von Vätern meiner Mitschüler einbrachte, was mich um so mehr erfreute, als meine Sonderlingsart ja alles andere als echt war. Im Grunde gierte ich nach Leben und Unbefangenheit.

Aber das war nicht mit Schulerfolgen allein zu erreichen. Ich habe für in der Jugend Versäumtes später zahlen müssen. Wie eingewurzelt mein schwieriges, gelegentlich störrisches Wesen auf meine Umgebung gewirkt haben muß, mag man daraus ersehen, daß der Vater mir den Beinamen »das deutsche Eck« gegeben hat und ihn in Aufwallungen des Ärgers gern gebrauchte. Das machte mich nur noch störrischer. Die Originalität der aus Spott und Ärger gemischten Titulierung bereitet mir heute Spaß, bewährt sie doch wieder einmal die zwar schonungslose, aber treffsichere Benamung aus dem rheinischen Vorstellungsvorrat. Das deutsche Eck war damals das bombastische steinerne Hohenzollerndenkmal am Zusammenfluß von Mosel und Rhein bei Koblenz. Der Ansatz für die wortschöpferische Übertragung auf den Charakter des ältesten Sohnes war für den Vater natürlich das Kernwort Ecke, sinnverwandt mit Ecken und Kanten.

Befangenheit und Schüchternheit, die vielleicht neurotisch waren, sind mir bald nach dem Abitur fast zum Verhängnis geworden. Der Direktor des Gymnasiums, der auf seinen Musterschüler nicht wenig stolz war, wenngleich auch er meine ungelenke und sperrige Wesensart kopfschüttelnd tadelte, machte meinen Vater und mich darauf aufmerksam, daß ich die Voraussetzungen mitbringe, in die Studienstiftung des deutschen Volkes aufgenommen zu werden. Wir wußten nicht, daß es so etwas gab und waren erfreut, der Sorge, wie das Studium zu finanzieren sein werde, vielleicht enthoben zu werden. Denn da war der um ein Jahr jüngere, das gleiche Gymnasium besuchende Bruder, der mit Gewißheit von einem Studium ausgeschlossen sein würde, wenn nicht eine Hilfe von außen gefunden würde.

Wir erhielten Papiere, in denen ein Gesuch um Aufnahme in die mit öffentlichen Mitteln ausgestattete Studienstiftung gestellt wurde. Dem Antrag mit allen Angaben über die Familie und finanziellen Verhältnisse waren zwei Empfehlungsschreiben angesehener Leute beizufügen, die für den Kandidaten und die Eignung gutsagen sollten. Es war naturgegeben, daß einer der beiden Befürworter der Gymnasialdirektor sein würde, der sich dazu erboten hatte. Wer wohl könnte der andere sein? Korns verfielen ausgerechnet auf ihren Pfarrer. Nun war unser Herr Pfarrer alles andere als irgendeiner. Der Mann verkörperte seine geistliche Würde nicht nur mit heutzutage undenkbarer Souveränität, er war wer. Seinem Namen setzte er, nicht ohne das Selbstbewußtsein des römischen Prälaten zu akzentuieren, den Dr. phil. et theol. voran. Jedem einigermaßen Wissenden verriet dieser akademische Titel die Herkunft von der päpstlichen Universität. Konsequent ist dieser Mann, dessen Andenken ich bis heute verehre, nach der Übung der Kurie konkordatsgerecht später Bischof von Limburg geworden. Er war ein Großbauernsohn und dachte autoritär herrenhaft. Der Doktor der Philosophie und Theologie Anton Hilfrich also schrieb mir in schöner Gelehrtenhandschrift einen Brief, worin er meine geistigen Gaben und die gute Art meiner Herkunft in akademisch wohlgesetzte Sätze faßte.

Wochen später kam, als ich kurz vor dem Semesterbeginn stand, die Resonanz. Ich erhielt einen Brief von Professor von S. aus Marburg, daß ich mich an einem bestimmten Tag vormittags im Hotel Basler Hof zu Frankfurt am Main zur Vorstellung in Sachen Studienstiftung vorstellen möge. Ich erschien mit klopfendem Herzen im blauen Anzug, Erregung mühsam unterdrückend. Das Gespräch war frostig und kurz. Der Professor Freiherr von S. war ein strenger Mann, der in der Universität auch seinen Kandidaten vermutlich kaum Mut machte. Ich war von so viel kalt abweisender Sachlichkeit bedrückt. Vermutlich war ich einsilbig und gab nichts her. Der Professor, vor sich das Aktenbündel auf dem Tisch des einfachen Hotelzimmers, sah mich durchdringend an und bemerkte, meine Zeugnisse und die beiden Gutachten seien in der Tat kaum zu überbieten. Dann kam das Aber, daß meine oder vielmehr die Verhältnisse meiner Eltern immerhin nicht gerade notvoll seien. Ich schwieg. Danach kam die Frage, ob mir denn nicht die Görres-Gesellschaft helfen könne. Ich weiß nicht mehr, was ich dazu gesagt habe. Das Gespräch war kurz, und die Sache endete mit der Ablehnung.

Ich habe dann in Wiesbaden den schweren Gang zu einem Gymnasialprofessor alter Schule, der dort Vertrauensmann der Görres-Gesellschaft war –, ergebnislos, vermutlich, weil ich dort meinen Hang zur Düsterkeit vorzeigte, getan. Man könnte sich denken, daß ein Professor der protestantischen Theologie damals einen so prononciert »katholisch« empfohlenen Schützling lieber an katholische Stellen verwies, zumal ich bis heute überzeugt bin, daß der Gewährsmann der Stiftung tatsächlich wirtschaftlich schwierigere Fälle zu bearbeiten und weniger Stellen zur Verfügung hatte, als Gesuche vorlagen. Freilich habe ich, als mir während meines Studiums einer aus unserm Regierungsbezirk begegnete, der so alt wie ich, nun wirklich damals Stipendiat der Studienstiftung geworden war, mir ein bitteres Lächeln nicht versagen können.

Jahre in Frankfurt - ein Leben in Sprachen

In der Rückschau entsteht der Eindruck, das dargestellte noch junge Leben sei etwa mit dem erreichten achtzehnten Lebensjahr bereits so fixiert gewesen, daß der berufliche und persönliche Lebensweg nur in die Richtung gehen konnte, die ich schließlich genommen habe. Was ich durch das beigebrachte Detail zu zeigen versucht habe, sind Konstanten: eine gewisse Unsicherheit der sozialen Ortung, der Mangel konkreter Beziehungen sei es zum Ökonomischen, sei es zum gesellschaftlichen Leben, sei es zum Besitz oder dem, was man damals noch nicht Establishment nannte. Die einzige Wirklichkeit, die mir im Elternhaus und in der Umwelt greifbar entgegentrat, war die der Schule, der Bildung und der mit ihr gegebenen Aufstiegsmöglichkeiten. Unser familiäres Leben war trotz der Kontakte des Vaters zur Um- und Außenwelt so abgeschlossen und autark, daß wir kaum Gruppen und Gruppierungen wahrnahmen, denen wir uns hätten anschließen und dank deren wir ein weiteres Spektrum beruflicher Orientierung hätten gewinnen können. Freilich gab es Ansatzpunkte. Da setzte zum Beispiel schon bei der Oberstufe der Gymnasien mehr oder minder kaschierte Werbung ein, in eine katholische – es lief immer wieder auf das Konfessionelle hinaus – Studentenverbindung einzutreten. Daß ein derartiger Beitritt für mich nicht diskutabel war, dürfte aus meinen Neigungen und Abneigungen glaubwürdig erklärt sein. Ich spürte, wenn solche Andeutungen gemacht wurden, sofort den Hintergrund von sozialer Abschließung und Ghetto durch Korporierung heraus. Gewisse Töne klangen dem Sprachempfindlichen nach Kasino. Das Wiesbadener Milieu erschien mir, wenn von solchem die Rede war, eng, fast kleinstädtisch. Mein Widerspruch wurde durch Begriffe wie den, daß einer, der unkorporiert studiere, »ein Wilder« sei, eher gereizt. Es wäre mir, weil in meiner Umgebung vor allem künftige Juristen so taten, als könne man in diesem Studium und den daran anschließenden Berufen nicht anders denn als korporierter Student existieren, nie eingefallen zu erwägen, ob nicht etwa ein Rechtsstudium zu wählen sei. Viel später und, wenn man so will, zu spät meine ich entdeckt zu haben, daß ich im Korsett der Jurisprudenz in Kombination mit meinen intuitiven Fähigkeiten und spekulativen Neigungen vielleicht eher die vorhandenen Geltungsbedürfnisse und politischen Willenstendenzen zu befriedigen in der Lage gewesen wäre. Als ich auf der Universität das Gymnasium einfach fortsetzte, konnte ich nurmehr entweder in einen schulischen Lehrberuf, vielleicht in eine Professur, eine geisteswissenschaftliche natürlich, einschwenken oder in einem schriftstellerischen Beruf tätig zu werden versuchen, eine Species, für die ich einiges mitbrachte.

Als ausgebildeter Jurist würde ich, wie ich im späteren Leben erkannt habe, ausgestattet mit dem Instrumentarium des einschlägigen Denkens und der dazugehörenden Sachkenntnis und Begrifflichkeit, meinem Drang, direkten konkreten Einfluß zu haben, auch im Journalismus eher Genüge haben tun können. Ich war und blieb auf das Wort an sich und als solches verwiesen. In meinem Abiturzeugnis war, ohne daß mich irgendwer darum befragt hätte, bezeichnet, daß Korn Philologie studieren werde. Die Interessen, die ich als Primaner zeigte und in und außerhalb des Schulischen betätigte, schienen der Berufsentscheidung zum Philologen recht zu geben. In Wahrheit habe ich so etwas wie eine Berufsentscheidung nie getroffen. Die Lage war die Entscheidung, und ich nahm sie ohne Widerspruch und Einwand hin. Das war damals und ist wohl auch noch heute eine häufige Konstellation in meinem Leben gewesen, nicht nur durch materielle Gründe bedingt. Man setzt auf der Universität das Bildungsleben der Schule fort und wundert sich am Ende eines geisteswissenschaftlichen Studiums, daß der Fülle der Hörsäle nicht ein entsprechend üppiges berufliches Angebot entspricht, es sei denn, man hätte von vornherein den Beruf des Lehrers an höheren Schulen oder, wie es heute heißt, der Sekundarstufe angestrebt.

Ich wurde also Philolog, nicht einmal Historiker, was bei meiner Liebhaberei für heimische Landesgeschichte eigentlich nahegelegen hätte. Ich wurde gar dreifacher Philolog, indem ich in der philosophischen Fakultät drei Literatur- und Sprachfächer belegte: Deutsch, was in der sprachgeschichtlichen Abteilung Gotisch, Althochdeutsch, Mittelhochdeutsch und einige germanische Sondersprachen oder Sprachstufen bedeutete, Französisch, was alsbald in Altfranzösisch und Altprovenzalisch ausartete, und Lateinisch. Fünf Jahre lang war ich ausschließlich mit Sprache befaßt, lebte ich in Sprachen.

Das Universitätsstudium hatte so gut wie keine Berufsbezogenheit. Man verhielt sich als Student, sofern man dem Eros der Sprachdisziplinen zuneigte, als zukünftiger Professor oder als Literat. Das kam meiner aus der Jugend überkommenen sozialen Ortlosigkeit irgendwie entgegen. Als Student fand ich oder glaubte meinen Ort gefunden zu haben. Ich bin an die nahe Großstadtuniversität Frankfurt gegangen. Die bloße Lektüre der Universitätsjahrbücher und Vorlesungsverzeichnisse etwa von Marburg oder Heidelberg hatte mich mit sicherem Instinkt begreifen lassen, daß dort für mich nicht der rechte Ort sein würde. Die Mischung aus Elitarismus und studentischer »Romantik« hatte für meinen Geschmack und meine Orientierungsbedürfnisse zu viel Kasinoton. Da würde ich tatsächlich zum »Wilden« werden, wußte ich, und hatte subjektiv wohl recht. Frankfurt war weder katholisches Ghetto noch Korporations- und Universitätsstadt, noch eigentlich rheinisch. Es war als Universität eine sehr junge Neugründung. Ich war in dieser Stadt trotz ihrer geographischen Nähe von der Wiesbadener Heimat entfernter, als ich es in einer typischen Nur-Universitätsstadt gewesen wäre. Ich fühlte mich unbeobachtet und von allem befreit, was in Wiesbaden lastend empfunden worden war. Die Studenten wurden zunächst als Masse wahrgenommen, wenn dieser Begriff auch im Vergleich zu heutigen Zahlen und Relationen übertrieben klingen mag. Die einzigen Begegnungen mit den gleichen Gesichtern fanden in den Hörsälen und, vom zweiten Semester an, in den Proseminaren statt.

Die Befreiung vom Heimatlich-Engen hatte natürlich ihre Kehrseite. Nun hatte ich zu beweisen, was ich mit meiner in den Gymnasialjahren praktizierten Isolierung anzufangen wußte. Zunächst erlebte ich die langen einsamen Abende quälend monoton und erschreckend öde, zumal das ärmlich karge Studentenzimmer irgendwo im Vorort Bockenheim Miserabilität geradezu aus den Wänden schwitzte. Tagsüber die Erfahrung »der« Wissenschaft. Sie hat mich, der ich auf Prima als ein frühreifer Student galt oder mich fühlte, zunächst erdrückt. Ich sehe und schmekke noch den Staub der Bibliotheken in den Seminarräumen, die man als Neuling furchtsam, von den ironischen Blicken der Älteren gemustert, kaum zu betreten wagte. Es wurde mir bewußt, daß ich mir sonderlinghafte Einsamkeiten so lange hatte genießerisch leisten können, als das Elternhaus mich allemal auffing.

Die ersten Monate des ersten Semesters waren schwer und belastend. Ich wurde krank und habe das Ende des Sommers 1927 mit Mühe erwartet. Die Krise bekam mir schließlich besser, als ich zunächst zu hoffen gewagt hatte. Ich mußte einen Platz finden zwischen der Isolierung, die mir lieb war und blieb, und einer Art sozialer Ortung unter meinesgleichen. Wer anders konnte das sein als Studenten? Und so suchte und fand ich einen Platz in einem Studentenheim, das man besser eine Studentenkaserne genannt hätte. Es war wohl ein Glücksfall, daß ich als zweites Semester in einem Sechsbettensaal eines ehemaligen Lazaretts unterkam. Meine »Wohnung« war ein Bett, ein Spind und fünf Kerls, die meist Jura studierten. Kein Philolog, natürlich auch kein Mediziner. Einer, der etwas älter war mit dem drolligen Namen Zay, großes Zet, kleines Ei genannt, studierte Betriebswirtschaft, wovon ich mir keine Vorstellung machen konnte, was das als Studium bedeuten könnte. Die Kerls waren völlig unintellektuell und der Ton »auf Stube« wie bei sehr jungen Soldaten rauh, unbeschwert. Wer in ein solches Quartier zog, war ein armer Hund, und so ergab sich ein Kasernenton, den junge Männer leicht verkraften. Im Waschraum begegnete mir einer, den ich bei den Germanisten gesehen hatte, ein stiller dunkelhaariger Mann, mit dem ich manchmal vom Fach redete. Schon begann ich mich in den großen Vorlesungssälen der Germanisten heimisch zu fühlen, zumal man uns Jüngste in Proseminaren aufnahm, die abzuhalten der Professor sich damals noch nicht scheute. Meinem Tätigkeitsdrang und Ehrgeiz entsprach es, daß ich mir gleich ein Referat ergatterte und nach Wochen intensivster Beschäftigung mit Kleist meine Arbeit vortragen durfte. Ich glaubte, dem verzweifelten Kleist, dem absoluten Idealisten und Nihilisten auf die Spur gekommen zu sein, und mein Referat erntete von dem allemal freundlichen Professor Franz Schultz, der eine germanistische Doktorfabrik unterhielt, das Lob »scharfsinnig«.

Gebührenfreiheit gab es damals in Hessen ebensowenig, wie es ein Land Hessen gab. Ich bewarb mich um Gebührenerlaß und machte nach dem zweiten Semester die dafür vorgeschriebenen Prüfungen. Der Erfolg war der Nachlaß von 50 % des Geldes für die Einschreibung und die Vorlesungen. Der Erlaß des ganzen Betrags war, wie mir der Dekan Geltzer, Professor der alten Geschichte, Schweizer von Geburt, ein überaus sorgfältiger und redlicher Mann, erklärte, Studenten mit weitaus dürftigerem sozialen Hintergrund vorbehalten. Das mußte ich einsehen. Ich war wieder einmal im Vorderhaus, weil der Vater ein Volksschulrektor war. Ähnlich dürfte es inzwischen jenen studierenden Söhnen und Töchtern ergehen, deren Eltern gerade über den vom Honnefer Modell oder BAFöG gezogenen Grenzen liegen. Mein um ein Jahr jüngerer Bruder, in der Schule ein vorzüglicher Mathematiker, blieb vom Studium ausgeschlossen, weil unser Familienbudget zwei Studenten nicht tragen konnte. Für mich war diese Situation bedrückend und der Ansporn, das Studium möglichst rasch abzuschließen. Die Wirtschaftskrise begann sich 1927/28 draußen bereits fühlbar zu machen. Es war so gut wie ausgeschlossen, durch Arbeit welcher Art auch immer ein paar Mark zum knapp bemessenen monatlichen Geld, das von zu Haus kam, hinzuzuverdienen. Wenn Millionen Männer arbeitslos sind, bleibt jede Gelegenheitsarbeit denen vorbehalten, die vor den Arbeitsämtern Schlange stehen. Frankfurt war eine reine Studieruniversität. Der Typus des Bummelanten trat nicht in Erscheinung. Wer aus solchen Mitteilungen heute schließen wollte, die Studenten seien also bloße Examenspaukstudenten gewesen, würde sich irren. Ich habe in Frankfurt und gerade in der philosophischen Fakultät das lebhafteste politische Interesse angetroffen und mich sehr bald davon mit Maßen anstecken lassen. Politisches Interesse und Temperament habe ich, wie aus dem, was ich in diesem »Report« vorbringe, hervorgehen könnte, aus frühen Jahren auf die Universität mitgebracht. Wie hätte ich anders reagieren können, nachdem mir alles, was gesellschaftlich ist, früh aufgefallen und wichtig gewesen war: das unsichere, weil noch nicht reflektierte und formulierte Mittelklassenbewußtsein, die noch kaum eingestandene Situation der Abhängigkeit bei sozialem Aufstiegswillen, die von beiden Eltern vermittelte Erinnerung an die Herkunft aus kleiner naturalwirtschaftlicher Selbständigkeit und Unabhängigkeit der Sippen.

Aus meiner Kindheit war mir, wie ich an manchem Vorgang und seiner Spiegelung zu zeigen versucht habe, das Soziale vertraut, ja es war mir Lebenselement. Von da führt ein direkter Weg zu der politischen Orientierung auf der Universität. Etwa um 1924/25 hatte ich zu Hause Schriften zu lesen begonnen, die jeden Monat ins Elternhaus kamen und kurioserweise zehn Pfennig kosteten. Das waren die roten Hefte des »Volksvereins für das katholische Deutschland«. Wer heutzutage »rote Hefte« hört, denkt an Maobibeln oder an den Verlag Wagenbach. Der Volksverein für das katholische Deutschland, dessen geistiges Erbe der Jesuitenprofessor Oskar von Nell-Breuning heute wohl noch repräsentiert, stammte aus zwei Komponenten, der Basis der Zentrumspartei in den Kreisen der katholischen Arbeiter des Rhein-Ruhr-Gebiets und aus der ersten Sozialenzyklika des Papstes Leo XIII. Im politischen Katholizismus der wilhelminischen und der Weimarer Zeit spielte die soziale Frage eine dominante Rolle. Das ist, seit es keine christlichen Gewerkschaften mehr gibt und die konfessionellen Arbeitervereine an Mitgliederzahl und Einfluß abgenommen haben, im heutigen Bewußtsein kaum mehr selbstverständlich gegenwärtig. Die Umschichtung nicht nur der Gesellschaft und der ökonomischen Verhältnisse hat die Tatsache verschwinden lassen, daß im alten Deutschland katholisch im statistischen Durchschnitt ärmer war als evangelisch. Zwar gab es in einzelnen Landschaften auch katholische Oberschichten, doch haftete den Katholiken insgesamt eher der Geruch an, ärmer und im Schnitt ungebildeter zu sein. Die Sozialdemokratie der Jahrhundertwende drohte dem katholischen Volksteil zur Gefahr zu werden, waren doch die Gruben- und Bergarbeiter von Herkunft katholisch und durch die industrielle Entwicklung proletarisch. Der deutsche politische Katholizismus war von einem starken Sozialpathos getragen und der Volksverein, eine Gründung des Jahres 1890, eine respektable Initiative der politischen Bildung. Seinen Sitz hatte er in Mönchengladbach. Dieser Massenverein sprach die industriellen Massen als Katholiken und zugleich als der Verarmung ausgesetzte Arbeiter oder Angestellte an. Aus dem Ruhrgebiet wehte damals ein starker katholisch bestimmter Sozialwind ins Land und kam naturgemäß eher in Großstädten und in solchen Regionen an, die nicht traditionalistisch besitzbürgerlich bestimmt und gestimmt waren. Nachdem der Kulturkampf beigelegt war und Leo XIII. das Recht der Arbeiter, sich zu korporieren, ex cathedra in seiner berühmten ersten Sozialenzyklika Rerum novarum verkündet und ein Programm der sozialen Solidarität entworfen hatte, wie durch Kleineigentum die Lage der Arbeiter verbessert und gesundet werden könne, machten sich katholische Politiker wie Hintze und Windthorst daran, aus dem ideellen Kapital von »Rerum novarum« sozialpolitische Kleinmünze zu schlagen.

Im einzelnen kann ich mich nicht mehr auf das, was in den roten Heften zu lesen war, besinnen. Dagegen würde ich den Titelholzschnitt, Augenmensch, der ich war und geblieben bin, noch heute beschreiben können: ein schmaler Männerkopf, kantig, aber nicht brutal, das Hemd des Arbeiters kragenlos offen, vor einem Industriehorizont rauchender Schlote. Der Inhalt lag auf der Linie dessen, was die moderne katholische Soziallehre war, korporative Selbsthilfe, das Subsidiaritätsprinzip, gerechter Lohn aus den drei Komponenten des Lebensbedarfs des Arbeiters und der Arbeiterfamilie, der Lebensfähigkeit des Unternehmens und der »allgemeinen Wohlfahrt«.

Die Stufenordnung innerstaatlicher Gliederungen gefiel mir, der ich von Geburt und Herkunft rheinisch empfand, das heißt der zentralen preußischen Verwaltung, sei sie nun das Landratsamt zu Rüdesheim oder das Regierungspräsidium oder das Wehrbezirkskommando zu Wiesbaden mit der Skepsis gegenüberstand, die aus Sippenerinnerungen stammte. Wußte ich nicht von der Mutter, daß der Großvater, bevor er als neuer preußischer Untertan 1870/71 den Krieg gegen Frankreich mitmachte, im sechsundsechziger Krieg Soldat des Herzogs von Nassau auf österreichischer Seite gegen die Preußen gewesen war? Solches ist mir Prägung fürs Leben gewesen. Nicht als ob die Korns antipreußische Affekte genährt hätten, als die Losung »Rheinische Republik« umging, da französische Truppen nach Frankfurt und ins Ruhrgebiet eindrangen und aus Berlin das schlimme Wort »versacken lassen« gekommen war und man uns mit unserm »passiven Widerstand« allein ließ. So war es nicht. Aber ein gewisser stolzer Eigensinn gegenüber denen, die nicht aus dem Lande stammten und es regierten, war doch von Kindheit an in mir eingewurzelt. Hatte die Mutter nicht berichtet, wie die Versuche des Landrats, sich den eingesessenen Weinbauern und Hoteliers zu nähern, im Spott der dialektredenden Männer gescheitert waren? Uns war ein gewisser importierter Ton unangenehm. Meine Sympathien galten den Schwarz-Rot-Goldenen. Denn die kamen von einer Komponente her oder gehörten ihr zu, die ich bei allem Traditionalismus nicht übersah, von unsrer heimischen Industrie. Ich habe das alte Kurmainz immer zusammen mit den Industrievierteln von Mombach und Kastell, von Biebrich und Amöneburg gesehen.

So war mir alles, was den Arbeiter konservativ sein ließ und ihn wieder dazu machte, der Inhalt sozialer Politik. Ich habe als Zeitungsredakteur in meinem späteren Berufsleben – mochte das nun in Berlin sein oder schließlich wieder an Rhein und Main – allemal leichten Kontakt zu Arbeitern gehabt. Das war in der Kindheit erlernt und saß tief. Unter Arbeitsleuten fühle ich mich wohl. Das Verbindende ist die Abneigung gegen demonstrative soziale Geltung gewesen.

Schon der Name Volksverein gefiel mir. Er bedeutet keineswegs Auslöschung der Unterschiede von Rang und Besitz. Obwohl wir keinen Besitz hatten, da unser Erbanteil aus der Hinterlassenschaft des Großonkels Hannes in Kriegsanleihe bestanden hatte und also dahin war und die paar Felder aus der Erbschaft des ledigen Bruders des Vaters kaum etwas wert waren, konnten wir uns die Welt ohne Besitz nicht vorstellen. Der Volksverein suchte den Arbeiter durch kleinen Besitz frei von Not zu machen. Solches Programm, Marxisten verächtlich und Besitzbürgern oder Großbesitz ein wenig wohl auch, gefiel mir. Ich habe allemal, und das schon als Schüler des Gymnasiums, aufgehorcht, wenn Worte wie Bodenreform oder Schrebergarten oder welche innere Kolonisation immer fielen. Es scheint mir bis heute grotesk, daß die konservativ-fortschrittliche Grundstimmung des deutschen Arbeiters von Arbeiterpolitikern so wenig erkannt und geachtet wird.

Wenn ich an der Universität darauf hinsteuerte, Professor und Wissenschaftler zu werden, dann gab es darin für mich kein soziales Problem. Ich meinte, naiv und von Haus aus unbelehrt, weil meine Eltern es auch nicht anders wußten, daß ein Gelehrter in einem Volksstaat so recht seinen Platz habe. Es hat in Deutschland auch unter Professoren und verwandten studierten Berufen den Typus des Volksmanns gegeben. Ihm wußte und weiß ich mich zugehörig. Charakteristisch für diesen Typus und sein Verhältnis zu den Leuten ist, daß in dieser sozialen Beziehung alles andere als Distanzlosigkeit waltet. Man kennt sich, achtet sich und bewahrt auf beiden Seiten das Bewußtsein, daß der andere anders ist und woanders steht. Es entgeht mir nicht, daß solche Verhaltensweisen seltener werden.

Es ist mir bewußt, daß die für mein späteres Leben charakteristische Mischung aus konservativen und sozialen Elementen sich nach heute üblichen Maßstäben nicht auf eine theoretisch einheitliche Grundlage bringen lassen.

Dazu habe ich aus der Erinnerung und aus der Reflexion des Menschen, der Bilanz macht, zu sagen, daß ich in diesem Buch nicht Theorie entwickle, sondern Leben erzähle. Auch kann ich mir die Anmerkung nicht versagen, daß das, was sich heute ringsum als theoretisch bereinigtes, sozusagen »eindeutiges« Leben im gesellschaftlichen Rahmen darstellt, mir meist bei näherem Zusehen als eindimensional und künstlich erscheint. Ich will nicht auf Rechtfertigung hinaus – schon gar nicht mit dem Zitat »ein Mensch mit seinem Widerspruch«. Die Einheit des Lebendigen stellt sich eher personal in der Einheit dessen, was gelebt wurde, dar. Damit sind Widersprüche nicht aufgehoben und auch nicht aufhebbar. Sie sind das Wirkliche und Konkrete. Erst in der nachträglichen Reflexion ergeben sie sich.

In der Rückschau wird mir immer deutlicher, daß ich von früh an den Oppositionsgeist linker Neigungen mit erzkonservativer Grundprägung zu verbinden wußte. Vielleicht sind sie als gelebtes Leben kein Widerspruch. Ich weiß es nicht, und es kümmert mich nicht, weil ich nie so recht auf eine Partei- oder Gruppenformel zu bringen war und auch nie einer Partei oder Gruppe, ja nicht einmal einem »Kreis«, um es vornehm, oder einem Klüngel, um es drastisch auszudrücken, angehört habe. Meine Grundkomponente ist zähes, aus dem Bauerntum stammendes Beharrungsvermögen. Man wird mir lächelnd sagen oder auch nicht sagen, daß man mit solchen Figuren die Welt nicht weiterbringe. Wohlan, ich habe zu den Beharrenden gehört und befinde mich dabei in einer Gesellschaft, deren Umgang mir angenehm war und bleibt.

Die einzige Ausnahme von meinem zurückgezogenen Leben fiel in die Jahre der nationalsozialistischen Herrschaft. Damals war ich unter Freunden gesellig, mit denen mich nicht sogenannter Widerstand oder ein »Programm«, sondern die gemeinsame Abneigung und das Bewußtsein des Andersseins verbanden. Unter Deutschen gibt es meinen eigenbrötlerischen Typ wohl häufiger, als die Legende wahrhaben will, wenn uns von draußen der Hang zur Unterwerfung unter Obrigkeit und kollektives Verhalten nachgesagt wird.

Kehren wir nach dem Exkurs zum konkreten Lebensbericht zurück! Als Student fand ich einen Kristallisationspunkt für meine politischen Neigungen zunächst in der Rhein-Mainischen Volkszeitung, deren energischer Chefredakteur damals Heinrich Scharp war, ein pragmatischer politischer Kopf, der gegen die in seinem Blatt heimischen intellektuellen Tendenzen das sogenannte gesunde Gegengewicht darstellte. Ich fand mit einem Aufsatz über den Metaphysiker Kleist bei dem freundlich gesprächswilligen Leiter des Feuilletons, Reinhold Lindemann, Gehör und wurde zum ersten Mal in meinem Leben gedruckt. Die RMV am Liebfrauenberg, in einem schönen, leider zerstörten alten Stadtpalais domizilierend, war insofern merkwürdig, als dort entschieden demokratischer Geist mit sozialkatholischem Einschlag herrschte. Die Zeitung hatte sogar eine Reichsausgabe von 30 000 Auflage neben der Stadtausgabe, deren Höhe ich nicht wußte. Es war mir überaus eindrucksvoll, in den Nazijahren, als das Blatt, verhaßt und ohne jede Stützung von irgendwoher, rasch verboten und eingestellt war, zu erfahren, daß Menschen, die ich später als gebürtige Ostpreußen kennenlernte, die RMV gehalten hatten. In dieser Zeitung, die sich mit der großen Frankfurter Zeitung nicht messen konnte, herrschte so viel Bewegungsfreiheit, daß ein Student ohne jede Patronage, deren man sonst bei Redaktionen bedurfte, ankam. In der RMV schrieben regelmäßig Leute wie Walter Dirks, Gert H. Theunissen, um nur zwei zu nennen, deren Berufs- und Lebenswege sich mit dem meinen später vielfach gekreuzt haben. Der Begründer und spiritus rector des Blattes war der ebenso angesehene wie befehdete Zentrumsabgeordnete und Professor der Physik an der Frankfurter Universität, Friedrich Dessauer, ein Mann von zarter Physis, unbeugsam als Politiker und Wissenschaftler. In solcher Figur konnte ich sowohl meinen Hang zum aristokratischen Gelehrten wie meine schwarzrotgoldene Sympathie für den Volksverein und alles, was daranhing, vereint sehen. Daß aus der Tradition dieser Zeitung nach dem zweiten Weltkrieg die »Frankfurter Hefte« entstanden sind, sei am Rande vermerkt.

Ich wurde also gelegentlicher Mitarbeiter der RMV.

Mein Instinkt ließ mich innerhalb der Universität, die ihrer Gründung und ihrem Geist nach eine einzigartige Verbindung von gesellschaftlich orientierten Fächern und Forschungsrichtungen mit der alten strengen Volluniversität war, diejenigen öffentlichen Dinge aufspüren, die man in der RMV einem breiteren Kreis von Menschen zugänglich machen könnte und sollte.

So habe ich denn, obwohl in meinem »Hauptberuf« mittelalterlicher Vollgermanist, damals nebenher Vorträge von Professoren der Sozialwissenschaften oder moderner philosophischer Strömungen besucht und mit wohl naturgegebenem journalistischem Instinkt für das Blatt referiert. Ich erinnere mich an eine öffentliche Vorlesung des Arbeitsrechtlers und Weimaraners Sinzheimer, worin der lebhafte Mann, Vertreter einer genossenschaftlich strukturierten Gesellschaft, über die beginnende Unterwanderung und Aushöhlung der parlamentarischen Demokratie durch Interessenverbände sprach. Das war ein Thema aus meiner politischen Vorstellungswelt, wie gesprochen für meine RMV. Dem Chefredakteur, dem ich damals persönlich lieber auswich, weil ich witterte, daß er wie alle Politiker aller Zeitungen sich von den »Ideologen« ungern dreinreden lassen wollte – ein Grundgesetz allen Journalismus und meines Wissens noch nie systematisch untersucht –, Heinrich Scharp, mit dem mich später freundlichste Beziehungen verbanden, ist derlei vermutlich entgangen. Einmal kam es kurioserweise zu einem Konflikt, als kein anderer als der Herr Stadtpfarrer am Frankfurter Dom, Prälat Herr, bei der Redaktion des Blattes, das gottlob unabhängig war, dagegen protestierte, daß ein gewisser Korn in jenen Jahren um die 30 allzu »linke« Ansichten vorgebracht habe. Der freundliche Feuilletonredakteur ließ es mich wissen und hat mich wohl vor dem Mißfallen des Prälaten und des Chefs in Schutz genommen.

Nun möge man diesen frühen und ganz gewiß dilettantischen journalistischen Gelegenheitsübungen nicht entnehmen, ich sei als Student der Sprach- und Literaturwissenschaften gleichsam aus dem Zentrum geraten und eigentlich von früh an politischer Journalist gewesen. In Wirklichkeit war ich ein eifriger Vorlesungsbesucher und etwa vom vierten Semester an aktiv in Seminaren tätig. Damals konnte man, obwohl sich bereits Tendenzen der Überfüllung abzeichneten, den Begriff Seminar noch wörtlich als das verstehen, was er ursprünglich besagt, Pflanzstätte. Ich bin bereits im ersten Semester in eine der härtesten philologischen Schulen geraten, die es im weiten Bereich des universitären Sprach- und Literaturbetriebs gibt, die der klassischen Philologie. Es war naiv und keck zugleich, in den kleinen Kreis von Studenten einzudringen, die sich um keinen Geringeren als den großen Graezisten Karl Reinhardt scharten. Es mögen insgesamt höchstens fünfzehn Adepten gewesen sein. Bemüht, dem Wesen der Wissenschaften auf den Grund zu kommen und herauszufinden, wo denn nun das Neue im Vergleich zum Gymnasium liege, war ich dreist genug, mir einen der Briefe Senecas an seinen Schüler Lucilius, ein Hauptbuch stoischer Lebensunterweisung, zur Interpretation übertragen zu lassen.

Das Seminar lag in der tiefen Stille des obersten, damals des siebenten Stocks des Universitätshauptgebäudes. Es war drückend heiß, und die Studenten verhielten sich für meine Begriffe denn doch etwas gar zu ehrfurchtsvoll oder blasiert überlegen. Ich trug meinen Text vor, übersetzte und kommentierte. Reinhardt, einer der Großen seines Fachs, übte die auch mir aus der Vorlesung bereits bekannte Attitüde der Geistesabwesenheit, indem er die mit gewaltigen Brauen bewehrten Augen heftig rieb, als wollte er aus einem großen Schlaf und tiefer Versunkenheit erwachen oder sich gerade hineinbegeben. Ich ließ mich – in Examenssituationen bin ich immer keck gewesen – nicht abschrecken, redete meinen präparierten Text und ließ den Magier die Augen reiben. Schließlich, als ich zu Ende gekommen war, trat tiefe Stille ein, indes Reinhardt weiterhin mit den verdeckten Seheraugen befaßt schien. Dann traf mich ein Blick aus den Augen des Gewaltigen, und er fragte, was ich vorgebracht hätte. Während mich der höhnische Blick eines älteren Semesters streifte, hub ich an, die Übersetzung des lateinischen Texts zu wiederholen. Was der unerreichbar thronende Professor sich dabei gedacht haben mag, ist mir unbekannt geblieben. Reinhardt spielte mit und mit ihm die andern.

Als ich etwa fünfzehn Jahre nach diesem mir unvergeßlichen Auftritt dem großen Mann im damaligen S. Fischer Verlag in der Berliner Lützowstraße in der Redaktion der »Neuen Rundschau« wiederbegegnete, war es für mich eine angenehme und freudige Überraschung, daß der Gelehrte sich meiner erinnerte, wobei ich annehme, daß ihm der kleine Vorfall mit einem Brief des Seneca nicht mehr gegenwärtig war. Denn Reinhardt hatte in jenem Sommer 1929 ganz offenbar ausgeruht, wenn nicht halb und halb geschlafen.

Fürchterlich im wörtlichen Sinne, nämlich zum Fürchten kam mir die klassische Philologie durch den zweiten Vertreter des Fachs, Walter F. Otto, entgegen. Wir lasen in einem andern Proseminar Tacitus' »Germania«, mit der wir als Primaner auf der Schule bereits bekannt geworden waren. Hier nun wurde der Unterschied empfindlich spürbar. Mit einem bißchen Textverständnis war es nicht getan. Wir sollten Textkritik lernen. Das waren nun in der Tat harte Nüsse. Textkritik beruht darauf, daß der Philologe alle überlieferten Handschriften aus dem der Edition beigegebenen sogenannten Apparat, den Lesarten, miteinander vergleicht und sich mit detektivischer Akribie auf die Frage einläßt, welche von oft vielen, voneinander abweichenden Lesarten, die durch Abschriften entstehen, denn wohl der originale Text des Tacitus gewesen sein könnte. Könnte? Otto, ein schwarzgelockter, mit einem silbernen Lorgnon eitel hantierender Mann, kam es auf die Lesart an, welche die allein richtige, ich bin noch heute versucht zu sagen, die allein seligmachende sei.

Die Kombination aus dem Sachverständnis des edierten Textes mit möglichen Irrtumsquellen der mönchischen Abschreiber samt den Irrtümern, die durch frühe Textausgaben humanistischer, meist italienischer Freunde der wiederentdeckten antiken Schriftsteller im 16. Jahrhundert stammen mochten, Vergleiche auch mit dem sonstigen taciteischen Sprachgebrauch, der natürlich ausgiebige Lektüre und Stellenkenntnis voraussetzte – dies alles und manches andere mehr, wozu die alten Kommentatoren selbst und Vergleiche mit Plagiatoren aus der späten und spätesten Antike kamen, ergaben eine ungemein schwierige Arbeit, die einen armen Anfänger so recht mit Furcht erfüllen oder auch zur Verzweiflung treiben konnte. Damals habe ich für mein späteres Studieren und wohl auch darüber hinaus gelernt, was Philologie heißt und ist. Zur Germania gab es in der Seminarbibliothek das dicke Buch von Eduard Norden, dessen einziges Exemplar von Hand zu Hand ging, auf das man sehnsüchtig wartete, wann es »frei« sein würde. In solchem Werk kam die scholastisch strenge Erudition des großen 19. Jahrhunderts auf den jungen Studenten zu.

Die Kur war nützlich, wenn auch schmerzhaft. In den sogenannten Geisteswissenschaften ist die Versuchung zum geistreichen Gerede damals um so stärker gewesen, als die Interpretation vermittels Einfühlung, gegen die theoretisch und praktisch bis heute kein Einwand gilt, die Gefahr in sich enthält, daß wesensfremde Pseudophilosopheme in originale Texte hineingedeutet oder herausgeschwätzt werden können.

Otto und Reinhardt, welche beide klassischen Philologen als Lehrmeister meiner Studienzeit zu nennen mir noch heute Vergnügen bereitet, haben als Interpreten höchst eigenwillig eine neue Sicht der Antike walten lassen. Otto zumal war ein Mann, der in seinen Vorlesungen den Nietzscheanismus als den der Antike gemäßesten Einstieg zu ihrem Verständnis nicht verbarg. Das kam vor allem bei seinen bedeutenden Deutungen altrömischer Religion heraus. Es gehörte zu meinen dauernden und prägenden Bildungserfahrungen, von Otto in das in der Tat ungeheure Drama eingeführt zu werden, daß die altlateinische Kultur durch die Übernahme der späten bereits orientalisch durchsetzten Kultur und Religion des Hellenismus eine ganz einmalige Überfremdung erfahren hat, wobei sich das Alte doch im neuen Amalgam, vor allem in der Rechtsauffassung, zu behaupten wußte. Ottos Nietzscheanismus drängte sich nicht vordergründig thesenhaft auf. Im Gegenteil – man mußte gewitzt werden und durch die penetrant genauen Textinterpretationen des ungemein elitären und selbstbewußten Gelehrten hindurchgegangen sein, um schließlich zu begreifen, was an diesen Deutungen modern anmutete. Es läßt sich kaum auf Formeln bringen, weil es erst am einzelnen Text deutlich wird. Allenfalls ließe sich sagen, daß die Vertreter der klassischen Philologie in der Tradition Jakob Buckhardts einen komplexen Kulturbegriff hatten, der vor allem das Dämonische und das Vorklassische, aber auch die Verfeinerungstendenzen im Hellenismus einbezog. Systematische Soziologie gab es bei ihnen zwar nicht, aber die sozialen Untergründe, die Herkunft, die Mischungen und Verschränkungen, vor allem die im Dunkel sagenhafter Überlieferungen liegenden Anfänge spielten entscheidend in die Interpretation hinein. Das Resultat, abgesichert durch die feinsten Methoden, erschien dem Hörer schließlich keineswegs wertfrei.

Entscheidend war für meine geistige Entwicklung, daß ich mich im Raum der »schönen« Wissenschaften den vielerlei materiell bedingten Problemen meiner Existenz entrückt und enthoben fühlte. Die Erfassung und Deutung von kulturgeschichtlichen Epochenmerkmalen, insbesondere die ästhetischen Momente haben mich im wahrsten Sinne des Wortes fasziniert. Ich habe wie in einem Glücksrausch studiert. Wie das mit meinen gelegentlichen Ausflügen in die politische Wirklichkeit zusammenging, darüber habe ich zunächst kaum nachgedacht. Ich habe selbst Vorlesungen über die erste und zweite Lautverschiebung, kurzum sprachgeschichtliche Kollegs, in denen ein Mann brillierte, der mir später zum akademischen Ziehvater wurde, Hans Naumann, keineswegs als öden Paukkram empfunden. Eher schon waren Franz Schultz' allzu stoffreiche, mit allerlei Sekundärbildung und Zierat aufgeputzte Vorlesungen über die Literatur der deutschen Romantik ermüdend, weil sie kaum geistige Originalität erkennen oder ahnen ließen. Das zu bekritteln kam aber kaum jemand in den Sinn. Die ungeheure akademische Autorität des Professors war noch so gut wie unangefochten.

Die großen vierstündigen Vorlesungen der Germanisten, die im Hörsaal Q stattfanden, versammelten etwa an die hundertfünfzig bis zweihundert Hörer und Hörerinnen. Man begann sich zu kennen, hatte allerlei sozial recht verschiedene Schwatzbekanntschaften. Mochten draußen die Zeichen der Unruhe sich mehren, die Universität der Weimarer Zeit war zunächst auch in der zweiten Hälfte der zwanziger Jahre ein wahrer Freiraum der Studien. Ich spürte, wie mir die Flügel wuchsen und anfängliche Angst und Beklemmung wichen. Ein Zwischensemester, das ich ausgerechnet in Köln verbrachte, wo ich den vielgerühmten Ernst Bertram unerträglich verschwommen und seinen Feierton monoton fand, aber auch Nicolai Hartmann vierstündig Collegium logicum halten hörte, endete damit, daß ich mir schwor, künftig in Frankfurt zu bleiben und dort das Studium zu beenden. In Köln, das ich im Vergleich mit Frankfurt geistig viel spannungsloser angetroffen hatte, waren mir die Schwierigkeiten des zu knappen Monatsgelds so drückend geworden, daß ich beschloß, konsequent in Frankfurt weiterzumachen, wo das Elternhaus den heimkehrenden Sohn am Familientisch von Zeit zu Zeit herausfütterte. In Köln hatte ich so gut wie nie das Gefühl, satt zu sein. So roh stellen sich die Realien nun einmal dar. Meine gute Mutter, deren Vertrauter ich in den Gymnasialjahren gewesen war, mag es schwer empfunden haben, daß der Älteste das Elternhaus nur noch als grob materielle Lebenshilfe nutzte. So ist das oder so war es.

Im vierten Semester stieg ich ein. Da gab es in der sogenannten neueren Literaturabteilung ein Seminar über Hölderlin. Der es hielt, war ein unauffälliger, sehr feiner Mann, Martin Sommerfeld, der Frankfurt 1933 so still verlassen hat, wie sein Wirken still gewesen war. In jenen Jahren war Hölderlin eine Wiederentdeckung und noch nicht als Dichter eines Aufbruchs der Jugend verschlissen. Der heimliche oder offen geäußerte Hang der literarischen Fächer zum Elitären entzündete sich vorzugsweise an dem Namen und der Gestalt Hölderlins. Selbst der Wahnsinn wurde ästhetisiert und stilisiert. Undenkbar wäre es damals, obwohl die Universität Frankfurt ihre kräftigen linksideologischen Tendenzen hatte, gewesen, Hölderlin als Jakobiner zu sehen und solche »Blasphemie« zu verkünden.

Im germanistischen Seminar blühte der George-Kult. Herr Sommerfeld war nicht der Typus, solches mitzumachen. Er war der ehrliche Mittler des Verstehens im Sinne Diltheys. Ich hatte, obwohl George eher mein als irgend jemandes sonst unter den Studenten mittelrheinischer

Landsmann war, noch kaum eine Ahnung von der Macht des Magiers. Überhaupt waren Unbefangenheit und Ahnungslosigkeit meinem Wesen nicht fremd. Der Altgermanist Naumann, von dem noch ausführlich zu berichten sein wird, hängte mir den Beinamen »der Knabe Korn« an und scheute sich nicht, mich vor versammelter Seminarmannschaft mit dem nicht durchaus schmeichelhaften Namen anzusprechen. Bei Sommerfeld, der die Diskretion selbst war und das genaue Gegenteil Naumanns, würde derartiges unmöglich gewesen sein. Doch habe ich mir den zweifelhaften Titel, wie ich heute in der Rückschau weiß, kaum irgendwo so deutlich verdient wie in jenem Hölderlinseminar.

Mein Drang, in die tonangebende Mannschaft der Germanisten zu kommen, ließ mich ein Referat über ein Paket Oden des Dichters wählen. Es waren die deutschen Oden aus Hölderlins Wendung vom Jakobinismus zum deutschen Patrioten. Was ich eines Tages als Resultat ablieferte und vortragen durfte, was immerhin eine Auszeichnung bedeutete – die Seminarleiter ließen gleichgültige Arbeiten ohne Publizität –, war kurios genug. Ich hatte in der biographischen Literatur kaum Anhaltspunkte speziell für diese Gedichte gefunden. Die deutschen Oden waren und sind zum Unterschied von den berühmten Hymnen »Der Rhein« oder »Patmos« ungleich klarer, einschichtiger, schärfer konturiert. Dies bedeutet nicht, daß ich nicht fasziniert an den gemeinsamen Versuchen der Enträtselung des »dunklen« Hölderlin im Seminar teilgenommen hätte. Aber ich hatte, unbefangen, wie ich war, in den Oden einen andern Hölderlin entdeckt. Und machte mich an eine von Zeile zu Zeile und Strophe zu Strophe fortschreitende Analyse der formalen Struktur in der Tat ungewöhnlicher Gedichte.

> Spottet nimmer des Kinds, / wenn es mit Peitsch und Sporn / auf dem Rosse von Holz / mutig und groß sich dünkt.

Ich hatte zwei Semester zuvor den klassischen Philologen Otto Horazens Römeroden interpretieren gehört. Das war ein Hochgenuß, weil der Interpret diese säkularen Gedichte als den Versuch gedeutet hatte, nach dem Untergang der altrömischen Republik durch Dichtung wieder Religion und Bindung an das neue Kaisertum des Augustus herzustellen. Otto wußte Horaz' Oden formal in originellster Weise zu zergliedern und wieder zusammenzusetzen, als seien sie musikalische Stücke. In der strengen Schule der klassischen Philologie hatte ich gelernt, was eine Ode ist und ausmacht, das Widerspiel des Satzrhythmus mit dem Strophenrhythmus.

Was ich an Horaz gelernt und mir kein Gymnasiallehrer vermittelt hatte, wandte ich nun unbekümmert auf den Odendichter Hölderlin an. Als ich meinen Vortrag geendet hatte und die Runde der Studenten über solchem Vorgehen ratlos schien, fragte mich Sommerfeld, woher ich das hätte. Ich war konsterniert und leicht aufgebracht, weil ich aus der Frage den Vorwurf, irgendwo abgeschrieben zu haben, heraushörte. Also protestierte ich vorsichtig, weil ich mich verkannt fühlte. Aber der sanfte Mann rettete die Situation, indem er mir versicherte, daß ihm die Art der Odeninterpretation gefallen habe. Da ging mir ein Licht auf, und ich bemerkte keck, solches Interpretieren lerne man bei den Altphilologen oben im siebenten Stock, ein Gedanke, auf den mein so feinsinniger, leiser Professor nicht gekommen zu sein schien.

Solches verschaffte einem den Respekt der andern. Ich war, zumal das Seminar fast zur Hälfte aus mehr oder weniger hübschen Mädchen bestand, nicht ohne Eitelkeit stolz. Nur einer, den ich später als einen Mann der neuen soziologischen Richtung kennenlernte, suchte mir in die Parade zu fahren, indem er meine Interpretation des Hölderlinschen »Patriotismus«, den man übrigens heute als jakobinisch ansehen würde, allzu unkritisch nannte. Da begann Spannung im Raum zu knistern, weil unausgesprochen der damals noch unerhörte Vorwurf aufkam, meine Interpretation sei politisch »rechts«. Solche und andere Kämpfe und Wettkämpfe ließen mich meine literarische Studentenzeit als eine fruchtbare, eine herrliche Zeit erleben.

Die Stadt Frankfurt war damals ungleich näher an ihrer Universität als heute. Es war nicht ungewöhnlich, daß elegante Damen aus dem Frankfurter Westend im Hörsaal erschienen, um die Vorlesung eines berühmten Kathederredners mitanzuhören. Nicht als ob solche dekorativen Beigaben den wissenschaftlichen Ernst des Instituts auch nur tangiert hätten. Ich habe damals ohne nennenswerte andere Kontakte mit der Außenwelt der lebhaften und wohlhabenden Stadt innerhalb der »Uni«, wie Studenten noch heute ihre engere Heimat nennen, so etwas wie meine »golden Twenties« erlebt. Das war der sich zuspitzenden, mit den erregenden politischen Strömungen zusammenhängenden inneruniversitären Lage zu verdanken, die man mit einem heutigen Modewort als geistespolitische Polarisation bezeichnen könnte. Damals bildete sich zum ersten Male heraus, was in den sechziger Jahren »Frankfurter Schule« genannt worden ist.

Der Unterschied zur heutigen Lage war der, daß es ein mächtiges, selbstbewußtes, sich theoretisch artikulierendes Gegenlager gab. Es wurde von Marxisten noch mit allen Zeichen und Umgangsformen der akademischen Courtoisie als das Lager der Georgeleute, kurz der Georginen, angesprochen.

Die so Titulierten waren oder schienen es zufrieden. Sie verstanden sich auf intellektuellen Hochmut oder herrenhafte Gesten der Nichtbeachtung anderer so ausgezeichnet, daß es den gewollten Eindruck nicht verfehlte. Frankfurt hat damals nicht nur Karl Mannheim, Paul Tillich, den jungen Horkheimer und das mit dem Geld des sagenhaften Dr. Weil neuerbaute Institut für Sozialwissenschaften an der Bockenheimer Landstraße in seinen universitären Mauern beherbergt, sondern mindestens zwei hervorragende Wissenschaftler aus dem Georgekreis in die philosophische Fakultät berufen, den Literarhistoriker Max Kommerell, dessen erstes Buch »Der Dichter als Führer« soeben in die germanistische Seminarbibliothek eingestellt worden war, und den Historiker Ernst Kantorowicz, hochangesehen durch seine große Biographie Friedrichs II., des kosmopolitischen Staufers. Die Studenten der philosophischen Fakultät nahmen diese Berufungen mit Spannung und Stolz wahr. Mit solchen Namen und Gestalten waren wir, wie wir uns einbildeten, Heidelberg und ähnlichen hochrenommierten Universitäten gleichrangig und hatten den traditionellen Instituten nicht nur den Ruf, sondern auch ultramoderne geistespolitische Spannungen voraus.

Frankfurt hat damals zwei Fächer, wenn man von Fächern sprechen darf, in denen heute noch die Diskussion zusammengefaßt ist, die Germanistik und die Soziologie zum Brennpunkt geistespolitischer Auseinandersetzung werden sehen. Man würde sich aber eine falsche Vorstellung von der Lage machen, nähme man an, die Dinge seien damals schon in der Praxis so »eskaliert« gewesen wie heute. Philosophen und Soziologen auf der einen und Germanisten, die klassischen Philologen eingeschlossen, auf der andern Seite kannten sich, trafen sich, diskutierten miteinander. Das Ganze hatte auf beiden Seiten den Anstrich von Exklusivität. Man mußte, wenn man als Student dabei sein wollte, »in« sein, um die Trefforte und -zeiten zu wissen. Entscheidend aber war, daß es zwischen den zunächst fast freundschaftlich miteinander verbundenen Exponenten, Georgianern und Soziologen, eine breite Mitte gab, die den alten überlieferten Wissenschaftsbetrieb fest in der Hand hielt und weiterführte. Das hatte unter anderm auf die gelegentlich zum Snobismus neigenden brillanten Außenseiter die heilsame Wirkung, daß diese sich wissenschaftliche Laxheit versagten.

Es wäre auch irrig anzunehmen, die vielfältigen linken Schattierungen, die es damals rund um das philosophische Seminar gab und die auf die Geisteswissenschaftler, insbesondere die Literaturprofessoren und -studenten eine gewisse, keineswegs allemal positive Faszination ausübten, seien einfach auf den Nenner »Marxismus« zu bringen gewesen. Das schillerte vielfältig. Inzwischen weiß man, wer der religiöse Sozialist Paul Tillich war und wo er gestanden hat. Schon damals kam ein stark existentialistischer Zug in den wohl meistbesuchten Vorlesungen, die er in der Aula halten mußte, weil anders die Fülle der Zuhörer und Zuhörerinnen nicht zu fassen war, deutlich zum Vorschein. Wenn man schon einen gemeinsamen Nenner für die geistige Linke, die sich ums Jahr 30 in der philosophischen Fakultät formierte, finden will, dann müßte man sagen, daß dort zum ersten Male systematisch Ideologie und Ideologiekritik zum Thema wurden, das heißt, daß die

Zusammenhänge der Ideen im weitesten Sinne mit der sozialen Basis untersucht wurden. Die Georgeanhänger wußten um die Gefahr. Sie stellten sich und machten den Versuch, das sogenannte Gestalthafte von Personen, Ideen und geistigem Überbau nicht nur als Überbau, sondern mit seinem, wenn auch geschichtlich bedingten, so doch absoluten Geltungsanspruch zu behaupten. Das wirkte bis in unsere Seminare und Studien hinein.

Hier ist nun der Augenblick, eine Figur vorzustellen, die für meine Studienzeit und spätere Lebensorientierung entscheidend wurde: den Germanisten Hans Naumann, einen Mann von ungewöhnlichen Gaben und von bis heute unaufgehellten Widersprüchen. Er war mit dem ganz anders gearteten Franz Schultz zusammen Institutsdirektor, seit Jahren in Frankfurt tätig, wohin er 1921 von Jena kommend als Ordinarius berufen worden war. Naumann war nicht nur seinem Äußeren nach ein unprofessoraler Professor, sondern nahm seine zahlreichen Hörer und nicht zuletzt seine Hörerinnen durch sein Temperament und die geradezu ungewöhnliche Gabe der lebendigen Präsentation seiner Themen und Thesen ein. Man strömte zu Naumann, wie man zu Tillich, der etwa ums Jahr 29 nach Frankfurt kam, strömte. Wenn ich mich an den mühsamen Geheimratsstil etwa des Kölner Germanisten von der Leyen erinnere, dann wird mir Naumanns Bild in der Erinnerung wieder strahlend wie damals, als ich mit vielen andern jung, begeisterungsfähig und -willig war. Naumann vertrat mindestens drei Fächer nebeneinander. Er lehrte vierstündig deutsche Sprachgeschichte, diese im indogermanischen Kontext und zugleich hochmodern, indem neuere Wortfeldforschungen herangezogen und parallel zu dem Romanisten Karl Vossler die überaus merkwürdigen, weil geradezu mathematisch genauen Sprachverschiebungen im Zusammenhang mit politischen Stammes- oder Staatengrenzen gesehen wurden. Man hätte das aus Handbüchern zwar auch haben können. Aber wie vergleichsweise spröde und unlebendig! Man mag uns das heute glauben oder nicht, wir haben in der Mehrheit die gotischen, alt- und mittelhochdeutschen Entwicklungen samt den Ansätzen zu Literatursprachen mit dem lebhaftesten Interesse erlernt. Naumann wußte Sprachgeschichte als Bildungsgeschichte fruchtbar zu machen. Es war für uns erregend, von den großen Schüben lateinischer Wort- und Begriffsentlehnungen im Zusammenhang mit der ersten bescheidenen Renaissance am Hofe Karls und der Hofschule Alkuins zu hören oder in die Finessen des höfisch-ritterlichen Tugendsystems über den Wortschatz einzudringen. Unter den zahlreichen Adepten der Germanistik in Frankfurt bildete sich ein Trend zu Naumann heraus. Das mag bei der mir banausenhaft erscheinenden Mittelalterfremdheit heutiger Studenten rätselhaft erscheinen.

Schultz, der Literarhistoriker der Neuzeit, brauchte keine Eifersucht zu haben. Ihm liefen nicht nur diejenigen zu, die billiger zu Examen und Titel zu kommen wünschten, sondern auch die nicht unbeträchtliche Zahl solcher Studenten, die von vornherein auf einen Beruf in der »moderneren« Disziplin, sei es in der literarischen Publizistik, sei es im Theater, sei es im Verlagswesen hinauswollten. Die Jünglingsnaturen, zu denen ich wohl zu rechnen war, und ein ansehnliches Kontingent von Damen liefen Naumann fasziniert zu. Der Professor hatte damals, als ich im vierten, fünften Semester stand, zusammen mit seinem Münsteraner Kollegen Günther Müller ein viel beachtetes Buch veröffentlicht, das ausgezeichnet in die Frankfurter Geisteslandschaft paßte. Der Titel war »Höfische Kultur« und enthielt so etwas wie ein irgendwie soziologisch orientiertes und zugleich elitäres Programm.

Naumann, der sich später in eine vielen bis heute rätselhafte geistespolitische Wende zu nationalsozialistischen Kulturidolen unselig verstrickt und auch als Wissenschaftler diskreditiert hat, war einmal von der Volkskunde hergekommen. Er war sogar und ist bis heute in diesem vielfach belächelten, als hinterwäldlerisch eingeschätzten Fach, schon früh ein moderner und methodisch der interessanteste Kopf. Die Volkskunde war lange ein Anhängsel der älteren Germanistik gewesen und ihr braves Stiefkind, bis Naumann mit dem Buch »Primitive Gemeinschaftskultur«

1921 begriffliche Klärung in das Gerümpel brachte. An die Stelle der aus romantischem Epigonentum stammenden Andacht zu altem Brauch und Gut, zu Tracht, Liedchen und allerlei Hinterwäldlerei hatte Naumann die Trennung des Materials dieser vordem eher sammelnden Wissenschaft eingeführt, die Trennung in das, was aus der primitiven Gemeinschaftskultur stammt und das, was er gesunkenes Kulturgut nannte, also die ins Bauerntum abgesunkenen Dinge und Vorstellungen etwa aus dem Rittertum oder dem Rokoko oder dem bürgerlichen Biedermeier.

Das war eine Leistung, die dem Manne hohes Ansehen eingebracht hatte und nach Frankfurt, die Heimat der Soziologie, paßte. Naumann war alles andere als Marxist. Aber er war nach seinen Straßburger Anfängen forsch modern gewesen und hatte sich nicht gescheut, mit völkerkundlichen und andern sozialen Kategorien ein Gebiet aufzuklären, das im Schummer dahinweste.

»Höfische Kultur« versprach gegen Ende der zwanziger Jahre die Sicht auf das große Phänomen der Ritterkultur in staufischer Zeit wieder mit der deutlich wahrgenommenen sozialen Perspektive als eine Standeskultur zu sehen und zu deuten. Das war ein wissenschaftliches Ereignis. Da zeichnete sich etwas Neues ab. Man muß das im Zusammenhang mit der nach dem ersten Weltkrieg starken, sogenannten deutschen Bewegung sehen. Die Germanisten, die zu Unrecht nach 1945 als eine auf Vordermann gebrachte Gilde nationalistischer Wissenschaftler – einzelne waren es wohl – verschrien wurden, kamen unzweifelhaft aus der Tradition des Wilhelminismus. Das zweite deutsche Kaiserreich war nicht wenigen Vertretern des Fachs die Folie einer ideellen Wiederbelebung des alten Reichs. Naumann war nicht ohne Folgen in Straßburg Privatdozent gewesen. Nach 1918 war das auch für ihn zunächst mit einem Schlag zu Ende gewesen. Die Germanistik als die sozusagen führende nationale Wissenschaft suchte sich neu zu orientieren. Nicht zufällig war ein Verlag wie der von Eugen Diederichs oder die Insel Heimat solcher Tendenzen. Die dort verlegte Literatur der deutschen Bewegung in Bausch und Bogen als Nationalismus verteufeln, heißt sie nicht kennen. Von den Nerother Wandervögeln bis zum

Tatkreis, von den zahlreichen Übersetzungen altnordischer Literatur, angeführt von dem Alt-Basler Andreas Heusler, bis zu der Neuentdeckung des höfischen Mittelalters war das damals eine breite Bildungsbewegung. Das kann man heute nicht einfach als präfaschistisch abqualifizieren. Jedenfalls wurde es so nicht erlebt und gewollt. Die Rückbesinnung gehörte in die aktuelle geistespolitische Orientierung hinein.

In Frankfurt jedenfalls war zunächst kaum etwas von einem erwachenden Nationalismus zu spüren. Als wir bei Naumann 1929/30 im Hauptseminar und in zahlreichen Dissertationsarbeiten den genialen Entwurf des Meisters mit neuem Stoff auszufüllen unternahmen, waren wir, welcher Herkunft auch immer, hingerissen. Gerade diejenigen, die sich etwa bei Karl Mannheim umhörten oder sonst in die Anfänge der Ideologiekritik eindrangen, kamen zu Naumann. Das Studienobjekt der Ritter- und Ministerialenkultur um 1200 bot sich solchen Interessen geradezu an, war es doch in der Überlieferung reich dokumentiert, und bis in die bildende Kunst hinein, eine Art Klassik, die staufische, und sozial eine Epoche der Verschmelzung aus altem Adel und neuen Dienstschichten, den Ministerialen, also auch sozialgeschichtlich interessant. Dazu kam die Einschmelzung überlieferten Traditionsguts, sei es aus der Antike, sei es aus dem christlich-abendländischen Schmelztiegel, sei es aus dem Germanentum. Das Germanische leuchtete ja schon aus vielen Namen der Recken und Helden – und nicht weniger leuchteten Naumanns Augen und Worte, wenn er mit lässiger, fast ein wenig bohèmehafter Eleganz seine begeisterten Sätze einem jungen Publikum vortrug.

Das bis zur Schäbigkeit abgenutzte Wort von den goldenen zwanziger Jahren erfüllt sich mir in der Erinnerung an meine Frankfurter Zeit mit Glanz, wenn ich den Kreis um Naumann und was sonst dazugehörte, mir vergegenwärtige. Es war eine seltsame, zur Schwärmerei neigende Zeit und Jugend – und nicht wenige, die dies subjektive Dokument lesen, werden von Schwärmerei kaum ohne tiefes Mißtrauen hören. Ich gebrauche das Wort nicht ohne Vorbehalt und nehme meine Zuflucht zu einer Captatio benevolentiae, wenn ich dem Leser zumute, er möge mir zugute halten, daß ich nach allen meinen Antezedenzien nicht gerade der Typus des Schwärmers war, als ich in den Umkreis der Schwarmgeister um die Germanistik geriet.

Wer war Naumann, der sich nach 1933 dem nationalsozialistischen Regime zur Verfügung stellte und als Rektor der Universität Bonn, wohin er von Frankfurt gegangen war, die kulturell ebenso banausenhaften, wie politisch törichten Konflikte mit Thomas Mann und Karl Barth sich auferlegen ließ? Wer war dieser Mann, der in meinen Studienjahren nicht nur von einer noch immer jugendbewegten oder sublimiert deutschtümelnden Studentenschar, sondern auch von jüdischen Kreisen der reichen Handelsstadt und ihren Nationalökonomie oder Sozialwissenschaften lehrenden Professoren als Gast und Wunderkind geradezu gehätschelt wurde? Ich rufe einen Mächtigen der Literatur zu Hilfe, keinen Geringeren als Thomas Mann, genauer gesagt den Doktor Faustus und darin die Hallenser Jahre des Adrian Leverkühn und seines Biographen Zeitblom. Naumann war ein Schwarmgeist wie Leverkühns Magister – und sein Medium war die Evokation des alten Reichsglanzes der Salier, der Staufer, des Franken Karl und dessen Hofschule als Vorläufer. Wie das biographisch in Naumanns Herkunft paßt, weiß ich nicht zu sagen. Er stammte aus dem schlesischen Görlitz und dürfte als Schlesier die Erbschaft jener Reichsromantik in den Westen mitgebracht haben, die in der zweiten romantischen Schule der tragende Grund einer ersten deutschen Kulturbewegung aus der Rückerinnerung und Rückbesinnung gewesen ist. Das war damals jedem Germanisten dank Nadler bekannt und wurde wie selbstverständlich akzeptiert. Solches kam nach dem Untergang des zweiten Kaiserreichs wieder auf. Die Germanistik war ein Hort der deutschen Bildungsschwärmerei. Naumanns wissenschaftliche Anfänge vor dem ersten Weltkrieg führen nach Straßburg. Das nüchterne, in seinem Kern eher calvinistische Frankfurt war die sogenannte Traditionsuniversität für Straßburger Erinnerungen geworden.

Die ältere, nicht nur mit Germanien, sondern vor allem dem frühen und hohen Mittelalter befaßte Germanistik hatte es nicht schwer, geistig über den Rhein ins Elsaß auszuschwärmen. Es gab aber damals nicht die geringste Andeutung, daß der Gedanke an Stauferburgen und Humanistenstädtchen im Elsaß, an Colmar, Rappoltsweiler und Schlettstadt, irgendeinen Zug politischen Irredentismus oder Revanchismus enthalten hätten. An Politik und Grenzen dachte niemand. Aber man schwärmte. Das alte Europa war romanisch-germanisch und wurde empfunden, wie es Stefan George, das Kulturidol der Universitätskreise Ende der 20er Jahre, visionär gesehen und in seine strengen Verszeilen gepreßt hat.

Der Mensch Naumann scheint mir dadurch gekennzeichnet, daß das, was man gemeinhin Privatleben nennt, mit seinem Schwärmertum identisch war. Dieser Mann war ein tüchtiger, bei gelegentlichen Seitensprüngen auch ein disziplinierter Vertreter seines Fachs und so etwas wie ein Scharlatan zugleich. Seine Auftritte im Kolleg waren so deutlich mimenhaft auf Effekt angelegt, wie die Begeisterung für Wolfram von Eschenbach und die altnordischen Sagas ehrlich waren. Naumann entsprach weder dem Typus des in Gehaben und Anzug bürgerlich korrekten Professors wie etwa sein romanistischer Kollege Lommatzsch oder der Historiker Mathias Geltzer, noch hatte er den in der philosophischen Fakultät nicht seltenen Habitus des durch Heirat oder von Haus aus reichen Bankierprofessors wie etwa Franz Schultz, der aber nicht reich war. Naumann wirkte wie ein jung gebliebener, genialischer älterer Student. Als Wissenschaftler war er stärker durch Intuition als akribische Sichtung und Darbietung der Details und vorsichtig abwägende Deutung. Auch war er überraschend vielseitig. Seine »Deutsche Dichtung der Gegenwart« von 1923 war ein kecker Ausflug in ein Gebiet, das die titulierten Lehrstuhlvertreter der sogenannten »neueren« Literaturgeschichte meist mieden. Als ich den Mann bereits deutlich literarisch nach rechts sich orientieren hörte, war es erst knappe sechs Jahre her, daß mein Schwärmerprofessor mit für einen deutschen Germanisten geradezu unerhörter Unbefangenheit einen »Zivilisationsliteraten« wie Heinrich Mann ohne Vorbehalt interpretiert hatte.

Als wir uns dem auch innerhalb der Universität unruhig werdenden Jahr 1931 näherten, konnte man in Naumanns Vorlesungen Andeutungen einer politischen Wendung wahrnehmen. Der Mann, der in seiner »Höfischen Kultur« noch eine Kulturtheorie vertreten hatte, in der das Staufische als Verschmelzung antiker Philosophie mit christlicher Tugendlehre und germanischem Unterbau gesehen war, wurde unversehens »germanischer«. Hatte es auf dem etwa zwei Jahre dauernden Gipfel der Studien zur höfischen Kultur noch den Horizont der Kreuzzüge und ihrer zivilisierenden Verfeinerung des Rittertums gegeben, insbesondere in dem großartigen Seminar über Wolframs Kulturideal des toleranten Ritters oder in der Ausdeutung des Tristan als eines Höhepunkts erster Säkularisierung christlicher Wertvorstellungen, so floß jetzt die Nornenformel von »germanischer Wiedererstehung«, die ausgerechnet aus dem Basel eines Jacob Burckhardt von dem Schweizer Germanisten Andreas Heusler ins Reich kam, in den Kathedervortrag ein. Der geniale Scharlatan, der Naumann auch war, ließ sich leicht von Schwingungen des Gefühls leiten. Nicht wenige seiner Studenten waren denn doch erschrocken, als er Walthers von der Vogelweide Anruf an den Kaiser, der solle die Reichsfeinde »hengen bî der wide« (sie am weidenen Strick aufknüpfen) kokett und doch wohl mehr als kokett mit des Doktor Josef Goebbels frechem Schlagwort »Köpfe müssen rollen« übersetzte.

Was war in dem Manne vorgegangen, der sich seines faszinierenden Einflusses auf die Fakultät sicher war oder es zu sein schien? Wie vereinbarte sich der Vulgarismus, daß ein Universitätsprofessor die braunen Kolonnen mit germanischen Heerscharen – Sturmbann ist Sturmbann – identifizierte, mit dem ansonsten zur Schau getragenen Elitarismus, als dessen Urheber immer wieder Stefan George gefeiert wurde?

Ich begann mich von dem Naumannkult abzusetzen. Bei dem Gefeierten war ich inzwischen zu einiger Reputation gekommen, als ich im Hauptseminar und meinem fünften Semester die berühmten Reichssprüche Walthers interpretiert hatte. Ich war mit Fleiß und wohl auch einigem Verstand für das spezifisch Mittelalterliche in diese große politische Poesie eingestiegen, die heute so schnöde aus dem Bildungsbewußtsein der Deutschen verdrängt wird. Das hatte Naumann gefallen. Freilich erinnere ich mich, daß mir ein Ungenügen geblieben war, weil auch der große Fachmann die bis heute merkwürdig erratische Erscheinung des plötzlich fast ohne Vorfahren auf den Plan tretenden und folgenlos wieder abtretenden politischen Dichters wissenschaftlich nicht ausreichend zu erklären gewußt hatte. So nahe mir landsmännisch Stefan George war, dessen rheinhessisches Heimatdorf Büdesheim von meinem rheingauischen Rüdesheim kaum ein paar Kilometer entfernt überm Strom liegt, die Parallele von Walther zu dem großen Gefeierten, um dessen Gunst Naumann geradezu zu buhlen schien, hat mir nie Eindruck gemacht.

Man könnte mich heute nach mehr als vierzig Jahren fragen, wie ich mich bei einem Professor als sogenanntem Doktorvater etablieren konnte, in dessen Wesen ich Scharlatanerie wirksam sah. Hierzu brauche ich wohl kaum auf meine materielle Lage hinzuweisen, die wie je dürftig und äußerst sparsam war. Auch hatte ich inzwischen die hohen Herren am Katheder insgesamt kritisch zu sehen und zu werten gelernt. Es lag mir und meiner Generation völlig fern, auch nur daran zu denken, daß wir diesen oder jenen Lehrenden etwa abzulehnen uns befugt geglaubt hätten. Wir waren kritisch bis zur Illusionslosigkeit, andererseits aber von dem, was uns nach dem Studium erwartete, nämlich das akademische Proletariat zu vermehren, so bedrückt, daß wir uns nicht einmal in Gedanken so Ungeheuerliches zu fassen getrauten, wie das heute sogar Anfangssemester keck sich erlauben. Meine vielfältige Erfahrung nicht nur mit den Germanisten, sondern auch mit dem erztrockenen und biederen hauptamtlichen Romanisten wie mit den klassischen Herren, von denen ich einiges berichtet habe, waren durchweg gemischt, um nicht den Modebegriff differenziert zu gebrauchen.

War der brillante linke Philosoph Paul Tillich von koketter Scharlatanerie des Auftretens und der Diktion etwa frei? War der elegante Helmuth Hatzfeld, der in der akademischen Langeweile mit Paul Valéry und dem Unanimismus paradierte, nicht eher ein Literat von hohen Graden als ein Wissenschaftler? Wohin man blickte war die

Fakultät ein zunächst schwer durchschaubares, schließlich aber doch ein Etwas zwischen gebildeter Mondänität und schwergängiger Geisteswissenschaft. So reich an Facetten von links nach rechts war die Frankfurter Universität niemals mehr wie damals. Bis zum tragischen Jahr 1968 brillierte Adorno allein und hielt aus den germanistischen Abteilungen jeden auch nur nennenswerten Vertreter fern, der dem summus episcopus, der Adorno auch in litteris sein wollte, hätte gefährlich werden können.

1928 war das noch ganz anders. Die Fakultät, das Lieblingskind übrigens des eleganten Kurators Kurt Riezler aus alter bayerischer Gelehrtenfamilie, selbst durch die Schule der hohen Administration als rechte Hand von Bethmann Hollwegs und später als Kabinettchef des Reichspräsidenten Ebert gegangen, hielt sich ihre glanzvollen Sterne in schöner Parität. Bevor man Tillich, den noch nicht in den vorderen Rang aufgestiegenen religiösen Sozialisten, als Direktor der Philosophie berief, hatte man keinen Geringeren als Max Scheler für Frankfurt zu gewinnen vermocht. Ich habe den genialen Mann, in dessen großen Büchern »vom Ewigen im Menschen« ich viel gelesen und für meine Dissertation zu gewinnen geglaubt hatte, noch ein halbes Jahr lesen gehört. Dann starb er. Die Trauerrede hielt Naumann, damals Dekan – und ich spürte, daß Naumann Scheler nicht kannte. Es war erhabene Scharlatanerie.

Die Fakultät brauchte gegen den linken Zustrom der damals von dem erzseriösen Karl Mannheim angeführt wurde, Gegengewichte. Sie wurden wohl auch mit Riezlers Hilfe im Hintergrund von der Fakultät herbeigeholt: Max Kommerell und Ernst Kantorowicz, der Historiker, der Jude war. An diesen Berufungen hatte Naumann, der mit sichtlicher Anstrengung Kontakte zum George-Kreis suchte, ohne daß er meines Wissens dabei Erfolg gehabt hätte, seinen Anteil, nicht minder die beiden klassischen Philologen Reinhardt und Otto. Man hörte als Student, obwohl natürlich von derart exklusiven Kreisen ausgeschlossen, daß die Soziologen den Zuwachs aus der geistigen Rechten begrüßten. Man war akademisch elitär, und das verband mehr als die damals für die feinen universitären Kreise belanglosen Ortungsnormen der politischen Arena, über die man sich erhaben dünkte.

Erhaben, war man es wirklich? Hatte nicht wiederum Naumann im sicheren Hort seines Seminars oder vielmehr eines dort etablierten inneren Kreises das Wort, diesmal ein wirklich gefährliches Wort und ein törichtes obendrein, gesagt, das alsbald die Runde machte und wie alles aus diesem Munde sofort weiterkolportiert wurde?, den Satz: »Die Soziologie ist eine jüdische Wissenschaft.« Ich kann mich für Naumanns Urheberschaft nicht direkt verbürgen, wohl aber dafür, daß der Satz von Mund zu Mund ging und daß er Naumann zugeschrieben wurde.

Die Antrittsvorlesung des Biographen des letzten und genialsten Staufers Friedrichs II., des Halborientalen und aufgeklärtesten Monarchen des Mittelalters, der sein germanisches Stammreich aus der Perspektive Siziliens gesehen hat, Kantorowicz's Antrittsvorlesung war ein so mondänes Ereignis, daß der größte Hörsaal nicht ausreichte und die Studenten Stunden vorher Plätze belegt hatten. Damals fiel mir ein kaum mittelgroßer junger Herr durch seine ungewöhnlich intensiven, geistleuchtenden Augen auf, ein wie es schien, mediterraner Typ mit vollen dunklen Locken. Ich hielt den Mann, dessen Erscheinungsbild mich an ähnliche erinnerte, für einen aus dem Georgekreis. Auch Kommerell war ja klein von Statur, durch einen damals ungewöhnlichen schönen Pagenkopf-Haarkranz und den obligaten hohen steifen Kragen erkenntlich. Auf mein Befragen erfuhr ich, der Dunkelhaarige sei ein Doktor Wiesengrund, sozusagen ein intellektuell-literarischer Geheimtip. Es war kein anderer als Theodor W. Adorno, der damals noch seinen später auf das W. reduzierte Vatersnamen trug und eigens aus Heidelberg zu dem großen Anlaß herübergekommen sein sollte.

Es ist inzwischen an der Zeit, eine junge Dame einzuführen, der ich diese und ähnliche Informationen verdankte, eine Studentin der Geschichte, eine gewissenhaft Studierende, die sich, wie man vermuten könnte, da sie mir den Geheimtip zuerst gegeben hat, keineswegs vorzugsweise mit den Scharlatanerien der Fakultät abgab. Die Dame studierte solide aus den Akten Geschichte und arbeitete an einer Dissertation über den Grafen Schweinitz, der in den berühmten hundert Tagen (1888) Botschafter Seiner Majestät des deutschen Kaisers Friedrich III. in London gewesen und als ein bei Bismarck höchst unbeliebter liberal denkender Vertrauter der Kaiserin, die ja eine Tochter der Queen Victoria war, gegolten hat.

Die Studentin, die ich mit ihrem Vornamen Johanna auf diesen Seiten vorstelle, war Jüdin. Unsere Studentenfreundschaft hatte sich zur Erheiterung und Verwunderung der abgeschlossenen Öffentlichkeit, die ein Seminar ist, sehr zaghaft und, wie man mir später versicherte, nicht ohne häufiges Gesichtserröten meinerseits angesponnen. Wir waren ein überaus ungleiches Paar, wenn denn hier überhaupt von Paar die Rede sein kann. Sie war rheinisch, sehr wohlhabend, ein durch und durch bürgerliches und mütterliches Wesen. Unsere, wie ich im damaligen Seminarjargon sagen darf, Minne war darin begründet, daß Johanna an meiner Begabung und der damit kurioserweise gekoppelten naiven Unerfahrenheit offenbar Gefallen gefunden hatte. Ich überwand dank der sehr behutsamen Art Johannas meine Unsicherheiten, und so waren wir denn, in der studentischen Öffentlichkeit ein quasi unzertrennbares Paar geworden. Man sah uns in der Mensa zusammen, man sah uns im Café Laumer unter den sommerlichen Kastanien der damals noch hochherrschaftlichen Bockenheimer Landstraße. Johanna, die auf die Promotion in neuerer Geschichte zustrebte wie ich auf die in älterer Germanistik, war ein eher stilles, zurückhaltendes, aber unübersehbares Wesen. Ihr feingeschnittenes lebhaftes Gesicht und ihre etwas forcierte Freundlichkeit machten sie in gewissem Grade beliebt. Es war uns beiden aber von Anfang unserer Bekanntschaft an klar, daß man über uns sprach. Wir wurden eher aneinandergebunden, als es uns selbst im Sinne gelegen haben mag, da rings um uns eine geschlossene Gesellschaft von Beobachtern zusah.

Naumann war in persönlichen Dingen nicht gerade durch Diskretion und Zurückhaltung zu charakterisieren.

Es war bald offenkundig, daß ihm »das Paar« mißfiel. Wir mißfielen auch andern, oder vielmehr wir vermochten nicht recht zu überzeugen. Naumann apostrophierte mich weiter offen im Seminar mit der Anrede »der Knabe Korn« – und mir blieb nichts anderes übrig als der Ehrenpunkt, zu der Studienfreundschaft nun erst recht zu stehen. Ich war Naumann, was ich wohl wußte, längst als einer aufgefallen, dem vielleicht einmal eine akademische Karriere offenstehen würde. Inzwischen war ich so gewitzt geworden, daß ich mir den Beinamen »Knabe Korn« nicht nur gefallen ließ, sondern ihn spielte. Damit hatte man bei Naumann, der es liebte, einen engeren Kreis von Jüngern und, nicht zu vergessen Jüngerinnen, um sich zu scharen, leichteres Spiel. Galt ich als naiver Knabe, dann war ich für einen Naumann noch nicht verloren, und die Dissertation samt Doktorprüfung mußte, schon aus Gründen der raschen Beendigung der Studienjahre, bald abgeschlossen werden.

Das germanische Seminar, dem Johanna nur als Nebenfächlerin angehörte, konnte sich damals wie wohl überall und häufig eines Flors eleganter, hübscher Mädchen aus sogenannten guten Familien rühmen. Ich sehe die hochmütigen kapriziösen Damen, denen diese »Liaison« oder wie sie es nennen mochten, natürlich Stoff zu allerlei Kommentaren hinter unserm Rücken gab, noch mir gegenüber und höre ihre und ihrer Freunde leicht anzügliche Anreden. Das war für mich, den unsicheren und ängstlichen jungen Mann aus dem Wiesbadener Lehrerhaus, eine Lebensschule, wie man sie sonst bei größeren Einladungen oder »in Gesellschaft« durchzumachen hat. Es stimmte mit meinen etwas komplizierten sozialen Vorverständnissen oder Voraussetzungen zusammen, daß ich durch die Freundschaft meine soziale Stabilisierung zu bestehen hatte.

Wieder blieb mir wie schon auf dem Gymnasium als das wirksamste Mittel der Durchsetzung gegen vermeintliche Widerstände oder die eigenen Hemmungen nur eines: mich im Studium nicht nur zu behaupten, sondern in diesem Felde, das auch das Feld der andern war, durch Leistung aufzufallen. Das gelang mir so vollkommen, daß der geheime Widerspruch gegen meine private Orientierung verstummte. Ich habe am Ende meines achten Semesters 1931 das Doktorexamen »magna cum laude« bestanden. Meine Dissertation, die den für Außenstehende kuriosen Titel »Studien über freude und trûren« trägt, erschien dank Naumanns Befürwortung schon ein Jahr später 1932 als schön gedrucktes Buch, steht heute noch zu meiner Genugtuung in jeder Universitäts- und germanistischen Fachbibliothek und wurde gelegentlich noch zitiert, zum Beispiel von meinem späteren väterlichen Gönner und Freund Julius Schwietering, dem Nachfolger auf Naumanns Frankfurter Lehrstuhl.

Naumann hatte erkannt, daß der Knabe Korn ihm trotzte. Zwischen dem Professor und dem Doktoranden bildete sich so etwas wie Spannung heraus. Ich legte, wie das üblich ist oder war, einen größeren Teil der Dissertation dem Professor vor. Er äußerte sich mit Reserve lobend. Die Reserve galt nicht der Qualität, will sagen der Gediegenheit der Argumentation und der Belege mit Textzitaten, als vielmehr der Richtung, die ich in meiner Arbeit genommen hatte. Zum Verständnis muß ich ein paar Bemerkungen über das Thema der Doktorarbeit machen. In Naumanns Buch über die ritterliche Standeskultur des hohen Mittelalters hatte die typisch aristokratische Tugendlehre einen zentralen Platz. Die ritterliche Standesethik basierte darauf, daß sie exklusiv nur für den adlig Geborenen oder den durch Lehensvergabe adlig Gesprochenen galt. So war die Erotik der sogenannten hohen Minne gesellschaftlich das Feld, in dem sich der feine Mann vor dem »dörperlichen« Dümmling zu bewähren hatte. Literarisch wurde Minne so gesehen, daß sie gleichsam vom Prinzip her sexuell unerfüllt zu sein und zu bleiben habe. Diese literarische Fiktion hat natürlich lediglich Modellcharakter und bedeutet, daß Liebe unter Standespersonen in Analogie zum Lehensdienst eine Art hoher Schule ethischer Tugendverwirklichung zu sein hat. Beständigkeit (staete), Treue (triuwe), hohe Gesinnung (hoher muot) ergeben eine Art geistiger, der sinnlichen vorgängige Erfüllung, die saelde, ein vergeistigtes Glück, das man sich nicht einseitig platonisch wie später bei Petrarca vorzustellen hat. Die Minne ist, so hatte uns Naumann gelehrt, das Feld der gesellschaftlich verstandenen Bewährung des ritterlichen Menschen, mochte der nun auf Kreuzfahrt um die ferne Geliebte trauern oder sich als Iwein, Gawan, Parzival oder Tristan in den Künsten der seelischen Sublimierung des erotisch-sexuellen Begehrens üben oder verzehren.

In diesem Zusammenhang wird mein Dissertationsthema verständlich. Ich hatte philologisch, das heißt am Wort bleibend, zu untersuchen, was »fröide« (die sinnliche Seite des Glücks) in tausend literarischen Stellen zu bedeuten hat und welche Funktion das berühmte Trauern (trûren), die forcierte elegische Sehnsucht der nichterfüllten Liebe, im System gesellschaftlich verstandener Tugend habe.

Spezielle Anleitungen, wie das Thema anzufassen sei, gab es von Naumann nicht. Ich war mit dem Thema freigesetzt und kam, selbstsicher und eigensinnig, wie ich angelegt war, bald zu Resultaten, die aus dem Naumannschen Gesamtkonzept beträchtlich ausscherten. Was der Germanenfreund mit einem gewissen Recht, da es sich ja um eine Frühkultur auf germanischer Basis handelte, im Sinne der auch draußen, im politischen Raum florierenden »germanischen Wiedererstehung« als aus germanischer Wurzel kommend ansah, stellte sich mir zum mindesten in der Gewichtsverteilung anders dar. Ich entdeckte oder glaubte mehr Mittelalter als Germanentum in der Minne und in der literarischen Verehrung der Frouwe (Dame = Domina) zu entdecken.

Ich hatte nicht nur Max Scheler gelesen, sondern war zu den von dem Franzosen Migne im vorigen Jahrhundert edierten Kirchenvätern vorgedrungen. Das war etwas für Germanisten nicht nur Unerhörtes, sondern wohl auch nicht im Sinne des hohen Chefs und seines engeren Kreises. Im Grunde sah Naumann seine germanischen Reckenbilder und deren Edeltum in Frage gestellt. Nicht als ob ihn das aufgeregt hätte. Er war seiner Sache auf fast beleidigend arrogante Weise sicher. Ich hatte vorgebracht, daß es doch anders, komplizierter und aus der Zeit um 1200 interpretationsbedürftig sei, wenn eine exklusiv an Höfen geübte, auf der Fiktion der Minne als einer Kulturidee beruhende Mode entstehe und sich innerhalb der Mode so etwas wie eine psychologisch raffinierte Routine der poetischen Trauer um das Ideal und seine harten Erfordernisse herausbilde. Mit germanischem Urbestand und Herkommen jedenfalls hatte das für mich wenig oder nichts zu tun. Ich fand bei einem Kirchenlehrer aus dem berühmten Kloster von Sankt Viktor in Frankreich eine geistliche Tugendlehre und darin interessante Kapitel über die »acedia«. Das ist so etwas wie gottverdrossene Bitterkeit und Traurigkeit. Die Übung und die Überwindung der Trauer wird in dem scholastischen Traktat zum Bestandteil christlich verstandener Tugendordnung.

Was mir noch aufregender schien, war die Entdeckung, daß manche scholastisch traktathaften Minnelieder, die mit unserm Begriff Erlebnislyrik wenig oder nichts zu tun haben, nach dem Modell scholastischer Beweistraktate gebaut zu sein schienen. Ich war, wie es wissenschaftlich ehrgeizigen Doktoranden zumal der Geisteswissenschaften öfter geht, von dem gegebenen Thema zu einem selbstgefundenen Problem mit unabsehbaren Weiterungen gekommen. Naumann hatte natürlich erkannt, daß hier einer ausbrach und daß an der Sache »etwas dran« sein könnte.

Etwa ein Jahr nach der Promotion hatte ich mich zur großen Staatsprüfung für das Höhere Lehramt gemeldet. Naumann empfing mich wie üblich in der Sprechstunde. Es kam zu einem entscheidenden Gespräch. Die Datierung dieses Dialogs ergibt sich aus einem zeitgeschichtlichen Datum. Damals stand die Stichwahl zwischen Hindenburg und Hitler für die Reichspräsidentenschaft kurz bevor. Nachdem klar war, daß der Professor die Dissertation vom Vorjahr als schriftliche Staatsexamensarbeit anerkennen werde, eine Übung, die gang und gäbe war, fragte er mich überraschend unvermittelt und gegen alle sonst gewahrte Diskretion, wen ich am kommenden Sonntag –, es war der 25. April 1932 – wählen werde. Naumann war inzwischen immer stärker zu Hitler, in dem er den deutschen Retter erblickte, übergeschwenkt. Die Pikanterie seiner Frage bestand darin, daß Hindenburg von der Sozialdemokratie und den Mittelparteien zum Kandidaten gekoren war. Überrascht und ein wenig irritiert antwortete ich »Selbstverständlich Hindenburg«. Worauf er fragte, was ich mit dem alten Herrn wohl im Sinne hätte. Darauf ich: »Natürlich nichts.« Ob er erwarte, daß ich »den andern« wähle! Darauf Naumann mit der eigentümlich krähenden Stimme, die er wählte, wenn er es auf Provokation anlegte: »Ich habe es ja gewußt. Sie haben keine germanische Komponente.« Ich antwortete, woher ich die wohl haben sollte, da »am Rhein hinter dem Limes geboren«. Ich war nicht gewillt, weiter den Knaben zu spielen. Naumann hat mich dann gefragt, was ich einmal werden wolle. Ich bin mir bis heute nicht klar, ob er mir diese Frage stellte, um mir doch noch zu eröffnen, daß ja wohl an eine akademische Laufbahn, wie man das damals großspurig nannte, zu denken sei oder ob er es darauf anlegte, mich daran zu erinnern, daß ich erst einmal germanische Komponente beweisen müsse. Statt den Professor sich so oder so erklären zu lassen, beging ich aus gekränktem Stolz die Dummheit zu sagen, ich wolle in den höheren Schuldienst gehen. Naumann gab kurz zurück, daran wolle er niemand hindern.

Ich glaube nach so vielen Jahren nicht, daß Naumann trotz seiner späteren politischen Wendung aus Antisemitismus mir »die germanische Komponente« abgesprochen hat. Er hat wohl die Verbindung mit Johanna zu ernst genommen und mir andeuten wollen, daß ich mit einer etwaigen Ehe doch wohl kaum den schweren Weg über Habilitation und Privatdozentur ausgerechnet als Germanist würde gehen können. Inzwischen konnte ich mir bald sagen, daß die Verweisung von der Pforte der Universität mir zum Glück ausgeschlagen ist. Was wäre im Jahre 1933 und danach aus mir geworden, wenn ich unter der Schutzherrschaft ausgerechnet eines zum Nationalsozialismus übergeschwenkten Naumann eine akademische Karriere begonnen hätte!

Meine Torheit in jenem unvergeßlichen Gespräch geriet mir schließlich zum guten. Ich hatte sie einigen Freunden nicht vorenthalten, und so erfuhr von meinem Mißgeschick auch ein Mann namens Reindorf, damals Privatdozent der Geschichte und Leiter des akademischen Auslandsamtes, bei dem die Stipendien und Stellen des Deutschen Akademischen Austauschdienstes ressortierten. Dieser wackere »Schwarzrotgoldene«, die ums Jahr 1931 rar zu werden begannen, fragte mich, ob ich Lust hätte, mich um einen Lektorenposten in Frankreich zu bewerben. Inzwischen hatte ich das Staatsexamen für das höhere Lehramt gemacht und war sozusagen frei. Johanna, die von Reindorfs Angebot hörte, riet mir dringend, diesem Zufallswink unbedingt zu folgen. Da zeigte sich, daß die Gute aus mir etwas werden sehen wollte.

Ich habe mit dem Bericht über mein Verhältnis zu Naumann und die Examensabschlüsse vorausgegriffen. Es bleibt darzustellen, wie damals gelebt wurde und ob und wie die politische Zuspitzung der Dinge im Weimarer Staat gegen Ende der zwanziger Jahre und Anfang der Dreißiger in das unversitäre Leben hineingespielt hat. Etwa vom sechsten Semester an besserte sich meine materielle Lage, weil es mir trotz heftiger Konkurrenz gelang, Privatstundenschüler zu bekommen. Ich hatte etwa anderthalb Jahre lang den ältesten Sohn eines damals in Frankfurt bekannten Geschäftsmannes in Latein als Nachhilfezögling. Der Junge, ein freundlicher Frankfurter Bub, stammte aus einer Familie, die in der Stadt einen gewissen Bekanntheitsgrad erreichte, indem es der Vater, ein massiver Mann, dem man die Herkunft aus der Handarbeit ansah, vom kleinen Kohlenhändler zum Besitzer eines über das gesamte Stadtgebiet und auch benachbarte Städte verbreiteten Netzes von, wie man damals sagte, Selterwasser- und Limonadebuden gebracht hatte. Der Sohn besuchte das Goethegymnasium und wollte evangelischer Pfarrer werden. Er ist im zweiten Weltkrieg gefallen. Ich erinnere mich an das offene Bubengesicht und den unverwüstlichen guten Willen des Kerls, die Satzkonstruktionen des Livius, die ihm schwer fielen, zu durchdringen. Die Eltern konnten sich ein Haus in einer stillen, noch heute relativ angenehmen Straße des alten Westends leisten, die den Namen »im Trutz« trug und an die alten Stadtbefestigungen – nachzulesen in »Dichtung und Wahrheit« – erinnerte. Der Bursche, dessen Vornamen mir entfallen ist, hatte einen Schalk im Gesicht und zählte die über zehn Studentenbuden, in denen ich im Laufe der Zeit hauste, und wohin er zum mühsamen Lateinunterricht zu mir kam. Das Stundenhonorar war nicht höher als das, was ich schon als

Gymnasiast für Nachhilfestunden bekommen hatte, 1,50 RM. Aber mir mußte, zumal es schwer war, überhaupt Schüler zu finden, deren Eltern zahlten, jede Mark willkommen sein.

Natürlich hatte ich den Kontakt mit der Rhein-Mainischen Volkszeitung und ihrem allemal freundlichen Feuilletonredakteur aufrecht erhalten und kam auch dort über ein Zeilenhonorar von zwanzig Pfennig zu ein paar Mark. Studenten würden damals jede sich bietende andere, auch körperliche Arbeit getan haben, hätte es sie nur gegeben. Aber daran war bei steigenden Arbeitslosenziffern und -demonstrationen überhaupt nicht zu denken.

Überhaupt belehrte den Studenten die Straße, was politisch zu erwarten war und was an der, wie man heute sagen würde, Basis gärte. Die braunen Uniformen der Sturmabteilungen Hitlers und gelegentliche Auftritte des »Führers« in der Festhalle zu Frankfurt wurden häufiger. Die Rotfrontleute, auch sie durch Ledergürtel, Uniformhemden und Reithosen kenntlich, stellten das Gegengewicht der militanten Auseinandersetzungen. Die Universität war sowohl dem alten vornehmen Westend wie dem Vorort Bockenheim, wo vorwiegend Industriearbeiter wohnten, benachbart. Das soziale Spektrum bot also den einschlägigen Anschauungsunterricht.

Man mag verwundert fragen, wie Studenten meiner Situation, die für die Mittellage typisch war, es fertiggebracht haben, sich mit Tristan, Hölderlin, alten Provenzalendichtern, Gotisch, Alt- und Mittelhochdeutsch, Dichtung des Barock oder Chaucers Erzählungen, mit dem ungeheuren, in alter Strenge vermittelten und geforderten Lehrstoff der Geisteswissenschaften gründlich und sogar engagiert einzulassen, wie es durchweg der Fall war. Lasen wir keine Zeitungen? Wußten wir nicht, was sich immer deutlicher abzeichnete? Nicht alle lasen Zeitungen. Vielleicht war es nur eine Minderheit, die es tat. Ich habe immer Zeitungen gelesen. Wir besaßen allerdings noch keineswegs ein Studentenhaus oder Lesesäle und Informationsstände, wie sie heute selbstverständlich sind. Die Tageszeitungen hingen in einem Heizungskeller aus und waren umlagert. Ich habe damals zum ersten Male Blätter wie »Die Rote Fahne« und »Der Angriff«, den »Vorwärts« und den »Lokalanzeiger« in die Hand genommen, bin aber alsbald zur »Frankfurter Zeitung« zurückgekehrt. Da sprach wohl auch der anerzogene intellektuelle Hochmut mit. Es wäre keinem meiner näheren Studentenbekannten eingefallen, politische Versammlungen welcher Richtung auch immer zu besuchen. Von Auftritten der Hitlerpaladine las man mit Verwunderung, und den immer häufiger werdenden Umzügen mit Spielmannsbegleitung und Trommeln ging man flüchtig und angewidert aus dem Weg. Bis es 1931 zu ersten Rempeleien in der Universität selbst kam. Da verwandelte sich die Szene rasch und wurde gefährlich. Ich erinnere mich, wie – es muß wohl 1931 gewesen sein – am hellen Tag mit Knüppeln und Koppelschlössern bewaffnete SA in den Lichthof des sonst so geheiligten Universitätsgebäudes eindrang und »rote« Studenten verfolgte. Es blieb bei einem kurzen, allerseits – so jedenfalls schien es – mit Verachtung für die Urheber bedachten Zwischenfall, der dadurch rasch beendet wurde, daß die Verfolgten aus der Höhe des sechsten oder siebten Geschosses gipserne Apollos aus der Archäologie auf ihre Verfolger herunterschmissen, was ein paar Verletzte zur Folge gehabt haben soll.

Frankfurt war für die radikale Rechte kein günstiges Terrain. Die kommunistische Linke dürfte auch nur eine Minderheit gewesen sein. Die auf ihre angestammte Stadtdemokratie stolze, ehemalige freie Reichsstadt war im Stadtvolk tief verwurzelt. Man war entweder sozialdemokratisch oder bürgerlich demokratisch. Aber schon damals zogen die Soziologie und ihre Frankfurter Vertreter die Wut der »Nationalen« auf sich. Ich erinnere mich an einen Abend im germanistischen Seminar. Es dürfte im Frühling 1931 gewesen sein. Ahnungslos hatten wir in unseren Studierzellen gesessen; der Vorlesungsbetrieb war längst zu Ende; die Universität würde wie stets um 22.00 Uhr geschlossen werden. Als gegen dreiviertelzehn Uhr die Klingeln der Pedelle ertönten, wurden wir gewahr, daß der Haupteingang der Universität, die sich damals noch nicht mit dem Namen Goethes dekoriert hatte, von Hunderten braununiformierter Kerle umlagert war. Es setzte Pfiffe und Rufe von draußen ins Haus. Niemand wußte, was die ganz und gar ungewohnte späte Zusammenrottung für einen konkreteren Zweck haben sollte. Hinter dem Ausgangsportal fand sich aus den verschiedenen Seminaren ein Trüppchen von an die achtzig Menschen zusammen, die eingeschüchtert zögerten, das Gebäude zu verlassen. Was würde uns erwarten, wenn wir ins Freie träten? Da kam wie von ungefähr der Philosoph Paul Tillich daher, der offenbar im philosophischen Seminar bis zu diesem Zeitpunkt gewesen war. Sein Erscheinen beruhigte sofort. Unter Tillichs unerschrockenem Vorantritt zog die Schar der Studierenden schweigend, die Gesichter der SA-Männer vermeidend, durch eine enge Gasse spalierbildender Uniformierter. Es war plötzlich totenstill. Das beherzte, inoffensiv schweigende Verlassen des Gebäudes mag die Prügelhorde so überrascht haben, daß sie im entscheidenden Augenblick untätig verharrte. Sie müssen später unverrichteter Dinge in die nahen Kneipen zu Bier und allerlei rauhen Sprüchen abgezogen sein. Der Vorgang hat sich, solange ich an der Universität Frankfurt studiert und Prüfungen abgelegt habe, bis 1932 nicht wiederholt. Die Ereignisse des Spätjahrs 1932 sind mir, da ich bereits eine Lektorstelle an der Universität Toulouse angetreten hatte, erspart geblieben.

Es ist in der Rückerinnerung auf das nächtliche Ereignis und die Kombinationen, die in den folgenden Tagen daran geknüpft wurden, wahrscheinlich, daß der Aufmarsch vermutlich den damals in den Verruf linker Orientierung geratenen Philosophen und Soziologen gegolten hat. Seit kurzem war an der Bockenheimer Landstraße das graue, einem freimaurerischen Bau nicht unähnliche Institut für Sozialwissenschaften eröffnet worden. Man flüsterte sich zu, daß der immens reiche Dr. Weil, den man in philosophischen Vorlesungen oft als Hörer sah, ein spindeldürrer Mann mit ausgemergeltem hochintelligentem Gesicht, der mit zitternden Händen viel zu rauchen pflegte und zu den Besuchern des Café Laumer gehörte, das Institut gestiftet habe. Es hieß bald Marxistentempel, was im Munde derer, die das verschlossen und unheimlich wirkende Haus so nannten, nicht durchweg feindselig gemeint gewesen sein mag. Die breitmäulige Frankfurter Volksart ist bei aller Direktheit eher gutmütig und kümmert sich nicht weiter um Leute anderer Art. Die braunen »Sturmabteilungen«, die damals wohl eher dieses nicht direkt zur Universität gehörende Institut gemeint hatten, sollen aus dem Umland, aus Richtung Büdingen und Schlüchtern, traditionell ländlichen und nicht gerade reichen Gegenden, herangefahren worden sein.

Im geistigen Felde liefen die Dinge anders und doch irgendwie parallel. Damals fiel das Wort von der Soziologie als einer jüdischen Wissenschaft. Es markierte das Ende der liberalen Diskussion zwischen Links und Rechts. Ich hatte Abende und Nächte im Café Laumer miterlebt, an denen ein renommierter Assistent des philosophischen Seminars, dessen Name mir entfallen ist, mit Kommerell stritt, was es mit der Geschichte und der geschichtlichen »Gestalt« auf sich habe. Das ging in besten akademischen Formen vor sich und war überdies durch die Anwesenheit eines Riezler, des bereits erwähnten Kurators, geradezu sanktioniert. Auch Naumann ließ sich an jenen Abenden ein paar Mal sehen.

Freilich begann die Soziologie inzwischen dem georgisch ästhetisch denkenden und empfindenden Naumann im Seminar lästig zu werden. Einige von Mannheim geschulte Studenten begannen zu fragen, auf welcher ökonomischen Basis das Rittertum und seine Standesethik zu verstehen sei. Die Antwort auf solche Fragen war schwer, weil es innerhalb der Germanistik kaum Ansätze gab, das Lehenswesen wirtschaftsgeschichtlich zu verstehen. Man kam nicht auf den Gedanken, sich bei benachbarten oder vielleicht gar fakultätsfremden Disziplinen Auskunft zu holen. Ich habe denen zugestimmt, die die geistigen und literarischen Phänomene, mit denen wir es zu tun hatten, auch im Zusammenhang der sozialen und ökonomischen Lage gesehen oder sie damit in Verbindung gebracht wissen wollten. Andrerseits habe ich den sich zunächst noch gemessen und zaghaft rührenden Stimmen, die den »Überbau« der ritterlichen Kultur allein aus handfesten feudalen Interessen zu erklären beanspruchten, widersprochen. Unsere einschlägigen Debatten blieben unbefriedigend, weil mit allgemeinen programmatischen Deklarationen wenig auszurichten ist.

Einen Walther von der Vogelweide, dessen berühmte Bettelverse an die Adresse reicher Feudalherren uns beschäftigten, als frühen freischwebenden intellektuellen Literaten zu sehen, wäre uns wohl zu kühn erschienen. Immerhin hätten seine berühmten Verse »al die werld ich hân mîn lêhen« dahin führen können oder sollen. Wir waren in Frankfurt damals dicht an solchen Erkenntnissen, die mir, wenn ich einen Blick in heutige germanistische Arbeiten tue, noch immer nicht völlig zur Klärung gediehen zu sein scheinen.

Von draußen klang uns das Wort, wir würden in der allgemeinen wirtschaftlichen Depression nach beendigtem Studium nur das akademische Proletariat vermehren, bedrohlich in die Ohren. Es kam im bewegten Frühjahr 1931 zu einem damals geradezu unerhörten Unternehmen, einer regelrechten Fakultätsvollversammlung der Professoren und Studenten in der Aula. Anwesend war in der vordersten, den Professoren vorbehaltenen Sitzreihe auch der gefürchtete Vorsitzende des Prüfungsamtes an Höheren Schulen, Oberstudiendirektor und Altphilologe Dr. Heinrich Weinstock, ein Mann, der Energie ausstrahlte, wohin er kam. Das Treffen mit den Studenten war um so auffälliger, als die Universitätsprofessoren der philosophischen Fakultät es mehr als die jeder anderen, etwa der juristischen oder der medizinischen, ablehnten, den von den meisten Studierenden philosophischer Fächer angestrebten Beruf, in diesem Falle des Lehrers an höheren Schulen, überhaupt zur Kenntnis zu nehmen.

Thema der Massenversammlung war die Krise, in die der Student der philosophischen Fakultät nach den Prognosen von außerhalb unweigerlich geraten würde. Welcher und wessen Druck das ungewöhnliche Unternehmen zuwege gebracht hat, ist mir bis heute unbekannt geblieben. Wie es möglich war, eine stattliche Anzahl ordentlicher Professoren, darunter die beiden germanistischen Institutsdirektoren, aber auch die Historiker Küntzel, Platzhoff, der später als Frankfurter Rektor während der NS-Zeit eine unrühmliche Rolle gespielt hat, Geltzer, dazu den

Matador der Philosophen Paul Tillich, an die ich mich einzeln erinnere, in Bewegung zu setzen, wird ein Rätsel bleiben, weil die Matadore inzwischen verstorben sind.

Was im einzelnen gesagt wurde, ist mir nicht mehr gegenwärtig. Die Professoren versuchten, wie zu erwarten war, die Unruhe unter den Studenten zu dämpfen und ihnen zu sagen, daß sie den Schwarzsehern nicht blind vertrauen möchten. Niemand sei – und das war damals mangels gesicherter Techniken der statistischen Erfassung des Bedarfs und des Angebots wohl im allgemeinen richtig – in der Lage vorauszuberechnen, daß man in zwei, drei Jahren nur die Hälfte der Studenten als höhere Lehrer werde anstellen können. Hier und da klang auch an, daß, wer sich seinem Fach nicht um seiner selbst willen verschrieben habe, doch besser daran tue, sich noch bei Zeiten zu besinnen. Die Erregung wuchs, und ich geriet mit andern, die um mich herumsaßen, in einen gereizten Zustand. Zum Entsetzen meiner Freunde, auch Johannas, der befreundeten Studentin der Geschichte, ließ ich mich zur Wortmeldung hinreißen. Es war wohl auch Geltungsdrang und Eitelkeit im Spiel. Kurzum – ich sah mich nach zehn Minuten des Wartens auf meinen Auftritt das erste und einzige Mal meines Lebens an jenem Katheder, von dem aus die neugewählten Rektoren in Ornat und Kette, das Barett auf dem meist kahlen Gelehrtenschädel, ihre Rektoratsreden zu halten pflegten.

Was ich vorbringen zu müssen glaubte, war durch die Professorenworte vom hohen ideellen Wert des Studiums an sich provoziert. Damals war gerade von dem Frankfurter Germanisten der neueren Fachrichtung Franz Schultz ein vielbeachtetes, gescheites, wenn auch, wie ich damals meinte, steriles Buch über die Interpretations- und Deutungsmethoden der Literaturwissenschaften erschienen. Ich argumentierte nicht ohne eine Dosis von Demagogie, wie man von uns, den Studenten einer im methodologischen Fundamentalstreit befindlichen Literaturwissenschaft, erwarten könne, daß wir beim Studieren ruhig blieben. Wenn außer dem schwarzseherischen Zukunftsgeunke auch noch dem Studenten die Last ungelöster und vielleicht unlösbarer Fundamentalprobleme aufgeladen werde, dann sei doch wohl der Trost, zunächst einmal ruhig zu Ende zu studieren, ohne Gewicht und leer. Immerhin stand meine mündliche Doktorprüfung kurz bevor.

Es erfüllt mich heute noch mit Respekt, daß mich keiner der anwesenden hohen Herren die Keckheit meiner Vorbringung irgendwie im Examen hat entgelten lassen, auch Franz Schultz nicht, der überhaupt ein aus Jovialität liberal denkender Mann war. Nur einer erboste sich, sprang mit kurzen Schritten ans Katheder und widersprach mir energisch, wie es seine Art war: Heinrich Weinstock, der mächtige Prüfungsamtsleiter, dem es nicht ins Konzept paßte, daß ein Student eine der Ursachen des Malaise im Studienbetrieb selbst sah. Weinstock, durch und durch energisch und strenger Schulmann, erklärte kurz angebunden, ordentliches und konsequentes Studieren sei nach wie vor in allen Fächern, zumal denen, die auf das höhere Lehramt zuführten, nicht nur möglich, sondern von uns zu fordern.

Ich war insofern beschämt, als ich um des rhetorischen und, wie ich zugebe, polemischen Effekts willen etwas vertreten hatte, was meiner eher problematischen Art gar nicht lag, nämlich ein sozusagen abgesichertes theorieloses Studieren.

Es kam aber noch schlimmer. Nach Weinstock meldete sich ein Student zu Wort, der sich mit gekonnter politischer Argumentation meines Beitrags bemächtigte und ihn fortführte. Er studierte Geschichte und war später in den NS-Jahren, so viel ich weiß, einer der Jungen in der Redaktion der Frankfurter Zeitung. Dieser Mann, etwa ein Jahr jünger als ich, brachte vor, daß man meine Darlegungen über ein problematisches Studium nach außen wenden müsse. In der Krise der Literaturwissenschaften spiegele sich doch nur der Tatbestand, daß die gesellschaftliche Funktion der Geisteswissenschaften inzwischen völlig ungeklärt sei. Was es denn heißen könne, geschichtlich tradierte Geistesgehalte zu verstehen und zu interpretieren. Auf welchem Hintergrund, mit welchen, wie definierten Maßstäben und für wen eigentlich, da das Publikum nicht mehr das der Lessing- und Goethezeit und doch wohl auch nicht mehr das der wilhelminischen Zeit sei.

Das hätte ich, gelegentlicher Zuhörer im Café Laumer, Zuhörer auch bei Karl Mannheim, voraussehen können, als ich meine Klagen über die Verunsicherung des Studenten vorbrachte. Weinstock, dem das entschieden zu weit ging, schloß einigermaßen frostig und scharf die Versammlung.

Daß das Überangebot an Studienreferendaren und wohl auch an juristischen Referendaren schon zwei Jahre später durch sogenannte Schulungslager brauner Funktionäre »gelöst« werden würde, hat sich im Jahre 1931 wohl kaum einer der Debattanten und Zuhörer träumen lassen.

Für mich hatte mein Auftreten eine Folge, die nach heutigen Begriffen unter ähnlichen Umständen kaum mehr zu erwarten sein dürfte. Es brachte mir die lebenslange Freundschaft ausgerechnet des Mannes ein, der mich damals abgekanzelt hat, Heinrich Weinstocks.

Als ich ein Jahr später im Mai 1932 das Staatsexamen für das höhere Lehramt zu bestehen hatte, war es Weinstock, damals Direktor des am Zoo gelegenen Friedrich-Wilhelm-Gymnasiums, der mir das als Nebenfach angemeldete Fach Latein als Hauptfach zu gewähren anregte. Ich bin mit einer der kuriosesten und für einen späteren Schulmann schwierigsten Fachkombinationen in das Staatsexamen gegangen: Deutsch als erstes, Französisch als zweites Hauptfach und Latein als Nebenfach. Weinstock, der mich seit jenem Auftritt in Erinnerung behalten hatte, wollte mich zur Ausbildung an sein Gymnasium haben. Dazu war freilich die Voraussetzung, daß ich mindestens eines der beiden klassischen Fächer als Hauptfach auszuweisen hätte. So kam es, daß der Latinist Otto mich »auf Hauptfach hin« prüfte und mit der Note »gut« bestehen ließ. Otto hat mir nach dem Examen väterlich freundlich gesagt, ich müsse wohl ein hervorragendes Gymnasium besucht haben. Dies gebe ich hier gern weiter, weil ich auf mein altes Wiesbadener Gymnasium bis heute stolz bin.

Ich bin nicht Lehrer oder Studienrat geworden, obwohl ich von Natur schulmeisterliche Gaben mitbekommen zu haben glaube. Vielleicht habe ich nicht das typische Pestalozzigesicht. Mit diesem kuriosen Ausdruck hat es die Bewandtnis, daß irgendein Schulmeister aus der Kollegenschaft meines Vaters das ironische Wort auf solche Lehrer anzuwenden pflegte, die in der Tat durch ein lebenslanges Erziehungsgehabe einen gewissen melancholischen Sorgenzug um Augen und Mund anzunehmen scheinen.

Weinstock, dem ich zunächst auf zwei Jahre nach Frankreich entwischte, wonach ich in den Journalismus ging, hat mich trotz dieser Enttäuschung ermuntert, ihn jedesmal, wenn ich in der heimatlichen Gegend an Rhein und Main sei, in Frankfurt zu besuchen. Das habe ich Jahre lang so gehalten. Wir pflegten dann in seinem von Büchern überladenen Studierzimmer in der düsteren Direktorsvilla des Gymnasiums zusammen eine Stunde bei einer Zigarre zu verplaudern, um uns über die kulturelle Barbarei draußen auf grimmige Art einig zu sein. Weinstock, dem man hervorragende Bücher über die klassische Antike verdankt, hat auf meine Anregung an den Blättern, an denen ich Redakteur war, öfter mitgearbeitet, auch nach dem Kriege, als der Vielbeschäftigte Professor an der Frankfurter Universität geworden war. Wenn ich an den Lebenserfolg dieses erztüchtigen Mannes denke, dann kommen mir gelegentlich Gedanken, ob ich nicht doch in den von vielen dümmlich verachteten Schuldienst hätte gehen sollen. Die geistige Ausbildung junger heranwachsender Männer scheint mir eines der begehrenswertesten Ziele überhaupt.

Ich bin schließlich doch zweimal in meinen jungen Jahren als Lehrer tätig gewesen, wenn auch nicht hauptamtlich im öffentlichen Schuldienst. Die erste Lehrtätigkeit, eine übrigens mühselige Paukerei, habe ich noch in Frankfurt einige Monate lang, bevor ich nach Frankreich ging, ausgeübt. Das Haus hieß »Privates Knabeninstitut Klibansky« und lag in jener Straße, die den bereits erwähnten Namen im Trutz führt. Ich wurde durch die Vermittlung meines Studienfreundes August Arnold, eines Doktoranden von Naumann wie ich, empfohlen. Es war ein fast unerhörter Glücksfall, ein regelrechtes Monatssalair zu erhalten, nämlich sage und schreibe 90 (in Worten neunzig)

Reichsmark als Lohn für täglich drei Klassenstunden. Die Schüler waren jüdische Kinder von aus dem Osten eingewanderten Familien, die auf den Eintritt in reguläre Frankfurter höhere Schulen vorzubereiten waren. Die ungemein lebhaften, zappeligen Buben waren meist intelligent, brachten aber so verschiedene Voraussetzungen mit, daß ein Klassenunterricht überhaupt nicht möglich war. Es ging darum, eine undisziplinierte Bande – unter ihnen auch einige Mädchen – individuell voranzubringen, damit sie die Aufnahmeprüfungen, sei es in eine allgemeine höhere Schule oder in das Philanthropin, eine für Frankfurt charakteristische rein jüdische höhere Schule, bestünden, was meist gelang.

Wir waren insgesamt vier »Lehrer« bei Herrn Klibansky, allesamt ältere Studenten der philologischen Fächer. Der Hausherr war eine nicht durchweg erfreuliche Erscheinung. Er war ein Volksschullehrer aus Ostpolen und wie seine Schüler, die er teilweise im Internat hatte, eingewandert. Meine »Kollegen« nannten ihn aus einem Grunde, den ich vergessen habe, Schiboleth, was der Name eines Buchstabens des jüdischen Alphabets ist. Klibansky ging uns durch seine endlosen, meist schlechtgelaunten Gespräche über die schlechterzogenen Jungen, ihre Frechheit und Gefräßigkeit auf die Nerven. Wir haben die Kerlchen bedauert, weil es im ganzen Hause, einer vergammelten klassizistischen Villa, aus der Küche meist wenig appetitlich roch.

Der Unterricht fand in den Räumen des Parterre in zu engen Zimmern statt. Klibansky verstand sich darauf, die Kinder unter Druck zu setzen, weil der Ruf seines »Instituts« vom Bestehen der Aufnahmeprüfungen abhing. Alteingesessene Frankfurter Juden mochten Klibansky nicht. Sie kannten seine unwirschen Umgangsformen und sein Gebaren als Haustyrann. Auch mochten unausgesprochen Befürchtungen gehegt worden sein, Typen wie dieser Mann trügen zur Verstärkung des virulenten Antisemitismus bei.

Ich habe mit Schiboleth eine Erfahrung gemacht, die ans Groteske grenzt. Nach etwa drei Monaten harter Fron im unwirtlichen Hause geschah es etwa gegen elf Uhr vormittags, daß Schiboleth sich in meinem Unterricht einstellte. Er wünsche mich dringend zu sprechen, ich möge ihm in den ersten Stock, die Privatgemächer, folgen. Das war das erste Mal, daß mir ein menschlicher Zug an Meister Griesgram wahrnehmbar wurde. Vom ersten bat er mich alsbald in den zweiten und in einiger Aufregung sogar in den dritten Stock des Hauses, praktisch auf den Speicher unters Dach. Da ließ er mich, der ich verdutzt nicht begriff, was eigentlich vorging, kurzer Hand stehen und rief mir gerade noch zu, er werde sehr bald wieder zurück sein. Ich ahnte Ungewöhnliches und wartete eine halbe und schließlich eine volle Stunde. Dann wurde mir bedeutet, alles habe sich von selbst erledigt. Die Unterrichtszeit sei für heute beendet. Schiboleth hatte aber nicht mit den Kindern, meinen Schülern, gerechnet. Die flüsterten mir zu, der Schulrat sei dagewesen.

Da begriff ich. Offenbar mußte ich dem Vertreter der städtischen Schulbehörde verborgen werden, weil ich nicht als vierte Lehrkraft angemeldet war. Die Existenz des Privatinstituts konnte auf dem Spiel stehen. Ich war in begreiflicher Wut. Immerhin hatte ich mitgespielt und, ohne mich zu rühren, auf dem Speicher ausgeharrt. Der Lohn dafür war, daß der schäbige Mann mich nicht einmal um Entschuldigung bat oder eine Verlegenheitslüge zu ersinnen für nötig hielt. Es ist ihm unter den peinlichen Umständen wohl keine eingefallen.

Ich stellte den Hausherrn und sagte ihm, daß ich mir solche Behandlung nicht gefallen ließe. Darauf wurde Schiboleth, was er sich unter den allgemeinen Arbeitsbedingungen leisten zu können glaubte, unverschämt und erklärte, ich könne froh sein, den schönen Posten in seinem Institut – er nannte das Haus immer Institut, weil er das für vornehm zu halten schien – zu haben. Die Gemeinheit brachte mich so in Wut, daß ich dem Meister erklärte, ich überlege, ob ich die städtische Schulaufsichtsbehörde über den Vorfall und meine Existenz ins Bild setze. Immerhin war ich bereits promoviert und wohl in der Lage, einen Schulrat aufzusuchen. Klibansky brach in Jammern aus, beschimpfte mich als einen undankbaren Kerl und wußte seinen Redestrom kaum zu bändigen. Da kam mir ein Gedanke. Eine kleine Rache wollte ich haben, und an eine Denunziation habe ich ernsthaft nicht gedacht, zumal mir die Kinder leidtaten und meine drei Kollegen auch, die ihr »Brot« hätten verlieren können. Ich unterbrach den jammernden Mann und sagte ihm lächelnd, die Sache sei doch ganz einfach mit zehn RM monatlicher Gehaltssteigerung auszugleichen. Ich sei der Meinung, daß ich auch ohne den Vorfall nach der Bewährung mit neunzig Reichsmark nicht ausreichend entlohnt sei. Es gab neues Klagen und Schimpfen über meine Undankbarkeit. Ich ging.

Als ich andern Tags in das Haus kam, empfing mich Schiboleth stumm und vorwurfsvoll und führte mich in den ersten Stock, wo ich zum ersten Mal ein Familienmitglied zu Gesicht bekam, einen Klibansky-Sohn, der einige Jahre älter als ich sein mochte und mir vom Vater als Rechtsanwalt bezeichnet wurde. Dieser junge Mann schlug eine verbindliche Tonart an und versuchte mir klarzumachen, daß es doch aussichtslos und unangemessen sei, wenn ich mit einer Anzeige beim Schulamt drohe. Ich schnitt dem Herrn, der sich überlegen zu geben suchte, das Wort ab, indem ich sagte, daß meine Drohung nicht ernst gewesen sei. Der Vater habe mich durch die schändliche Behandlung gereizt. Das war unklug argumentiert. Denn ich hatte meinen Trumpf aus der Hand gegeben. Dann bekam ich zu hören, daß eine finanzielle Gleichstellung mit meinen seit längerem dort tätigen Kollegen jetzt nicht möglich sei.

Nach einer weiteren Woche war Monatsende. Klibansky zahlte mich aus: neunzig Reichsmark und entließ mich mit der Begründung, er müsse sparen. Ich schied ohne ein weiteres Wort, zumal ich eingesehen hatte, daß ich falsch taktiert hatte, und war auch ein wenig erleichtert, die Fron loszuwerden. Der juristische Sohn aus dem »Knabeninstitut« hat nach dem zweiten Weltkrieg in Frankfurt eine Rolle gespielt, die jedem in den fünfziger Jahren in der Stadt und in Hessen tätigen Juristen noch in Erinnerung sein dürfte. Der Mann war so etwas wie ein Skandalanwalt geworden. Ich habe mich des grotesken Vorfalls in seinem Elternhaus mit einigem Spott erinnert. Der Name eines andern Bruders, der damals der Stolz seines Vaters war, ist mir später gelegentlich wieder begegnet. In diesem Klibansky scheint sich das »Höhere« verleiblicht zu haben. Dieser Sohn, der bei meinem »Unfall« nicht in Erscheinung trat, muß während der Nazijahre in London als Latinist und Patristiker an einer großen Edition des Thomas von Aquin in leitender Funktion mitgewirkt haben. So lief schließlich auch meine kurze Verbindung zu einem eingewanderten ostpolnischen Volksschullehrer im übertragenen Sinne auf Mittelalterliches hinaus.

Das führt mich wie von ungefähr auf das, was man mein, unser Privatleben während der im ganzen doch recht kargen Studentenzeit nennen könnte. Als ich, sei es bei Zeitungen, sei es durch Unterricht – ich wurde in meinem letzten Frankfurter Jahr ein begehrter Einpauker für Examenskandidaten meiner Fächer – zu einigem Geld gekommen war, machten wir zu zweit oder zu mehreren öfter zweitägige Wochenendfahrten in das weitere Umland, an den Main, in den Spessart oder Odenwald oder an die Lahn. Wir führten als verspätete jugendbewegte Studenten das Leben fahrender Scholaren. Einmal gar brachten wir es bis in den Grabfeldgau nördlich Bamberg nach Banz und Vierzehnheiligen. Noch lieber aber waren uns die Wildenburg hinter Amorbach, wo es Reminiszenzen an Wolfram und den Parzival gibt, oder die staufische Kaiserpfalz zu Gelnhausen oder die wilde, damals noch von keiner Zonengrenze durchschnittene karge Rhön im Frühherbst. Zur Feier des gerade erworbenen Doktorgrades hatten Johanna und ich eine Wanderfahrt durch die Vogesen ausgedacht. Das wilde, von Straßen kaum erschlossene Land um den Hartmannsweilerkopf und die Seenkette, die sich zum Schluchtpaß hinzieht, durchstreiften wir an Pfingsten 1931 als regelrechte Wandervögel mit viel historischem Romantizismus im Rucksack.

Die Wiesbadener Familie war in meinen Studienjahren fast ganz in den Hintergrund getreten. Es war meinen Eltern gewiß nicht leicht, zu erfahren, wie energisch der älteste Sohn, der so eng im Familienclan verhaftet gewesen war, sich ablöste, sobald er draußen Fuß gefaßt hatte. Natürlich waren die Eltern glücklich und wohl auch stolz, daß der Filius zwei Examina schnell und mit sehr guten

Noten absolviert hat. Sie waren freilich, vor allem der Vater, nicht gerade begeistert, als ich ihnen eröffnete, daß ich sofort im Anschluß an die Frankfurter Jahre nach Frankreich auf einen Posten gehen würde, der, wie heute noch üblich, keine unmittelbare, administrativ geregelte Vorstufe zu einem künftigen Beruf in Deutschland sein würde.

Ich hatte die deutschen Universitätsmöglichkeiten für mich ausgeschöpft, drängte hinaus und war überglücklich, als eines schönen Tages im Hochsommer 1932 Briefe des damals im alten Hohenzollernschloß zu Berlin residierenden akademischen Austauschdienstes und des mit diesem Institut korrespondierenden »Service des Echanges Universitaires« in Paris, unterzeichnet von einem Herrn des kuriosen Namens Petit-du-Taillis ankamen, worin ich die Bestallung als Lecteur d'allemand in Toulouse amtlich schwarz auf weiß lesen konnte.

Nach so vielen intensiven Studienvorbereitungen konnte und sollte die große Befreiung beginnen. Studenten und andere junge Menschen, die heute mit fünfzehn Jahren bereits europäische Grenzen überschreiten, ahnen nicht, was für ein relativ seltener Glücksfall ein solcher Aufbruch über die Grenzen damals war. Man möge es an der Äußerlichkeit abnehmen, daß ein Deutscher zwölf Jahre nach dem Ende des ersten Weltkriegs für eine Reise nach Frankreich und gar für ein ganzes Jahr Aufenthalt eines Visums bedurfte, für dessen Erlangung die Briefe aus Berlin und Paris vorzulegen waren.

Etwa Mitte September 1932 fuhr ich, Familie, Freunde, Universität, den Rhein und meine rheinischen Heimatgefühle hinter mir lassend, ebenso bewegt wie erwartungsvoll gen Westen. Ich war vierundzwanzig Jahre alt.

Lecteur d'allemand

Toulouse 1932 bis 1934

Wenn ich nach mehr als vierzig Jahren über meinen Entschluß, nach Frankreich zu gehen, nachdenke, komme ich zu vier Ergebnissen. Mein Ziel, Hochschullehrer der vergleichenden Literaturwissenschaften, die man später Komparatistik genannt hat, zu werden, war wohl für immer fehlgeschlagen. In Frankreich erlebte ich zum ersten Mal Befreiung und Freiheit. Französisches Leben und Denken wurden mir zur zweiten Natur. Aus dem freien Vagantentum ergab sich später, wie ich es in der Rückschau sehe, geradezu zwangsläufig ein Leben als Intellektueller, konkret der Journalismus als Beruf.

Solche Konklusion es post könnte den Eindruck erwekken, ich sei nach Beendigung meiner Universitätsjahre zielbewußt vorgegangen und habe das französische Jahr, das ich mir 1933 um ein weiteres verlängern lassen konnte, als Vorbereitung auf den Journalismus angesehen. In Wahrheit war es anders.

Ich verdanke meinen Ausbruch in die Freiheit dem schieren Glückszufall. Zwar bot ich mit meinen abgeschlossenen Studien die Voraussetzungen für das Lektorat an der Universität Toulouse und den Assistentenposten am Lycée de garçons. Aber ich war nach dem Brauch des Austauschdienstes für die damals sehr begehrte Stelle zu jung, zumal ich keine vorweisbare Lehrerfahrung besaß. Auch war ich durch das Mißgeschick, das meine Träume von einer Hochschullaufbahn beendet hatte, eine Zeitlang so passiv, daß ich von mir aus nicht auf den Gedanken einer Bewerbung um einen Auslandsposten gekommen wäre.

Daß man mir einen der besten anbot, war wiederum einem zufälligen Umstand zu verdanken. Mein Vorgänger in Toulouse war in Deutschland bereits Studienrat gewesen. Ich habe ihn nie kennengelernt. Dieser Mann soll in der Stadt an der oberen Garonne keine glückliche Figur gemacht haben, weil er ungeschickt darauf gepocht habe, genau so viel wert zu sein wie ein französischer Professeur agrégé. Nun muß man wissen, daß die französischen Gymnasiallehrer sich damals aus zwei Klassen rekrutierten. Die gehobenen und angeseheneren waren Agrégrés. Sie galten im Vollsinn des Wortes als Universitäre und hatten ausgedehnte, gründliche Fachstudien absolviert. Die andere Hälfte der Lehrkräfte an höheren Schulen (Enseignement secondaire) bestand aus Licenciés. Die Lizenz befähigte zwar auch zum Lehramt, aber nur in unteren Klassen oder als Hilfskräfte oder an sogenannten Collèges, die nicht zum Baccalauréat führten. Ich war im Hinblick auf das höhere Lehramt einstweilen ohne jeden Ehrgeiz. Es würde mir nicht eingefallen sein, mit den durchweg bedeutend älteren Agrégés in einen aussichtslosen Wettbewerb des beruflichen Ansehens zu treten. Am Lycée de garçons, einer großen staatlichen Anstalt von insgesamt 1600 Schülern, von denen über 500 im Schulinternat lebten, gab es vier Agrégés des deutschen Unterrichts, Männer von meist vierzig Jahren und mehr, sehr verschiedener Artung, dem jungen Manne aus Deutschland alle liebenswürdig zugetan und hilfreich. Daß ich zugleich an der Fakultät, die den Namen »des lettres« trug, Lektor war, verschaffte mir im Lycée kein Plus Ansehen, so wie überhaupt der Nimbus der deutschen Universität in Frankreich unbekannt zu sein schien. Wohl aber hat mir wiederum ein Zufall geholfen, daß man mich am Lycée gern aufnahm. Just in dem Augenblick, als ich nach Toulouse kam und bei Monsieur le Proviseur und Monsieur le Censeur, den beiden Direktoren Besuch machte, von denen der erste kaum mehr als eine Repräsentationsfigur war, während der andere das figurenreiche Kollegium und die große Anstalt umsichtig, energisch und gewandt leitete, war in der »Revue germanique«, dem Fachorgan der französischen Germanisten, eine vierseitige, wohlwollende Rezension über meine inzwischen im Druck erschienene Dissertation veröffentlicht worden. Das war natürlich bemerkt worden. Es ist mir später erst klar geworden, daß man mich beobachtete, ob ich etwa daraus zu viel Selbstsicherheit gewinnen und vorweisen würde. Ich dachte nicht daran. Das Erlebnis Frankreich und Süden hatte mich so vollkommen ergriffen und umgemodelt, daß mir die liebe Germanistik samt Minnesang und Komparatistik zunächst gleichgültig waren.

Ich war oder fühlte mich frei, unendlich frei, wie ich es nie zuvor gewesen. Und war doch keineswegs isoliert und allein. Als »Assistant d'allemand«, als der ich im Lycée geführt wurde, war ich der untersten Gruppe von Lehr- oder Aufsichtspersonen im Internatsbetrieb sozusagen inkorporiert. Vom ersten Tag meiner neuen Existenz an befand ich mich inmitten einer Schar älterer Semester, die im Internat »Maitres d'Internat« waren. Diese hatten die Schüler in den Pausen, bei Tische und in den riesigen Schlafsälen zu beaufsichtigen und sie am schulfreien Donnerstag nachmittag auszuführen. Die Kerls wohnten selbst im Internat und wurden dort verköstigt. Ich hätte wie sie im Internat ein schäbiges Zimmer haben können; doch zog ich es vor, »en ville« zu wohnen, während mein britischer »Kollege« wacker »intern« lebte. Was ich aber im Internat voll mitmachte, war neben meinem Sprachunterricht, für den nur Schüler der beiden Primen bestimmt waren, die Teilnahme am Mittag- und Abendessen.

Wir aßen, was die Schüler aller Klassen aßen, die Internatskost. Hier muß ich berichten, daß Frankreich sich mir sogar in der, wie die übermütigen Pions sagten, Kasernenverpflegung als das gerühmte Land der guten, bürgerlichen Küche vorstellte. Die Maitres d'Internat waren entweder Juristen oder Lehramtsstudenten der verschiedensten Fachrichtungen. Der Umgangston war laut, rauh und studentisch. Chahut galt nicht nur unter den Schülern, sondern auch unter den nur ein paar Jahre älteren Pions als das Ventil für die strenge Schulzucht. Chahut bedeutet Krach mit studentischem Niveau. Ich hatte in Toulouse an einem Studenten der Germanistik, der bereits an einer deutschen Schule Assistent gewesen war, einen freundlichen Helfer. Er hieß Barrau und war ein etwas schüchterner, herzensguter junger Mann. Durch ihn lernte ich meine Kumpane schnell kennen. Wir saßen in einer hohen kahlen Salle à manger, indes weißbeschürzte Garçons, Männer mittleren Alters, auftrugen. Ich war ein dankbarer Konsument der gebotenen Genüsse. Es begann mit riesigen Suppenschüsseln, in denen das Weißbrot vom Vortag in einer Brühe schwamm. Es ging weiter mit einem Hors d'œuvre, Sardinen oder Radis-beurre oder Thunfisch oder Artischocken in Öl und Essig oder Rührei. Dann trugen sie Bottiche von einem weißen Bohnenbrei oder köstlichen Pommes frites oder überbackenen Blumenkohl oder Nudeln auf und selbstverständlich an jedem Tag außer Freitag ein Stück meist gebratenes Fleisch. Käse, ein Gruyère oder ein Petit Suisse, der obligate Crême caramel, Kirschen, Erdbeeren, Äpfel oder Nüsse und frische Feigen waren die häufigsten Desserts und danach in Blechkannen starker gesüßter Kaffee. An jedem Platz stand eine Dreiviertelliterflasche Rotwein. Bald hatten die Garçons heraus, daß Monsieur Korn nicht nur ein dankbarer und starker Esser, sondern auch ein Buveur war, und fragten »Vous en voulez encore une bouteille?«, was ich zur Freude der einfachen Männer als Freund des Pinards, wie Soldaten und Studenten den Landwein nennen, bejahte.

Die Unterhaltungen waren laut und hatten mit Geist wenig zu tun, was mir gefiel. Ich genoß eine für mich gerade noch aktuelle studentische Fröhlichkeit und Ausgelassenheit in vollen Zügen. Unter den jungen Männern waren aber auch weniger rustikale junge Männer, die das Gespräch mit dem Deutschen suchten, zumal die Politik im Reich auf die Diktatur zulief und die danach einsetzende Hitler-Ära unerschöpflichen Stoff bot. Meist endeten die Frage- und Antwortspiele mit gutmütig ironischen Trinksprüchen auf den »Rapprochement franco-allemand«, wobei die A-Nasale auf einheimische Weise wie »ang« (rapprochemang allemang) klangen.

Ich habe den 30. Januar 1933 und die darauf folgende Zeit in Toulouse inmitten einer Corona fröhlicher junger Männer verbracht. Ihr Leichtsinn steckte an, und ich schwamm damals in einer Woge der Jugendlust. Ich entdeckte, daß ein kräftiges Naturell, beinahe ein Naturbursche in mir steckte. Aber das war nun nicht etwa die schiere Libertinage. Vielmehr kam mir, was ich an historischem Sinn, an ästhetischer Bildung, aber auch an offenem Blick für alles Soziale aus meiner Jugend mitgebracht hatte, jetzt so zustatten, daß ich mit Fug und Recht sagen kann, meine Toulouser Jahre seien die glücklichsten meines Lebens gewesen.

Dabei wurde mir bald klar, daß ich von meinen rheinischen Ursprüngen und besonders den Rüdesheimer Familienerinnerungen her für französisches Wesen geradezu prädisponiert war. Hier war ich in eine Lebensordnung versetzt, die noch stark agrarisch konservativ geprägt war, dies bis ins Stadtbürgertum hinein. Toulouse war nicht nur eine der größten Provinzstädte Frankreichs, Hauptstadt des Départments Haute Garonne, Sitz eines Erzbischofs, Universitäts- und Gewerbestadt, ein Handelszentrum, damals auch schon, ein wenn auch bescheidenes Industriezentrum für Flugzeugbau und einige Chemie, Toulouse war und bleibt in der Erinnerung für mich die große Landstadt inmitten einer fruchtbaren Region, in der es Weizen, Mais, Wein und die köstlichsten Gemüse und Früchte im Überfluß gab, Stadt an einem wilden, ungebändigten Fluß, der aus den Pyrenäen die herrlichsten grünen Wasser brachte, eine Stadt voller Kirchen und Bürgerpalais aus dem sechzehnten Jahrhundert, eine Stadt alter Viertel, in denen es noch nach Ketzergericht und Inquisition förmlich roch, eine Stadt großer Nachtcafés, wo sich gravitätische Bürger und junges Studentenvolk ohne Rivalität zusammenfanden, eine Stadt großer Zeitungen und Boulevards.

In diesen vitalen, bald gemächlich, bald auch erregt dahinlebenden Stadtorganismus tauchte ich ein, als sei ich darin aufgewachsen. Ich erlebte eine neue und mir doch irgendwie vertraute Welt ohne den »Ennui«, der mir erst später als ein Pendant zur französischen Provinz und ihrer Lebensfülle auffiel und begreiflich wurde. Nach einem Monat in einer elenden Hotelmansarde hatte ich, wie es damals in meinem Horoskop gestanden haben mag, wieder jenes Zufallsglück, das man mit einem treffenden Ausdruck auf deutsch Dusel nennt, weil Dusel den Schlaf primitiver Gesundheit meint, in dem es der Herr den Seinen gibt. Ich fand, was in der alten Stadt selten war, bei bürgerlichen Leuten, einem älteren Paar, ein angenehmes Zimmer am Boulevard d'Arcole hinter einer schönen Platanenallee. Das Haus hatte nur zwei Stockwerke und war sehr still. Die Sitzmöbel meines Zimmers waren zwar während der zwei Jahre, die ich dort hauste, immer mit leinenen Überzügen verhüllt, und der Kamin pflegte, bevor die langen Eichenscheite in Glut kamen, zu rauchen. Doch war das Quartier vergleichsweise elegant und angenehm, weil die diskreten Bürgersleute – die zierliche Madame war eine Katalanin – sogar weiblichen Besuch zuließen, ohne ein kritisches Wort zu sagen. Diese für damalige Verhältnisse unerhörte Großzügigkeit dürfte dem Umstand zu verdanken gewesen sein, daß der Untermieter sich ruhig und unauffällig verhielt und erst im zweiten Jahr gelegentlich den Besuch einer allgemein als hübsch angesehenen jungen Dame erhielt, die eine »compatriote« und wohl darum den strengen Regeln bürgerlicher Sitte weniger unterworfen war.

In der sehr ruhigen, mit guten Dielen versehenen Wohnung lebten noch ein Ägypter und drolligerweise ein Bulgare. Wir haben uns kaum wahrgenommen. Madame, die am frühen Nachmittag im Winter das Zimmer anheizte und sich dabei eines kleinen Blasebalgs, soufflet genannt, bediente, war gelegentlich zu einem Schwatz aufgelegt, was Monsieur nicht recht zu sein schien. So erfuhr ich, daß das Rentnerpaar eine Tochter hatte, die den Eltern Kummer machte, da sie geschieden, man denke geschieden!, war. Monsieur, den ich nie ohne das Baskenkäppchen, das einen kahlen Schädel schützte, gesehen habe, hat sich mir durch rührende Besorgnis um meine Gesundheit unauslöschlich eingeprägt. Das kam so, daß ich einmal nach herrlichen Winterferien in den Pyrenäen von der Schneesonne dunkelbraun gebrannt zurückgekommen war. Monsieur hielt mich für schwer krank und wollte mich, da ich einen »Hitzschlag« erlitten hätte, unbedingt ins Hospital schicken. Daß es so etwas wie Skilauf und Wintersport samt Wintersonne im Gebirge gebe, war damals in der Stadt an der Garonne noch so gut wie unbekannt. Doch ich greife dem Lauf der Dinge vor.

Als ich in Toulouse ankam, war es September. Das Schuljahr sollte am 15. September beginnen. Ich erfuhr bald, daß dieses Datum auf dem Papier stand und wohl nur für die Verwaltung galt. Der Schul- sowie der Semesterbetrieb an der Fakultät fielen ungefähr auf den Oktoberanfang. Ich machte dem Herrn Proviseur den üblichen Antrittsbesuch. Die »Maitres d'Internat« hatten mich darauf als auf eine Farce vorbereitet und mir den hohen Herrn vorgespielt. Der Proviseur ist eine Art politische Repräsentationsfigur in der Académie, wie man die gesamte Schulverwaltung des Départments, die oberste Behörde für alles Unterrichtswesen von den Volksschulen bis hinauf zur Hochschule, bezeichnete. Unser Proviseur war der Jugend des Lycée, wozu im gewissen Sinne auch die Pions zu rechnen waren, eine Figur, der sie kecken Spott reichlich angedeihen ließen. Es war mir alsbald aufgefallen, daß die straffste Disziplin und eine unangezweifelte Autorität sich nach alter Übung mit gewissen, freilich eng gezogenen Freiräumen für den jugendlichen Protest vereinbaren ließen. Monsieur le Proviseur war, wie er bei jeder Gelegenheit mit feierlichem Pathos zu erklären pflegte, ein Neffe des großen Mandarins der Dritten Republik, Gambetta. Der Gambetta-Nachfahr war ganz epigonale Würde und reizte die spottsüchtige Jugend zu lebhaften Reaktionen. Der Proviseur trat im Schulleben so gut wie nie in Erscheinung, außer am 14. Juli, an welchem Tag er eine ungemein pathetische, patriotische Rede zu halten pflegte. Kurz bevor ich in Toulouse meine übrigens völlig unbeaufsichtigte Tätigkeit als Deutschlehrer mit praktischen Sprech- und Leseübungen begann, muß der Miniatur-Gambetta – ich weiß nicht mehr zu sagen, ob er den Namen des großen Ahns trug – einen Auftritt im Lycée gehabt haben, der ihn für Toulouse unsterblich gemacht hat.

Das Lycée, ein riesiges Kasernement, war um den Kern eines uralten Jacobinerklosters mit einer schönen hohen Kirche und einem mit drei Sternen ausgezeichneten Kreuzgang und zugehörigen Klostergebäuden herumgebaut. In dem architektonischen Konglomerat von Ancien Régime, repräsentiert durch das Kloster und ein köstliches aristokratisches Stadtpalais aus dem 16. Jahrhundert, das Hotel

Bernouy, mit modernen, will sagen aus dem neunzehnten Jahrhundert stammenden Schulkasernen, die man sich nicht häßlich und asketisch genug vorstellen kann, symbolisierte sich sozusagen die Dritte Republik. Das Kloster war in der Revolution von 1789 säkularisiert worden und diente als staatliches, vom Laizismus durchtränktes Lehrinstitut der Göttin der reinen, will sagen der antiklerikalen Vernunft. Der Gambetta-Nachfahr an der Spitze nahm sich wie die Inkarnation des damals in Frankreich, zumal im Süden noch voll funktionierenden republikanischen Laizismus aus.

Da war das Schreckliche geschehen, daß Primaner beim Fußballspiel in dem alten dreibesternten Kreuzgang, einem kunstgeschichtlichen Juwel erster Ordnung, einen der bemerkenswerten Wasserspeier, dessen von grünen Moosen besetzter grauer Stein längst altersbrüchig gewesen sein dürfte, mit dem kräftig getretenen Ball zerstört hatten. Es hatte, wie mir die Pions berichteten, als sie hörten, daß ich tagsdrauf den hohen Herrn in seinem Kabinett aufsuchen würde, eine strenge Untersuchung, natürlich ohne Resultat, nach dem Schuldigen gegeben und eine schmerzlich gebärdenreiche Rede des Proviseurs an die versammelten Fußballspieler, die immer wieder in den klagenden und anklagenden Ruf »Vous avez abimé une gargouille« gemündet sei, wobei das ausdrucksvolle Wort Gargouille (Wasserspeier), dem Proviseur phonetisch eine wahre Labsal zerdehnter akademischer Intonation gewesen sein muß. Wir hoben die groben Gläser und stürzten den Pinard, wie sie den einfachen Landwein nannten, hinunter, während die Farceure ihr Oberhaupt auf den Beinamen Gargouille mit langem Endungs-E tauften.

Von dem Besuch bei dem hohen Herrn habe ich in der Erinnerung behalten, daß die Voraussage, er werde sogar im Zwiegespräch die Bühnenaussprache mit den Endungs-E wählen und er trage ein von Pomade glänzendes Haartoupé, zutraf. Ich begriff, warum die Schülerschaft, die bei offiziellem Anlaß stumm und starr wie eine Mauer dastand, sich, wenn sie unter sich war, vor Gaudi über die panoptikale Figur ausschüttete.

Der Censeur, den man mir um seiner in der Tat hübschen Tochter willen gerühmt hatte, wie man den Proviseur verhöhnte, war das gerade Gegenteil des gesalbten republikanischen Mandarins. Dieser wirkliche Chef des Hauses war so lebhaft wie der andere maskenhaft und so unvoreingenommen, daß er von mir wissen wollte, ob es wahr sei, daß es auf der Welt nichts Großartigeres gebe, als von den Höhen herunter auf die »Plaine du Rhin« meiner Heimat zu schauen. Der Mann hieß mich freundlich willkommen und fügte hinzu, was ich eigentlich so früh schon hier wolle. Man denke nicht, vor Oktober mit dem Unterricht anzufangen. Ich möge in der Stadt spazieren gehen und, wie er wörtlich sagte, »voir les filles«. Das war gewiß nicht so wörtlich gemeint, wie es klang, da filles keine andern sein konnten als die käuflichen Damen der Rue Lakanal, wo nicht wenige der Pions und auch bereits einige Primaner ständige Kunden waren. Ich begriff, daß ich hier einiges würde hinzulernen können, zumal die Pions in der Euphorie unsrer mittäglichen Mähler sich nicht scheuten, sachlich und laut die Qualitäten dieser und jener der Damen der geschlossenen Häuser abzuwägen. Man bemerkte natürlich bald, daß sowohl ich wie mein britischer Kollege in dieser Beziehung die reinsten Kinder waren. Die Kameraderie aber funktionierte auch in diesem Punkt geradezu optimal. Sie boten uns unverbindliche Führungen an und versicherten, daß der Besuch der Rue Lakanal dazu gehöre. Zum Beispiel scheuten sich, wie unsere Mentoren uns sagten, die Delegierten des alljährlichen Kongresses der Sozialistischen Partei in der Ville rose, was von den Schülern auf die politische Farbe der S. F. I. O. übertragen wurde, nicht, nach langen strapaziösen Debatten mit geschulterten Regenschirmen geschlossen die Häuser der Rue Lakanal aufzusuchen.

Obwohl ich von Artung und Studium einen ausgebildeten Sinn für das Geschichtliche mitbrachte, war die Stadt mir zunächst schwer entzifferbar. Im Kern mittelalterlich, wies sie in ihren großen zentralen Plätzen und an ihren Boulevards die massive Macht der bürgerlichen Ära vor. Das neunzehnte Jahrhundert war geradezu hauptstädtisch imponierend vertreten. Banken, Zeitungshäuser wie das der »Dépêche de Toulouse«, Notars- und Anwaltssitze boten die hohen geschlossenen Fronten gediegenen bürgerlicher Macht und bürgerlichen Reichtums dar. Dazwischen an breiten Straßenkreuzungen die offenen gußeisernen Markthallen, unter deren Dächern die buntesten Märkte für Produkte der Landwirtschaft, aber auch alle erdenklichen Gebrauchsgüter des täglichen Bedarfs bis zu Handwerkszeug, Kleidung und allerlei Mobiliar aufgebaut wurden. Die Funktion der großen Stadt als Umschlagplatz für das weitere Umland wurde in diesen Bazaren vollends deutlich. In der Nähe der Märkte hatten die Omnibusse freier Verkehrsunternehmer ihre regulären Haltestellen. Ich studierte ihre Fahrpläne und stellte begeistert fest, daß man mit den Vehikeln, die meist große Gepäckaufbauten für den Überlandverkehr hatten, in die schönsten Gegenden und Städte der uralten Kultur des mittelalterlichen Südens, nach Carcassonne, Albi und Cahors, nach Montauban, Saint-Gaudens und Foix für billiges Fahrgeld reisen konnte. Mir tat sich der Horizont der alten Languedoc auf, und mit ihm kamen mir Erinnerungen an das, was ich in deutschen Universitätsseminaren von der Albigenserbewegung, von dem ungeheuren Aufstand des Midi gegen den macht- und geldgierigen Norden und den kleinen König von Paris wußte.

Ich begann die Stadt mit der anerzogenen deutschen Geschichtsgläubigkeit zu studieren. Bald stellte ich fest, daß die historische Dimension, die sich im alten Toulouse mit unverkennbar starken und oft kostbaren Baudenkmälern geradezu anbietet, im Bewußtsein der Bewohner kaum vorhanden zu sein schien. Auch die Gebildeten, die ich in der Fakultät und am Lycée kennenlernte, nahmen meine Fragen nach den Katharern und den Goten oder den Erbauern der auffallend zahlreichen, meist wohlerhaltenen Patrizierhäuser des 16. Jahrhunderts mit verwundertem Lächeln zur Kenntnis. Ich verfiel, wie das Romanen in der Begegnung mit den Deutschen auch tun, in den Fehler vorschneller Allgemeinurteile. So meinte ich zu erkennen, daß im französischen Bewußtsein weniger Mittelalter erhalten sei als bei uns, nicht wissend, daß unsere romantische Erinnerung an Reich und Ottonen, Salier und Staufer in den 20er Jahren kaum mehr war als ein später reiner Bildungsnachklang der Romantik und auf kleinste Zirkel beschränkt. Die große Revolution schien nicht nur die Köpfe der Portalfiguren an den Kathedralen abgeschlagen, sondern sie auch aus den Köpfen der Lebenden selbst getilgt haben. Ich fühlte mich in den Zeugen der alten Tolosaner Vergangenheit fast mehr zu Haus als die Einwohner der Stadt. Aber das war nur halb richtig. Erst später erfuhr ich, daß in »meiner« Faculté einer der bedeutendsten Kenner des Lehnswesens, Professor Calmette, lehrte und daß die Kenner und Liebhaber alter Zeiten und Dinge meist irgendwo verborgen dahinlebten und oft ungekannt und ungerühmt den Dienst der Bewahrung des Erbes in großer Bescheidenheit leisteten. Die ferne Vergangenheit der Burgen und Kathedralen könnte im offiziellen Bewußtsein damals noch als Klerikalismus und also wenig gegolten haben. Ich erinnere mich, daß ein Leitartikel in der »Dépeche« eines Tages die Überraschung enthielt, ein Deutscher habe in einem sensationellen Buch eine Vergangenheit, die besonders Toulouse zum Mittelpunkt gehabt hat, die der großen manichäischen Ketzerkirche der Albigenser, neu entdeckt. Das war mit deutlichem Tadel gegen das eigene Geschichtsvergessen gesagt und bezog sich auf das inzwischen durch die Wissenschaft entwertete Buch von Karl Rahn »Kreuzzug wider den Gral«. Was ich damals vergebens in Spuren am Ort selbst hatte wiederfinden wollen, kam mir auf dem Umweg über einen deutschen Autor zu. Wie seltsam war das! Ich begriff die Verdrängung der mittelalterlichen Geschichte als die von Revolution und Dritter Republik sanktionierte Einheit des damals noch kanonischen Geschichtsbilds des Laizismus.

Kirche entdeckte ich allmählich und schrittweise. Zunächst war es ein geistlicher Herr, der in der Soutane, auf dem Kopf den flachen römischen Klerikerhut, über unsere Schulhöfe kam, der die verborgene Kirche in einem zu neunzig Prozent katholischen Lande demonstrierte. Der geistliche Herr hatte einen Kopf von auffallender geistiger Prägung, die man nicht übersehen konnte. Obwohl ich ihm nicht vorgestellt war, erntete ich seinen liebenswürdigen Dank für meinen Gruß. Bemerkenswert war, daß dieser Mann, der geduldet am Lycée in den Oberklassen

Religionsunterricht gab, bei seinem Erscheinen auf dem Schulhof im Nu ganze Scharen von Jungen um sich hatte. Das habe ich an keinem Agrégé beobachtet. Später erfuhr ich, daß der auffällige Herr zugleich Professor an der freien, von Jesuiten geleiteten katholischen Universität war, die den bescheidenen Namen Institut catholique trug. Aus Neugier besuchte ich die letzte Sonntagsmesse um zwölf Uhr in der Kathedralkirche und sah staunend, was für einen gesellschaftlichen Auftrieb dieser Gottesdienst der Gens chiques, wie man mir erklärte, in der Stadt darstellte. Man sah da Leute, deren man auf der Rue de Metz oder Alsace Lorraine oder den Boulevards selten ansichtig wurde, darunter auffallend elegante Damen mit Söhnen und Töchtern, viele Offiziere in Uniform. Wenn die Kathedrale sich gegen dreivierteleins leerte, sah man am Portalausgang den einen oder andern Chanoine, wie die Domprälaten im Lande hießen, den Besuchern die Honneurs machen. Ein gesellschaftliches Bild, das durch die kreischenden Ausrufer zweier Blätter, eines ultrarechten und im Kontrast dazu eines ultralinken akzentuiert wurde. Ich entdeckte, was flüchtigen Touristen in romanischen Ländern meist entgeht, die camouflierte Existenz der bürgerlichen Eliten. Die Bürgerlichen schienen sich in zwei Klassen zu scheiden, die offiziellen, die radikalsozialistisch wählten, und die Konservativen, die konservative Parteien mit irgendwie republikanischen, dem Nichteingeweihten schwerlich durchschaubaren Namen wählten. Als die Dritte Republik noch intakt war – und sie war es in den Jahren 1932/33/34 – hätte ein tumber Deutscher vergeblich nach einer Partei Ausschau gehalten, die sich in Analogie etwa zu unsern »Deutschnationalen« offen national genannt hätte. Nur das Rechtsblättchen, das ein Student an der Kirchentür ausrief, hieß »Le National, Organe des jeunesses patriotes«. Das Gegenstück trug den Namen »La Voix des Travailleurs«.

Ich begann etwas von den Feinstrukturen des gesellschaftlichen Mechanismus zu ahnen und lernte Gesichts- und Haltungstypen unterscheiden. Wir hatten am Lycée sogenannte Classes Préparatoires. Die waren der Oberprima aufgestockt und wurden nur von Schülern besucht, die das Baccalauréat, das mit durchschnittlich 18 Jahren erreicht wurde, bereits bestanden hatten. Die vorbereitenden Klassen waren eine Art Voruniversität. Sie wurden von Aspiranten auf einen Platz an einer der hohen, durchweg in Paris zentrierten Schulen des Landes besucht. Diese Schüler unterlagen zwar noch der Schulzucht des Lycée, die allgemein streng war, trugen aber zum Zeichen ihrer bereits begonnenen Distinktion bunte militärähnliche Käppis, so daß man die künftigen Polytechniker, Normaliens supérieurs, Saint-Cyriens und Ponts et Chaussees unterscheiden konnte.

Land und Staat stellten sich, von der im öffentlichen Leben unvorstellbar wichtig genommenen höheren Schule her gesehen, meinem intuitiven Begreifen als ein zentral gelenkter Verteilungsapparat von künftigen Berufs- und Lebenschancen dar. Die höhere Schule war, indem sie Vorbereitungskurse übernahm, bereits so etwas wie Hochschule und hatte davon den Glanz. Man flüsterte sich zu, daß dieser und jener junge Mann den Concours mit einer der vordersten Nummern in der gesamtnationalen Konkurrenz gewonnen habe. Das verschaffte enormes Ansehen. Einem solchen Concours-Gewinner konnte man einen Platz in der hohen Administration voraussagen. Der alte, ökonomisch und administrativ geschlossene, autarke Staat Colberts schien diese strenge Bildungsorganisation samt ihren gesellschaftlichen Folgen vorbestimmt zu haben.

Es gab in dieser straffen Organisation der Schulen so gut wie keinen Protest aus sozialer Motivation. Das Concourssystem, das jeden Zögling den gleichen Prüfungsaufgaben, die alljährlich aus Paris kamen, unterwarf, galt als gerecht. Die Egalisierung des Kindes aus kleinen Verhältnissen mit dem Großbürgerssohn funktionierte, ohne daß es von der einen oder andern Seite Widerspruch gegeben hätte. Das Land hatte in jedem Kabinett eine stattliche Zahl von Ministern, die Oberlehrer mit der berühmten Agrégation gewesen waren. Kirchlich orientierte Schichten, sei es die sehr zurückgezogen lebende Aristokratie, sei es das Offizierskorps oder alte Besitzfamilien, jene Schichten, die in der Zwölf-Uhr-Messe ihre soziale Exklusivität demonstrierten, waren zu meiner Zeit alles andere als gefährlich für das System der Dritten Republik. Man schickte zwar, wenn die Maman betont religiös war, den Sohn lieber auf das konfessionelle Collège als auf das Lycée, schulte den Knaben aber später auf das staatliche Institut um, weil anders der Zugang zu den Hohen Schulen und Führungskarrieren nicht zu haben war.

Ein Musterbild sozial exklusiver Bürgerlichkeit waren zu meiner Zeit im Süden noch die Mädchenschulen. Jeden Mittag gegen ein Uhr sah man feine Mamans und nicht minder feine Väter am verschlossenen Portal des Lycée de jeunes filles sich versammeln, um dort die Töchter zum Mittagstisch abzuholen. Wir lebten von dem erzkonservativen Spanien nicht so weit entfernt, als daß es mit der Frau und gar dem jungen Mädchen in unsrer ansonsten freien und ungebundenen Languedoc anders gewesen wäre als jenseits der Pyrenäen. Die französische Stadtfamilie, die auf sich hielt – und man hielt auf sich – lebte im allgemeinen sehr zurückgezogen. Wenn man junge Damen aus diesen Kreisen einmal zu Gesicht bekam, konnte man sie als Blüten, denen die Zurückgezogenheit gut bekommen war, bewundern. In Cafés oder Kinos sah man Frauen und Mädchen so gut wie nie. Eine einzige Ausnahme machte die Fakultät. In meinen Übungen und Vorlesungen saßen einige höhere Töchter, die sich durch Fleiß und sprachliches Können hervortaten. Ich hatte den Eindruck, daß das soziale Niveau der studierenden Mädchen nicht selten höher war als das der Männer. Es hat freilich einiger Geschicklichkeit meinerseits bedurft, um latente Spannungen im Unterricht des Lektors, der ich war, nicht erst aufkommen zu lassen. Das war um so schwieriger, als sich in allen deutschen Unterrichtsveranstaltungen der Fakultät, also auch in der meinen, eine Mademoiselle Zilberberg bemerkbar machte, die als gebürtige Polin naturgemäß des Deutschen ungleich mächtiger war als alle andern, die strebsamen französischen Töchter eingeschlossen. Die Germanisten mußten sehen, wie sie sich gegen die in der Nähe der Pyrenäen drückende Konkurrenz der Studenten des Spanischen behaupteten. Immerhin hatten die Vertreter des Fachs Deutsch die Genugtuung, daß sich zu der als schwer erlernbar geltenden Sprache oft diejenigen entschlossen, die den größeren Arbeitsaufwand nicht scheuten und ohne Überheblichkeit als die Bildungswilligeren bezeichnet werden können.

Die Fakultät lag mitten in der alten Stadt, ein nur zweigeschossiges großes quadratisches Gebäude von schönen klassizistischen Proportionen, äußerlich verwahrlost, mit einem Innenhof ausgestattet von der Art, die ich sie vom Hôtel Matignon in Paris über die Präfekturen bis herunter zu den bescheidensten Ablegern in der Provinz als typisch französisch empfinde und für nobel, das Staatliche unnachahmlich repräsentierend halte. Es fiel mir auf, wie unzeremoniös und leger der Vorlesungsbetrieb vonstatten ging. Als Lecteur d'allemand war ich ein kleines Rädchen am Wagen und fühlte mich wohl dabei. Chef der deutschen Abteilung war Professor Loiseau, ein liebenswürdiger, älterer Herr, dem ich draußen in der Vorstadt, wo es gediegen kleinbürgerlich war, in seinem kleinen Rentnerhaus einen Antrittsbesuch machte. Wie schlicht war das alles, wie unpretentiös und wie machte den Eindruck materieller Bescheidenheit die feine Frau des guten Alten wett! Herr Loiseau war in den Kreisen seines Fachs vor allem als Kenner und, wie man hinzufügen muß, geradezu rührender Verehrer Goethes angesehen. Ihm kam es darauf an, daß seine Studenten, von denen er überaus väterlich namentlich sprach, Goethe lesen konnten. Wie überall begegnete ich auch bei meinem Tutor und Fachleiter einer zwiefachen, gelegentlich sogar widerspruchsvollen Bewertung des Phänomens Deutschland. An dem Problem, wie sich das zusammenreimte und miteinander vertrug, habe ich in meinen beiden Toulouser Jahren mich oft wund gerieben. Loiseau war ein aufrichtiger Bewunderer des Génie allemand. Goethe stand über allem, er war ihm der große klassische Weltbürger, und jedes Wort des großen Weimaraners galt als sakrosankt. Was aber die politische Nation der Deutschen betraf, so spürte der Besucher nichts als höfliche Reserviertheit und vorsichtige Skepsis. Loiseaus Kurse hatten getreu dem aus Paris Jahr um Jahr verordneten Studienprogramm außer Goethe noch etwas Heine und kurioserweise Otto zur Linde zum Thema, einen mir kaum bekannten Lyriker und Philosophen, mit

Rudolf Pannwitz zusammen eher ein Sektierer, der nur dem kleinen Kreis des Charon-Bunds bekannt war und als Gegner von Arno Holtz sich um 1910 einen nicht gerade großen Namen gemacht hatte. Monsieur Loiseau nahm es gelassen hin, daß mir der Name kaum etwas sagte, brachte das Gespräch bald auf die bereits erwähnte Rezension meiner Dissertation und trug mir vielleicht darum ein Pensum an, das mich ebenso freudig überraschte, wie es mich ehrte, nämlich die Lektüre Hölderlins mit etwa dreißig Studenten, die man in Deutschland ein Seminar genannt hätte.

Außer Loiseau gab es noch einen Lehrbeauftragten, den Professor Boyer, den ich bereits als den bedeutendsten Fachvertreter des deutschen Unterrichts am Lycée kennengelernt hatte und mit dem mich bis in die fünfziger Jahre gelegentlich seiner alljährlichen Studienreisen nach Deutschland freundschaftliche Beziehungen verbunden haben. Boyer war, obwohl nicht ordentlicher Universitätsprofessor, der wohl bedeutendste Vertreter unseres Fachs. Daß auch er mich, den kaum Fünfundzwanzigjährigen, voll gelten ließ, spricht für die unbürokratische Art des Mannes. Ich habe ihn später in meinen Berliner Jahren und auch noch in Frankfurt nach dem Kriege wiedergesehen. Boyer, der eine Rückgratverkrümmung aus dem ersten Weltkrieg davongetragen hatte und immer schwer gebeugt einherkam, nahm in Toulouse drei Funktionen wahr. Außer den beiden Lehrtätigkeiten an der Fakultät und am Lycée war er in der Stadt als Musikkritiker der »Dépêche« tätig. Toulouse hatte, was in französischen Provinzstädten etwas Ungewöhnliches war, eine große stehende Oper. Sie war in dem sehr weitläufigen, die ganze Stirnfront des zentralen Platzes der Stadt einnehmenden Kapitol untergebracht. »Le Capitole« war das barocke Rathaus, eigentlich mehr ein Palais von majestätischer Größe, das seine Namen von einer Art regierendem Stadtsenat aus früheren Jahrhunderten, den »Capitouls«, hatte. In den dem Publikum gezeigten Prunksälen gab es übrigens die einzigen historischen Reminiszenzen aus der Stadtgeschichte, gewaltige Historiengemälde im Stil Pilotys. Der riesige, damals noch von Autos fast freie Platz hieß »Place du Capitole«. An der weiter angrenzenden

Ecke lag das Café Tortoni, wo die Studenten herrschten und palaverten und im ersten Stock ihre Association des Etudiants hatten.

Die Oper war die größte bürgerliche Repräsentation in der Stadt. Als Musikkritiker war Boyer für eine der reichsten Familien der Stadt, die Gebrüder Sarraut, tätig, die damals nacheinander den Ministerpräsidenten und später den Innenminister stellten. Boyer hat mir durch das Ansehen, das er als Musikkenner und Professor bei der Familie Sarraut genoß – ihr gehörte die bereits erwähnte große Zeitung »La Dépêche« – am Ende meines zweiten Jahres durch eine persönliche Intervention bei dem Innenminister aus einer schwierigen Lage geholfen. Davon werde ich im Fortgang meines Lebensberichts erzählen.

Im germanistischen Studienprogramm vertrat Boyer die wissenschaftliche Grammatik und einen Grundkurs in Mittelhochdeutsch. Übrigens war der Universitätsunterricht deutlich und im Gegensatz zur Übung an deutschen philosophischen Fakultäten auf den künftigen Lehrberuf der Mehrzahl der Studenten zugeschnitten. Die Studenten waren zum Teil bereits Licencié und strebten die Agrégation an, andere bereiteten eine Licence vor.

Der akademische Austauschdienst, eine Frucht der politischen Entspannung (Briand-Stresemann) in den Jahren nach der Gründung des Völkerbundes, befaßte sich damals noch nicht mit der Praxis, geschweige denn Didaktik des Sprachunterrichts, für den er seine Lektoren ins Ausland schickte. Man war als Unterrichtender auf sich angewiesen. Es gab ein von französischer Seite herausgegebenes Übungsbuch mit Übersetzungstexten, an denen ich mich mit meinen Hörern weidlich abmühte. Der Sprachunterricht litt an den allzu krassen Unterschieden der Vorkenntnisse. Die Befangenheit mancher Studenten, die fremde Sprache zu sprechen, wirkte sich oft hemmend für diejenigen aus, die bereits in Deutschland als Austauschstudenten gewesen waren. Ich hatte deutlich den Eindruck, daß der Deutschlandaufenthalt für die bildungsfähigeren französischen Studenten nicht nur sprachlich von Nutzen gewesen war. Das Leben im Nachkriegsdeutschland hatte den jungen Franzosen aus dem Süden schnell dazu verholfen, Vorurteile und Befangenheiten zu überwinden. Da wuchs schon eine modernere Generation heran, die den tiefen, sozial bedingten Unterschied zwischen der Industrienation der Deutschen und den ungleich solideren Verhältnissen einer damals noch fast vorwiegend agrarisch-bürgerlichen Nation, ihrer eigenen, wohl begriffen hatten. Wir haben uns, da fast gleichaltrig, auch außerhalb des Universitätsunterrichts oft gesehen und kameradschaftlichen, jugendlich unbeschwerten Umgang miteinander gehabt.

Zu häufigen zwanglosen Begegnungen verhalf uns der Club franco-germanique, der wöchentlich einmal im hinteren Saal eines Bistros tagte. Dieser anspruchslose Verein verdankte seine Existenz der entspannten politischen Atmosphäre der Briand-Stresemann-Zeit. Unser Freundschaftszirkel war sozusagen ein kleines Produkt der Locarnopolitik. Nach der Satzung hatte das Präsidium immer ein Franzose inne, während das Vizepräsidium einem Deutschen vorbehalten war. Ich war nach aufregenden Wahlen, für die die Kandidaten eine kurze Programmrede zu halten hatten, zweimal Vizepräsident und habe unsere Geselligkeit um so mehr genossen, als wir dort keineswegs nur unter uns Studenten waren, sondern eine kleine Anzahl von Bürgern der Stadt dort fast regelmäßig sahen. Die Kasse vertrauten wir gern einem Uhrmacher und Geschäftsmann in mittleren Jahren an, der gut deutsch sprach und die Abende nutzte, um sich sprachlich auf dem laufenden zu halten. Oft gab auch ein auffallend eleganter Fabrikant unserm Kreis die Ehre seiner Anwesenheit. Von der Municipalité ließ sich gelegentlich ein Vertreter blicken. Von auswärts kam Monsieur Bastide, den die Liebe zur deutschen Musik jedesmal, daß er kam, geradezu überwältigte. Wir hatten auch einige lose Interessierte am Rande, sozusagen Laufkundschaft. Das Gros stellten die Studenten beider Nationalität, hinzu kamen verstreute Deutsche oder Österreicher, die in der Stadt arbeiteten. Einer, der den Namen Krupitzka hatte und eine gute Haut war, brachte seine Frau, eine Friseuse mit, die bereits begann, ihr Deutsch zu verlernen, was wir Studenten freundlich glossierten oder monierten.

Das »braune Deutschland« war unendlich weit entfernt. Trotzdem beschäftigten sich die lebhaften Menschen des Südens mit dem merkwürdigen, unbegreiflichen Phänomen und stellten, wenn immer ihnen ein Deutscher begegnete, entweder aus Un- und Mißverstehen oder aus dem Bedürfnis, dem Wahnsinn, der da geschah, Ablehnung, Feindseligkeit oder Spott zu bezeigen, Dutzende von Fragen.

Ich konnte und wollte den vielfältigen Fragen über das, was »outre Rhin«, womit Franzosen ungefähr das bezeichnen, was Goethe »hinten, weit, in der Türkei« genannt hat, nicht ausweichen. Dabei ergab sich zwangsläufig, daß ich meinen Gesprächspartnern zu erklären versuchte, wie es zu der Besessenheit der Massen in Deutschland gekommen war. Meine Replik begann meist mit dem Hinweis auf die sechs Millionen Arbeitslosen der Jahre 1931/32. Man hörte mir höflich zu. Einmal hat mir ein Bauer in einem Pyrenäental erwidert, das verstehe er. Deutschland sei ein furchtbar armes, ein bizarres Land, in dem er nicht leben wolle. Er kenne es, da er im ersten Weltkrieg als Kriegsgefangener in »Westphalie« gewesen sei. Die Leute dort seien so arm gewesen, daß sie vollkommen schwarzes Brot gegessen hätten. Du pain complètement noir, was er in seinem harten Dialekt »peng completemang noare« aussprach.

Aber ich hatte es meist mit Studenten, Schülern, Lehrern zu tun. Ein Studienrat, der aus Charleville in den Ardennen stammte und also nicht meridional, fragte nicht. Ihm war das Nazi-Reich das alte Machtgespenst des wiedererstandenen Preußen. Andere, die Meridionalen, lebhafte, gutwillige, redefreudige Menschen zumeist, hörten meine Erklärungen, wie es dazu gekommen sei, an, sahen sekundenlang sinnierend drein und insistierten erneut, warum die Nazis diese entsetzlichen Aufmärsche machten, warum sie wie Verrückte die Arme zum Gruß ausstreckten und Heil brüllten, warum sie martialisch drohten. Das sei doch der Anfang von Krieg; diese dummen Verführten liefen einfach hinter den Trommlern und Pfeifern drein. Das laufe doch wieder auf Krieg hinaus.

Solche Gespräche waren bedrückend, weil ich auf die Fragen im Grunde keine Antwort wußte. Meine Interlokutoren, wie ich sie mit dem französischen Ausdruck nennen möchte, glaubten mir, daß ich das alles wie sie schrecklich und bedrohlich fand. Was aber sagen, da ich doch ein Deutscher war? Sagen, daß die braunen Militärverbände aus lauter Ahnungslosen, Verführten bestanden? Beteuern, daß ich nicht von der braunen Farbe sei?

Wie immer diese endlosen, sich immer wiederholenden Gespräche liefen, ich fühlte mich mehr auf mein Land zurückgeworfen, als wenn ich damals in Deutschland gewesen wäre. Die Professoren des Deutschen vermieden das Thema taktvoll, weil sie mich richtig einschätzten und viel zu sachkundig waren, um nicht zu wissen, daß »Diskussionen« über die neudeutsche Diktatur zu nichts führen konnten. Aber der meridionale Mensch ist im allgemeinen von liebenswerter Naivität und starkem Äußerungsbedürfnis. Die »Pions«, meine Kameraden im Speisesaal des Lycée, stellten mich, frozzelten, indem sie mit erhobener Hand »Eil Itlär« grüßten. Andere versuchten ernsthafte intelligente Diskussionen. Ich war allemal in der peinvollen Lage, mein Land nicht ganz preisgeben zu wollen und die neue Macht und ihre Inhaber gleichsam als landfremde Usurpatoren darstellen zu müssen. Das nahmen meine intelligenten Gesprächspartner nicht einfach hin. Einige wollten mir den Hitler und den neuen Stil samt den Machtdemonstrationen aufreden, andere, taktvoll und meine Lage erkennend, lenkten ab und versuchten die Diskussionen mit einem Scherzwort zu beenden. Ich hatte es der immer wieder durchbrechenden Jugendkameraderie zu danken, daß wir trotz des Abscheus gegen die braunen Kolonnen, die Sturmhelme und die Hakenkreuze und das Gebrüll der Reden sozusagen unter studentischem Volk gut miteinander auskamen.

Etwa ein halbes Jahr nach meiner Ankunft in Toulouse begann ich mir über eine Entwicklung klar zu werden, die mit mir selbst vorging oder bereits vorgegangen war. Die Identifikationsschwierigkeiten, die ich in der Kindheit und Jugend gehabt hatte, begannen sich aufzulösen. Indem ich in Frankreich heimisch wurde und mich beinahe aufgenommen fühlte, wurde ich zum Deutschen. Der paradoxe Vorgang stellt sich in der nachträglichen Reflexion um so kurioser dar, als ich die Erfahrung der Entdeckung meines Landes und der Zugehörigkeit zu meinem Lande im Jahre 1933 machte. War ich zum Nazi geworden? Ich konnte damals und kann bis auf den heutigen Tag gelassen sagen, daß ich zu solcher Identifikation nie auch nur die geringste Neigung empfunden und dazu auch keinerlei Eignung besessen habe. Deutschland war im Jahr 1933 für mich noch nicht das nationalsozialistische Deutschland. Man macht sich, wenn man es nicht selbst erlebt hat, kaum eine Vorstellung davon, wie fern der Rhein und alles, was dahinter liegt, im Midi war und trotz Europapolitik wohl noch immer ist. Die räumliche Ferne wird in der Provinz gleichsam in die Potenz erhoben. Der Midi denkt und empfindet, wenn er nicht nach Paris zentriert ist, nach dem Mittelmeer, über die Pyrenäen hinweg und allenfalls nach Bordeaux, von der die Toulousains freilich bereits scherzhaft sagen, es sei eine englische Stadt.

Die gesamtfranzösische Autarkie wiederholt und potenziert sich in der Provinz. Unsere – damals auch meine – breithingelagerte, behäbige und selbstbewußte Provinz gefiel sich darin, den besonderen Sprachklang des Languedoc und mit ihm das besondere Meridionale phonetisch kräftig zu betonen. Ob ich wollte oder nicht, auch ich war weit von zu Haus weg. Ich war ahnungslos, wie Deutschland binnen Monaten damals gewaltsam verändert worden war. In den französischen Kinos lief vor jedem großen Film ein kurzer Sketch mit Chaplin als einzigem Akteur. Man sah an einer hohen Wand ein riesengroßes Hitlerbild. Der kleine Charlie watschelt herein, stutzt, sieht den Hitler, scheint erschreckt etwas wahrzunehmen, greift sich an sein Lippenbärtchen, entdeckt die schreckliche Gemeinsamkeit, reißt sich das Ding herunter und wirft es voller Abscheu zu Boden. Das sah man damals vor jedem Spielfilm und schüttete sich aus vor Lachen.

Die Fakultät hielt sich offiziell dank der Strenge des akademischen Pensums außerhalb des Zwiespalts, der jedem Deutschen drohte. Freilich erinnere ich mich eines Vorfalls, den ich damals gegenüber jedermann verschwieg. Er scheint mir zeitgeschichtlich so symptomatisch zu sein, daß ich ihn nach vierzig Jahren mitteilen zu sollen glaube.

Eines Tages ließ mir ein Professor der Jurisprudenz sagen, er wünsche mich zu sprechen. Der feine alte Herr verabredete mit mir einen Spaziergang am Canal du Midi. Toulouse ist im Norden der Stadt von den Kanälen und Schleusen dieses grandiosen Bauwerks aus Ludwigs XIV. Zeit durchzogen. Dort trifft man eine Region an, in der ich schon oft gern allein spaziert war. Am Canal du Midi kann man, was auch sonst an ähnlichen frühen technischen Bauten anzutreffen und einer der großen Reize Frankreichs bis heute ist, die in authentischen Zeugnissen unverändert stehengebliebene Geschichte träumen. Oft hatte ich die Schiffer der kurzen Kähne, die mit Fässern oder Holz beladen waren, stundenlang an den von Hand zu bedienenden Schleusen schwerfällig manövrieren sehen. Das Ganze ein Bauwerk, das einmal kühn gewesen und jetzt ein Spielzeug in der tiefen Idylle des alten, uralten, erzkonservativen Landes geworden war.

Dort traf ich an einem frühen Nachmittag Monsieur T. Es mußte schon ein ungewöhnlicher Anlaß sein, der einen juristischen Professor auf einen so jungen Mann wie den Lecteur d'allemand hatte zukommen lassen. Ich war, als das Thema, die Judenpolitik des Hitler, gestellt war, überrascht. Monsieur machte keinen Hehl aus seiner Verachtung für die grobschlächtigen Pogrome, von denen er wußte und gelesen hatte. Aber dann kam das Eigentliche: Wie man nur so unendlich dumm sein könne, das Judenproblem in dieser lauten und brutalen Weise lösen zu wollen. Es gab offensichtlich für Monsieur so etwas wie »die Judenfrage« im akuten Sinne. Ich hörte dem Herrn, der sich in gemessene Erregung redete, respektvoll zu, wie es sich bei Professoren allemal empfiehlt. Bei aller Feinheit und Gemessenheit der Diktion war es völlig klar, daß der Professor im Grunde so weit nicht weg war von der Ablehnung der Juden im öffentlichen Leben, in Banken, in freien Berufen, in Frankreich. Und dann wurde offenbar, warum der Herr dies gerade mir anvertrauen mußte. Dem Manne machten die jüdischen Studenten, die aus Deutschland emigriert waren und sich klugerweise an Provinzuniversitäten wie Toulouse begeben hatten, zu schaffen. Herr T. sah voraus, daß diese Heimatlosen keine Anstrengung scheuen würden, um die französischen Examina zu bestehen und gut zu bestehen.

Ich versuchte ruhig zu sagen, daß der Professor verstehen möge, wenn ich meine nach Frankreich emigrierten studentischen Landsleute nicht auch in diesem Lande preisgegeben und von jeglicher Hilfe verlassen sehen möchte. Ich handelte mir die schneidende Antwort ein, das möge ich doch in meinem Lande geltend machen. Frankreich wolle den Zuzug deutscher Juden nicht und schon gar nicht den akademischer Berufe. Man habe mit denen im eigenen Lande genug zu tun. Der Professor war zu klug, um noch lange beim Thema zu verweilen. Er erging sich erneut zornig über die unsägliche Dummheit des Hitlerschen Antisemitismus. Ob der etwa glaube, so mit den Juden, ihrer Tüchtigkeit, Intelligenz und internationalen Macht fertig werden zu können. Dann kam ein bissiger Scherz, er wisse nicht, ob die deutschen Studenten, die sich in einiger Zeit ihren französischen Professoren im Examen stellen würden, ausreichende Kenntnisse vorweisen könnten, um in Frankreich als Juristen tätig zu werden. Es klang zynisch. Eine peinliche Viertelstunde hatte ich bei einem Aperitif in einem Vorstadtcafé mit meinem Gesprächspartner noch zu verbringen. Dann war es vorbei, und ich habe den Herrn nie wieder gesehen. Für Kundige ist es natürlich keine Neuigkeit, daß es auch in Frankreich Antisemitismus und Antisemiten gab und vielleicht noch gibt, und daß einem jungen Deutschen, der damals im Lande lebte, solches leibhaft kund werden konnte, wenn er es aus der Historie seit dem Dreyfußprozeß nicht schon wußte. Die unmittelbare Begegnung freilich ist etwas anderes, zumal, wenn von dem deutschen Gesprächspartner erwartet wird, daß er sich nicht ganz von seinem Lande distanziere.

Das aber war bei solchen Themen das allerschwierigste. Der Franzose, der gutmeinend, eifernd und gelegentlich mit einem Unterton von Zynismus den Deutschen ansprach, erwartete allemal, daß der Deutsche sich als Deutscher behaupte. Wie ich das zu machen gedächte, war meine Sache. Ich habe Frankreich und die Franzosen respektvoll anzunehmen gelernt. Und habe doch um meiner moralischen Selbstbehauptung willen nicht anders mich äußern können und wollen denn als Deutscher.

Von den sozialen Ressentiments meiner Kindheit und Jugend, von denen ich berichtet habe, war ich durch die wohlgelungene Integration in die französische Schule und ihren Personenkreis geheilt. Das umfassende, sogar mich umfassende Sozialwesen, das ich in der französischen Schulorganisation kennengelernt hatte, war für mich die Versöhnung bis dahin unversöhnter Gegensätze. Hatte ich in Deutschland mit der Ortung zwischen Vorderhaus und Hinterhaus, mit der Orientierung zwischen links und rechts, zwischen sozial und konservativ, zwischen oben und unten geschwankt, so war mir in Frankreich ein System begegnet, das diese Gegensätze zwar nicht aufhob, die sozialen Schranken aber durch ein allgemein verbindliches Wettbewerbssystem durchlässig machte. Ich habe die verwickelten und oft auch festgefahrenen Sozialverhältnisse des Landes nicht überschaut und die Dinge wohl optimistischer gesehen, als sie waren. Die sozialen Tatsachen, die sich mir in meiner unmittelbaren Nähe darboten, bewiesen, daß mindestens die Schule die sozialen Privilegien ausglich.

War da nicht einer meiner Primaner, ein langaufgeschossener junger Mann, Sohn einer kleinen verwitweten Postangestellten, angesehen in seiner Klasse und im ganzen Lycée, weil ihm dank seiner intellektuellen Fähigkeiten mit Sicherheit eine Laufbahn offenstand, die ihn in einen sogenannten Führungsposten bringen würde? Der Junge ließ es sich nicht nehmen, mich im Namen seiner Mutter, deren einziger Sohn er war, zu einem Abendessen von vorzüglicher und üppiger Art einzuladen. Die Mutter war eine liebenswürdige überaus herzliche Frau, die sich mit dem Sohn über den Besuch des merkwürdigen Mannes von außerhalb der Grenzen sichtlich freute. Ich habe ähnliche Freundlichkeit und Gastlichkeit gerade von Leuten, die man in Deutschland mit einem fatalen Akzent von Mißachtung Kleinbürger nennt, erlebt.

Als ich 1936 in Berlin die Bücher des Schwaben Distelbarth kennenlernte, die Ernst Rowohlt mit der für ihn so charakteristischen Unbekümmertheit verlegt hatte, traf ich in diesen ausgedehnten Berichten wieder auf »le bon peuple de France«, in dem die Briefträger und die Hausfrauen eine repräsentative Rolle spielen. Diesem Frankreich war ich unter Studenten und Maitres d'internat, unter Bauern und Beamten vorwiegend begegnet. Sobald man ihre Sprache spricht und Sinn für ihr Selbstverständnis, daß sie kleine, aber stolze Leute seien, aufbringt, sind sie zur Verbrüderung mit Deutschen eher bereit als zum Beispiel mit Briten. Sie suchten das Gespräch, sie ließen es sich nicht nehmen, einen zum »Apéro«, der damals in Frankreich noch sehr viel mehr in Mode war als heute, einzuladen und versicherten einem immer wieder ihrer individuellen Sympathie. Dafür ließen sie sich von ihren kollektiven Vorurteilen über die Deutschen kaum abbringen. Womit das Gespräch wieder bei Hitler, den braunen Kolonnen, der deutschen Disziplin und unserm angeblich unkritischen Gehorsamswillen angelangt war.

Mein Umgang war aber keineswegs auf Briefträgerwitwen beschränkt. Eines Tages sprach mich ein Mann von etwa fünfunddreißig Jahren an, der gelegentlich unsern kleinen Club besuchte. Er wohnte in dem etwa fünfzig Kilometer östlich gelegenen Provinzstädtchen Castelnaudary, das baulich kaum Bemerkenswertes zu bieten hatte, mich aber von Beginn meiner Toulouser Jahre an interessiert hatte, weil ich in dem Ortsnamen eine Spur gotischer Rekken und Eroberer vermutete. Aus Castelnaudary kam Monsieur B., ein liebenswerter, ungemein deutschfreundlicher Mann, der, sobald man ihm begegnete, von der deutschen Musik zu schwärmen begann. Monsieur B. war begütert, zeigte es aber nach außen nicht. Er hatte eine große Ölvertretung und ein großes Delikatessengeschäft am Ort, war also kein Aristokrat, aber wohlhabend. Er fragte mich mehrfach, ob ich ihm nicht als Privatlehrerin seiner beiden Töchter von etwa elf und zehn Jahren eine junge Deutsche wüßte, von der die Familie um der Musik willen Deutsch lernen könne.

Ein schierer Zufall wollte es, daß meine in diesen Blättern bereits vorgeführte Schwester Elisabeth damals dank Hitlers Ideen von deutschem Weibtum, das sich in Kindern und Küche zu bewähren habe, nach drei Semestern juristischen Studiums hatte aufgeben müssen. Der Männerstaat wollte Weiber nicht in der Justiz. Ein besorgter Brief der Mutter hatte mir die vergeblichen Versuche beruflicher Neuorientierung Elisabethens mitgeteilt, als der Mann aus Castelnaudary ein junges weibliches Wesen in sein Haus haben wollte. Der Handel kam zu Bs. Begeisterung zustande, und wir feierten, noch bevor die Deutsche angekommen war, den Abschluß unsrer Vereinbarung mit einem ausgiebigen Essen in dem damals teuersten Toulouser Restaurant, dem Lafayette, an dem gleichnamigen Platz. B. fuhr in einem schweren Wagen davon, nicht ohne versichert zu haben, wie gut es die Schwester in seinem Hause haben werde. Man werde sie in die nahen Sommerferien nach Arcachon in den Landes mitnehmen. Wie begütert der Mann war, konnte ich daraus entnehmen, daß er ein kleines Privatflugzeug flog und ein Sommerhaus am Atlantik hatte.

Schwester Elisabeth hat in dem gastlichen Hause fast zwei Jahre verbracht. Sie war in dem Provinzhaus und im Städtchen sozusagen ein Ereignis und hat zur Gaudi des Hausherrn, der Sinn für allerlei Neuerungen hatte, mit einigen Zöpfen energisch, wie es die schwesterliche Art war und ist, aufgeräumt. Die beiden Töchter attachierten sich bald an die ungewohnte Person, deren sprachliche Schnitzer anfangs helles Entzücken hervorriefen. Madame B. gewöhnte sich erst im Laufe der Zeit an die Marotte ihres Gatten, die ihr nicht ganz geheuer zu sein schien. Wenn B. nach Toulouse kam, versäumte er nicht, mich aufzusuchen und ins »Lafayette« zu entführen. Eines Tages bat er mich, die Schwester bei Gelegenheit darauf aufmerksam zu machen, daß sie im Umgang mit dem schönen Wort Baiser (der Kuß) etwas vorsichtiger sein möge, da das Wort in bestimmten, meiner ahnungslosen Schwester unbekannten Verbindungen zweideutige Bedeutung annehmen kann.

Die Familie B. war, wie französische Familien zu sein pflegen, weitläufig. In der Sippe waren die markantesten Gestalten ein wahrhaft angenehm anzusehender Großvater mit gepflegtem weißen Bart und ein Bruder der Frau des Hauses, der Curé war, ein noch junger Mann. Ich lernte die Sippe als geladener Gast und Bruder Elisabeths bei dem großen Fest der Erstkommunion der beiden Kinder kennen. Es ging hoch her wie bei einer Hochzeit. Der geistliche Bruder der Frau des Hauses gab zum wievielten Male unter großer Heiterkeit zum besten, daß er, ohne zu ahnen, mit wem er es zu tun hatte, ein halbes Jahr zuvor, als meine Schwester angereist kam, diese kurz vor der spanischen Grenze bei Port Bou, wohin sich das des Französischen damals noch recht unkundige Schwesterlein verirrt hatte, zur Umkehr nach Narbonne und in den richtigen Zug dirigiert hatte. Dies indem er erfuhr, daß das Wesen aus Deutschland, das den Umsteigetermin und -ort verpaßt hatte, ausgerechnet auf dem Wege zu seiner in Castelnaudary verheirateten Schwester und deren Töchtern war. Besagte Töchter lernten mangels jeglicher Schulkenntnisse wenig Deutsch, was nicht E.s Schuld war. Ich habe die Familienfreundschaft sehr genossen und kann es mir bis zum heutigen Tag als ein Verdienst anrechnen, daß ich die Schwester damals ins Ausland bringen konnte, was ihrem späteren erfolgreichen Berufsleben in der chemischen Industrie zugute kam. Auslandserfahrung und -gewöhnung war in den dreißiger Jahren, als die Devisenzwangsbewirtschaftung fast jeden Grenzübertritt für gewöhnliche Sterbliche unmöglich machte, eine Seltenheit. Als E. nach Deutschland zurückkam, konnte sie mit ihren sprachlichen Kenntnissen, wohl auch dank der gewonnenen Sicherheit des Auftretens, in der Industrie Fuß fassen. B. hat unsern Vater und meine Schwester im Jahre 1938 besucht, den Rhein gesehen und Treue gehalten.

Nicht selten kam B. im schweren schwarzen Citroën nach Toulouse, brachte E. mit und ließ es sich nicht nehmen, unter Hinzuziehung Noras, die ebenso hübsch wie lebenslustig und mir durch Bande, die man altfränkisch zart nennt, verbunden war, mit uns zu tafeln und zu trinken. Wir waren sozusagen ein deutscher Erfolg in Toulouse und Umgebung.

Ich war es auch im Club, zu dessen schönsten Betätigungen das Anhören von Reden der Vorsitzenden war. Ich genoß, es zu einer Sprachfertigkeit im Französischen gebracht zu haben, die mir fast vollständige Mimikry erlaubte. In Kleidung und Auftreten hatte ich mich aus mimetischer Lust so vollkommen angepaßt, daß ich in der Stadt und bei gelegentlichen Ausflügen ins Umland nicht als Ausländer erkannt wurde. Mein deutscher Konversationsunterricht, den ich nur an Primaner zu geben hatte, für die der Besuch meines Kurses fakultativ war, litt daran, daß die Jungens zu wenig oder keine Einübung in die gesprochene Sprache gehabt hatten und daß ich über keinerlei didaktische Hilfsmittel verfügte. Die jungen Männer regten an, ich möchte mit ihnen deutsche Illustrierten lesen. Ich besorgte die Blätter, die aber mehr angeschaut als gelesen wurden. Um zu verstehen, stellten sie mir ihre Fragen französisch, und ich gewöhnte mich daran, ihnen französisch zu antworten. Schließlich lernte ich bei meinen Schülern Französisch, statt daß sie bei mir Deutsch gelernt hätten. Der Ertrag meiner zweijährigen Bemühungen war, rein sprachlich gesehen, dürftig. Ich hatte versucht, mit ihnen Gerhart Hauptmanns Erzählung »Bahnwärter Thiel« zu lesen. Wir sind in dem zu schwierigen Text steckengeblieben. Die Jungen waren aber anhänglich und allzeit fröhlich. Sie erzählten mir von ihren Schulaffären und zeigten dabei Witz und Laune. Sie sprachen durchweg den harten Dialekt des Languedoc und ließen nicht ab, mich nach dem merkwürdigen Land auszufragen, aus dem ich kam. Natürlich begriffen sie nicht, daß ich ihnen kaum die neuesten Aktualitäten, von denen sie gehört hatten, erläutern konnte. So blieb es bei kameradschaftlichen Gesprächen, in denen sie mich jedesmal, wenn ich einen sprachlichen Schnitzer machte, korrigierten. Bessere und mehr Lehrer des Französischen hat wohl kaum jemand gehabt.

In der Fakultät sprach ich durchweg Deutsch, obwohl das Gesicht manches Tropfs, der mich nicht verstanden hatte, mich dazu brachte, hier und da ins Französische zu verfallen, was mir die tüchtigen Studenten allerdings sofort verwehrten. Mein Mühen, den Mädchen und den jungen Männern den Hölderlin nahezubringen, blieb freilich trotz redlicher Anstrengung und einigem Aufwand an didaktischen Experimenten kläglich genug. Die Meridionalen schienen kaum das Organ für einen so schwierigen und sublimen Dichter wie Hölderlin zu haben. Ich mühte mich, ihnen den deutschen Hymniker und Enthusiasten einer idealischen Welt auf dem Umweg über Rosseau nahezubringen. Aber ich las in den Gesichtern fast nur Spott, den sie aus Höflichkeit zu verbergen suchten, weil sie spürten, daß ich meinen Dichter aus unbegreiflichen Gründen unendlich hoch zu schätzen schien. Manchmal fragte ich mich, ob es aus einer irgendwie antimetaphysischen Mentalität der Gascogner zu erklären sei, daß sie die Leiden eines genialen Jünglings nicht ernst nehmen zu können oder zu wollen schienen.

Ich verfiel in die dauernde Beschäftigung mit einem Nationbild der Franzosen. Meine, meist die älteren, französischen Gesprächspartner unternahmen mit den Deutschen Entsprechendes. Das lief, was die Deutschen betraf, immer wieder auf Stereotypen wie die Lust an der Gemeinschaftsdisziplin, auf die deutsche Besessenheit von der Arbeit und unsere angebliche Unfähigkeit zur Lebensfreude hinaus.

So oberflächlich das auch war, der äußere Schein schien den Leuten des Midi, die ihre Umwelt auf klare und einfache Formeln zu bringen suchten, Recht zu geben. Auch ich habe für mein Teil in den zwei Jahren unablässig französisches Wesen, wie es sich mir damals darstellte, auf Formeln zu bringen gesucht. Ich meinte etwas Richtiges zu treffen, wenn ich den Franzosen einen Antimetaphysiker nannte oder wenn ich bestimmte nationale Verhaltensmuster auf eine weibliche Empfindlichkeit zurückführte. Wohlweislich hütete ich mich, derartiges zu äußern. Aber es schien mir nicht zufällig, daß die französische Nation sich weiblich als Marianne darstellt und daß es im sozialen Leben eine Grundregel war, Gegensätze diplomatisch zu verschleiern.

Wie empfindlich Franzosen, an deren Männlichkeit ich natürlich keinen Augenblick zweifelte, reagieren konnten, wenn man mit Allgemeinurteilen und Klischees ihr nationales Wesen auf Formeln zu bringen suchte, erlebte ich, als ich meinem guten Professor Boyer unkontrolliert zu verstehen gab, ein Ergebnis meines Eindringens in die französische Sprache sei, daß ich glaubte, das Deutsche sei an Ausdrucksnuancen reicher. Boyer, ein Mann von vollendeter Beherrschung in jeder Situation, zog, wie es seine Art war, die Augenbrauen hoch und meinte, da täuschte ich mich aber gründlich. Ich lenkte, erkennend, daß ich eine sogenannte »gaffe«, zu Deutsch eine Dummheit, gesagt hatte, sofort ein, zumal ich begriff, daß Boyer vermutlich dachte, nun sei bei mir der Teutone sichtbar oder vielmehr hörbar geworden. Der kleine Vorfall zeigte mir aufs neue, daß man als Deutscher mit gescheiten Franzosen meist Unrecht behält. In Frankreich leben bedeutet für einen geistigen Deutschen beständige Auseinandersetzung. Die beiden Völker sind so komplementär, daß es kein anderes Volk auf der Erde gibt, für das der Franzose, ob gebildet oder nicht, so viel Interesse aufbrächte und umgekehrt. Das ist ein französisches Aktivum in der Bilanz beider Nationen. Ich habe erst später meine falsche Meinung, »der« Franzose sei zur Metaphysik nicht geboren, korrigiert. Andrerseits scheint es mir unbestreitbar, daß »der« Franzose, falls es ihn gibt, einen Horror vor dem deutschen Hang vorschnellen Metaphysizierens hatte und noch immer hat. Sie nannten, was dabei herauskommt, mit einem spezifischen, kritisch gemeinten Begriff eine »Mystique«. Vermutlich traf meine Beobachtung französischer Mentalität und französischen Verhaltens zu uns insofern eine Teilwahrheit, als »der« Franzose, falls es ihn gibt, die dialektischen Sprünge deutscher Philosophen von einer Position auf das gerade Gegenteil nicht nachzuvollziehen vermag, es sei denn ein hochgradiger Spezialist und Kenner des angeborenen Hegelianismus der Deutschen nehme unsern dialektischen Furor teutonicus hin, was nicht hindert, daß darin der Anfang entweder einer Geisteskrankheit oder teutonischer Verschlagenheit gesehen wird.

Oft bin ich mit solchen, wie ich zugebe, unfertigen Theoremen in Toulouses alten Gassen umhergegangen. Spekulativer Hang gehörte und gehört zu meinem geistigen Haushalt, vermag mir aber Vitalität und Lebensfreude nicht zu schmälern. Ich habe in meiner Toulouser Zeit nicht nur dem Wein, sondern auch aller Art Schnäpsen reichlich zugesprochen und habe die damals an jeder Straßenecke vorhandenen stinkenden Gelegenheiten der Entleerung, deren sich die Männer ebenso ungeniert bedienten, wie sie von den Damen ignoriert wurden, reichlich benutzt. Ich habe Stunden um Stunden auf den Terrassen der Boulevardcafés verbracht, sei es im Gespräch, sei es die »Dépêche« oder den »Expreß« lesend, sei es in später Nachtstunde still vor mich hin sinnierend. Ich habe damals nicht viel außer der Vorbereitung auf meinen Fakultätskurs gelesen. Die einzige Ausnahme ernsthafter Studien war die Lektüre von Kants »Kritik der reinen Vernunft«.

Mein Hunger nach historischen Veröffentlichungen zur Geschichte des Südens kam in der Universitätsbibliothek nicht zur Sättigung. Ich habe nicht allzu schwer daran getragen und die köstliche Zeit genutzt, mich des Landes und seiner Bauten zu erfreuen. In Albi sah ich hoch über dem Ufer des Tarn über barockenen Terrassengärten die hohe Kirchenburg, die nach der Ausrottung des Katharismus und der Katharer als ein Siegesdenkmal errichtet worden ist, ein Bau im hellen Kardinalsrot der landesüblichen Klinkersteine mit Wehrtürmen statt Strebepfeilern und einem massiven Turm. Die Cité von Carcassonne in ihren weitangelegten Ringmauern und 53 erhaltenen, beziehungsweise restaurierten Türmen, von denen einzelne noch aus westgotischer Zeit stammen, hat mich geradezu überwältigt. Da stand ich als junger studierter Mediaevist auf dem felsigen Stadtberg und sah vor dem geistigen Auge das ungeheure Drama des von Innozenz III. genehmigten Kreuzzugs gegen die Ketzer, der den nordfranzösischen König legitimierte, seinen grausamen, zu allem Entschlossenen Simon de Montfort zur Eroberung des Midi auszuschicken. 1209 ist Carcassonne, die große Sperrfestung der aquitanischen Pforte zwischen dem Mittelmeer und der Garonne, die zum Ozean führt, gefallen, nachdem kurz zuvor die alte Stadt Béziers gestürmt und ihre Bewohner Mann für Mann samt Greisen, Frauen und Kindern niedergemacht und die Stadt den Flammen übergeben worden war. Die Namen der Eroberer und der Besiegten klangen germanisch wild mir ins Ohr. Von Arnaud-Amalric soll der Satz stammen »Tötet sie [die Einwohner von Béziers] alle, Gott wird die Seinen erkennen«. Der Vicomte von Carcassonne war ein Raimon Roger Trencavel, lehensabhängig vom König von Aragon jenseits der Pyrenäen. Er ergab sich, um seiner Stadt Carcassonne das Schicksal seiner Stadt Béziers zu ersparen und ist in einem Turm der gewaltigen Festung angeblich an Dysenterie gestorben. Auch der mächtige Graf von Toulouse, Raimon VI., konnte dem vereinten Druck der Kreuzfahrerheere und dem bereits damals einsetzenden geistlichen Druck der Dominikaner, die kurz nach ihrer Ordensgründung 1215 in Toulouse mit der Inquisition gegen die Albigenser beauftragt wurden, nicht widerstehen.

Damals ist die Freiheit und Eigenstaatlichkeit des Südens verlorengegangen. Ich wußte aus zusammengelesenen Beiträgen von den Dingen gerade so viel, daß ich meinem Hang zum Träumen auf den Ruinen der erloschenen Geschichte Nahrung zu geben vermochte. Erst später nach dem Ende des zweiten Weltkriegs setzten auf französischer Seite intensive Forschungen in den Archiven ein und brachten Licht in eine Vergangenheit, die zu meiner Zeit im Bewußtsein so gut wie verschüttet war. Die Dominikaner selbst, deren große aus Backsteinen erbaute, zweischiffige Hallenkirche »Les Jacobins« zu Toulouse meinem Lycée damals für spärliche Schulgottesdienste diente, haben an der wissenschaftlichen Hebung der versunkenen Geschichte der Albigenser und der Inquisition entscheidend mitgewirkt. Dominikanern ist die Edition wichtiger Quellen von Ketzertexten, aber auch der Inquisitionsverhöre zu verdanken. Ich kann, wenn ich mich meiner einsamen Träumereien in den Jahren 1932/34 erinnere, Anwandlungen von Stolz nicht ganz unterdrücken, daß ich einer Entwicklung sozusagen vorausgeeilt bin, die dem französischen Geschichtsbewußtsein später eine neue Dimension eröffnet hat. Es ist merkwürdig, wie dieses ruhende geschichtliche Patrimonium des hohen Mittelalters Träumer von außerhalb der Grenzen anzieht. Von Lawrence von Arabien weiß man, daß er mit historischen Studien in den alten Kreuzfahrerhäfen zwischen Béziers und Aiguesmortes begonnen und von da den Weg in den arabischen Osten gefunden hat.

Ein anderes Kapitel der Toulouser Stadtgeschichte ist mir trotz lebhaften Interesses verschlossen geblieben. Dem Reichtum an Kirchen, voran Saint Sernin, eine der größten romanischen Kirchen Frankreichs, stellten sich an Zahl, Bedeutung und offenkundigem künstlerischem Rang die patrizischen Stadtpalais zur Seite. Eines davon war ähnlich wie die bereits erwähnte Jakobinerkirche und der Kreuzgang in den baulichen Bezirk unseres Lycée einbezogen. Es hieß Hotel Bernouy. Zur Straße zeigte das alte Palais kaum mehr als eine kahle Backsteinmauer, in die freilich ein schönes Renaissanceportal eingelassen war. Im Innenhof des Hauses, das zum Portal- und Conciergebau des Gymnasiums geworden war, sah man feine Fenstergewände und einen kassettierten, weitgespannten Jochbogen aus grauem Sandstein, der mit dem roten Backstein gut kontrastierte.

Das alte Toulouse ist eine Stadt der Backsteinbauten. Obwohl die Pyrenäen Naturstein genug haben, sind sie zu weit von der Stadt entfernt, als daß von dort Steine für Bauten hätten herbeigeholt werden können. Eines der schönsten Patrizierhäuser ist das Hôtel d'Assézat. Es hat einen über drei Stockwerke reichenden großen Innenhof von guten Proportionen, einen schönen Treppenhausturm und durchweg Gesimse, Fenstergewände und Flachbögen, die als vorzügliche, aus dem Stein gemeißelte Exemplare der Renaissancebaukunst gelten können. Im Hôtel d'Assézat hatte in den dreißiger Jahren eine regionalistische Kulturgesellschaft ihren Sitz, die sich der Pflege der Sprache und Literatur des Langue d'Oc widmete. Man sah und hörte freilich damals von der »Académie des jeux floraux« kaum etwas.

In einem andern alten Bürgerpalais hauste ein Mann, dessen Bekanntschaft ich dadurch machte, daß der Professor der Paläontologie mich als Korrektor seiner Beiträge zu einer großen deutschsprachigen Enzyklopädie seines Fachs kennenzulernen wünschte. Es war Graf Bégouen, einer der Erforscher der bedeutendsten vorgeschichtlichen Höhlen in den französischen Pyrenäen. Der Mann war nicht nur ein Graf, er sah auch aus, wie man sich einen älteren adligen Herrn vorstellt: hochgewachsen, ein gleichmäßiges schönes Gesicht, vornehme Haltung. Wann und bei welcher Gelegenheit ich Graf Bégouen kennenlernte, weiß ich mich nicht mehr zu erinnern. Es könnte gewesen sein, daß ich ihn in seinem Reich, einem von kaum jemand je besuchten Museum in der direkten Nähe von Saint-Sernin kennenlernte. Das Museum schien ein altes, seinem Zweck entfremdetes Kanonikerhaus zu sein und ursprünglich zur nahen Kirche des Märtyrers Sankt Saturnin zu gehören, der in römischer Zeit, auf die Hörner eines Stiers gebunden, den Tod gefunden haben soll. In diesem uralten Haus hatte Bégouen seine Sammlungen aufgestellt. Sie betrafen die von ihm erforschten Höhlen, voran die berühmte Tuc d'Audoubert. Das Museum schien sich nennenswerter Zuwendungen von seiten staatlicher Stellen nicht zu erfreuen. Oder hatte der eigensinnige und in manchen Lebensgewohnheiten merkwürdige Professor Staatshilfe verschmäht, um in seinem Reich desto ungestörter schalten zu können? Aus dem Museum ist mir in Erinnerung, daß es nicht nur gefundene Objekte, sondern zahlreiche Karten, Skizzen und vergilbende Fotos von der Entdeckung der vorgeschichtlichen Höhlen enthielt und daß die Betextungen Bégouens eigene Handschrift zeigten. Bleibenden Eindruck hat mir die Trois-Frères-Höhle gemacht, die von den drei Söhnen des Gelehrten unter Gefahren entdeckt und zuerst betreten worden war. In der Höhle hatte Bégouen die ersten und einzigen plastischen Arbeiten der Frühzeit nach Tiervorbildern, meist Büffeln oder Wisenten, gefunden. In dem kuriosen Museum habe ich Abgüsse und Nachbildungen der liegenden Tiere gesehen. Felszeichnungen gab es und gibt es genug. Sie waren in sorgfältigen Nachzeichnungen am musealen Ort zu besichtigen.

Der Graf war von großer Liebenswürdigkeit, wenn auch von der unpersönlichen Art des alten Gelehrten. Immerhin würdigte er mich ausgedehnter Gespräche, die immer wieder darauf zurückkamen, daß er im Jahre 1932 in Breslau mit dem damaligen deutschen Reichskanzler Brüning zusammengetroffen war. Die karge zurückhaltende Art des deutschen Kanzlers muß dem Franzosen starken Eindruck gemacht haben. Graf Bégouen konnte es nicht fassen, daß man diesen, wie er sagte, bedeutenden Mann aus der Regierung vertrieben hatte. Bei der Hochschätzung Brünings sprach wohl katholisch-konservative Geistesverwandtschaft mit.

Ich war dem Gelehrten hilfreich, indem ich die Korrekturen seiner Beiträge für die unter internationaler Beteiligung damals in Deutschland herauskommende Realenzyklopädie der Vorgeschichtswissenschaft las. Obwohl der Graf mit mir französisch sprach, ergab sich aus seinen Texten, daß er des Deutschen bis in stilistische Feinheiten mächtig war. Was ich hier und da vorsichtig zu bessern suchte, nahm er dankbar an. Einmal lud er mich in seine Wohnung ein. Die lag in einem alten Stadtpalais. Ich erinnere mich kaum an bauliche Einzelheiten. Im Gedächtnis ist mir der große Saal im ersten Stock geblieben, der dem Professor als Arbeitszimmer diente. Als mich eine Haushälterin dorthin geleitet hatte, verschlug mir der Anblick zunächst den Atem. Der Raum hatte die Größe eines mittleren Konzertsaals. Außer einem riesigen Tisch in der Mitte und in die Gewände eingelassenen Bibliotheksschränken gab es so gut wie keine Möblierung. Der knarrende alte Parkettboden war in weitem Umkreis mit Manuskript- oder broschierten Drucksachenstapeln bedeckt, die so angeordnet waren, daß sie wie die Hochhäuser eines Stadtmodells wirkten, in dem zwischen den zu Vierecken aufgeschichteten Papieren breite Gassen gelassen waren. Als ich eintrat, nahm ich den Professor zunächst nicht wahr. Er saß auf einem wohl eigens für den Zweck konstruierten gummibereiften kleinen Wagen und kutschierte durch die Gassen seiner Zeitschriften oder Manuskriptstapel. Nach der Begrüßung erzählte er mir von seinen Höhlenforschungen und, wenn es gerade geboten war, bestieg der hochgewachsene Mann sein Wägelchen, fuhr behend um einige Ecken und griff aus Papierstapeln, was er mir zeigen wollte. Ich lieferte meine Korrekturfahnen ab, erhielt neue ausgehändigt und nahm, da es später Nachmittag war, mit dem Herrn einen angenehm kühlen und herben Anjou mit etwas Käse und Weißbrot ein. Die Rede kam wieder auf Bégouens schwärmerische Verehrung für einen Deutschen, dem sein Vaterland wenig Dank gewußt hat: Heinrich Brüning.

So war ich also doch dank der paläontologischen Forschung ins Innere eines der Renaissancehäuser, an denen die Stadt reich war, gekommen.

Die Toulouser Jahre stellen sich mir in der Lebensrechenschaft als das Ende der Identitätskrise dar, die ich aus Kindheit und Jugend bis dahin unbewältigt mitgeschleppt hatte. Das französische Gesellschaftssystem beruhte noch auf dem dominanten Typus des Bauernbürgers. In dem bäuerlichen Veredelungsland rund um die Stadt herrschte der kleine und mittlere Familienbetrieb vor. Es gab so gut wie keinen Großgrundbesitz. Die Toulouser Märkte brachten den bäuerlichen Typus, der robust, selbstbewußt, eigensinnig und intelligent wirkte, Woche für Woche in die Stadt. Was mir auffiel, war die Sicherheit, mit der sich der ländliche Mensch in eleganten Geschäften und Restaurants bewegte. In der Stadt herrschte das Kleingewerbe vor: Anzug- und Hemdenschneider, Juweliere, Möbelschreiner, die in zur Straße offenen oder einsehbaren Werkstätten noch immer Empire herstellten. Von Industrie oder Industriearbeitern war in der Stadt kaum etwas wahrzunehmen. Die soziale Welt bestand vorwiegend aus jener Species, die man in Deutschland geringschätzig als Kleinbürger bezeichnet hätte. Freilich war der entscheidende Unterschied der, daß die Leute, ob Commerçant oder Artisan, ob Paysan oder Fonctionnaire, sich nicht duckten. Vor wem hätten sie sich ducken sollen? Natürlich gab es verwahrloste und reiche Wohnviertel, alte und moderne. Aber auch die modernen waren in den traditionellen Formen einer Art bürgerlichen Ancien Régimes gehalten. Die Manieren waren freier, bequemer, ungezwungener. Die Gesellschaft schien auf dem Niveau des mittleren, nicht unbegüterten Mannes egalisiert. Sozialen Abstieg oder Neureiche schien es kaum zu geben. Der kanalisierte Aufstieg der Begabten und Hochbegabten störte das Gefüge nicht. Paris war weit. Von Finanz- und Industriebossen wußte man nur vom Hörensagen. Man schimpfte auf die Marchands de Canon und auf die große Waffenfabrik Schneider-Creuzot. Die Wirklichkeit, die eigene und die der nahen und der weiteren Umgebung, bot ein Bild durchgehenden sozialen Ausgleichs. Man bekannte sich zum Typus des »Français moyen« in bestimmten Grundüberzeugungen, im Habitus, in den Lebensgewohnheiten, im Selbstverständnis.

Dies alles war auf der breiten agrarischen Basis möglich. Auch die Städter hatten, was sie ihr »patelin« (soviel wie Heimatdorf, Nest) nannten. Ich erlebte im französischen Süden so etwas wie den Wiedergewinn meiner provinziellen Ursprünge aus teils bäuerlichen, teils kleinstädtischen Familien und zugleich eine Stadt, in der dieses Element dominierte, wo es weder Vorderhaus noch Hinterhaus noch soziale Ressentiments noch Aufstiegsdruck zu geben schien. Das fing mit der Gemeinsamkeit der Tischfreuden bei Weißbrot, Wein, Käse und gebratenem Huhn an und erstreckte sich bis zu vergnüglichen Reisen in der Eisenbahn und im Omnibus und ungenierten Wohngewohnheiten in alten Gemäuern, deren man so sicher war, wie man überhaupt der Tradition sicher war.

Ich habe in diesen Erinnerungen, die zugleich die Konturen meiner persönlichen Entwicklung nachzeichnen, mehrfach anklingen lassen, daß ich in dem sozialen Umfeld des Midi die Schwierigkeiten, die ich mit Deutschland gehabt hatte, abzutun begann. Aus der Distanz wurde mir mein Land klarer. Obwohl ich nicht wußte, was ich beruflich nach der Rückkehr tun würde und könnte, faßte ich ein freieres und unbeschwerteres Verhältnis zu dem Land, aus dem ich kam und in das ich am Ende meiner beiden Toulouser Jahre zurückkommen würde. Der bloße Umstand, daß ich für mein Land ins Ausland entsandt war, gab mir die Möglichkeit der Identifikation. Dazu hatte wohl auch beigetragen, daß ich mit an die zweihundert andern Austauschkandidaten 1932 vor meiner Ausreise zu einem mehrtägigen Treffen der ausgewählten Kandidaten des Deutschen Akademischen Austauschdienstes nach Berlin in das alte Köpenicker Schloß geladen war.

Die Zentrale, die übrigens im alten Hohenzollernschloß an der Spree direkt über dem Schlüterportal ihren Verwaltungssitz hatte, tat gut daran, die jungen Leute vor der Ausreise, sei es in angelsächsische, sei es in romanische Länder, unter einem Dach zu vereinen. Vermutlich war ich es nicht allein, der damals zum ersten Mal in seinem Leben nach Berlin gekommen war. Ich habe die Gelegenheit genutzt, mir nicht nur die Linden, das Zeughaus, die Wilhelmstraße, das Schloß und die Schinkelbauten anzusehen, sondern bin damals mit der S-Bahn den ganzen Stadtring abgefahren, von Westkreuz über Siemensstadt, Jungfernheide mit einem Ausflug nach Erkner, Warschauerbrücke, Papestraße nach Schöneberg. Als ich nach Köpenick ins alte Schloß kam, traf ich dort eine freudig bewegte Jugend im Aufbruch an und fühlte mich in der Gruppe der Frankreichfahrer alsbald wohl und dazugehörig. Man hatte uns den hervorragenden Historiker und Sozialwissenschaftler Arnold Bergsträßer als Mentor gegeben. Was der uns in ein paar Vorträgen über Frankreich sagte, war nicht nur durch seine Modernität bestechend, sondern von jener Zuneigung geprägt, die Frankreich bei sensiblen Deutschen leicht zu wecken vermag – und dies selbst dann, wenn der Deutsche es mit der französischen Starrköpfigkeit schwer hat.

Die Stimmung in diesem Jugendmeeting war gelöst, ein bißchen sentimental wie unter Jugendbewegten. Von dem nahen Einbruch eines Umsturzes war kaum etwas zu spüren. Die führenden Leute des Austauschdienstes, der Oberregierungsrat Morsbach und seine ebenso tüchtige wie bewegliche und charmante Assistentin, Ingrid Dywad, schienen politisch fortschrittliche Konservative zu sein. Ich genoß es, die freie Luft der Weltstadt Berlin zu atmen. Man pflanzte uns in ein paar Tagen so etwas wie das Bewußtsein ein, daß wir unser Land zu vertreten hätten und daß es nicht gleichgültig sei, wie wir das machten. Zum ersten Male fühlte ich mich so angesprochen und tat mit. Obwohl die »Angelsachsen«, voran diejenigen, die in die Vereinigten Staaten gingen, den Ton angaben, gab es eine schöne große Gemeinsamkeit, die mir in meinen Frankfurter Universitätsjahren gefehlt hatte. Ich erinnere mich an eine abschließende große Dampferfahrt über den Müggelsee, an die Ausstrahlung, die hübsche Mädchen dem Fest gaben, und an die jugendbewegten Lieder, die wir bei der Heimkehr am späten Abend sangen.

Das hatte ich nach Frankreich mitgenommen. Es war gut so. Freilich hatte ich kaum einen soliden Grund, auf dem mein neues Landsmannsgefühl sich hätte stabilisieren können. An das Köpenicker Deutschland-Erlebnis knüpfte ein Ereignis an, dessen Folgen, hätte ich sie vorausgesehen, mich abgeschreckt hätten, so naiv zu reagieren, wie ich damals reagiert habe. Ich bekam von dem in Marseille tätigen damaligen deutschen Generalkonsul einen Brief, worin der Herr mich zu einem Besuch einlud. Die Motivation war, daß der offizielle Vertreter meines Landes einige der Austauschleute im Süden kennenzulernen wünsche. Ich fuhr nach Marseille und sah mich von dem gebildeten Herrn in seiner vornehmen Residenz am Prado geradezu herzlich aufgenommen. Es schmeichelte mir, daß der Generalkonsul, der eine Art Botschaft zu leiten schien, und seine gewandte, angenehme Frau mich in ihren Kreis einführten. Die Stadt, der Hafen, ein neues ungewohntes Erlebnis taten ein Übriges, daß ich mich, wenn auch auf bescheidenem Posten, bestätigt fühlte. Nicht lange nach meiner Rückkehr erhielt ich von dem Generalkonsulat ein Paket mit allerlei Schriften zu einem der damals akuten politischen Probleme der Nachkriegszeit, dem Polnischen Korridor, der seit 1919 das Reichsgebiet von der Provinz Ostpreußen trennte. Natürlich war in den Schriften auch ausgiebig von der Freien Stadt Danzig die Rede und allgemein von dem politischen Unsinn, ein einheitliches Staatsgebiet wie das Deutsche Reich durch eine solche Konstruktion zu zerteilen. Ich war bis dahin nie über Berlin hinausgekommen und kannte weder die geographische noch die ethnische noch die aktuelle politische Situation. Dem Schriftenpaket war ein Schreiben des Generalkonsuls beigefügt, das mir das Studium des Problems anhand des Materials empfahl.

Geehrt und nicht uneitel, wie ich war, machte ich mich an die Lektüre. Wie sich bald darauf eine Gelegenheit ergab, mein neues angelesenes Wissen in Toulouse an die Öffentlichkeit zu bringen, weiß ich im einzelnen nicht mehr. Soweit ich es aus der Erinnerung noch sagen kann, waren die Schriften, die man mir zum Studium geschickt hatte, nicht schlecht. Sie waren voller statistischem Material und im Ton nicht auf Hetze gestimmt. Sie dürften aus der Zeit vor der nationalsozialistischen Machtergreifung gestammt haben. Vielleicht waren sie sogar der neuen Außenpolitik der neuen Machthaber einstweilen zum mindesten nicht genehm. Die Nazis haben ja mit Polen 1934 so etwas wie ein Stillhalteabkommen geschlossen.

Doch ahnte ich von diesen Zusammenhängen nichts. Ich hatte sozusagen eine offizielle Anregung oder, wenn man will, so etwas wie einen Auftrag, für mein Land politisch aktiv zu werden. Wie es dazu kam, daß ich in unserm deutsch-französischen Club einen Vortrag über »Le Couloir polonais et ses problèmes« hielt, weiß ich im einzelnen nicht mehr, wie ich mich auch des Datums nicht mehr erinnere. Unser Club hatte nicht zuletzt dank dem Ehrgeiz seines französischen Präsidenten, eines lebhaften und vorurteilslosen älteren Studenten der Germanistik, der ein Austauschjahr in Deutschland gewesen war, die Tendenz, in der Stadtöffentlichkeit gelegentlich sichtbar zu werden.

Der Saal reichte kaum aus, die Interessenten aufzunehmen. Ich hielt meinen Vortrag, zu dem wir Karten gezeichnet hatten. Natürlich enthielt ich mich jeglicher Polemik. Doch war klar, daß ich den Standpunkt vertrat, die Zerteilung des deutschen Reichsgebiets sei ein unerträglicher Zustand. Man könne den Polen in Gdingen einen Hafen geben, die Weichsel sei selbstverständlich für die Polen als Wasserstraße so zugänglich wie für die deutschen Anlieger. Es gab eine Art Diskussion, der stumm ein polnischer junger Mann beiwohnte, der in unserem Lycée als Hilfsmediziner tätig war und dort wohnte. Der Abend war, was man einen Erfolg nennt. Tage darauf sagte mir ein junger Franzose, dessen angenehme Art mich seinen betonten Nationalismus leicht ertragen ließ, ich hätte »l'honneur de la presse« gehabt. In der Tat war im »Expreß du Midi«, einer großen Rechtszeitung, ein Bericht über den Abend erschienen. Auf die Idee, daß sich die politische Abteilung der Toulouser Polizei mit mir beschäftigen könnte, bin ich in meiner Unerfahrenheit zunächst nicht gekommen. Wohl hatten mich die Professoren der Germanistik an der Fakultät kurz vor dem Vortragsabend gewarnt. Doch war der Termin nicht mehr abzusagen, zumal die jungen Franzosen mir zuredeten, mich nicht abschrecken zu lassen.

Etwa um die gleiche Zeit begannen andere politische Schwierigkeiten. In dem Club erschien an unsern wöchentlichen Begegnungen ein merkwürdiger Mensch, der sich auffällig förmlich benahm, der Landessprache fast unkundig. Was er in der Stadt tat und vorhatte, blieb ein Rätsel. Der Mann, ein, wie sich später herausstellte, ehemaliger Seekadett, angeblich aus Nürnberg stammend, was seinem hochblonden Typus nicht entsprach, gab sich auf unangenehme Weise als den Vertreter der Auslandsorganisation der NSDAP aus. Mit seinem Erscheinen war ein störendes Element in unser unbefangenes Clubleben eingebrochen. Bald gab der Mann, über dessen Legitimation nichts zu erfahren war, zu erkennen, daß er einige Dinge ausgerechnet im fernen Midi zu ändern wünschte. Er verlangte, daß wir die jüdischen Studenten deutscher Staatsangehörigkeit aus dem Club ausschlössen. Das war gravierend und widersprach dem Vereinsstatut, das jedem deutschen Staatsbürger mit dem gleichen Recht wie den französischen die Mitgliedschaft zugestand. Ich lehnte entschieden ab und war der Unterstützung des französischen Präsidenten gewiß. Es gelang uns, das Ansinnen des Mannes den Mitgliedern vorzuenthalten. Der gab zunächst äußerlich Ruhe, wühlte aber insgeheim weiter. Daß er das tat, bekam ich bald persönlich zu spüren. Ein Mann, der in Toulouse für den französischen Rundfunk saß, lud mich ein, ihn zu besuchen. Zu meiner großen Überraschung schlug er vor, daß ich im Radio einen Vortrag über die »neue deutsche Jugend« halten solle. Ich fragte erstaunt, wie mein Gegenüber zu der Annahme käme, daß ich dazu in der Lage und bereit sei. Die Antwort war, daß jener seltsame »Vertreter« der neuen Einheitspartei für mich um einen Sendetermin nachgesucht hätte. Ich lehnte mit einiger Schärfe ab und erklärte, daß ich, falls ich Vortragswünsche hätte, solche selbst zu äußern gewöhnt sei. Ich hätte nicht nur keinerlei Information über die neue deutsche Jugend, noch sei ich gewillt, mich solchen Themen zu widmen.

Die Insistenz des Z., die Juden aus dem Club auszuschließen, nahm zu. Aus Marseille, wo man offenbar den Zeitungsbericht über meinen Vortrag zum Thema »Couloir polonais« gelesen hatte, kam die Anregung, den Vortrag in Nice zu wiederholen. Ich war naiv und geschmeichelt genug, mir einen Termin und Ort ausmachen zu lassen, fuhr zum ersten Mal von Marseille aus in einem Omnibus an die Côte d'Azur und sah zu meinem Erstaunen den deutschen Vizekonsul unter meinen Zuhörern. Auf der Rückfahrt besuchte ich den Generalkonsul in Marseille, berichtete ihm von dem merkwürdigen Manne im Club und erfuhr von dem Diplomaten volle moralische Unterstützung meines Verhaltens. Der offizielle Vertreter des Reiches war, wie sich herausstellte, ein Brüning-Mann, gebürtiger Westfale und ganz offensichtlich kein Parteigänger Hitlers und der neuen Machthaber. Ich war wiederum politisch so naiv, mir außer der moralischen keine amtliche Legitimation geben zu lassen.

Aus dem Kontakt mit dem Generalkonsulat wurde nach meiner Rückkehr ein Briefwechsel mit dem Vizekonsul. Dieser Mann begann sich meiner als einer Hilfskraft in allerlei konsularischen Dingen zu bedienen. Toulouse war immerhin die drittgrößte Provinzstadt Frankreichs und bot von Zeit zu Zeit allerlei Probleme. So erinnere ich mich, einmal eine regelrechte Recherche bei einem emigrierten Manne durchgeführt zu haben, der über das Generalkonsulat vom Deutschen Reich Sozialunterstützung beantragt hatte. Mir wurde angesonnen nachzuforschen, ob der Mann in Frankreich Arbeit habe und ob er noch deutscher Staatsbürger sei und sein wolle. Ich erinnere mich, den Mann ausgemittelt und befragt zu haben. Mein Bericht an Marseille kam zu dem Ergebnis, daß der Gesuchte sich nach wie vor als Deutscher verstehe. Durch solche Dinge kam ich in die Hintergründe der teilweise sehr schwierigen und schlimmen Vorgänge, die sich aus der totalen Veränderung in Deutschland ergaben.

Auf den Gedanken, daß meine Post überwacht werden könnte, bin ich nicht gekommen. Die Dolce vita tolosana, wie ich sie geschildert habe, ging weiter. Ahnungslos und unerfahren hatte ich ein kleines Erlebnis, das ich an einem Weihnachtstag in dem herrlichen Felsnest und Hafenstädtchen Collioure nahe der spanischen Grenze gehabt hatte, renommierend weitererzählt. Ich war des guten Mahles und Weines voll mit einem jungen Deutschen, der als Stipendiat des Austauschdienstes damals auch in Toulouse lebte, unversehens in den Bereich einer Festung am Meer, die aus Vaubans Zeiten gestammt haben dürfte, geraten, war von dem jungen Kommandanten gestellt worden und dank der Laune des Offiziers laufen gelassen worden, obwohl ein verrottetes Schild, daß der Zugang hier verboten sei, nicht zu übersehen gewesen war. Wir hatten den Blick von hohem Söller über das herrliche Meer und die Küste genießen wollen und uns den Teufel an dem Verbotsschild gestört, zumal das Festungswerk keinerlei moderne militärische Zurüstung erkennen ließ.

Daß es inzwischen ein Dossier, will sagen eine Akte über den Lecteur d'allemand bei der politischen Polizei von Toulouse gab, daß einer meiner Studenten damit beauftragt war, monatlich zu berichten, ob ich etwa »Politik« triebe, ahnte ich nicht im geringsten. Monate später ereignete sich eine neue Dummheit auf meinem Konto. Der spanische Vizekonsul, ein stadtbekannter Schürzenjäger und mir durch Caféhaus-Begegnungen lose bekannt, hatte zwei jungen deutschen Damen die Einreise nach Spanien versagt. Da ich mit der einen der beiden bekannt war, hörte ich zu meinem Erstaunen, daß das Visum, das 1934 aus mir unbekannten Gründen eingeführt worden war, den beiden Hübschen gegeben würde, wenn ich dem Herrn Vizekonsul schriftlich bestätigte, daß die Damen »sich jeder politischen Tätigkeit in Spanien enthalten würden«. Das bestätigte ich in der Annahme, daß die beiden in Barcelona ganz gewiß nichts Politisches, sondern nur ihr Amüsement im Sinne hatten.

So habe ich mein Dossier langsam anwachsen lassen. Es kam noch schlimmer. Die kleine Wichtigkeit, die ich als »Vertreter« sozusagen offizieller Dinge genoß, hatte mich empfindlich werden lassen. So wenig Begabung zu irgendwelchem Nationalstolz ich früher oder später gehabt habe, ich war jedesmal empfindlich, wenn ich hören mußte, die Deutschen seien zwar vorzügliche Organisatoren oder Arbeiter, politisch aber seien sie ein geradezu dummes Volk. Es verdroß mich, daß man uns so generell abschätzig behandelte. Ich litt förmlich darunter, daß unsere Lage draußen so unendlich schwer darzulegen war. Zwar ist es mir nie widerfahren, daß man mich für einen Nazi gehalten hätte. Dazu gab ich keinerlei Anlaß. Ich hatte jedermann sichtbar mit den emigrierten jungen Leuten Umgang, ließ mich mit ihnen sehen, wo immer Studenten sich sehen zu lassen Gelegenheit hatten, und machte aus meiner Einstellung zu den exzessiven Erscheinungsformen des neuen deutschen Regimes keinen Hehl. Wenn Monsieur Loiseau, der Lehrstuhlinhaber und Goethe-Verehrer, auch nur im geringsten der Meinung gewesen wäre, daß ich mit den Nationalsozialisten sympathisierte, würde er mir nicht von sich aus angeboten haben, beim Austauschdienst in Paris für mich ein zweites Jahr zu beantragen, das ohne weiteres genehmigt wurde. Mein gutes Einvernehmen mit den Franzosen der verschiedensten Lebensformen und Anschauungen hinderte mich aber nicht, allmählich so etwas wie Empfindlichkeit gegenüber den klischeehaften Allgemeinurteilen über die deutsche Nation zu entwickeln. Die hörte und las man in einer geradezu ertötenden Monotonie.

Eines Tages – es dürfte 1934 gewesen sein – las man in Plakatanschlägen, daß ein damals berühmter gelehrter Jesuit, Professor der Anthropologie, einen Vortrag über den »Racisme allemand« halten werde. Der Professor sprach in einem der größten Säle der Universität, und ganz Toulouse, das heißt die intellektuelle Crême, war da. Zu meiner Überraschung wurde der Abend von »meinem« Professor Bégouen geleitet. Der Redner war ein glänzender Rhetoriker. Ich hörte geradezu begierig zu. Frei und souverän legte der Genetiker und Anthropologe den Unsinn der Rassentheorie dar. Die brillanten wissenschaftlichen Ausführungen liefen in der Konklusion darauf hinaus, daß es nie in der modernen Geschichte einen primitiveren Betrugsversuch gegeben habe. Der Applaus war um so größer, als er einem Jesuiten galt, der offenbar großes Prestige hatte. Vielleicht kam die Einmütigkeit der Zustimmung gerade daher, daß es ein Jesuit war, der zu solchem Thema eine Position bezog, die sich mit der offiziellen Doktrin des Laizismus deckte. Es war, was ich wußte und auch in diesem Augenblick hätte wissen müssen, für das wache politische Bewußtsein der französischen Bildungselite keineswegs gleichgültig, ob dem Rassismus aus Neu-Germanien widersprochen wurde oder nicht. Das hatte seinen Grund u. a. darin, daß Frankreichs Herrschaftsanspruch in einem damals noch großen Kolonialreich in der Idee auf der

Gleichheit der Rassen gegründet war. Der Jurist, der bei jenem denkwürdigen Spaziergang sich mir überraschend eindeutig als Antisemit zu erkennen gegeben hatte, hatte ja auch nicht rassistisch, sondern mit dem Argument der Konkurrenz der Eliten argumentiert.

Völlig unbedacht und aus rein emotionellem Antrieb meldete ich mich in der Diskussion alsbald zu Wort. Ich sprach akzentfrei und fließend die Sprache des Landes und war von dem Antrieb erfüllt, die Deutschen als nicht gar so elend dumm und stumpf im Geiste dastehen zu lassen, wie wir am Ende des Vortrags des Révérend Père – so lautete die Anrede – dastanden.

Was ich sagte, lief darauf hinaus, daß der Rassismus der Nazis mit biologisch-genetischen Argumenten nicht voll erfaßt sei. Der Rassismus, zu dem ja auch ein Franzose namens Gobineau beigetragen habe, besitze zwei Gesichter, eines für den Hausgebrauch an die Adresse der Massen. Aber es gebe in meinem Lande genug Leute, die auf den biologischen Rassismus nicht hereinfielen. Man brauche sich nur die Gesichter der Nazichefs anzusehen, um zu sehen, was da als nordischer Typus repräsentiert werde, nämlich nichts. Der Rassismus sei in den Köpfen seiner Chefs eine »Mystique«. Ich bediente mich aus verletzter nationaler Eitelkeit, nicht unkundig der Begriffe, die in den französischen Gazetten üblich waren und auch nicht ohne Kenntnis dessen, was ich bei zwei Franzosen gelernt hatte, nämlich Gustave Le Bon und Sorel, des Begriffs der »Mystique«. Ich wollte deutlich machen, daß es ganz so simpel doch nicht sei, was »outre Rhin« vorgehe.

Es ist mir im Gedächtnis, daß ich die Kühnheit hatte, vor einem elitären französischen Publikum zu sagen, der biologische Rassismus verdecke nichts anderes als eine neue deutsche Machtpolitik. Er sei ein Mittel, den alten Prussianismus zu mobilisieren. Dem Saal stockte der Atem. Man drehte sich nach mir um. Vom Rednerpult – ich saß in einer der vordersten Reihen – vernahm ich ein vernichtendes Wort. Es kam von »meinem«, dem von mir verehrten Professor, dem Grafen Bégouen. Ich hörte ihn das mir wohlvertraute, familiäre bis vulgäre Wort »culot« (Frechheit, Dreistigkeit) sagen. Der Redner, le Révérend Père, erhob sich, um mir mit großer Geste eine Abfuhr zu erteilen. Sie lief darauf hinaus, daß Frankreich seit der Erklärung der Menschenrechte eine andere Auffassung von der politischen Führung des Volkes und der sogenannten Massen habe als jene, die aus meiner Interpretation der eigentlichen Absichten der Nazis deutlich geworden sei. Ein Jesuit, der sich auf 1789 bezog, das war ein Trumpf, der die Versammlung in jene Hochstimmung brachte, die einem beim Erklingen der Marseillaise erfassen kann.

Ich war, wie man heute sagen würde, verunsichert, obwohl ich ganz gewiß nicht für den Nazizynismus Partei ergriffen hatte. Wie wohl mochte, was ich vorgebracht hatte, in jenem Dossier erscheinen, von dem ich damals noch keine Ahnung hatte und das ich später und bis heute nie zu Gesicht bekommen habe?

Etwa im Mai 1934 muß es gewesen sein, daß ich eines Morgens mit der Post von der Polizei einen schlichten Schein erhielt, ich sei von einem »Arrêté de refoulement« betroffen und hätte das französische Staatsgebiet binnen acht Tagen zu verlassen. Ich war wie vom Blitz getroffen. Zwar bedeutete Refoulement nicht die schärfste Form der Ausweisung. Auch war mir unerklärlich, warum ich auf die »Section des Meours« bestellt wurde, wo man mir Fingerabdrücke nahm, mich fotografierte und Karteikarten anlegte, übrigens in aller Ruhe, routinemäßig und fast, wie mir scheinen wollte, mit einem Anflug von mit Ironie gemischtem Bedauern.

Mein Erwachen aus der Euphorie des sorglos unbeschwertesten Lebens war schrecklich. Ich wählte die Flucht nach vorn und sprach mit den Direktoren und Professoren des Lycée und der Fakultät sofort von meinem Mißgeschick, das ich, wie ich versicherte, mir überhaupt nicht erklären konnte. Die Reaktion der Herren war höfliche Betroffenheit und die Versicherung, solche Dinge würden in Paris entschieden, d. h. im Deuxième Bureau des Innenministeriums. Gründe gebe diese hohe Behörde nicht an. Das sei so, ob es Franzosen treffe oder Ausländer. Natürlich kramte ich in meinem Gedächtnis und erinnerte mich jenes Vortrags über den »Couloir polonais«. Professor Boyer, der mir immer zugetan war, erinnerte mich daran als den möglichen Grund oder Ausgangspunkt eines Dossiers, das in Toulouse angefertigt worden sei. Ich machte den Versuch, den Präfekten zu sprechen, wohl wissend, daß mir das nicht gelingen würde. Ich wurde von seinem ebenso höflichen wie undurchsichtigen Kabinettschef empfangen und ging unverrichteter Dinge davon. Dem deutschen Generalkonsul, der sehr erschrocken war, berichtete ich telefonisch und brieflich.

Im Grunde hatte ich mir allenfalls Unbedachtheit und Unvorsichtigkeit vorzuwerfen. Professor Boyer, der dem Vortrag über den Rassismus beigewohnt hatte, sagte mir, daß mein Diskussionsbeitrag mit Sicherheit nicht der Grund für das Refoulement sein könne. Was ich gesagt hätte, sei ein dankenswerter Beitrag und im Grunde richtig gewesen.

Die Sache wurde natürlich durch meine Demarchen, die Ursache zu erfahren, unter Studenten und Schülern mit Windeseile ruchbar. Ich durchlebte eine Woche, die ich nicht vergessen werde. Etwas Licht kam in die Affäre durch zwei Umstände, die bizarr genug waren. Einer meiner liebsten Studenten, ein tüchtiger Kenner der deutschen Sprache, ein Kamerad, der an einem wohlgelungenen von Deutschen organisierten Gruppenskiaufenthalt während der Weihnachtsferien in den hohen Pyrenäen teilgenommen hatte, berichtete mir mit Tränen in den Augen, daß er seit einem Jahr von der politischen Polizei beauftragt gewesen sei, monatlich darüber zu berichten, ob ich etwa »Politik mache« oder mich politisch äußere. Das deutete auf den ominösen Vortrag über den Couloir polonais zurück.

Jetzt wurde mir klar, daß meine Post schon seit längerem überwacht worden sein könnte, insbesondere die mit dem Generalkonsulat in Marseille. Der andere kuriose Umstand war, daß mit mir zusammen jene beiden deutschen Studentinnen als unerwünscht abgeschoben wurden, denen ich zu dem Visum nach Spanien verholfen hatte. Die gewisse Pikanterie des Trios mit zwei hübschen in Studentenkreisen nicht unbekannten jungen Weiblichkeiten hat meine Situation etwas erleichtert.

Aber ich war sehr getroffen und niedergeschlagen. Sollte dies das Ende zweier Jahre sein, in denen ich zu so viel Lebensfreude, Erweiterung des Horizonts und zur Entdekkung des französischen Wesens gekommen war, die mich für immer geprägt hat? Ich habe damals und später nicht einen Augenblick mit den Behörden oder wem sonst gehadert.

Das Refoulement war mir eine zwar bittere, aber nützliche Lehre. Es beirrte mich nicht, daß in meiner Umgebung törichte Gerüchte aufkamen. Einige wenige Leute ließen ihre Phantasie spielen und machten aus der Affäre des Visums für die beiden nicht gerade zurückhaltenden Mädchen, von denen übrigens nur noch eine in Toulouse lebte, einen Roman policier. Die vernünftigen Leute meines ausgedehnten Bekanntenkreises überwogen. Man zeigte sich teilnahmsvoll, wenn auch reserviert. Das habe ich voll verstanden. Nur einer kam, mich geradezu zu umarmen und mich seiner gesteigerten Sympathie zu versichern. Es war, wie man sich denken kann, B., der aus Castelnaudary anreiste und mir zwei Tage der schönsten Autopartien im Umland bescherte.

Hilfe kam mir im letzten Moment von einem Manne, dessen Andenken ich hoch ehre, zumal er mich mehrfach in den dreißiger Jahren in Berlin und sogar noch in den fünfzigern in Frankfurt besucht hat, dem Professor des Deutschen an Fakultät und Lycée Jean Boyer. Ich habe berichtet, daß dieser Mann zugleich in der »Dépêche de Toulouse« Beiträge über musikalische Themen und Kritiken aus dem Konzertsaal und der Oper schrieb. Er arbeitete damals und später an einer Doktorthese über Beethoven. Boyer hat, ohne mir davon vorher etwas zu sagen, seine persönliche Bekanntschaft mit Monsieur Sarraut, dem Besitzer der »Dépêche« und damaligen amtierenden Innenminister, genutzt, um zu meinen Gunsten zu intervenieren.

Der Modus, den man fand, war ein Beweis für die menschliche Vornehmheit wie aber auch die administrative Klugheit und Flexibilität des Ministers. Sarraut ließ mir durch die Polizei der Stadt mitteilen, daß mir und der Studentin ein »sursis«, was einen Aufschub bedeutet, gewährt sei. Dieser Aufschub deckte sich genau mit dem Datum meiner Dienstverpflichtung als Lecteur d'allemand an Fakultät und Gymnasium.

Damit war ich, wenn auch nicht voll gerechtfertigt, so doch als ein Fall deklariert, der nicht schwer sein konnte. Ich ließ mich wieder im Lycée und in der Universität sehen, setzte meinen Unterricht fort und erschien auch wieder am Eßtisch in der Salle à manger der Maitres d'Internat. Meine Kollegen und Bekannten benahmen sich durchweg korrekt. Ich hatte gelernt, daß man in der Öffentlichkeit und schon gar nicht im Ausland drauflosleben und -schwätzen kann. Ich hatte eine Lehre erfahren, die mir fürs Leben galt. Zugleich hat mir die Hilfe von oben, was hier wörtlich zu nehmen ist, denn Paris ist in Frankreich nicht nur die Mitte, sondern das absolute Oben, das erspart, was man einen seelischen Dauerschaden nennen könnte. Ich konnte Frankreich ungetrübt dankbar sein und bleiben.

Die Rückreise Ende Juni nahm ich nicht über Lyon-Straßburg, sondern über Paris. Der Generalkonsul hatte die Deutsche Botschaft verständigt, vielleicht aus dem schlechten Gewissen, daß er sich des diplomatisch ungeschützten jungen Mannes für konsularische Recherchen bedient hatte. Ich wurde von einem Botschaftsrat empfangen und mit dem Versprechen vertröstet, daß man versuchen werde, die Gründe der Abschiebung, die meiner Person widerfahren war, auf diplomatischem Wege zu erfahren. Es ist natürlich nie etwas herausgekommen, und ich hatte mich, nachdem mir durch den Aufschub so etwas wie moralische Rehabilitation widerfahren war, mit der Sache abgefunden. Meine einzige Sorge war, daß ich künftig Schwierigkeiten bei der Einreise nach Frankreich haben könnte. Ich hatte nie die geringsten. Der freundliche Landsmann von unsrer Botschaft gab mir für das Wochenende ein Billet für das große Autorennen in Montléry bei Paris. Ich erinnere mich an eine Metrofahrt in drangvoller Enge und an ein Rennen, in dem die deutschen Wagen von den Parisern geradezu als Sendboten der deutschen industriellen Potenz frenetisch begrüßt und bestaunt wurden. Undeutlich ist mir in Erinnerung, daß es trotz oder wegen der gewaltigen Aufregung um vorhergesagte deutsche Siege nur deutsche Ausfälle gegeben hat. Jedenfalls war, was ich davon mitbekam, eine Art Satyrspiel auf meine Toulouser Erlebnisse.

Am Abend des 30. Juni kurz vor dem Termin, da ich das französische Territorium verließ, saß ich in einer Brasserie des Boulevard des Capucines und las mit steigender Erregung in einer Leuchtschrift an der oberen Front eines gegenüberliegenden Hauses die neuesten Telegramme. Es war eine Initiation in das, was mich in meinem Vaterland erwartete, wie ich sie mir nicht erregender und treffender hätte ausdenken können. Die Depeschen berichteten in jagender Eile mit immer neuen Details und Zahlen von den grausigen Metzeleien in Bad Wiessee und im übrigen Reich. Es war das Datum des sogenannten Röhmputschs, und der Tenor aller Telegramme lief auf »Hitler, den Schlächter« hinaus.

Als ich in der gleichen Nacht die deutsche Grenze überschritt, fühlte ich mich wie ein Wanderer in einem gespenstischen Walddickicht. Ich war versucht, ins Französische zu verfallen und einem Nachbarn, wenn ein solcher dagewesen wäre, dem ich meine Bewegung hätte anvertrauen können, zu sagen: »Quel pays!« In der Tat, in welch ein Land fuhr ich nach zwei Jahren Abwesenheit nach Haus!

Berliner Tageblatt

1934 bis 1936

Das genaue Datum jenes strahlenden Tages Anfang Juli 1934 und jener Stunde auf dem Königlichen Platz zu München vermag ich nicht mehr zu rekonstruieren. Aber auf diesen Tag und in jene Stunde fiel mein erstes reales Erlebnis des nationalsozialistischen, des sogenannten Dritten Reiches. Es muß bald nach dem Tode Hindenburgs gewesen sein (2. Juli 1934). Was am 30. Januar 1933 vorgegangen war und danach kam, die Gleichschaltung in Regierung und Verwaltung, im öffentlichen Leben, die Verwandlung des Landes und des Volkes in ein Heerlager, die ungeheure Welle von nationaler Emotion und die dunklen Vorgänge der Gewalt, alles was damals mit dem magischen Begriff des totalen »Umbruchs« bezeichnet wurde, war mir bis zu meiner Rückkehr aus Frankreich im Sommer 1934 fremd geblieben.

Das allzu glatte Stichwort »Incertitudes allemandes«, das ein hochbegabter junger Franzose, der Staatssekretär Pierre Viennot, 1932 als Titel einer warnenden Schrift in Umlauf setzte, hatte noch vor Hitlers Machtergreifung das deutsche Phänomen auf jenen Begriff gebracht, der für Franzosen ausreichte, um die Nachbarn outre Rhin mit einer Mischung aus Schauder, Abscheu und einem Gran heimlicher Bewunderung zu betrachten und sie sich wie eine ansteckende Krankheit möglichst vom Leibe zu halten. Als deutsch galten Krupp und Beethoven. Beide zusammen ergaben die »Incertitudes«, ohne die dank dem Völkerbund längst der ewige Friede Wirklichkeit geworden wäre. Zu solch einfachem Gedankenschema über die

Deutschen gab es Hunderte von Varianten. Man ließ je nach der eigenen gesellschaftlichen Position die Deutschen wohlwollend entweder als Bildungsnation oder als Nation der Industrie und Technik gelten. Alle Franzosen aber, ob gebildet oder einfache Leute, sahen in der Organisationswilligkeit, plumper gesagt im Herdentrieb, das deutsche Nationallaster. Die Deutschen, im einzelnen oft als liebenswert und harmlos empfunden und nach anfänglicher Reserve im Lande freundlich und gastlich aufgenommen, galten jedem Franzosen bis in die höchsten Spitzen der Macht als politisch gefährliche, weil unberechenbare Leute.

Das etwa war der ideelle Hintergrund eines Referats, das ich nach meiner Rückkehr in den Tagen Anfang Juli 1934 in München vor den aus allen Teilen der Welt zurückgekommenen Kandidaten des Deutschen Akademischen Austauschdienstes über die französischen Reaktionen gehalten habe. Das Institut veranstaltete am Beginn der Sommerferien regelmäßig in München eine Art Heerschau der Zurückgekehrten.

Für meine Gruppe, die in der DAAD-Sprache abgekürzt »die Franzosen« hieß, das Länderreferat zu halten, war so etwas wie eine Auszeichnung. Ich sprach frei und unbekümmert. Über der Versammlung der jungen Leute mit ihren Berliner Tutoren, voran der pensionierte General von Massow, lag beklemmende Nervosität. Der 30. Juni, an dem Hitler sich der SA-Führung und oppositioneller konservativer Gruppen und Personen, voran des katholischen Jungkonservativen Edgar Jung, entledigt hatte, war für unseren Kongreß von besonderer Bedeutung. Es war durchgesickert, daß der Leiter des Austauschdienstes, Oberregierungsrat Morsbach, seit dem 30. Juni verschwunden war. Man bangte um ihn, da ihn Freundschaft und Gesinnung mit dem ermordeten Edgar Jung verbunden hatte. Nun war zwei Tage nach den politischen Morden, von denen ich kurz zuvor noch am Pariser Boulevard des Capucines unter den Sensationszeilen „Hitler le boucher“ (Hitler, der Schlächter) vernommen hatte, Hindenburg gestorben. Ein Fossil, über das die Eingeweihten ihre Witze machten, für die breitere Öffentlichkeit aber immer noch das Symbol dessen, was der Bürger, wenn er sich bedroht fühlt, die Ordnung nennt.

Wie es um den Austauschdienst stand und welche Sorgen die Berliner, die zu dem Kongreß nach München eingeladen hatten, erfüllten, erfuhr ich durch Ingrid Dybwad, Morsbachs rechte Hand, eine mehr als bemerkenswerte Dame, die Seele des Austauschdienstes. Die »Dyb«, wie wir sie nannten, die in den Dreißigern stehen mochte, lebhaft, hochintelligent, war Schwedin. Seit wann und wie sie in den Austauschdienst gekommen war, habe ich nie erfahren. Jeder Auslandskandidat kannte sie. Zum ersten Mal hatte ich sie auf dem Herbstkongreß des Austauschdienstes vor der Ausreise der neuen Crew im alten Schloß Köpenick erlebt.

Man hatte als Austauschmann alle halbe Jahre einen Bericht nach Berlin zu schicken. Es sprach für die Integrationskraft des Instituts, das zwar nicht zum Auswärtigen Amt gehörte, ihm aber weitläufig attachiert gewesen sein dürfte, daß die einigen hundert jungen Leute ein Gruppenbewußtsein entwickelten. Nach der Rückkehr fühlte man sich miteinander verbunden und wohl auch ein wenig »elitär«. Man hatte, ohne heimische Berufschancen zu berechnen, den möglichen Verlust eines oder mehrerer Jahre des Vorankommens in Kauf genommen. In jugendlichem Übermut war man stolz darauf, andern die Kenntnis eines Stücks Welt vorauszuhaben und nicht nur die Kenntnis.

Es muß kurz nach Hindenburgs Tod gewesen sein, daß im Herzen der Stadt auf dem königlichen Platz, der damals noch nicht durch die häßlichen Tempel des Gedenkens an die sogenannten »Gefallenen der Bewegung« architektonisch verdorben war, zur Erinnerung an den soeben verstorbenen, mit dem Stereotyp greis und ehrwürdig abgestempelten Hindenburg ein gewaltiger Aufmarsch der SS stattfand. Der weite, weiß schimmernde Platz war von riesigen Karreés schwarz uniformierter Männer eingenommen. Ich erinnere mich, daß die Kader unbeweglich starr lange Zeit verharrten und daß ich nahe an die vordersten Reihen herankam. Die Gesichter der braungebrannten Kerls in teuren Monturen, mit weißem Lederzeug ausstaffiert, starrten geradeaus. Die bajuwarischen Burschen schienen durch Kasernierung und Drill auf jenen Typ gebracht, der einen das Fürchten lehren konnte und wohl auch sollte. Zum ersten Male erblickte ich die legendäre SS. Den Grundton meines Eindrucks gab die Furcht ab. Die kompakte Ballung anonymer Kraft und Sturheit, die zum Ausbruch auf Befehl bereite Erstarrung – wo sollte ich in einem System, das solches zuwege brachte, mein Plätzchen finden? Ich fühlte mich bang verloren. Seltsam aber, daß sich in solche Gefühle und blitzschnelle Gedanken so etwas wie Faszination mischte. Nicht als ob ich die tiefgestaffelten, schnurgerade ausgerichteten, bewegungslosen Eisenmänner unter den Stahlhelmen als ein Element von Ordnung empfunden oder gedacht hätte. Eher war es das Bedrohliche, Finstere, Drohende, das mich faszinierte. Ich erinnere mich, daß ich fast spielerisch und ungeniert vor den stummen, wie Mauern aufgebauten Reihen der schwarzen Parteimilizen einherschlenderte. Der Verführung, die Unbeweglichkeit der Gedrillten, unter Befehl Stehenden durch betonten Nonchalance sublim zu provozieren, konnte ich trotz Angst und Schauder nicht ganz widerstehen. Der Versuch, diesen Lebensaugenblick nachträglich auf seine Elemente zu bringen, könnte so verstanden werden, ich sei also einer aus jener Zwischengeneration gewesen, die dem Rausch der dionysisch verstandenen Gewalt vom Gefühl her hätten verfallen können. Ich meine weniger verführbar als die meisten meiner Generationsgefährten gewesen zu sein.

Aus der zweijährigen Konfrontation mit Franzosen hatte ich ein ausgeprägteres Nationalgefühl zurückgebracht, als ich es zuvor gehabt hatte. Ich habe den nationalen Hochmut der anderen schwer verwunden. Wenn ich als Gymnasiast und Student ein Schwärmer für supranationale Geistigkeit und eine Gesellschaft gewesen war, die über die nationalen Schranken hinauswachsen könnte, so war ich national bewußter zurückgekehrt. Das mag manchem jüngeren Zeitgenossen heute absonderlich erscheinen, ihm vielleicht den Verdacht erwecken, ich sei also doch vom braunen Virus infiziert gewesen.

In Wahrheit bin ich nie eine Sekunde lang Nationalsozialist gewesen. Ich rechne mir das nicht als Verdienst und Zeichen für politisch-moralische Unbeirrbarkeit an. Ich hatte von Herkunft und Wesen nicht die Begabung zum

Nazi. Der von der NS-Propaganda aufgebaute Kommunistenschreck, durch den mein guter, auf einem preußischen Lehrerseminar im Sinne von Ordnung und Obrigkeit erzogener Vater gelegentlich ein wenig unsicher wurde, machte mir kaum Eindruck. Was ich als Student in den schrecklichen Jahren der wirtschaftlichen Depression und Arbeitslosigkeit vor 1933 erlebt hatte, hatte mir die Gewißheit gegeben, daß es nicht Hitler und seine Kolonnen gewesen sind, die uns vor den Kommunisten gerettet hatten. Ich kannte die kleinen Leute meiner Heimat, ich hatte mich von Kindheit an ihnen zugehörig gefühlt. Ich wußte, wie es in ihren Wohnküchen aussah, was sie dachten und redeten, ich war geneigt und bin es bis heute geblieben zu glauben, daß die Deutschen auf ihre Weise Kleinbürger sind, ehrliche Leute, die für ihre Arbeit ein Geld wollen und etwas Kleinbesitz. Die seelische Heimat der breiten Massen schien mir der Schrebergarten zu sein. Ich hatte mich von Kindheit an im Sozialklima der Schrebergärten wohl gefühlt. Die deutsche soziale Glückvorstellung hat etwas mit Kleinbesitz und Biedersinn zu tun. Es war mir immer klar, daß Hitler mit seinen Ordnungsprogrammen einen Teil der Leute in unserem Land, die sich um ihr kleines Glück gebracht sahen, gegen die anderen, die es sich zu erhalten suchten, aufhetzte, bis daraus die nationalistische Manie, das Gegenteil vom Biedersinn, wurde.

Ich war mir im Jahr meiner Rückkehr aus Toulouse 1934 im klaren, daß die Partie der Freiheit und ihrer Garantien vorerst verspielt war und daß die Furcht vor dem drohenden Untergang von den Demagogen beständig angeheizt wurde, um die Leute nicht zur Besinnung kommen zu lassen. Wie fürchterlich die Folgen der Verhetzung werden könnten, ahnte ich dunkel. Angst und daraus resultierende Vorsicht auf Schritt und Tritt haben mich während der Hitlerdiktatur nie verlassen. Die Keckheit, mit der ich den Braunen gelegentlich begegnete, ging kaum einmal so weit, daß ich die Vorsicht außer acht gelassen hätte. Wie Tausende andere Gesinnungsverwandten, denen man damals begegnete, mit denen man sich wie nach geheimer Verabredung ohne Aussprache alsbald verstand, verlegte ich mich aufs Abwarten. Wort und Begriff Widerstand waren mir, der gerade aus dem Ausland zurückgekehrt war, unbekannt. Ich suchte wie Millionen anderer zunächst einen Schlupfwinkel.

Ich fand ihn in München durch Ingrid Dybwad. Diese grundgescheite, charmante Person, die es zu genießen schien, daß viele der jungen Männer sie wie eine hübsche ältere Freundin hofierten, fragte mich wie zufällig und absichtslos, was ich jetzt zu tun gedächte. Ich sah in das helle, schmale Gesicht und begriff, daß sich da so etwas wie eine Hilfe bot. Ich bekannte mich vollkommen ratlos. Ich hätte zwar die Möglichkeit, mich als Kandidat zur Ausbildung für das höhere Lehramt zu melden. Aber das wollte ich auf keinen Fall, da mir gerade dort von der weltanschaulichen Schulung mehr drohe als irgendwo sonst. Ich habe I. D. gesagt, daß ich mich bei der Redaktion der Frankfurter Zeitung beworben, von dort aber einen abschlägigen Bescheid bekommen hätte, weil kein Plätzchen frei sei. Ingrid Dybwad bestimmte in zehn Minuten Gespräch meinen beruflichen Lebensweg. Auf die Frage, ob ich zum Berliner Tageblatt kommen wollte, antwortete ich in der Euphorie des guten Augenblicks und wohl auch, um vor der eleganten Dame zu bestehen, mit einem glatten Ja.

Zwei Monate später war ich Volontär in der, wie es bei dieser Zeitung damals noch hieß, Depeschenredaktion des B. T. Die Dybwad hatte Wort gehalten. Sie kannte aus dem Austauschdienst und dank ihrer vielfältigen Verbindungen zu jungkonservativen Kreisen den damaligen kommissarischen Verlagsleiter des Berliner Tageblatts, Dr. Sikorski, einen politisch ehrgeizigen Mann, der vor 1933 in einer Spitzenposition der Deutschen Studentenschaft tätig gewesen war. Sikorski, der Typ des intelligenten Managers, ließ mich nach Berlin kommen. Er brachte mich zu Paul Scheffer. Diese ungewöhnliche Figur war seit kurzem Chefredakteur des durch die Jahre nach 1933 schwer angeschlagenen, vieler großer Federn beraubten, unter schwerem Druck der Regierung und insbesondere des Propagandaministeriums stehenden »Berliner Tageblatts«. Ich hatte vor meinem Antrittsbesuch aus meinen seit Studentenjahren praktizierten Zeitungsmitarbeiten ein Bündel von Artikeln zur Probe eingeschickt. Diese Arbeiten, Reiseberichte, ideologische Diskussionsbeiträge meist aus der Rhein-Mainischen Volkszeitung, teils aus der Frankfurter Zeitung, teils aus dem Wiesbadener Tageblatt schienen Scheffer immerhin genug Eindruck gemacht zu haben, mich unter seine Volontäre aufzunehmen. Die zwei Jahre Frankreich, die Beherrschung der Sprache und die dazugehörige Kenntnis von Land und Leuten dürften mitgesprochen haben. Scheffer schien mir nicht gerade gnädig. Ein vielbeschäftigter, nervöser Mann in den Fünfzig, ein Boß, wie ich noch keinen kannte, ein helles Auge, das vielleicht auch etwas Güte hatte, ein Herr, dem von einem unterwürfigen Manne namens Werkmeister Depeschen und Fernschreiben hereingebracht wurden, die der Chef, das Gespräch kurz unterbrechend, überflog.

Ich erinnere mich, etwas verwirrt von dannen gegangen zu sein. Ich hatte noch ein paar Wochen bis zum endgültigen Eintritt am 1. September 1934. Meine Situation war wirtschaftlich alles andere als rosig. Sikorski hatte mir kurzangebunden klargemacht, daß die Zeitung unter Bankenaufsicht stehe, daß ihre wirtschaftliche Lage schlecht sei und ich allein Ingrid Dybwads Fürsprache die Gunst verdankte, bei Scheffer lernen zu dürfen. Ich begriff sofort, daß Scheffer, von dem ich bis dahin überhaupt nichts wußte, der entscheidende Mann im alten Mossehaus war, daß es nicht leicht sein würde, ihn für sich einzunehmen und daß der junge Mann von sechsundzwanzig Jahren, der ich war, sich nicht nur erheblich würde anstrengen müssen, sondern wohl auch eine Portion Glück benötigen würde, um sich durchzusetzen.

Ich war gewitzt genug, mich bereits am Tage meiner Vorstellung in Berlin nach einem Quartier umzusehen. Das war nicht einfach, weil ich für das erste Jahr als Einkommen ein monatliches Taschengeld von fünfzig Mark zuzüglich der Honorare für eigene veröffentlichte Arbeiten bis zur Höchstgrenze von einhundert Mark pro Monat zu erwarten hatte. Daß von den mit einiger Not erreichten RM 150,-- noch um die RM 20,-- für Sozialversicherung und Krankenkasse abgezogen würden, ahnte ich an jenem Tag noch nicht.

Die dringendste Frage war, wo ich ein Zimmer finden

würde, das extrem billig sein mußte und in dem ich würde arbeiten können. Ich erinnerte mich an die schrecklichen Vermieterinnen meiner Studentenzeit, ihre kleinliche Aufpasserei und Schwatzsucht und verfiel auf den Gedanken, in einem Berliner Studentenheim zu wohnen. Man nannte mir ein entsprechendes Haus in der Nähe des Stettiner Bahnhofs, das freilich den Nachteil hatte, ein evangelisches Haus zu sein. Würde man einen Katholiken aufnehmen? Die freundliche Pastorenwitwe, die mich als Leiterin empfing, fragte mich zu meiner angenehmen Überraschung nicht nach dem Taufschein und erklärte, daß sie gern einige junge Männer aufnehme, die bereits ausstudiert hätten. Wer schon im Beruf stehe, sei gehaltener und ernsthafter. Dieses Element im Hause könne einige Radikalen, womit SA-Rabauken gemeint waren, besser zügeln. Ich war sehr glücklich. Das Haus, ein roter Backsteinbau, gehörte zu einem kirchlichen Komplex in der Novalisstraße, nahe dem Stettiner Bahnhof. Die Ackerstraße war eine Parallelstraße. Im vierten Hinterhof im alten Berliner Norden nahe am Oranienburger Tor fand ich eine Bleibe. Der Preis war – ich vergesse es nie – RM 16 monatlich.

Freudestrahlend besuchte ich Ingrid Dybwad, die am Mathäikirchplatz eine zauberhaft möblierte kleine Junggesellinnenwohnung hatte. Wir tranken Tee. Sie wollte alles wissen, was Scheffer gesagt und gefragt hatte, und lächelte, als sie die Reserve bemerkte, mit der ich mich über meine Begegnung mit Sikorski äußerte. Eine Nebenbemerkung ließ mich ahnen, daß die »Dyb« mich durch das kleine Sätzchen, der junge Mann, den sie in die Jerusalemer Straße geschickt hatte, sei kein Nazi, alles entschieden hatte. Nun, es hat sich mir, der mit einiger Naivität ein Unterkommen suchte, bald gezeigt, daß Scheffer in der Tat keine Nazis um sich haben wollte.

Die paar Wochen, die mir nach dem Antritts- und Vorstellungsbesuch im heimischen Wiesbaden verblieben, haften mir intensiv im Gedächtnis. Der August 34 muß sehr heiß gewesen sein. Meine gute, zurückhaltende Mutter sah dem, wie sie richtig urteilte, ungewissen Unternehmen des ältesten Sohnes mit einer Unruhe entgegen, die sie nur schwer zu verbergen verstand. Der Vater wußte nicht so recht, ob er sich freuen sollte oder nicht. Er hätte mich lieber in einer für sicher gehaltenen Beamtenlaufbahn als Studienrat gesehen. Er hat nach meinem Eintritt zum ersten Mal in seinem Leben das Berliner Tageblatt zur Hand genommen und gelesen. Ich war zwischen dem zuversichtlichen Gefühl, so rasch einen Platz gefunden zu haben, und einer gewissen Bangigkeit hin- und hergerissen.

Am Tage vor meiner Abreise nach Berlin nahm ich das Fahrrad und machte mich zu der für lange Zeit vermutlich letzten Fahrt in mein geliebtes nassauisches und rheinisches Land auf. Ich fuhr, wie es zu Hause hieß, »die Wispertour«. Sie führt von Wiesbaden über die Aarstraße auf einen Sattel im Taunuskamm, romantisch »Eiserne Hand« geheißen. Von da konnte man über die kargen Höhen des Hintertaunus nach Bad Schwalbach rollen. Danach ging es zu Fuß, indem man das Rad schob, auf die waldigen Höhen bis zu einem Scheitelpunkt im Gebirge hinauf, wo sich die Straßen nach Bad Ems und nach Lorch am Rhein teilen. Ich rollte durch das enge, schluchtenreiche stille Wispertal hinunter an den Rhein. Als mir Jahre danach ein Mann bei einem Redaktionsschwatz im Mossehaus erzählte, wie er, geborener Sudetendeutscher, als junger Mensch zum ersten Male an den Rhein gekommen und wie ihm die hellen Tränen gekommen seien, fiel mir jener Abschied vom Heimischen ein, den ich einen Tag vor dem Aufbruch nach Berlin zu Lorch am Rhein gehalten hatte.

Pünktlich am 1. September 1934 stellte ich mich in dem Hause Ecke Jerusalemer und Schützenstraße, einem düsteren Steinkoloß, in der Depeschenredaktion im zweiten Stock ein. Ein freundlicher Mann namens Molkenthin nahm mich in Empfang. Ich wurde in Scheffers Vorzimmer an einen Schreibtisch plaziert und bekam einige grüne Depeschenblätter vorgelegt, in die ich hineinsehen sollte. Es dauerte nicht lange und es tauchte eine Dame auf, die einem die Hand gab, in dem sie den Arm in eine eigenartige Drehbewegung brachte. Es war Margret Boveri, die ihre Überraschung, einen eher sportlich als intellektuell wirkenden, braungebrannten jungen Mann »in der Politik« aufkreuzen zu sehen, später kundgetan hat. Im Laufe des Tages lernte ich noch Herrn Rennert, einen sehr freundlichen Mann mit zerhacktem Gesicht – kein corpsstudentischer Schmiß, sondern eine Weltkriegsverletzung – kennen und dann die Lady, ganz Dame und leicht geziert, Frau Vermehren. Die vier waren »die außenpolitischen Redakteure«, Scheffers Zuarbeiter. Ich soll mir, wie Margret Boveri später berichtet hat, am ersten Tag von der Kantinenmamsell ausgerechnet eine Milch bestellt haben. Daran erinnere ich mich nicht. Vielleicht hat der gar zu sportliche Eindruck, den ich gemacht hatte und der natürlich in Gegensatz zu der eher erwarteten Intellektualität stand, in Margrets Gedächtnis die Milch dazu erfunden? Ich weiß es nicht.

War es der allererste Tag, der nächste oder einer der nächsten – gegen zwei Uhr mittags geschah etwas Merkwürdiges. Ich hatte die Ehre, zum ersten Mal in meinem Leben zu jenem Vorgang mitgenommen zu werden, der von Redakteuren, die ein spezifisches Selbstverständnis ihrer Berufsrolle aufbringen, der Umbruch genannt wird. Scheffer eilte mit rollenden Gehbewegungen in den Maschinensaal der Mettage, steuerte auf ein Pult zu, begrüßte mit der ihm eigenen Grazie zwei Chefmetteure mit Handschlag und begann sofort, in einer Druckfahne zu lesen, die ihm soeben frisch und feucht auf das Pult gelegt wurde. In dem Saal herrschte beträchtlicher Arbeitslärm. Ein Mann, den ich später kennenlernte und zu dessen hervorragendsten Eigenschaften eine forsche Kommandostimme gehörte, Erwin Topf schien an seinem Platz, wo er soeben »die Innenpolitik« umbrach, die Stärke seiner Stimme noch zu erhöhen, was auf Scheffer Eindruck machen sollte. Der Neuling, der sich überflüssig, Platz versperrend und jedem der Geschäftigen im Weg fühlte, sah viele neue, meist ein wenig erstaunte Kollegengesichter. In den Mienen spiegelte sich Neugier, forcierte Überraschung und herablassende Kollegialität. In dieser Art zum Beispiel begrüßte mich der wichtige Willy Beer, noch jung, aber offenbar vom Gewicht seiner Funktion sehr überzeugt, Innenpolitiker, der sich als zweiter Mann nach Scheffer fühlte, wie ich bald erfuhr.

Ich stand herum, war den Eingeweihten im Weg und wurde – o, Tor aus der rheinischen Provinz! – plötzlich von Panik erfaßt. Unbemerkt suchte ich zu entkommen.

Während ich bereits dem Ausgang des Mettagesaals zustrebte, fühlte ich mich am Jackett gezupft und schaute mich um. Einer der beiden Chefmetteure, ein schmaler, hochgewachsener Mann mit einem listig blinzelnden Gesicht – ich war ihm vor einigen Minuten vorgestellt worden – nuschelte durch die Zähne: »Dokterchen, komm!« Im Bruchteil einer Sekunde begriff ich und kehrte möglichst unauffällig um. Mit einem scheuen Schrägblick auf Scheffer stellte ich fest, daß er Flucht und Umkehr bereits wahrgenommen hatte.

Nie vergesse ich das Sätzchen »Dokterchen, komm!«. Der Mann hieß Polatschki. Ich habe einige Monate danach mit ihm manche Seite umbrochen. Nie ist wieder die Rede davon gewesen, daß dieser prachtvolle Berliner Mann mir am ersten Tag beruflich sozusagen das Leben gerettet hat. Scheffer, wie ich ihn später kennen, verehren und fürchten gelernt habe, würde wahrscheinlich nicht gezögert haben, mich umgehend nach Hause zu schicken.

Ich übergehe hier zunächst den Alltag des Redaktionslehrlings, der ich im Herbst 34 geworden war, und überschlage ein volles Jahr. Es muß im Herbst 1935 gewesen sein, daß ich zusammen mit zwei anderen jüngeren Kollegen, die in der gleichen Lage waren, erfuhr, die Presseabteilung des Propaganda-Ministeriums, von dessen Zulassung die Ausübung des journalistischen Berufs abhing, habe die Ausbildung der »Schriftleiter« neu geregelt. In die nach Landesverbänden gegliederten Berufsverbände der Schriftleiter würden Neulinge künftig nicht mehr sofort nach Ableistung des Ausbildungsjahrs aufgenommen. Bei Berlin sollte eine Reichspresseschule eingerichtet werden, deren dreimonatiger Besuch zur Pflicht gemacht werde. Praktisch bedeutete das, daß nun auch junge Journalisten nicht länger jener damals obligaten Einrichtung entgehen würden, die Schulungslager hieß.

Die Anwärter des Staatsdienstes, mögen sie nun Juristen oder Studienreferendare gewesen sein, waren längst mit dem »Schulungslager« vertraut geworden. Was das hieß, kannte ich vom Hörensagen. Es bestand aus einer Art Kasernierung in Baracken, aus Frühsport und Kursen in einem Fach, das so diffus war, daß es nicht einmal einen präzisen Namen hatte. Man nannte es weltanschauliche Schulung, worunter Drill und Rassenkunde zu verstehen waren. Daß man die sinnreiche Einrichtung für Journalisten erst relativ spät anordnete, dürfte mit der Disparatheit derer, die in diesen Berufszweig wollten, zusammenhängen, wohl auch mit dem Umstand, daß nicht wenige Damen in die Zeitungen strebten. Auch war das, was Presse hieß, durch den offenen Riß zwischen Partei- und bürgerlicher Presse schwer unter das Dach einer einheitlichen Schulung zu bringen. Die Herren »der Partei« wußten nur zu gut, daß sie bei der Zusammenbringung der »bürgerlichen« mit den Parteijournalisten einiges riskierten. Das Schriftleitergesetz war erst 1935 formuliert und von Goebbels verkündet worden. Der Zeitpunkt, an dem ehrgeizige junge Männer auch ohne politisches Einverständnis zu Parteizeitungen zu gehen bereit gewesen wären, war damals noch nicht da. Es gab ja nicht nur die alten Berliner Blätter, außer »uns« die Deutsche Allgemeine und die Börsenzeitung – Vossische und Börsencourier hatten daran glauben müssen –, es gab die Münchener Neuesten Nachrichten, die Frankfurter und die Kölnische Zeitung, das Hamburger Fremdenblatt, es gab eine Fülle von Regionalblättern und Generalanzeigern, von wirtschaftlich gesunden, kleineren Zeitungen, oft mit einem ausgesprochen gebildeten Leserkreis, zu schweigen.

Emissäre des Bürgermeisters a. D. Winkler, eines geheimnisumwitterten Mannes in einer Tiergartenvilla, der bürgerliche Zeitungen im Dienst des Reichsleiters der Presse zu »sanieren« unternahm, was gleichschalten bedeutete, hatten begonnen, nach Blättern auszuspähen, die durch Verluste von Lesern und Anzeigen in Bedrängnis gerieten. Zu den »Klienten« des Herrn Winkler gehörte das »Berliner Tageblatt«, das durch die rechtzeitige Flucht des Verlegers Lachmann-Mosse ins Ausland und den Entzug der Kapitalbasis, der berühmten Annoncen-Expedition, wirtschaftlich sehr früh in schwere Bedrängnis kam.

Wir jungen Redakteure, aber auch die älteren erfuhren

dank Scheffers geradezu geheimdienstlichen Methoden von diesen Hintergründen wenig. Man erzählte sich hinter der vorgehaltenen Hand, daß wir unter Bankenaufsicht standen und mühsam Leser- und Inseratenverluste verkrafteten. Unsere Verlagsleiter wurden uns, nachdem der Nichtnationalsozialist Sikorski, Vertreter unserer Bankgläubiger, und der Dr. Joël, der noch aus »jüdischen« Zeiten eine Weile mit Alibifunktion amtierte, gegangen waren, vom Propaganda-Ministerium oktroyiert, so ein Dr. Jahncke, der zuvor mit wenig Glück der erste Leiter der Reichspressekonferenz gewesen war. Dieser Mann, von dem die Fama wußte, daß er eine angeblich reiche norddeutsche Druckerstochter geheiratet hatte, war politisch eher Deutschnationaler. Er gehörte dem Frontkämpferverband des »Stahlhelm« an und hatte im Auftreten die obligate Mischung von forsch und fein. Dieser Mann hatte als Reichspressechef den Scharfmachern der NSDAP nicht energisch genug reagiert und wurde, o Hohn! zum Berliner Tageblatt abgeschoben, das heißt, in ein Pleiteunternehmen, das die Regierung noch nicht zu schließen bereit war, da die Zeitung für gewisse, zumal außenpolitische Ziele noch benötigt wurde. Vor allem Paul Scheffer, der »Arier« und ein Mann alter Schule von internationalem Ansehen war, wurde, wie sich später herausstellte, noch gebraucht. Ich habe diese Zusammenhänge, obwohl alsbald ins Feuilleton versetzt, wo man mich mit meinen studierten Vorkenntnissen sofort in die redaktionelle Arbeit einsetzen konnte, mit wachem politischem Interesse beobachtet.

Unser Leben in dieser Redaktion vollzog sich wie auf einer Insel. Wir waren sozusagen ein Ghetto. Natürlich hatten wir zahlreiche Verbindungen nach draußen, waren wir doch immer noch ein zweimal täglich erscheinendes großes Blatt. Was die Frankfurter Zeitung im westlichen Ausland war, das waren wir im Osten. Wir wußten, daß unsere Leser in Polen, Ungarn, in der Tschechoslowakei Aktivposten waren, die uns den Nationalsozialisten einstweilen noch wertvoll erscheinen ließen. Das hinderte nicht, daß wir auf Schritt und Tritt schikaniert wurden. So erinnere ich mich, daß etwa um die Zeit, da die Reichspresseschule eingerichtet werden sollte, ein Vorfall spielt, wie es ihn hundertfach gegeben hat, dessen ich mich gut erinnere, weil er für mich im Zusammenhang mit jener Presseschule bedeutsam wurde. An einem deutschen Handelsschiff, das in New York vor Anker lag – es muß 1935 gewesen sein – war die Hakenkreuzflagge abgerissen und zerfetzt worden. Den deutschen Blättern wurde von einem wutschnaubenden oder wutmimenden Regierungssprecher in der täglich um 12 Uhr am Wilhelmplatz stattfindenden Reichspressekonferenz strikt anbefohlen, in den schärfsten Tönen auf dieses Vorkommnis zu reagieren und dabei die deutschen Juden als die Urheber »schärfstens« – so etwas löste immer das Wort »schärfstens« aus – zu »entlarven«, was auch ein obligates Wort war, obwohl es da wenig zu entlarven gab, entweder weil es tatsächlich jüdische Urheber gewesen waren oder weil es solche gewesen sein mußten. Die anbefohlene Glosse im BT muß als matt und lau eingeschätzt worden sein. Das erfuhr ich kurioserweise bei meinem Versuch, der Reichspresseschule zu entkommen. Dieser Versuch, mir drei Monate »Schulung« durch eine Art Demarche in eigener Sache zu ersparen, soll hier berichtet werden, weil so auf die Frage, wie ich, »Kleiner Mann was nun?« mich im Dritten Reich innerlich und äußerlich orientiert habe, Auskunft gegeben werden kann.

Man muß sich vorstellen, daß ich als Volontär zunächst nur einen Unterschlupf gefunden hatte und mir die volle Realität Nationalsozialismus erst nach einer Weile bewußt geworden sein kann. In meinem ersten Jahr hatte ich schwere Sorgen, weil ich kaum wußte, wovon leben. Was ich sah und erfuhr, war spannend, die erste Begegnung mit einem politischen Erdrutsch sondergleichen. Mit den Kollegen, die bemerkenswert solidarisch sich um den bedeutenden Scheffer scharten, war ich mitten im Zyklon. Ich hatte berechtigte Hoffnung, nach dem Jahr der Lehre, das zu Ende ging, vollgültig zu werden, auch materiell. Der Verlag hatte mir bereits gnädig ein Gehalt von 375 Reichsmark bewilligt, da platzte die Bombe Reichspresseschule, die mich nicht nur weitere drei Monate des Wartens gekostet und den überflüssigsten Schikanen einer sogenannten Schulung ausgesetzt, sondern überdies noch aus dem Zentrum in ein märkisches Nest verschlagen haben würde. Ich wollte das unter allen Umständen vermeiden. Wer weiß, was gewesen wäre, wenn ich nach drei Monaten zurückkam. Wenn etwa das Berliner Tageblatt inzwischen verboten worden wäre?

Solche Bemerkung mag heutigen Lesern frivol erscheinen. Sie entspricht, da mich die Erinnerung an meinen inneren Zustand nicht verlassen hat, der damaligen Seelenlage. Ich war 26 Jahre alt, hatte einigen Erfolg mit Artikeln und Rezensionen gehabt, hatte für niemand als mich selbst zu sorgen, war durch die zwei Jahre Toulouse in vagantischer Existenz geübt und nahm an einem Experiment teil, das faszinierend war, nämlich inmitten eines ebenso mächtigen wie schwergängigen Machtapparats sich in einer kleinen Gruppe unter hervorragender Führung zunächst einmal zu behaupten. Hatte ich den Sprung nach Berlin ins völlig Ungewisse hinein gewagt, um mich jetzt »schulen« zu lassen, und dies, wie ich erfuhr, noch von einem Manne, den ich aus meiner Studentenzeit als einen entsetzlich sturen Anhänger und Gläubigen der »Bewegung« kannte?

Ich faßte einen Entschluß auf eigene Faust und gegen den ausdrücklichen Willen des mächtigen, von uns allen gefürchteten Scheffer. Dieser hatte schon öfter seinen jungen Leuten gesagt, sie müßten Kontakte mit den Nationalsozialisten haben, sie suchen, ihnen jedenfalls nicht ausweichen. Das war ein Teil der souveränen Führungskunst des Chefs, der die Gefahr der Isolierung auf der Insel der Gleichgesinnten sah. Ein Scheffer, der immerhin sieben Jahre in Moskau zu Zeiten Lenins und danach gelebt hatte, wußte, daß man in Diktaturen journalistisch ausblutet und verdorrt, wenn man nicht zu den Konventikeln der Macht Kontakte hat.

Als eine Möglichkeit, Nationalsozialisten kennenzulernen, sah Scheffer die Reichspresseschule an. Ich wollte unter allen Umständen da nicht hin und rief den Leiter des Landesverbandes Berlin, einen mir nur dem Namen nach bekannten Herrn Kampmann, an und bat um einen Gesprächstermin, den ich sofort erhielt. Vermutlich war der Mann von einem Tagblattredakteur selten oder noch nie angerufen worden. Von diesem Kampmann, der wie viele Nationalsozialisten von Herkunft Auslandsdeutscher war

– sein ungarischer Vorname Karolyi deutet darauf hin –, hing es ab, ob er mir, noch bevor die drei Monate Lager obligatorisch wurden, einen Schriftleiterausweis ausstellen würde.

Ich fuhr in die Tiergartenstraße 16 und stand im Zimmer des Mächtigen. Er schien ein schlichter, umgänglicher Mensch zu sein. Zunächst hörte er sich an, was ich ihm unumwunden erklärte, daß ich der Meinung sei, einer Schulung nach einem Volontärsjahr nicht mehr zu bedürfen. Besonders pochte ich darauf, daß ich nach zwei vollgültigen Universitätsexamina immerhin zwei Jahre »Auslandserfahrung« hätte und daß ich nun endlich angestellt werden wolle, eine Bemerkung, die ich mit einem Hinweis auf meine materielle Lage versah.

Herr Kampmann sah mich starr an und bemerkte, als er endlich zu sprechen anhub, er wolle durch eine Prüfung feststellen, wie weit ich weltanschaulich sei. Davon werde es abhängen, ob ich ohne Presseschule Vollschriftleiter werden könne.

Diese Prüfung war eines meiner apartesten Erlebnisse in jenen Jahren. Ich habe die wichtigsten Fragen behalten, weil ich die Sache oft erzählt habe und dabei die Lacher allemal auf meiner Seite hatte. Kampmann, ein rührend unbeholfener Mann, begann mit der tiefsinnigen Frage, wie oft ich Hitlers »Mein Kampf« gelesen hätte. Ich hatte dieses Hauptbuch der Bewegung überhaupt nicht gelesen. Ich antwortete, ich hätte das Werk einmal gelesen. Zweimal wäre einem jungen Manne, der im Berliner Tageblatt Dienst tat, sowieso nicht geglaubt worden. Herr Kampmann sah mich an und sagte, ich müsse das Buch öfter lesen. Er zum Beispiel habe es auf seinem Nachttisch liegen, und er mache es so wie früher die alten Frauen auf dem Lande mit der Bibel. Der naive Mann gab einem Unbekannten zu, mit »Mein Kampf« abends vor dem Einschlafen Bibelstechen zu treiben. Das heißt, er schlug aufs Geratewohl irgendeine Seite auf und las ein paar Zeilen oder Seiten und hatte dann so viel nachzudenken, daß es für jedesmal übergenug war.

Die nächste Frage lautete, was der Führer in »Mein Kampf« über die Presse sagte. Ich legte los, was ich in dem

Hauptbuch der Rechtgläubigkeit vermutete. Alles in indirekter Rede, was dem Mann Eindruck zu machen schien. Mit dem »liberalistischen« Journalismus – damals eine gängige Vokabel – sei es aus. Die Staatsführung nehme die Schriftleiter in die Pflicht und so weiter und so weiter.

Dem Kampmann schien meine rhetorische Gabe erwiesen. Nur fehlte ihm das Stichwort. Es sei ja alles so ungefähr, aber ich solle sagen, was der Führer für eine Presse wolle. Ein Wort, wandte er ein, als ich wieder redselig zu werden begann, ein Wort, und er konnte es nicht länger für sich behalten. Die Presse habe Kampfpresse zu sein oder zu werden. Ich war von der Komik der Szene so angetan, daß ich keck genug war zu sagen, darauf hätte ich doch gerade hinausgewollt. Nun gut, fuhr Kampmann fort, ob ich etwa behaupten könne, daß das Berliner Tageblatt Kampfpresse sei. Ja, das wolle ich ihm beweisen, fiel ich ihm ins Wort, mußte mir aber zuvor einige wütende Sätze über »unsere« schmähliche Reaktion auf den New Yorker Flaggenzwischenfall anhören. Da gab ich ungefähr folgenden Satz von mir: In »unserm« Blatt werde täglich um die Lesermeinungen förmlich gerungen. Also seien wir Kampfpresse. Es ist mir bis heute unbegreiflich, warum der Mann sich das bieten ließ. Wenn er mich hinausgeworfen hätte, würde ich es für verdient angesehen haben. Aber dem war nicht so.

Er setzte zu seiner zweiten Frage an. Die lautete, wie oft ich Rosenberg »Mythus des zwanzigsten Jahrhunderts« gelesen hätte. Darin hatte ich einige Male flüchtig herumgelesen. Ich sagte wieder: Einmal. Es kam mir vor wie in der Ohrenbeichte während der Kindheit, wenn der Beichtvater peinlich wissen will, wie oft. Nun kam die Frage aller Fragen. Was für Anregungen ich in meiner Pressearbeit aus dem Buch des Reichsleiters – der Titel des Parteiamts war »Reichsleiter für die gesamte weltanschauliche Schulung« – in der Zeitung für die Behandlung religiöser Fragen gewinne. In Fahrt, wie ich war, nahm ich mir eine neue Keckheit heraus. Naivität mimend erklärte ich: »Keine, Herr Kampmann, keine! Ist doch klar, daß Sie mir jetzt eine Fangfrage gestellt haben. Denn eine neue Sprachregelung – ein Ausdruck, womit die Zensurweisungen der

Reichspressekonferenz einigermaßen euphemistisch belegt wurden – verbietet in der Tageszeitung die Behandlung religiöser Fragen.« Kampmann brach die Eignungsprüfung ab. Er mochte, wie ich heute noch vermute, geradezu erschrocken gewesen sein, daß er vielleicht zu erkennen gegeben hatte, eine aktuelle Sprachregelung übersehen zu haben, die aus irgendwelchen taktischen Gründen »Religiöses«, das ja politisch störend war, zu behandeln verboten hatte. Gönnerisch verkündete der Boß, daß ich nach seiner Prüfung die weltanschauliche Reife besäße. Ich verließ das Haus mit dem heiß begehrten Schriftleiterausweis.

Scheffer, eine autoritäre Natur, war wütend, konnte aber seine Neugier, wie ich es angestellt hätte, nicht bezähmen. Über der Komik der Szene, die ich zu berichten hatte, verschwand sein Groll bald. Kaum daß Margret Boveri gehört hatte, daß »der Korn« sich freigeschwindelt hatte, besuchte anderntags den Mann und kam auch mit dem Ausweis zurück. Danach erging über die Reichspressekonferenz Weisung, daß es keine Befreiungen von dem Schulungskurs mehr gebe.

An dem Vorgang scheint mir in heutiger Sicht auffällig, daß ich auch nach dieser Prüfung nicht auf den Gedanken kam, das ominöse Buch »Mein Kampf« zu lesen. Ich hatte wohl einmal flüchtig in die ersten Seiten hineingeschaut. Dabei blieb es bis zum Ende der Hitlerschaft. Erst nachdem die zwölf Jahre vorüber waren, erfuhr ich und mit mir Millionen Deutscher, daß man in dem Buch alles, was zum Krieg und zur Ausrottung geführt hat, als Entwurf und Ziel hätte lesen können. Es erscheint heute unbegreiflich, daß es niemand in meiner Umgebung gab, der mich darauf verwiesen hätte, daß ich die Lektüre damals schleunigst hätte nachholen sollen. Ich kann den Verdacht nicht loswerden, daß meine Kollegen in der Tageblattredaktion und vielleicht Scheffer selbst Hitlers Buch nicht oder kaum kannten. Es könnte auch umgekehrt so sein, daß sie die Bekanntschaft mit dem Hauptbuch der nationalsozialistischen »Weltanschauung« für selbstverständlich hielten. Ich kann für meine Person und geistesverwandte, vor allem jüngere Leute, die mit einer literarischen Bildung ins journalistische Berufsleben kamen, nur sagen, daß ich nicht der einzige war, der das Buch nicht anrührte. Dabei sprach wohl auch der uns anerzogene akademische Bildungsdünkel mit. Man las solches nicht, da es offensichtlich aus allerlei Bildungstrümmern zusammengelesen war oder schien. Entscheidend dürfte sein, daß niemand in meiner Umgebung einmal davon sprach, daß man alles über die großen und politischen Fernziele des »Führers« in dem Buch finden konnte. Ich würde, wenn ich solches auch nur vermutet hätte, mich begierig an die Lektüre gemacht haben. Es war für den aus den sogenannten Geisteswissenschaften kommenden jungen »Schriftleiter« bezeichnend, daß ich immerhin einiges in Rosenbergs Mythos des XX. Jahrhunderts gelesen hatte. Auch verwies mich mein Eintritt ins Feuilleton-Ressort eher auf den kulturellen Chefideologen als auf Hitler selbst, dessen langatmige Reden anzuhören ringsherum als peinvoll empfunden wurde. Man vermutete in dem Buch nichts anderes.

Aus heutiger Sicht mag man aus diesem Verhalten Leichtsinn und Schlimmeres schließen. Ich zögere nicht zuzugeben, daß ich ohne einen gewissen Leichtsinn damals in Berlin kaum hätte arbeiten können, der mir freilich später, als es offenkundig war, daß wir auf den Zweiten Weltkrieg zusteuerten, gründlich verging. War es wirklich nur und einfach Leichtsinn? Ich erinnere mich des Orts, an dem ich 1935 die Radionachrichten über die militärische Wiederbesetzung des durch den Versailler Vertrag entmilitarisierten Rheinlandes hörte. Es war in der Filiale eines Cafés, das Zuntz sel.-Witwe hieß, gegenüber dem Kaufhaus Tietz am östlichen Ende der Leipziger Straße. Besonders erinnere ich mich der tiefen Beunruhigung, in die dieser erste Versuch der Remilitarisierung mich versetzte. Wie wohl die meisten andern, die nicht aktive Nationalsozialisten waren, empfand ich ein zwiespältiges Gefühl. Einerseits war es legitim, daß ein Staat wie das Deutsche Reich nach dem Abzug der Besatzungstruppen 1930 die volle Souveränität über sein Staatsgebiet dadurch wiederherstellen würde, Versailler Vertrag hin und her. Aber die drohenden Tiraden, diese Trunkenheit des nationalen Gefühls auf den Fotos, die bald in den Zeitungen erschienen! Ich war lange genug in Frankreich gewesen, um mich plötzlich des Satzes zu erinnern, den französische Bürger schon im Jahre 1933 gesagt und den ich damals nicht ganz verstanden hatte. Der Satz war einfach und hat sich schrecklich bewahrheitet: »Hitler c'est la guerre«. Wie aber im Jahr 1935 anders reagieren als durch einen Anflug von Unbehagen und danach das Vergessen? Auf den Gedanken, daß die wahren Absichten des dämonischen Mannes an der Spitze auf die germanische Weltherrschaft hinausliefen, kam ich noch nicht. Viele in meiner Umgebung dürften sich ähnlich verhalten haben.

Berlin war damals in einem Sinne Insel, der dem heute gebrauchten Begriff freilich nicht entsprach. In Berlin konnten, so grotesk dies klingen mag, weite Kreise des Volkes noch an der Realität der Diktatur vorbeisehen. Wenn ich versuche, mich an einen einzigen überzeugten und für seine Überzeugung einstehenden Nationalsozialisten im Mossehaus zu erinnern, wo das Berliner Tageblatt, die Berliner Volkszeitung, und eine Zeitlang ein Blatt, das sich kühn »Der Deutsche« nannte, außer einer Menge von Zeitschriften und allerlei Spezialblättern gedruckt wurden, komme ich in Verlegenheit. Es gab einen, dessen Bekanntschaft man kaum machen konnte. Er hieß – unvergeßlich – Kakuschke und war Fahrstuhlführer, bevor er Betriebszellenobmann wurde.

Als Redakteur bekam man, so jung und anfängerhaft einer war, sofort Kontakt mit den Leuten im Mettagesaal, wo die Seiten zusammengebaut, will sagen »umbrochen« wurden. Unter den Metteuren herrschte über die »Nazis« nur Spott und Ablehnung. Wenn es unter den minderen Chargen, den Gehilfen, schon damals Nationalsozialisten gegeben haben sollte, so haben sie den Mund nicht aufgemacht. Die Boten der Redaktion, die Männer und Frauen der Telefonaufnahme – wir unterhielten noch ein ansehnliches Korrespondentennetz in aller Welt – von den Kollegen in der Schriftleitung ganz zu schweigen – es gab keine oder es gab noch keine Nationalsozialisten. Zwar hatte man lange vor meinem Eintritt die jüdischen Redakteure, voran Theodor Wolff und Alfred Kerr, entfernt. Doch waren aus der Zeit noch einige Männer im Stabe Scheffers, die das alte Tageblatt repräsentierten, voran Paul Scheffer selbst, die meisten Korrespondenten, darunter auch ein Mann jüdischer Religion wie Rudolf Herrnstadt in Warschau, oder Kurt von Stutterheim in London, der mit Eden verschwägert war.

In dem Studentenheim, wo ich nächtigte, gab es einige SA-Männer, die durch rauhes Randalieren so auffielen, daß jedem klarwurde, wie hoffnungslos sie in der Minderzahl waren. Die Stadt war voller lebhafter Leute, die sich ungeniert die neuesten, meist treffenden Witze erzählten. Die Witze, die in Berlin von Mund zu Mund gingen, das sich seiner reichshauptstädtischen Sonderstellung auf geradezu groteske Weise bewußt war und blieb, obwohl rund um die Wilhelmstraße und um den Wilhelmplatz damals bayerisch-österreichisches Idiom vorzuherrschen begann, haben nicht wenig dazu beigetragen, daß Berlin über den wahren Zustand des Reiches länger im unklaren blieb als die verachtete Provinz.

Wenn ich das Berlin der Jahre 34 – 35 – 36, wobei das letzte die Olympischen Spiele bedeutete, eine Insel nannte, dann in dem Sinne, daß die große Stadt noch nicht so gleichgeschaltet war wie das Reich. Ich erinnere mich meines ersten »Ersten Mai«. Es war der des Jahres 1935. Der Boß hatte uns gesagt, daß wir als junge Redakteure an dem Aufmarsch der »Werktätigen« zum Tempelhofer Feld, wohin die »Marschsäulen« sternförmig zogen, teilnehmen sollten. Wir marschierten, immer wieder zu längeren Halten gezwungen, durch die Koch- und Friedrichstraße gen Süden. Das Wetter war miserabel. Unsere zahlreichen Stehaufenthalte gaben uns reichlich Gelegenheit, die kleinen und mittleren Kneipen zu besuchen und unsere Stimmung, in der ein Teil Unmut über den überflüssigen Aufwand enthalten war, durch zahlreiche Biere und Schnäpse aufzumöbeln. Halb trunken und in Gaudistimmung kamen wir auf dem Tempelhofer Feld, dem heutigen Flughafen, an und hörten im Schneetreiben eine der endlosen und, wie uns schien, mit monotonen Schimpfereien über die verrottete Weimarer Demokratie gespickte Rede des Hitler an. Die Berliner nahmen die Sache damals noch keineswegs so ernst, wie sie ein paar Jahre später werden sollte. Man hatte ein haupt- und weltstädtisches

Überlegenheitsgefühl und sah dem Treiben der neuen Herren zunächst noch oft belustigt und spöttisch zu. Sogar das heikelste aller Probleme, die später so genannte Judenfrage, schien vorerst beigelegt. Hausvogteiplatz und Spittelmarkt waren noch die Zentren der großen Konfektionsfirmen mit jüdischen Namen, und am Alexanderplatz hatte sich auch nicht viel geändert, schien es. Was sich freilich hinter einer Aktion Jüdische Kulturgemeinde mit einem eigenen Theaterchen an Elend der Juden verbarg, das ahnte man zunächst mehr, als daß man es genau wußte.

In der Tagblattredaktion waren von den »Ehemaligen« im Feuilleton noch tätig der selbstironisch vor sich hinplappernde Papa Fleming und allzeit quick und flink P. A. Otte, der wie Fleming zunächst einmal den »Neuen«, die sich Scheffer hereinholte, um die Lücken einigermaßen zu schließen, mit abwartender Skepsis zusah.

Die beiden stellten mich bei erster bester Gelegenheit auf eine Probe. Da war der zwanzigste Todestag des österreichischen Frühexpressionisten Georg Trakl, der in Schwermut dem Grauen des Ersten Weltkriegs durch Selbstmord entkommen war, zu »feiern«. Ein heikles Thema, da die nationalsozialistische Kulturlenkung auf kaum einem Gebiet damals schon schärfer zupackte als auf dem literarischen, das volltönend »Schrifttum« etikettiert wurde. Ich nahm den Auftrag ohne Zögern an, obwohl er mir sehr kurzfristig gestellt wurde. Nach zwei Monaten Zugehörigkeit zum Haus war ich gewitzt genug, zu wissen, daß ein solcher Dichter, da auch noch Österreicher, nicht nur wegen seiner Schwermut, sondern vor allem wegen seines offenkundig unheroischen Habitus den Herrn der neuen Richtung als Kulturbolschewist, wie sie das plump summarisch nannten, zuwider war. Ich nutzte zwei freie halbe Tage, um mir im germanistischen Seminar Unter den Linden die Dichtungen und eine Vita zu beschaffen und las voller Begier die traumdunklen Bilder der Traklschen Poesie in mich hinein. Als ich pünktlich den Aufsatz ablieferte, nahm ich die Überraschung der beiden »Kollegen« wahr, ohne mir etwas anmerken zu lassen. Ich hatte dann die Genugtuung, daß Fleming, der Typ des erfahrenen, im Metier süffisant zynisch gewordenen Altredakteurs, einige allzu kühne Passagen herausstrich. Der Artikel ging unbeanstandet durch. Im Propagandaministerium hatte man sich offenbar noch nicht darauf eingerichtet, das Netz eng genug zu spannen.

Auch Scheffer stellte mich eines frühen Tages bald nach meinem Eintritt auf die Probe. Im Hause ging der Scherz um, daß alles, was Paul Scheffer irgendwie begegnete, sich für seine jungen Redakteure in Arbeit umsetze. Scheffer war, was höchstens zweimal im Jahr vorkam, im Kino gewesen. Dazu hatte ihn, der seine Abende auf der amerikanischen oder englischen Botschaft oder bei Begegnungen mit Leuten seiner Gesinnung, seiner Interessen und seiner Bildung verbrachte, das Filmthema bestimmt. Es war der Historienschinken »Kleopatra« mit Claudette Colbert in der Titelrolle. Außer sich vor Entrüstung kam Scheffer in die Redaktion und sprudelte spontan hervor, daß »wir« unbedingt einen Aufsatz über die historische Kleopatra für »unsere« Seite »Geschichte in Geschichten« brauchten, um dem Film die Historie entgegenzusetzen.

Ich habe, Pauly Wissowas Realenzyklopädie benutzend, eine ganze Seite über »Kleopatra und die Cäsaren« schreiben dürfen und damit mehr Scheffers als der Kollegen Lob geerntet. Denen war des erotischen Pfeffers zuviel an meinem Gericht. Der Vorgang ist für zahlreiche andere ähnliche typisch. Scheffer, damals ein Mann von etwas über Fünfzig, der Boß nicht nur um seines präsenten Wissens in der diplomatischen Politik willen, sondern ebenso in literarischen und philosophischen Fragen versiert, um seiner geistreichen Einfälle und seiner Launen willen gefürchtet, war im journalistischen Alltag so aktiv wie seine jungen Leute unter Dreißig. Im Grunde hat Scheffer damals so wie wir ausschließlich eines gewollt: dem Diktatursystem und seinem Anspruch, die überlieferte Kultur total umzustülpen und sie dem sogenannten Rassegedanken dienstbar zu machen, das andre, nämlich Sachkenntnis, Objektivität, geprüfte Werte und eine kritische Sprache entgegenzusetzen.

Man mag solche Formulierungen heute als ausgelaugten Idealismus belächeln. Uns war es damit ernst. Wie dem Mann an der Spitze war auch uns das Instrument einer großen Zeitung anvertraut. Das einte uns, ohne daß es je darüber große Worte gegeben hätte. Unser täglich zu besorgendes Geschäft war mühsam, schlecht bezahlt und voller Fußangeln. Aber wir hatten mit dem Blatt noch viel Resonanz. Wenn ich nach vierzig Jahren die erhaltenen Archivbände mit meinen journalistischen Arbeiten durchblättere, bin ich über die geradezu ungehemmte Produktivität meiner Feder erstaunt.

Ich schöpfte aus dem mitgebrachten Bildungs- und, soweit in Frankreich erworben, Erfahrungsvorrat. Mir wurden Aufgaben gestellt, die andere nicht wollten, vor allem bildungstheoretische. Die klassischen Ressorts des Feuilletons waren mit Fachleuten besetzt, darunter so renommierten Männern wie Herbert Ihering für die Theaterkritik und Heinrich Strobel für die Musikkritik. Auch der Film war in festen Händen. Die Jahre damals schwirrten von allerlei teils parteiamtlichen, teils verkappt gegnerischen Beiträgen zur geistigen und gesellschaftspolitischen Neuorientierung. Wo einer etwas für oder gegen den überlieferten Humanismus oder über ein angeblich revolutionäres Geschichtsbild, über den fatalen Biologismus, der sich als Gegenposition wider 1789 und die Folgen ausgab, redete, wurde ich zum Referenten und Rezensenten. Ich hörte und interpretierte Sombart über die europäische Kulturidee, Max Bense, der mit Mathematik Klages und Rosenberg zu übertrumpfen suchte, Heinrich Weinstock, der mit dem Philologenrezept der Polis das rassistische Evangelium aus den Angeln heben wollte, den Geheimrat Oncken, der das Revolutionäre in der geschichtlichen Perspektive relativierte, Dovifat, der immerhin die Kühnheit hatte, über »öffentliche Meinung« zu reden, die Franzosen Jules Romains und Thierry Maulnier, die nach Berlin kamen und Gescheites oder Geistreich-Undeutliches über »Germanismus und Latinität« zum besten gaben. Ich war eine Art Reporter in Sachen Ideologie. Mit List und mehr oder weniger Geschick versuchte ich Stellungnahmen wider den Abbau von Geist, Reflexion, Geschichte in die Zeitung zu bringen.

Meine Berichte über ein über mehrere Abende gehendes Unternehmen fortgesetzter Streitgespräche zwischen Christen und modischen Geisterweckten, die unter Berufung auf Meister Eckhardt damals einen neuen »deutschgläubigen« Mystizismus anpriesen, der von »rassischem Empfinden« nicht weit entfernt war, wurden gelesen. Was da von Konjunkturisten und »Erleuchteten« an »deutscher Frömmigkeit« angeboten wurde, rief vor allem die bekennenden Christen auf den Plan. Das war erregend und hat mich mit Strömungen bekannt gemacht, die später Verbindungen mit dem Kreis um den Eckart-Verlag ergaben. Immer wieder habe ich in meinen ersten Jahren das Gespräch mit den Franzosen gesucht. Thierry Maulnier, inzwischen Mitglied der Académie française und ein angesehener Mitarbeiter des Pariser »Figaro«, schrieb uns auf meine Bitte einen Aufsatz über die Nietzscherezeption in Frankreich, worin dem abstrakten französischen Humanismus eine »vitale« Basis verordnet wurde. Mit dem einseitigen und in seinen Auswirkungen schrecklichen Buch des elsässischen Professors Spenlé, dessen polarisierende Thesen über das angeblich außerhalb der Zivilisation stehende deutsche Denken »von Luther bis Nietzsche« mich erregten, versuchte ich vorsichtig eine Art polemischen Dialogs.

Kurzum ich hatte im Tagesstreit bald eine Position, nicht frei von Schwankungen und Unsicherheiten, aber insgesamt, wie die Resonanz aus Leserkreisen und der Kollegenschaft zeigte, nicht ohne einige Wirkung.

Daß ich es binnen kurzer Zeit zu einem ausgefüllten und, nimmt man alles in allem, erfüllten publizistischen Leben brachte, verdanke ich vor allem Paul Scheffer. Wer dieser Mann, eine diplomatische und komplizierte Natur, eigentlich war und gewesen war, erfuhr unsereins erst im Lauf der Zusammenarbeit. Der damals 50jährige war unbestritten der geistig führende Kopf und herrschte durch immense Erfahrung und Überlegenheit. Er riß seine Mannschaft bis zum kleinen Lokalreporter mit. Wir wußten, daß er seit 1921 dem Berliner Tageblatt angehört hatte. Er war der erste deutsche Korrespondent dieser Zeitung in Moskau nach dem Ende des ersten Weltkrieges gewesen.

Über eine beinahe geheimdienstliche, journalistisch getarnte Tätigkeit während des ersten Weltkriegs munkelte man, erfuhr aber darüber nichts Genaues. Auf Scheffers offenbar ausgiebige und genialische Studentenzeit vor 1914 geriet ich eines Tages, als der Boß, wie wir ihn nannten, der im Äußeren dem angelsächsischen Journalistentyp entsprach, unversehens an einem Nachmittag in Begleitung eines feinen bremischen Herrn mich in der Mettage aufsuchte, um mich mit seinem Freunde Rudolf Alexander Schröder bekannt zu machen. Das war eine Auszeichnung, die ich einer ausführlichen Rezension von Schröders damals erschienener Übersetzung des alten römischen Dichters Horaz verdankte. Offenbar war Schröder einverstanden und sagte es auf seine graziöse Art, daß er in einer Tageszeitung kaum eine Kritik erwartet hatte, die ihm Sachverstand in dem schwierigen Problem der Metrik bewies. Aus dieser Begegnung ist eine Freundschaft des Jüngeren zu dem Älteren entstanden, die über den Krieg hinweg gehalten hat. Scheffer gab damals zu erkennen, daß er, der außer Jura offenbar den schönen Künsten in München ergeben gewesen war, mit Alfred A. Heymel und R. A. Schröder die Zeitschrift »Die Insel« gegründet hat, aus der später der Inselverlag entstanden ist. So konnte ich durch einen schmalen Spalt einen Blick in das sonst sehr verschlossene Privatleben des Boß tun und begreifen, wo die erstaunlichen musischen Neigungen und Gaben Scheffers ihren Ursprung hatten.

Scheffer interessierte sich nicht nur für historische Filme. Viel stärker war sein Interesse an der Hochkonjunktur der historischen Monographie oder Biographie. Duff Coopers »Talleyrand« und Carl J. Burckhardts »Richelieu« waren in den dreißiger Jahren große Leseerfolge oder wurden durch bedeutende Rezensionen dazu gemacht. Als Buchrezensent zeichnete Scheffer »sigillum«. Das war journalistisch klug. Der Mann, der inmitten des Hitlerrauschs wie ein Freelancer große internationale Politik machte, wollte und mußte seinen Namen und sein Monogramm für das, was man im Metier diplomatische Politik nennt, reservieren. Das war ein Gütezeichen und also geschützt. Denn Scheffer war damals unbestritten der führende liberale außenpolitische Kommentator. Es gab im Auswärtigen Amt mehrere Gewährsleute, die Scheffer im Vertrauen auf dem laufenden hielten. Graf Bernstorff und der Gesandte Aschmann waren dem engeren Kreis der Redakteure als solche Informanten bekannt. Darüber wurde nicht gesprochen, weil die Drähte »ins Amt« behutsam geschützt werden mußten.

Margret Boveri hat in ihrem Buch über das B. T. unter Hitler aus den Akten Licht in die Angelegenheit von Scheffers Reisen zu den Sitzungen des Völkerbunds nach Genf gebracht. Wir wußten, daß diese Fahrten in engstem Einvernehmen mit konservativ-liberalen Kräften des Auswärtigen Dienstes unternommen wurden. Durch den spektakulären, bereits 1933 vollzogenen Austritt des Deutschen Reiches aus dem Völkerbund und den damit verbundenen Rückzug aus der internationalen Politik bestand in Berlin eine erhebliche Informationslücke. Man wollte und mußte über das, was in Genf vor sich ging, informiert sein. In unserem Kreis wurde gemunkelt, daß Scheffer außer seinen Zeitungsberichten und -kommentaren dem A. A. interne Informationen geliefert habe. Anders schien uns der politische Spielraum für P. S. nicht erklärbar.

Scheffer ließ sich von dem sympathischen Gustav Höffner, einem gebürtigen Elsässer, der aus dem alten B. T. stammte, begleiten. Dieser Mann, der mit mir gelegentlich einen südwestdeutschen Schwatz hielt, war Scheffers persönlicher Diener, wie man es unter Offizieren früher gekannt hat. Der körperlich voluminöse Gustav hatte für Scheffer, während der in Völkerbundssitzungen war, immer eine Telefonkabine und eine Verbindung mit Berlin bereitzuhalten und wohl auch sonst für das äußere Wohl unseres in Gelddingen ebenso großzügigen wie professoral zerstreuten Bosses zu sorgen.

Scheffer war dank seiner Moskauer Zeit und des Buches, worin er über »Sieben Jahre in Sowjetrußland« Bericht erstattet hat – 1967 hat Margret Boveri, die Scheffer am nächsten gestanden hat, das Buch neu herausgebracht, eine geradezu geniale Analyse der Epoche Lenins und eine prophetische Voraussage des Stalinismus – war damals der international bekannteste deutsche Journalist. In seiner

Wohnung am Tiergarten empfing er wie ein großer Herr angelsächsische und französische Journalisten. Man reiste ins Dritte Reich und besuchte Scheffer, um informiert zu sein. So ist mir immerhin die Ehre widerfahren, an Essen mit Jules Sauerwein teilzunehmen, an den ich aber kaum eine Erinnerung mehr habe.

Eine so starke und temperamentvolle Figur wie Scheffer versammelte auch kuriose Leute um sich. Zu seinem Troß gehörte eine französische Journalistin, Frau Edith Bricon, eine fast gelähmte Person, die sich mühsam an Stöcken vorwärts bewegte. An sie erinnere ich mich gut, weil mir die hilfsbedürftige, die lebhafte Augen und einen ebensolchen Geist hatte, zur Betreuung anvertraut wurde, wenn sie in Berlin aufkreuzte. Frau Bricon wahrte bei aller kollegialen Herzlichkeit die Distanz der intellektuellen Französin und hat uns durch ihren Charme und ihre hohe Intelligenz bezaubert. Sie hat oft im Berliner Tageblatt über politisch-literarisch-allgemeine Themen geschrieben, und ich hatte die Ehre, die Sachen zu übersetzen.

Scheffer muß auf Frauen einen faszinierenden Eindruck gemacht haben. Die beiden Damen unserer »Politik«, Frau Boveri, von Scheffer sogleich bei ihrem Eintritt in das B. T. 1934 als hochbegabte Journalistin erkannt, gefördert und schikaniert, und Frau Vermehren, Lübecker Gesellschaftsdame und Mutter der damals berühmten sehr jungen Kabarettistin Isa, die am Lehniner Platz bei Werner Finck Schifferklavier spielte und plärrte und aparterweise später in ein Nonnenkloster eintrat, stritten sich zum Ergötzen der Männer um Scheffers sparsam-galante Gunstbeweise. Es war mehr als merkwürdig, daß ich, junger Mann, Scheffer wegen meiner angeblichen Frankophilie nicht so nahestehend wie die angelsächsisch Geprägten und Erzogenen, ausgerechnet in der Nazizeit im Umkreis dieses Mannes etwas von großer Welt erfuhr und erlebte.

Das B. T. war arm und doch angesehen. Wir erlaubten uns, auf die mit Adligen reichlich gezierte Redaktion der DAZ ein wenig herabzusehen, wie die, wirtschaftlich gesünder als wir, auf uns herabsahen. Ich habe, wenn ich nachts gegen ein Uhr wegen der Vorkritiken aus Theater und Philharmonie noch im Mettagesaal stand, Scheffer nicht selten im Frack am Stehpult stehen sehen. Dann war er etwa von einem Abend im Hause des amerikanischen Botschafters Dodd, wo er Patenonkel des Töchterchens war, mit einem Taxi herübergekommen, um die »Borgis«, wie die aktuelle Glosse zur Lage hieß, selbst zu lesen und zu korrigieren. Scheffer war eine Plage für die Setzerei, weil er unaufhörlich bis in die letzte Minute korrigierte, was seinem Stil nicht immer zugute kam und ihm von kleineren Göttern des Gewerbes den Ruf eintrug, er »könne nicht schreiben«. Solche Medisance scherte ihn überhaupt nicht. Er genoß es, daß man über manche Dunkelheiten seines Stils rätselte.

Seine literarischen Rezensionen im Literaturblatt, zu dessen Redakteur ich 1935 bestellt wurde und in dessen Impressum ich als Verantwortlicher mit immerhin 27/28 Jahren ausgewiesen wurde, waren schriftstellerische Meisterleistungen. Ich erinnere mich an Kritiken über die damals zuerst in Deutschland veröffentlichten »Sieben Säulen der Weisheit« des Obersten Lawrence oder über ein Buch, dessen Verfasserin unbekannt blieb, eines von Gefühl triefenden, offensichtlich sehr geschickt getarnten Schmarrens, den jedermann, der etwas auf sich hielt, damals las: »Das Herz ist wach«. Man vermutete Gertrud Bäumer als Verfasserin. Ich weiß bis heute nicht, ob das Pseudonym je gelüftet worden ist. Das Buch galt in jenen Jahren als Widerstandsbuch für alle feinen Leute. Die gab es noch, und es funktionierte noch, daß bestimmte Konventionen darüber galten, was man kennen und gelesen haben müsse. Berlin erschien mir und war damals vielleicht soziologisch konservativer als andere deutsche Regionen. Es gab noch tonangebende Kreise, es gab noch weltstädtisches Kleinbürgertum. Über Scheffers Zugehörigkeit zu den Kreisen zwischen Adlon, Esplanade und dem Tiergartenviertel wagten wir Jüngeren unter uns freilich gelegentlich zu lächeln.

An jedem Montagabend versammelte sich ein Kreis von Redakteuren in den Zelten 18 a in Paul Scheffers Wohnung. Diese Abende waren eine Einrichtung des Unermüdlichen, um die Sonntagsbeilagen der Zeitung zu steuern. Etwa ein Jahr nach meinem Eintritt war ich zum Redakteur nicht nur des zweiseitigen Literaturblatts, sondern auch der beiden Sonntagsseiten »Geistiges Leben« geworden. Um Kontinuität mit dem alten Tageblatt waren wir da kaum bemüht. Ich hätte sie auch nicht zu leisten vermocht, da ich das Berliner Tageblatt vor meinem Eintritt 1934 kaum gelesen habe. Für uns, die wir mindestens zur Hälfte noch keine dreißig Jahre alt waren – auch in der Innenpolitik waren mehr junge als ältere Leute tätig, desgleichen im Stadtblatt –, war die Zeitung fast eine Neugründung, die mit Scheffer stand und fiel. An den Sitzungen des Montagabends, die mit einem einfachen Essen eingeleitet wurden, nahmen außer Feuilletonisten, zu denen die Kritiker nicht zählten, während unser naturwissenschaftlicher Redakteur H. J. Flechtner mit dem soziologisch gelehrten Hans Gerth, der unermüdlichen Dr. Dahle und natürlich P. A. Otte immer dabei waren, Frau Boveri und der zwischen Politik und Theologie anzusiedelnde Willy Beer regelmäßig teil. Ständiger Gast war der Schweizer, in Berlin ansässige und tätige Dr. Hürlimann, Leiter und Besitzer des Atlantis Verlags, Dr. Fahrner, ein jüngerer Historiker und protestantischer Theologe, in der ersten Zeit auch der kurios Stefan George nachfahrende Gerhard Frommel, alias Lothar Helbing, Mittelpunkt eines Kreises, der sich nach Frommels Buch als »Der dritte Humanismus« artikulierte. Dem alten Fleming – bevor Scheffer Erich Pfeiffer Belli zu einem kurzen Gastspiel holte –, Chef des Feuilletons, war die Anwesenheit erlassen. Scheffer wollte die neuen, »seine« Leute um sich haben. Von Zeit zu Zeit lud Scheffer Gäste hinzu, die oft von der beinahe schulischen Veranstaltung dieser Arbeitsabende – das Essen war, obwohl es den Ausdruck noch nicht gab, ein Arbeitsessen – befremdet waren. Wir hatten zu berichten, was wir in der oder den nächsten Sonntagsbeilagen zu veröffentlichen planten. Wenn Scheffer schlechte Laune hatte, was vorkam, machte er uns die Sitzungen ohne Rücksicht auf Gäste zur Hölle. Alles, was wir vorbrachten, war »spannungslos, langweilig«. Es fehlte, wie das gefürchtete Stichwort hieß, das Scheffer sich selbst in humanistischer Überheblichkeit zurechtgelegt hatte, an »Eristik«. Wir sollten streiten wie die Göttin Eris unter den Göttern und Göttinnen. Mit einigem Krampf heckten wir Streitthemen aus. Berühmt waren Scheffers streitbare oder streitbar programmierte Weihnachtsumfragen im »Geistigen Leben«. Ich erinnere mich, mit der Ausführung einer Umfrage über das Thema »Gibt es noch eine private Sphäre?« betraut worden zu sein. Wir hatten mögliche Beiträger ausfindig zu machen. Ärgerlich wurden meine unermüdliche Assistentin Anneliese Dahle und ich, wenn Leute wie der Innenpolitiker Beer oder Otte, denen es nicht oblag, die Vorschläge zu realisieren, Autorennamen nannten, von denen wir genau wußten, daß sie uns keinen Beitrag geben würden, sei es aus Vorsicht, sei es aus Inkompetenz oder Faulheit. Immerhin haben wir zu Umfragen wie »Gibt es eine private Sphäre« oder »Ist Europa verstaubt?« Gründgens und den General Rabenstein, Chef der Heeresarchive in Potsdam, den Franzosen Thierry Maulnier oder die bereits erwähnte Edith Bricon aufgefordert und gewonnen. Wir waren keck genug, auch einen Werner Finck zu einem ein wenig albernen Rundumgesang zu laden und einen Mimen wie Aribert Wäscher mit Professoren wie dem Berliner Theologen Erich Seeberg, dessen verwaschener Liberalismus Scheffer imponierte, oder dem Tübinger Philosophenkauz Theodor Haering oder Erich Rothacker zu koppeln.

Der Clou einer solchen Veranstaltung aber war unser »Nationalsozialist«, den aufzutreiben an mir hängengeblieben war. Ich bekam keinen Geringeren als den Philosophen der Berliner Universität auf dem Umweg über einen einfältigen Assistenten dazu, mit einem Satz zum Thema »Private Sphäre« zu antworten, der lautete, Alfred Bäumler, ordentlicher Professor der Philosophie an der Universität Berlin, ein Mann, der immerhin als Bachofeninterpret einen Namen hatte, sei so sehr gegen die private Sphäre, daß er sich dazu überhaupt nicht äußern wolle. Das war an der Spitze von zwei Seiten in zwei Zeilen zu lesen und erregte Heiterkeit oder Abscheu. Im Grunde war diese Art Journalismus verstaubt. Wie Scheffer überhaupt gelegentlich viex jeu war.

In summa aber war und bleibt er der bedeutendste Mann, dem ich in meinem beruflichen und individuellen Entwicklungsgang begegnet bin. Als ich den inzwischen über Achtzigjährigen 1957 in seinem einsamen Exil in

Woodstock/Vermont besuchte, wo damals auch Brüning lebte, waren die Macht und der geistige Adel dieses Menschen sofort wieder so gegenwärtig, daß wir ein Gespräch miteinander führten, als hätten wir uns erst gestern gesehen. Scheffer war mit einem großen politisch-philosophischen Weltfriedensentwurf befaßt, den Hans Paeschke später in seiner Zeitschrift »Merkur« auszugsweise veröffentlicht hat. Es war bewegend und imponierend, den Mann, den ich in den Jahren der ersten Nazizeit als den herrschenden Chef erlebt hatte, in äußerster Genügsamkeit heiter und gelassen wie einen fernöstlichen Weisen anzutreffen. Er hatte freilich äußerlich immer etwas vom gewaltig in sich ruhenden Buddha gehabt. Das war im Alter bei aller ungebrochenen geistigen Lebendigkeit physiognomisch und im Gestus noch deutlicher herausgekommen.

Zwischen dem verehrten Manne und mir war etwas vor sich gegangen, was merkwürdig und charakteristisch war. Als ich Scheffer nach dem Kriege mein Büchlein »Die Rheingauer Jahre« nach Chicago, wo er damals lebte, schickte, erhielt ich einen Brief, aus dem zu zitieren mir die Bescheidenheit verbietet. Scheffer hat, worüber noch zu berichten sein wird, Ende 1936 plötzlich und auf Weisung aus dem Propaganda-Ministerium verschwinden müssen. Er ging freilich nicht als Emigrant in die Vereinigten Staaten, sondern als Korrespondent des B. T. Beim Eintritt der USA in den Krieg wurde er interniert und ist bis zu seinem Tode 1963 drüben geblieben. Als ich ihm 1957 im oberen Stock eines dürftigen Farmerhauses nach mehr als zwanzig Jahren gegenübertrat, empfing er mich mit dem Satz, mich in jenen Jahren nicht voll erkannt zu haben, zähle zu den Kuriosa und den Unterlassungen seines Lebens. Das sagte er mit Bezug auf meine Kindheitserinnerungen. Ich war beschämt und beglückt. Der Mann, der uns zu Journalisten zu machen bestrebt gewesen war, der uns die Eierschalen des Universitätsseminars abstreifen hieß und die solide wissenschaftliche Basis festhalten gelehrt hatte, ließ Erinnerungen fast ganz beiseite. Wie und was er damals dachte, kann ich aus einem Brief, den er mir schon 1948 schrieb, mit seinen Worten belegen. Er knüpft an pessimistische Bemerkungen an, die ich in einem Schreiben über den hektischen Geistesrummel der ersten Jahre nach 1945 gemacht hatte, und fährt fort: »Nichts ist mühsamer als ununterbrochen seine Würde zu verteidigen, immer neue Auffangstellungen zu schaffen; sehr wenig Seelen sind genügend in die Tiefe gegliedert, um das befriedigend fertigzubringen. Dann kommt der Moment, wo ›alles egal‹ zu sein scheint und dem Subjekt wirklich ist, und dann wehe! In der Antike war das einfacher, da wurden die Leute in die Sklaverei verkauft, ich meine die victi, es war eine Profession, die ihre traditionellen Regeln hatte und ihr Quantum an ›Würde‹. Lesen Sie Aristoteles, wie besorgt er um die Rechte der Sklaven ist. Aber jetzt ist alles undefiniert und also in der Schwebe, von beiden Seiten. Daraus ist nur Verwirrung und Abstieg der Kandidaten für die richtige Lebensweise möglich, und für die andere Seite, daß sie ihre Objekte immer mehr aus der Hand verlieren, im Geistigen. Was sich unter all dem zusammenbraut, entscheidet der Himmel. Der logische Gegenpart dazu ist Bildung von Konventikeln, also mikroskopischen Gruppen einheitlicher Abstimmung ohne politische, sogar ohne soziale Bedeutung in irgendeinem engeren Sinn. Diese Konventikel werden praktisch im Abstrakten leben, auf der Basis von theoretischen Überzeugungen, die ihnen durchaus mehr sind als praktische Ziele irgendwelcher Art – das ist ihr Begriff von praktischem Leben. Wir wollen ihnen das beste wünschen. Ernst Jünger hat das ja schon, romantisch und landschaftlich verklärt, vorausgesehen. Sein Friedensbuch ist auch über alles real Faßbare hinweg geschrieben, mit einer grandiosen Unverschämtheit, die aber mich, einen Erdenwurm für so lange Jahre nicht wirklich erfreuen kann. Aber kommt so etwas aus Deutschland und ist von hoher Qualität, so kann es wohl nicht anders sein. Deutschland im nächsten Jahrzehnt wird unpolitisch sein oder es wird nicht sein. – Tatsächlich sind solche Konventikel die echten Anfänge einer sozialen Neugliederung, die ja in Deutschland bis zur vollkommenen Unkenntlichkeit zerschmettert ist und weiter zu zerkrümeln scheint ... Sie haben ein ›Ein-Mann-Konventikel‹ vorgezogen, in der geheimen Hoffnung auf Zuzug. Ist das ganz falsch? Ich habe zu guter Letzt meine Bekanntschaft mit Einsamkeit gemacht, seit 1941. Ich glaube, ohne sie einmal erlebt zu haben, kann man nicht zu sich selber kommen und an die Pforte der unmittelbaren, nicht von außen veranlaßten Produktivität. Aber ich habe auch erfahren, daß Anregung eine sehr wichtige und notwendige Funktion hat, schon weil man unversehens sich seine eigene Sprache und eigenen Bedeutungen macht. Man muß Gelegenheit finden, das, was man eingesehen hat, auszuprobieren.«

Nur wenige, die den Mann der rastlosen Vita activa in den Jahren bis 1937 gekannt haben, würden bei ihm die philosophisch spekulativen Hintergründe vermutet haben, die in diesem Brief sichtbar werden. Die charismatische Anziehungskraft, die der Mensch Scheffer in den 30er Jahren besaß, hat bereits damals die Möglichkeiten angekündigt, die er im Alter entwickelte und die in seinen Briefen wie von jenseits klingen.

Ich habe 1957 mit ihm, chauffiert von Frau Rosenstock-Huessy, die irgendwo auf dem Lande in Vermont residierte und in der charmanten Art einer älteren Schweizer Lady von ihren amerikanisch erzogenen, ganz und gar uneuropäischen Enkeln zu plaudern wußte, manches Gespräch gehabt, worin er wie ein Weiser erschien. Als ich Abschied von ihm nahm, sagte er etwas, was mir wie ein Ritus der Freisprechung des ehemaligen Schülers vorkam. Er verpackte das Abschiedswort in eine Empfehlung an meine, ihm unbekannte Frau und fügte scherzhaft hinzu, er habe den Eindruck, ich sei mit der richtigen verbunden. Die Anspielung galt auf unnachahmbar delikate Weise Irrungen und Wirrungen, denen ich in der Zeit beim Tageblatt verfallen war. Sie waren meinem Mentor nicht verborgen geblieben.

Ich kehre in das Jahr 1936 zurück, das letzte mit und unter Scheffer, und, wie ich im Rückblick meine, das Ende meiner Lehrzeit. Die Marge publizistischer Bewegungsmöglichkeiten, die uns damals verblieb, war verglichen mit dem, was 1938 einsetzte, noch verhältnismäßig breit. Wir konnten zwar nicht offen die Einschränkung der bürgerlichen Rechte der Juden bekämpfen. Wir konnten Fälle des Unrechts an politischen Gegnern nicht aufgreifen. Wir wurden Tag für Tag mit Anweisungen, wie dies und das zu behandeln oder zu verschweigen sei, gegängelt. Was uns blieb, bestand im Aufspüren von Möglichkeiten der indirekten, vorsichtig formulierten Kritik, vor allem im Aufspüren und Darstellen von Positionen und Sachverhalten, die noch nicht auf die primitiven Positionen des sogenannten Rassegedankens, der heroischen Weltanschauung, des sogenannten Führerprinzips, das Gesetzgebung und Verwaltungspraxis objektiven Normen entzog, umgeschaltet waren. Die ersten Jahre liefen noch unter dem bezeichnenden Stichwort der Gleichschaltung, ein Wort und ein Begriff, die das Eingeständnis enthielten, daß es noch Bezirke gab, die resistent geblieben und sich noch nicht hatten »erfassen« lassen. Dem Journalisten, der Außenpolitik bearbeitete, kam dabei zugute, daß das Regime sich in den ersten Jahren noch mit der höchst mißtrauischen Umwelt jenseits der Grenzen arrangieren mußte. Wenn man eine Art Vertrag mit Polen zu machen sich gezwungen sah, dann konnten Verlage in gewissem Umfang polnische Bücher wie etwa Reymonts »Bauern« verlegen und konnten Kritiker darüber schreiben. Die stärksten Barrieren gegen das, was ein Phantast wie Gottfried Feder auf dem Gebiet der Wirtschaft forderte, lagen im Felde der Wirtschaft selbst. Preise waren Preise, Kurse Kurse, und Produktionsziffern waren in Blättern mit Auslandsverbreitung nicht zu verheimlichen. Dagegen war die sogenannte Kultur leichter zu reglementieren. Entartung, Kulturbolschewismus, Zersetzung waren die gängigen Kampfparolen, die viel Willkür zuließen. Einem Barlach wurde von Parteimächtigen das Leben so schwer gemacht, daß er nicht mehr ausstellen und nicht mehr veröffentlichen konnte. Wenn ein paar Zeitungen, unter ihnen das Berliner Tageblatt, einen Nachruf auf Barlach brachten, so war das für den Schreiber und den verantwortlichen Redakteur mit Risiken verbunden. Wir haben Max Liebermann noch mit einem Nekrolog zu würdigen gewagt. Würden wir freilich zur Ausbürgerung von Thomas Mann gesagt haben, was wir dachten, dann wären Folgen bis zum damals schon möglichen Berufs- und Erscheinungsverbot zu gewärtigen gewesen.

Man hat uns, die wir unter solchen Bedingungen als Journalisten gearbeitet haben, nach dem Ende des Zweiten

Weltkriegs vorgeworfen, wir hätten die Sklavensprache geschrieben und den Machthabern Alibis einer Scheinliberalität geliefert. Die erlebte Wirklichkeit sah so aus: In der Aktion des tätigen Lebens haben wir eine Fülle von konkreten Aufgaben gesehen. Was wir meldeten, schrieben und redigierten, hat noch jahrelang so etwas wie ein Gegengewicht gegen den Druck und die verordnete Willkür bedeutet. Es wäre dem deutschen Volk, das als 60-Millionen-Volk nicht emigrieren konnte und es nicht wollen konnte, noch weitaus schrecklicher ergangen, der Verlust an Substanz wäre noch rascher und totaler erfolgt, wenn nicht Kirchen und Universitäten, freie geistige Arbeiter und viele, viele Ungenannte und Unbekannte nach ihren Überzeugungen und Grundsätzen, anders als es die Amtswalter und Braunhemden wollten, weitergemacht hätten. Diese Probleme sind durch Wort und Begriff »Widerstand« verunklärt worden. Ich vermeide das Wort. Aber ich weiß, daß es weithin in allen Schichten des Volkes, auf dem Lande und in den Städten, in der Arbeit und in dem, was man noch als Erholung oder Muße bezeichnen konnte, Verhaltens- und Denkweisen gegeben hat, die nicht auf den Nenner der sogenannten nationalsozialistischen Weltanschauung zu bringen waren.

Scheffers Brief von 1948, aus dem ich zitiert habe, reflektiert 1948 im Rückblick auf die Jahre der nationalsozialistischen Diktatur über die Würde im Sinne der Personwürde, philosophisch etwa im Sinne Max Schelers. Die Frage war in jenen Jahren, ob man trotz Vorsicht, Taktik, List und Täuschungsmanövern gegenüber denen, die unkontrolliert nach ihrem Machtinstinkt schalteten, noch das Bewußtsein von persönlicher Würde haben konnte. Das klingt nach altem Humanismus und wird im entsetzlichen Dunkel und Schmutz der Folterkeller und der Todeszellen in der Tat leeres Stroh. Aber das Leben jener Jahre bestand nicht nur aus äußersten Situationen. Der Alltag der Deutschen 1936, der durch die Olympischen Spiele und ihre Hunderttausende ausländischer Gäste als eine Art

Normalität erschien, kennt den zähen Kampf um jeden Zentimeter Boden. Das Leben, auch und gerade, wenn es unter den Druck der Diktatur gerät, sucht sich zu salvieren. Wenn die Partei als sogenannter völkischer Willensträger Land und Volk auf einen primitiven Vitalismus, auf Unterwerfung unter den Führerwillen und auf eine neue Moral der angeblich Starken auszurichten versuchte, dann haben Christen, Liberale, Humanisten und Sozialisten ihr anderes geistiges und moralisches Sein zu behaupten versucht und wenn es auch nur ein Ausweichen vor denen war, die die Macht hatten. In dieser Situation haben auch viele Zeitungen gestanden. Wir haben die braune Literatur nur widerwillig und als unvermeidliches Übel zur Kenntnis genommen, wir haben wie die Buchverlage viel Ausländisches hereingeholt, das durch die Maschen ging. Wir haben andere Lebensvorstellungen formuliert, andere Freuden und Leiden artikuliert, andere Musik gespielt und gehört. Die Unterdrückung ist nicht einmal im Kriege vollständig gelungen, als die Machthaber keine Rücksicht mehr nehmen zu müssen glaubten. Eine andere Frage ist, wie lange bei so offenkundiger Mißverteilung der Macht die Unterworfenen auszuhalten vermögen. Scheffer gebraucht unmittelbar im Zusammenhang mit dem Begriff der Würde als dem Inhalt des Existierens, zwei Worte, die den heutigen Leser überraschen mögen. Er spricht davon, wie schwer es sei und war, »immer neue Auffangstellungen zu schaffen« und fährt dann fort, daß »wenig Seelen genügend in die Tiefe gegliedert« seien, um diesen ununterbrochenen Rückzug fertigzubringen.

Diese Worte, im Rückblick formuliert und aufgezeichnet, sind zum Verständnis unserer Mentalität damals hilfreich, gerade weil sie die Techniken des Rückzugs mit Clausewitzschen Termini bezeichnen. Wir haben uns in der Tat wie in einem Stellungskrieg gefühlt, unpathetisch übrigens. Wir wichen zurück, bauten neue Auffangstellungen und gliederten »in die Tiefe«. Das galt mindestens bis 1938. Wer über Sklavensprache, Konzessionen und Tarnmanöver aburteilt, müßte, um zu einem ausgewogenen Urteil zu kommen, das Ganze ins Auge fassen. Auch ist es wohl angezeigt, nachdem zwar viel zeitlicher Abstand, aber noch immer nicht die sogenannte Bewältigung der Vergangenheit vollzogen bzw. gelungen ist, zur Kenntnis zu nehmen, was in jenen dreißiger Jahren weiter seinen Gang nahm, als ob es keine Nazis gegeben hätte. Ich kann daran erinnern, daß die Carossa, Gerhart Hauptmann, R. A. Schröfer, Bergengruen, Ernst Jünger, sogar Hermann Hesse einschließlich einiger Bruchstücke aus dem »Glasperlenspiel« mitten im Dritten Reich gedruckt, verlegt, gekauft, verschenkt und gelesen wurden. Es hat eine Fülle junger neuer Autoren gegeben – ich nenne die Langgässer, Horst Lange, Werner Helwig, Stefan Andres –, die besprochen, gelesen und gekauft wurden. Das war Existenz aus anderem Geist. Das hat sich behauptet, am Ende unter furchtbaren Opfern. Hätten die, hätten wir schlagartig kapitulieren sollen? Wir waren alles andere als Helden. Wir haben gelebt, oft voller Bitterkeit, oft leichtfertig und vergessend, oft gleichgültig und abgestumpft, aber uns doch immer wieder aufraffend.

Es hat nicht ausgereicht, um die Schrecken und die Greuel zu verhindern. Vor diesem Ende versagt alles.

Der Druck der Diktatur hat während der Jahre vor Ausbruch des Krieges speziell in Berlin Folgen gehabt, die meines Wissens bisher noch kaum dargestellt worden sind. So konnte man in Berlin, und dies im Gegensatz zur Provinz, eine Zunahme der privaten Geselligkeit beobachten. Plötzlich fielen Schranken, die zuvor bestimmte Kreise von anderen eher abgekapselt haben. Was nicht Nazi war und sein wollte, empfand ein gesteigertes Informations- und Austauschbedürfnis. Man fand leichter zueinander. Die Absonderung von denen, die die Macht hatten, ließ Leute zueinanderfinden, die sich vermutlich vorher kaum getroffen hätten. Ich erinnere mich einer großen Begegnung auf sommerlicher Terrasse in Dahlem bei Freunden der Margret Boveri. Der Gastgeber war der deutsche Hollerith-Vertreter, ein Mann des Managements also. Die Party galt einem der Dohrns, der gerade in Berlin war. Dohrn war Zoologe, ein Freund von Margret Boveris Vater, Direktor der deutschen zoologischen Station in Neapel gewesen. Zu solchem Treff kamen Leute mit klingenden Namen aus der großen Industrie, aus den Natur- und Geisteswissenschaften, aus den Randzonen des Geistes und der Publizistik. Ich erinnere mich, dort u. a. Theodor Heuss, der später eine Dohrn-Biographie geschrieben hat, aber auch Leute wie Siemens oder Max von Laue gesehen zu haben. Natürlich war auch Scheffer da. Ich erinnere mich an exquisite Vorleseabende bei der baltischen Baronin Behr, deren schöne Tochter Furore machte. Man traf sich, um Kassner lesen und sprechen zu hören. Ich erinnere mich, daß jedesmal, wenn W. E. Süskind in Berlin war, reihum einer einlud, um das Völkchen der Literaten zu versammeln. Ich erinnere mich an die genialisch kecken Abende bei Heinrich und Hilde Strobel in der Preußenallee, wo der unbändige Bayer die Weimarer Zeiten zusammen mit K. H. Ruppel aufleben ließ und aggressive Travestien auf Wagneropern aufführte. Da ließen sich sogar Wirtschaftsredakteure und Leute von der B. Z. am Mittag sehen. Ich erinnere mich der Gartengesellschaften, die Margret Boveri am Teupitzsee gab, wo Max Clauss und Pörzgen, viel Tageblattredaktion jüngeren Lebensalters und Freunde aus industriellen wie künstlerischen Regionen erschienen. Durch unseren Kunstkritiker Fritz Nemitz, der mit seiner klugen Frau Maria ein gastliches Haus führte, habe ich in Berlin meinen mittelrheinischen Landsmann Philipp Harth und seine bezaubernde, vorzüglich kochende Frau Ida kennengelernt und den letzten großen Berliner Porträtmaler Leo von König oft getroffen. Ich habe Ernst Rowohlt schwimmend und prustend im Erkner angetroffen und anschließend mit ihm gesoffen. Mit Leuten wie Friedo Lampe, dem hochbegabten jungen Erzähler, Peter Gan, alias Richard Moering, der mir seine Sammlung Vivin zeigte, mit den Kunsthistorikern Paul Ortwin Rave und Werner Deusch habe ich Kontakte gehabt. Ich habe, bevor ich bei ihm als Rundschauredakteur eintrat, Peter Suhrkamp und den Fischer-Schwiegersohn Gottfried Bermann gekannt.

Einer der wenigen glücklichen Eingriffe des Verlegers Sikorski in redaktionelle Planungen war die Empfehlung, das quicklebendigwuselnde Fräulein Dr. Dahle, Typus der literatur- und professorengläubigen Studentin, für die Sonntagsblätter zu engagieren. Die Dahle, wie sie allgemein hieß, war aus Pommern gebürtig, hatte Philologie studiert, und bevor sie zum Tageblatt kam, in dem großen wissenschaftlichen Verlag Walter de Gruyter an einem verdienstvollen Blatt der Information über die schon damals weit auseinanderliegenden Disziplinen aller Geisteswissenschaften redaktionell gearbeitet. Anneliese Dahle kannte von diesem monatlich erscheinenden Blatt im Zeitungsformat her viele jüngere Wissenschaftler, Assistenten, Dozenten, aber auch Studenten, die bereit und fähig waren, ihr Fach über die Zäune der Fachgelehrtheit hinaus kurz, bündig und zuverlässig darzustellen. So konnten wir einige junge Leute um uns versammeln, die erstaunlich lebendig waren, modern, aber nicht nach der Nazischablone, ein wenig skeptisch vielleicht auch uns gegenüber, aber einig mit uns, daß es jetzt mehr als je galt, den Geist kritischen Denkens über die Welle der rassistischen Konjunkturschwätzerei hinwegzuretten. Die jungen Männer begriffen, was wir von ihnen erwarteten und faßten mit an. Ich sehe noch den listig blinzelnden Eilhard Zickgraff vor mir, der dem heroischen Gerede auf der Seite »Geschichte in Geschichten« materialdichte und sogar spannend geschriebene Berichte entgegenstellte, wie die Kriegsgeschichte immer im Schlepptau der Waffenentwicklung und der Technik verlaufen ist. Oder der brillante Kurt Hancke, Student der Philosophie wie Hans Behrens kamen zu einer Stunde Schwatz in die Redaktion und lieferten Aufsätze oder Tendenzberichte von Auseinandersetzungen, die von ihren Professoren Nicolai Hartmann, Eduard Spranger, Max Dessoir, Alfred Bäumler inspiriert waren. Der einzige, der meines Wissens den Krieg überlebt hat, ist Heinrich Hahne. Der junge, strohblonde Robert Wiemann war Physiker und übernahm, als der erfahrene, wissenschaftlich wie didaktisch gleich begabte H. J. Flechtner sich auf das Schreiben der damals ungemein erfolgreichen Bücher »Du und die Physik« und »Die Welt in der Retorte« (Ullstein) verlegte, die Berichterstattung aus der Physik, einer Wissenschaft, die durch den Rassisten Lennard in Heidelberg trotz vielfältiger Schikanen weniger ernsthaft bedroht werden konnte als die Geisteswissenschaften.

Die von Scheffer neu eingerichtete wöchentliche Seite »Geschichte in Geschichten« – sie war ein Trick, um Historie ideologiefrei in anekdotischen Realien darzubieten – und die redaktionell schwierigen, witzig spirituell geplanten »Unwahrscheinlichkeiten« lockten Mitarbeiter an, die politisch heimatlos geworden waren und es schwer hatten, durch Honorarschreiberei sich über Wasser zu halten und vor den Behörden einen Beruf nachzuweisen. Aus dieser Zeit stammt meine Verbindung zu dem späteren Verleger Helmut Kindler. Wie denn überhaupt das Blatt, so wie es sich inzwischen dem Leser darbot, Mitarbeiter neu heranbrachte. So auch ist die überaus zarte Mildred Harnack Fish eines Tages zu uns gekommen. Wir haben von ihr, der geborenen Amerikanerin, den ersten Aufsatz über eine Entdeckung, Thornton Wilders, erhalten und eine nicht minder wichtige damals hochaktuelle Interpretation William Faulkners.

Das Literarische, wie wir es sahen und sehen mußten, geriet uns unversehens ins Politische. So kam zu uns auch ein junger Mann namens Friedrich Edding, der eine Dissertation über den Demokratismus und die Liberalen von 1848 geschrieben hatte. Der junge Mann war auch Scheffer aufgefallen, obwohl er vermutlich nicht durchweg mit ihm übereinstimmte. Durch ihn und in einer Besprechung seiner Dissertation aus meiner Feder kamen Gedanken ins Blatt, die mit den Begriffen Widerstandsrecht, Grundrechte und Staat geradezu halsbrecherisch waren. Ein anderer stand eines Tages unversehens in der Redaktionsstube: Erik Reger, damals etwa über die Vierzig, ein Bild des Kummers und des schieren Elends. Er war mir dem Namen nach als Erfolgsautor des nicht gerade schwerindustrie-freundlichen Romans »Union der festen Hand« das, was man »einen Begriff« nennt. Ohne Umschweife erklärte mir der Besucher, er sei mit seiner Familie am Verhungern, weil ihn ein Publikationsverbot getroffen habe. Es sei von der Ruhrindustrie ausgegangen, und die NSDAP habe es sich dann zu eigen gemacht, weil der neue Staat aufrüste. Kritische Literatur über Kohle und Stahl – das bedeutete für den Schreiber des bereits 1931 erschienenen Romans den beruflichen Tod. Wir haben ihm, dessen Romanthema in Variationen immer wieder die Wirtschaft in weltpolitischen Konstellationen war, den Roman »Napoleon und der Schmelztiegel« abgekauft und in Fortsetzungen gebracht.

Meine katholische Prägung, die mir in meiner Kindheit und Jugend oft Bezugspunkt meiner Entwicklung gewesen war, trat in den Berliner Jahren in den Hintergrund. Sie kam allenfalls in meinen zahlreichen Berichten und Stellungnahmen zu französischen Vorgängen und Figuren zum Vorschein, so etwa, wenn ich über Bernanos »Tagebuch eines Landpfarrers« oder Paul Claudel schrieb oder in den monatlichen Zeitschriftenschauen das »Hochland« kaum einmal ausließ. Von Zeit zu Zeit besuchte ich an Sonntagen das Hochamt und habe in den Backsteinkirchen aus den zwanziger Jahren ein reges Gemeindeleben beobachtet und den Berliner Geist spiegelnde Predigten angehört. Eine Verbindung zum heimatlichen Katholizismus lief über Elisabeth Langgässer, deren Roman »Der Gang durch das Ried« ich besprochen hatte, kurz bevor die Autorin von der Schrifttumskammer wegen ihrer »halbjüdischen« Herkunft und weil man ihre Heilsmystik nicht dulden wollte, Veröffentlichungsverbot erhalten hat. Ich habe die temperamentvolle Frau gelegentlich in ihrem kleinen Siedlungshaus in Eichkamp besucht – und wir haben uns in gemeinsamer Schwärmerei für Bernanos und Claudel und den heimischen Rhein über die Gegenwartsmisere hinwegzuleben versucht – für Stunden. Ich habe damals, ohne mich erinnern zu können wie es dazu kam, mich in einem Kreis bewegt, der sich bei dem katholischen Studentenpfarrer Johannes Pinsk traf. Der elegante Priester schien sehr weltläufige Kontakte zu haben. Er wohnte in einer großen, für Empfänge geeigneten Wohnung in einer der »herrschaftlichen« Seitenstraßen des Kurfürstendamms. Dort bin ich dem melancholischen Reinhold Schneider, auch Jochen Klepper begegnet, dessen großer Roman »Der Vater« 1939 ein bedeutender Bucherfolg war. Auch Elisabeth Langgässer gehörte zu diesem Kreis, wie denn Kreis das Wort war für eine leicht konspirativ getönte Geistesverwandtschaft. Das evangelische Pendant zu diesem Hause war in Steglitz der Eckart-Verlag, geführt von dem rührigen Doktor Ihlenfeldt. Da traf man Rudolf Alexander Schröder, Pastoren der bekennenden Richtung, unter ihnen den jungen hochbegabten Lyriker Sigbert Stehmann, der in Norwegen gefallen ist. Ich war in einigen solcher »Kreise« Zaungast. Zu ständigen Bindungen kam es nicht.

Ich war ein Einzelgänger und beließ es bei flüchtigen Kontakten.

Wenn ich die Lage der Jahre beim B. T. als insular geschildert habe, könnte der falsche Eindruck der mehr oder weniger totalen Isolation entstehen. So war es nicht. Es gab nicht nur unsere Insel, sondern wie in einer Art Archipel zahllose andere, meist kleine Inseln von Literaten, Journalisten, Verlegern und andern Leuten verwandter Gewerbe. Da waren und kamen von Zeit zu Zeit aus dem Riesengebirge die Schlesier angereist, der allemal geschäftige, neue Nachrichten vom Wiesenstein, dem Sitz Gerhart Hauptmanns, bringende Gerhart Pohl, der listige und viellesende Erzliterat Hans Georg Brenner, Josef Wiessalla, schwerfällig, die Herkunft vom Bergmann aus Oberschlesien nicht verleugnend, August Scholtis, damals schon graue Eminenz in Sachen »was sich im Lande tut«, Horst Lange, berühmt durch seinen unvergessenen Erstling »Schwarze Weide«. Nahm man die Damen Ilse Molzahn, Ilse Langner und Oda Schäfer hinzu, dann ergab das in der Tat eine, wenn nicht blühende, so doch selbstgewisse und produktive neue schlesische Dichterschule. Aus Breslau, wo er Verlagsleiter des alten Wilhelm-Gottlieb-Korn-Verlags gewesen war – ich wurde irrtümlich in Berlin oft auf diese Namensverwandtschaft angesprochen –, war Hans von Hugo nach Berlin gekommen, hatte sich dort niedergelassen und einen alsbald Aufsehen machenden literarischen Verlag eröffnet. Die Abende in seinem gastlichen Hause und die Erinnerung an seine zarte, vornehme Gattin, eine Dame aus dem schlesischen Landadel, sind mir herzerwärmend in Erinnerung. Aber auch sonst funktionierte Berlin noch immer als Sammelpunkt junger verheißungsvoller Schriftsteller, die in der weiten »Reichshauptstadt« eher einen Unterschlupf fanden, der von der Überwachung durch einen NS-Hauswart frei blieb. Das Weltstädtische war oft noch so weitmaschig und großzügig, daß man in der Masse unbeobachtet und unbekannt bleiben konnte. Die unzähligen Eckkneipen, ein damals noch voll funktionierendes typisch Berlinisches Institut, boten geradezu ideale Freiräume für die »Freischwebenden«. Ähnliches galt von den pfälzischen Weinstuben oder denen von Gruban-Souchay. Der Berliner hatte und hat wohl immer noch ein aus der wilhelminischen Zeit stammendes sentimentales Verhältnis zum Rhein. Das brachte in mir verwandte Saiten zum Klingen, zumal die Erinnerung daran, daß meiner Mutter Lieblingsbruder Toni in den Jahren zwischen 1900 und 1910 in der Nähe des Bahnhofs Friedrichstraße innerhalb des Komplexes des »Heidelberger« eine Weinprobierstube »Zum Rüdesheimer« unterhalten hat, wach war. Wie oft haben wir, der Kunstkritiker Fritz Nemitz, Heinrich Heining, der unser Filmkritiker war, Fritze Dettmann, unser Stadtblattchef, ein prachtvoller Kerl vom Kameradentyp mit diesem oder jenem auswärtigen Gast, etwa mit dem liebenswerten Dresdener Erzähler Martin Raschke oder dem bremisch bedächtigen Friedo Lampe oder mit H. G. Rexroth oder mit dem Hintergrundsinformationen auftischenden Breslauer, später Dresdener Korrespondenten, dem unvergessenen Filou Erich Peter oder Hubert Neumann, der sich aus vermutlich dringenden Tarnungsgründen nicht selten auch einfach Neun nannte, zusammengehockt und uns die neuesten Gags aus dem nationalsozialistischen »Überbau« erzählt. Da mag mancher Ober dies und das mitgehört haben. Wir waren weniger unvorsichtig, als es scheint, da wir uns auf unsern Spürsinn verließen. Die Beklemmung bis zur psychischen Depression kam erst später. Wer in den Krieg hinein vertrauensselig blieb, konnte furchtbar dafür zu zahlen haben wie mein unvergessener Nachbar am S-Bahnhof Hohenzollerndamm E. O. Plauen, der eigentlich Oeser hieß, und wegen eines unbedachten Worts im Luftschutzkeller in Gestapohaft kam, wo er, der hochbegabte erfolgreiche Zeichner der bekannten Serie »Vater und Sohn«, sich das Leben nahm, das ihm der Henker mit Sicherheit genommen hätte.

Ich kannte und sah oft G. R. Hocke und Gert H. Theunissen von der Kölnischen Zeitung, den jungen, im Krieg gebliebenen Dibelius von der F. Z., die ansonsten in Berlin weniger in »meinen« Kreisen vertreten war. Zu den Literaten meines Umgangs zählten der hochgebildete, ein wenig prätenziös zarte E. W. Eschmann, Hugos Autor Karl Pintschovius, der im Oberkommando des Heeres etwas trieb, was bei Traditionsträgern verpönt war, nämlich Heerespsychologie und darüber Bücher schrieb, Christian Mettin, gleichfalls Hugo-Autor und flink in allen Sätteln gerecht, Elisabeth Langgässer, die mich nach Eichkamp einlud und dort mit mir den halben Abend lang rheinhessisch schwätzte, was ihr die entbehrte Heimat ein wenig zu ersetzen schien.

Alle diese Menschen lebten einen bescheidenen Lebensstil. Man genoß die Berliner Großzügigkeit, die Einhelligkeit der gemeinsamen Grundgesinnung und tauschte den neuesten Klatsch über die gefürchteten und bewitzelten Machthaber aus. Meine Assistentin beim Literaturblatt, die unermüdliche Anneliese Dahle, die zuvor bei dem Informationsblatt des De Gruyter-Verlags gewesen war, kannte viele freundliche und gebildete junge Damen, denen man entweder in die hübschen Augen sah oder die man mit Rezensionen über allerlei Literarisches betrauen konnte.

Was da noch funktionierte, war ein Nachklang der großen zwanziger Berliner Jahre, war aber auch jenes Element, das sich in der Wissenschaft, in den Bibliotheken, in der Universität, in den großen alttraditionierten Berliner Industrieherzogtümern selbständig und relativ unbehelligt hielt, solange kein Krieg war, der dann freilich alles veränderte. Ich empfand es geradezu als einen Glücksfall, daß ich, bis zu meiner Berliner Zeit wenig geübt in der freien gesellschaftlichen Wildbahn, dank meiner ins Öffentliche reichenden journalistischen Arbeit sozusagen überall »Bekannte« antraf, die ich persönlich noch nicht gekannt hatte. Man gehörte dazu, es war allen klar, daß man nichts mit »der Partei« oder ihren sogenannten »Gliederungen« im Sinne hatte. Wer vom Tageblatt Paul Scheffers kam, war vor jedem Verdacht dieser Art frei.

Es hat in meiner Zeit bei Scheffer einige Male Momente gegeben, in denen es ungemütlich zu werden versprach. Erst nachdem das Unwetter, das sich auch mal über meinem Kopf wegen einer mißliebigen Äußerung über Rosenberg zusammenbraute, vorbei war, gab Scheffer mir einen Wink. Ich wurde zweimal auf die sogenannte NS-Kulturgemeinde bestellt, wo man mir in einer unguten Mischung von scharfer Tonart und drohender Andeutung Vorhaltungen machte, daß ich »einseitig« sei. Von Scheffers beständigen Anstachelungen, unter Nationalsozialisten zu gehen, ermutigt, hatte ich mir etwas vorgenommen, was heutzutage journalistisch als das Selbstverständlichste von der Welt gelten würde, damals aber unendlich schwierig und wie sich herausstellen sollte, unmöglich war.

Ich faßte den Plan, eine der Nazi-Eliteschulen zu besuchen und darüber zu berichten. Diese Institute hießen nationalpolitsche Lehranstalten, Napola. Man erzählte sich davon, daß dort die SS den Unterrichts- und Ausbildungsbetrieb beherrsche und eine nicht nur »rassisch«, sondern auch intellektuell hochgezüchtete Führungselite, ihre Kader heranziehe. Diese »hohen« Schulen waren wie so manches im Dritten Reich von einem Geheimhaltungskordon umgeben. Man wußte, wo die Burgen oder Anstalten lagen, sonst aber so gut wie nichts. Offenbar sprach bei dieser Abschließung anfangs so etwas wie Furcht vor Entdekkung der Methoden und vorzeitiger »zersetzender« Kritik mit, sei es in der Auslandspresse, sei es in der innerdeutschen mündlichen Weitergabe, die um so mehr blühte, je weniger informiert wurde. Die Brutalität war bei vielen nationalsozialistischen Unternehmungen nur die eine Seite einer Sache, die andere war eine tiefe Unsicherheit.

Wie also in eine Napola hineinkommen? Ich nutzte den einzigen Weg, der vielleicht Erfolg haben konnte, und sprach bei einem Referenten im Reichserziehungsministerium Unter den Linden vor, wurde empfangen und erhielt die Zusage, daß ich das in eine Napola umgewandelte Große Waisenhaus in Potsdam, eine Stiftung Friedrich Wilhelms I., besuchen dürfe. Das war oder schien ein halber Erfolg. Der Direktor dieses Hauses wurde entsprechend angewiesen und empfing mich kurzangebunden und mürrisch. Ich mimte das schiere interesselose Wohlgefallen, um etwas zu sehen zu bekommen. Es war wenig genug, und in knapp eineinhalb Stunden stand ich wieder vor dem verschlossenen großen Tor an einer der Potsdamer Grachten. Immerhin hatte mir der Chef, der harte, hagere Typ des ausgedienten Offiziers, einiges unverbindlich Markige über Charakterschulung gesagt, mich danach über einen großen Hof zu einem Sportplatz geführt, wo er mir Systeme von Betonrohren wies, durch welche die Jungen durchkriechen müßten, um »Mut« zu beweisen. Mich wehte, zumal die begleitenden Worte nicht frei von einem sadistischen Unterton waren, das kalte Grauen an. Wir kamen an einer barocken Kirche vorbei, wozu der Kommentar lautete »Hier hamse früha Jottesdienst jetrieben, ha, ha!«. Dann kam der Höhepunkt, um den ich ausdrücklich gebeten hatte. Wir besuchten eine Klasse im Unterricht. Das Alter der Jungen dürfte etwa der Obertertia entsprochen haben. Die Jungens steckten in einer Uniform, die der des Arbeitsdienstes ähnlich sah, so auch der Lehrer, ein Mann um die Dreißig, der mit dem offenbar unangekündigten Besuch nichts anzufangen wußte und sichtlich unsicher bis zur Verlegenheit wurde, da er nicht wußte, wer der »Zivilist« in Begleitung des Direktors war. Es ging nach einer unliebenswürdigen Aufforderung seitens des Chefs im Text, der gerade gelesen wurde, weiter. Da passierte etwas Unvorhergesehens. In dem Erzählstück, dessen Herkunft ich nicht erraten konnte, da ich kaum zwei Sätze hörte, kam das Wort Ironie vor. Der Lehrer konnte nicht umhin, verzweifelt dreinblickend zu fragen, was Ironie bedeute. Ich hätte mir kein besseres Fressen wünschen können. Zunächst herrschte betretenes Schweigen, nur zu leicht erklärlich durch den Besuch des Direktors und des Unbekannten, der vielleicht »ein hohes Tier aus der Partei« war. Da meldete sich ein Bursch und wollte sagen, was Ironie sei. Er brachte etwa zutage, daß Ironie eine Redeweise sei, bei der einer etwas anderes sage, als er eigentlich meine, dabei aber das Eigentliche durchblicken lasse. Etwas Komisches sei auch dabei. Das war großartig und wäre es in jedem normalen Gymnasium gewesen. Der armselige Pauker aber wand sich, weil er nicht wußte, wie an das, was der Junge gesagt hatte, anknüpfen, Beispiele dafür finden und weitermachen. Mein uniformierter Cicerone wurde unbeherrscht und brach schnarrend mit ein paar gemurmelten Worten unseren Besuch ab. Draußen deutete er mir an, daß man erst im Aufbau sei, daß, wie gesagt, die Charakterschulung das wichtigste sei, und erinnerte daran, daß er mich überhaupt nur gegen das Versprechen vorgelassen habe, daß mein Bericht vor Erscheinen ihm und dem Ministerium vorzulegen sei. Dann war ich draußen.

Ich habe den Bericht über das, was ich gesehen, beobachtet und gehört hatte, sofort geschrieben, ihn in der Druckerei setzen lassen und die Druckfahnen sowohl dem Direktor wie dem Beamten im Reichserziehungsministerium zugesandt – mit der dringenden Bitte um baldige Freigabe. Ich habe nie etwas darüber gehört. Natürlich hatte ich den Bericht von subjektiven Zutaten freigehalten. Es war wieder einmal bewiesen, daß die Nationalsozialisten ihre inneren Bezirke streng tabuierten. Würden wir den Bericht entgegen meiner Zusage veröffentlicht haben, hätten wir mit Sicherheit Repressalien zu erwarten gehabt. Wir, das heißt ich und die Redaktionsspitze wollten nicht etwas riskieren, was schwerer wog als ein einmaliger Blick durch den Türspalt einer Napola, noch dazu ein sehr zufälliger, da ich ohne Information über Stärken, Lehrpläne, Lehrpersonal usw. geblieben war.

Der Vorfall bewies ein weiteres Mal, was andere vor mir erlebt hatten. Das »Berliner Tageblatt« galt nach wie vor als das »liberalistische Judenblatt«, obwohl unsere beiden Schutzjuden inzwischen ausgeschieden und die Mehrzahl der redaktionellen Mannschaft keine dreißig Jahre alt war. Unser alter Kollege Helmut Sarwey, jüdischer Abstammung, hat, wenn mich meine Erinnerung nicht täuscht, das Haus etwa 1935 verlassen, ein Mann alter Schule, dessen sarkastische Anmerkungen immer willige Ohren gefunden haben. Der Doktor Stern-Rubarth, der zu seinem Schutz die beiden kleinen Eisernen Kreuze des ersten Weltkriegs im Knopfloch trug, war auch eines Tages gegangen. Willy Beer, so blond wie arisch, Leiter der Innenpolitik, hatte Démêlées mit der Deutschen Arbeitsfront, wie man die gleichgeschalteten Gewerkschaften umbenannt hatte, und mit der Reichsjugendführung solche, die zu rüden Szenen führten. Erwin Topf, der Agrarpolitik machte und sich da nicht dreinreden ließ, war er doch der Rowohlt-Autor eines nicht durchweg großgrundbesitzfreundlichen Buches über die »Grüne Front«, hat sich etwa 1935 aus dem Staube gemacht und war in die Reichswehr eingetreten, ähnlich wie Gottfried Benn. Hans Gerth, Haussoziologe der Redaktion, ein nach Berlin verschlagenes Exemplar der frühen Frankfurter Schule, war einer zweiten Vorladung zur Gestapo wegen Untergrundkontakten ausgewichen und hatte über Dänemark den Weg nach draußen eingeschlagen, ehe sie ihn erwischten. Margret Boveri hatte einige Tage am Alex, wie man den Standort der politischen Polizei nannte, zubringen müssen.

Die Schatten wurden dichter. Der neue Chef der Reichspressekonferenz, Alfred Ingemar Berndt, mißtraute uns gründlich. Ich vergesse nicht, wie ich eines Tages bei Scheffer im Büro Ohrenzeuge eines erregten Gesprächs mit dem neuen Reichspressechef wurde, wobei Scheffer seinem Partner erklärte, »dann« werde er Gelegenheit nehmen, die hervorragenden Einrichtungen »Ihrer Konzentrationslager« an Ort und Stelle kennenzulernen. Ich habe nie erfahren, worum es gegangen war, hätte mir auch nicht herausgenommen, danach zu fragen. Scheffers Blick und ein hintergründiges, etwas mühsames Lächeln sind mir unvergeßlich.

Unsere Seelenlage in jenen Jahren, die ich bis zu Scheffers bis heute nicht ganz aufgeklärtem plötzlichem Abgang Ende 1936 rechne, war keineswegs die des unentwegten Heroismus oder eines irgendwie pathetischen Sendungsbewußtseins. Wir nahmen unsere Aufgabe ernst und fühlten uns doch zugleich als Spieler. Dies Spielerische wurde uns durch die große Stadt aufgeprägt. Es ist ein Wesenselement des Journalismus. Ich hatte mich trotz meiner bereits in die frühe Studentenzeit zurückreichenden Artikelschreibereien in Frankfurter Blättern erst dann auf den Redakteurberuf hin orientiert, als klar war, daß ich den Zugang zum wissenschaftlichen Beruf verfehlt hatte und den höheren Schuldienst unter den neuen politischen Verhältnissen nicht anstreben wollte. Mein alter Gönner in Frankfurt am Main, Heinrich Weinstock, damals Direktor des humanistischen Friedrich-Wilhelm-Gymnasiums in der Stadt meiner Studienzeit, hätte mich mit offenen Armen zur Ausbildung im höheren Schuldienst aufgenommen. Ich wäre unter normalen, was so viel sagen will wie freien Verhältnissen als Lehrer zur beruflichen Lebenserfüllung gekommen. Als ich 1934 sechsundzwanzigjährig aus Frankreich zurückgekommen war, hatte sich mir das schwere Problem meines Lebensunterhalts gestellt. Es gab damals noch keinerlei Entgelt während der Ausbildungsjahre.

Aber das waren und sind in der Rückschau äußerliche Gesichtspunkte. Ich fühlte mich nach den ersten Wochen bereits als Journalist und genoß die Weite des Horizonts, die Bewegungsfreiheit und das Abenteuerliche des Gewerbes in vollen Zügen. Ich erlebte, wie schillernd und verführerisch die tägliche professionelle Vermarktung des Worts sein kann. Fernsehen gab es noch nicht, der Rundfunk spielte als Mittel der Information vergleichsweise noch nicht die Rolle, die ihm später zuwuchs. Auch war der Reichsrundfunk vergleichsweise kaum eine Konkurrenz gegen das fast noch ausschließliche Informationsmonopol der Presse. Im »Berliner Tageblatt« herrschte wie in den anderen Blättern aus der Tradition des 19. Jahrhunderts noch das Grundgesetz, daß die Nachricht heilig zu sein hat. Wir waren nicht und wollten gerade das nicht sein, was mein »Prüfer« vom Landesverband mir aufzusagen abverlangt hatte: Kampfpresse. In diesem Begriff, den Goebbels in seinem Organ »Der Angriff« zur Virtuosität ausprägte, war der Gegenpol zu den als »liberalistisch« verschrienen Zeitungen alter Art bezeichnet.

Trotzdem wurde mir im täglichen Umgang mit dem Depeschenmaterial und den Kommentarthemen bis hin zur Auswahl der Aufsätze sehr rasch klar, daß es keine Zeitung ohne »Tendenz« gibt. Auch unser Verständnis von Objektivität war in gewisser Weise Tendenz, eben die bürgerlich liberale, die die Nazis »liberalistisch« nannten und bekämpften. Wir waren uns dessen bewußt, daß bereits die Plazierung auf der Seite und die Zeilenzumessung für die einzelnen Nachrichten ein Politikum waren. Ich begriff bald, daß sogar die Seriosität nicht ganz frei war von Sensation.

Wir grenzten uns mit einigem Selbstbewußtsein, das uns Scheffer vermittelte, etwa von den Blättern des Scherl-Verlags ab. Unsere Methode aufzufallen und die Aufmerksamkeit zu erwecken, war nicht die der BZ am Mittag (Ullstein) und nicht die der Nachtausgabe (Scherl). Aber wir waren gewitzt genug, zu wissen, daß auch wir nicht ohne Knüller, wie das abgeschmackte Wort heißt, existieren konnten.

Die Zielgruppe, an die wir uns wandten, waren die Gebildeten im weitesten Sinne des Worts, aber wir suchten und mußten zu vermeiden suchen, was Scheffer und die anderen alten Hasen »gepflegte Langeweile« nannten. Ich habe mir nie Illusionen gemacht, daß Journalismus ein windiges Handwerk sein kann. Noch sehr jung und gelegentlich vorlaut, nahm ich mir heraus, Kollegen, die sich als Journalisten allzu wichtig nahmen und machten, den Begriff »joculatores« an den Kopf zu werfen. Das war natürlich cum grano salis gemeint. Ich bin bis heute der Ansicht, daß der Journalist, der es über den Schmock und Provinzler hinausbringt, Einsicht in seine Lage gewinnen muß, je früher desto besser. In den häufigen fröhlichen Trinkrunden, an denen ich in meiner Jugend ausgiebig teilgenommen habe, kam es in vorgeschrittener Stunde oft über mich, zu verkünden, daß unser sozialer Standort von dem des Zirkusvolks (Gaukler = joculatores) nicht gar so weit abliege. Das war Ironie und Provokation und wurde als solche verstanden – oder auch nicht.

Der Tag, an dem die Nachrichtenticker 1935 die Streifen über die Verordnung und Verkündung des sogenannten Schriftleitergesetzes ausspien, ist mir im Gedächtnis geblieben. Das ging in Windeseile durch die Etagen des Mossehauses, in dem immer hart gearbeitet worden ist. Daß ein Goebbels gesagt hatte, uns sei vom heutigen Tage an die »Berufsehre« zurückgegeben worden, löste unter Jungen und Alten eine Welle sarkastischen Hohns aus. Ausgerechnet der Mann, der uns in die Pflicht des schieren Berufszynismus nehmen wollte, den wir mit jeder Faser ablehnten, redete uns von Ehre. Ich höre noch einige schrille weibliche Stimmen, die ins ordinärste Berlinerisch verfielen. »Wat hat er uns zurückjejeben, de Ehre? Wat is'n det? Hamm wa doch nie jehabt!« Das war natürlich ironisch gemeint, der schiere Hohn und endete in einer großen Trinkerei, von der die Jüngeren erst spät in der Nacht aufbrachen.

Im Journalismus ist bis heute und wird in immer steigendem Maße eine gewisse Gebrochenheit des Selbstverständnisses enthalten sein. Das Milieu schleift Geschwollenheit ab, baut im täglichen Betrieb, in der Jagd nach dem zugkräftigsten »Aufmacher«, worunter das Metier die

Headline, die Hauptüberschrift des Tages, versteht, hohle Wichtigtuerei ab. Journalismus ist ein beständiges Kombinieren von Fakten, Tendenzen, Meinungen, Richtungen. Hinzu kommt, daß der begabte Journalist das Kombinieren als Möglichkeit des Machens von Meinung oder moderner gesagt Bewußtsein erfährt, also das Gegenteil der Wissenschaft, die sich objektiv versteht. Wenn ich mir die forsche Antwort an jenen Mann, der mich zum Schriftleiter prüfte, überdenke, im liberalen Tageblatt und gerade da werde täglich um Meinungen gerungen, weshalb auch wir Kampfpresse zu heißen verdienten, dann entsprang die Keckheit einer Einsicht, damals wie heute.

Es erscheint mir vertane Mühe, wenn Professoren der Zeitungswissenschaften oder der Medienkunde mit umständlichen Begriffskonstruktionen die Praxis der Zeitungen und der inzwischen dazugekommenen Medien auf Regeln und Kontrollmechanismen bringen wollen. Ich rede nicht der Libertinage das Wort, wenn ich die Ambivalenz des schnellen Wortverschleißes offenlege. Keine Systematik wird die Praxis der Meinungsmacher regeln. Sie wird durch die harten Realitäten in Zucht gehalten und durch ein Etwas, das Berufsethos zu nennen mir nach dem Gesagten schwerfallen muß. Es gibt und gab so etwas wie die Pflicht, an der Sache zu bleiben, die Tendenz zum Machen durch Selbstkontrollen auszugleichen. Der kollegiale Verband hat dazu Wesentliches beigetragen. Doch bleibt und blieb die Verführung, mit dem gerade Auffälligsten und Aufreizendsten mitzugehen, es »aufzumachen«, wie das entlarvende Wort lautet, groß. Schlimmer veranschlage ich die Gefahr, die sich in Diktaturregimen leicht einstellt, daß der Wortmacher, der dem Druck der vorgestanzten Propagandaformeln nicht ausweichen kann, der Gängelung durch Sprachregelung – welch ein Begriff, der uns damals der geläufigste war – so weit nachgibt, daß er abstumpft.

Den Unglücklichen, die tagaus, tagein die offiziellen »Veranstaltungen« des Regimes wahrzunehmen hatten, waren die Floskeln so eng vorgeschrieben, daß dieser »Journalismus« entnervend und abstumpfend wirkte. Wir haben damals alle mehr oder weniger in der Gefahr gestanden, gewisse vorgestanzte Sätze, Stereotypen, zynisch herunterzutippen, um die Last der »weltanschaulichen« Sollerfüllung möglichst rasch hinter uns zu bringen. Wie hat damals dieser und jener es geradezu für eine Leistung angesehen, daß es ihm nach diesem und jenem Tarnungswort aus dem vorgeschriebenen Wortschatz gelungen war, ein anderes Wort und eine andere Sprachwelt in das vermeintlich abgesicherte Geschreibe hineinbugsiert zu haben!

Nach dem Kriege war es oft tragikomisch zu erleben, wie man Buchstabe für Buchstabe »beim Wort« genommen wurde. Schlimm stand es da mit dem Typus »Schriftleiter«, der aus der Konstellation von Zwang und bis zur Virtuosität ausgebildeter Findigkeit der Tarnung schließlich zu der Konsequenz gelangt war, es sei gleichgültig, das so oft geschändete Wort überhaupt noch ernst zu nehmen. Wenn die totalitäre Diktatur die Köpfe und die Gewissen korrumpiert, dann insbesondere die der beruflichen Umsetzer ins Wort.

Intelligente und gerecht abwägende Beurteiler dessen, was in jenen Jahren Journalismus war und sich zu behaupten suchte, haben das Ganze der Sprache, die eine Zeitung und ein Journalist noch festhielten oder entgegen dem Trend der Lüge aufrechthielten, zum Urteilskriterium gewählt.

Im Juni 1936, gegen Ende meiner B.T.-Zeit, wurde ich nach Paris als Sonderberichterstatter entsandt, wie man solche Mission im Journalismus anspruchsvoll bezeichnet. Ich hatte über die wilden Streiks unter der Volksfrontregierung Léon Blum zu berichten. Ob ich die treibende Kraft war oder ob Scheffer oder meine Kollegen den Plan faßten, den Mann des Literaturblatts und Feuilletons als Sonderkorrespondenten mit einem politischen Auftrag nach Paris zu schicken, weiß ich nicht mehr. Nur so viel ist mir im Gedächtnis, daß der ständige Korrespondent in Paris schwer krank war, so daß ihm nicht mehr zugemutet werden konnte, die aufregenden Vorgänge des Sommers 1936 in der französischen Hauptstadt persönlich zu beobachten. Der Auftrag scheint mir heute noch zweifach bemerkenswert. Einmal beweist solche Disposition die Unbefangenheit der Führung des Blattes. Man wußte, daß ich geläufig französisch sprach, wußte aus vielen Berichten und Kommentaren über kulturelle Vorgänge in Frankreich, die ich mir aus den Gazetten zusammenlas, daß ich mit dem Land wie mit einer zweiten Heimat vertraut war. Offenbar war man in den Kreisen des politischen Ressorts unbefangen genug, einen »Außenseiter«, gar »einen vom Feuilleton«, auf politische Mission zu lassen. Für mich selbst war dieser Auftrag die schönste Sache, die mir widerfahren konnte. Endlich kam ich unversehens zu einem Journalismus der vordersten Linie. Die anhaltenden Rückzugsgefechte gegen die vordringenden Nazifizierungstendenzen in der »Kultur« konnten auch einen noch ungebrochenen und unentwegten jungen Mann ermatten. Wie wenig mich der Nationalsozialismus affiziert hatte, wie ganz ich noch im Banne der mächtigen französischen Prägung stand, nehme ich aus den Berichten wahr, die ich, da sie erhalten sind, wieder gelesen habe. Es ist geradezu unfaßlich, daß das Berliner Tageblatt diese unbefangenen, gelegentlich unverkennbar heiteren Berichte über die Teil- und Sitzstreiks von Midinetten in Pariser Warenhäusern oder von Schauerleuten in Le Havre oder von Kellnern in den großen Cafés drucken konnte. Ich habe damals meine Chance voll genutzt und sogar politische und wirtschaftspolitische Leitartikel schicken können, die ich anderentags gedruckt am Pariser Kiosk kaufen und lesen konnte. Offenbar hat das Naziregime solche Berichte über die innere Gärung unter der ersten Volksfrontregierung zugelassen, obwohl meine Aufsätze polemische Dreinrede in die innerfranzösischen Dinge vermieden. Ich packte einfach aus und schilderte große Gewerkschaftsmeetings im heißen Park von Vincennes, turbulente Vorgänge in Lille und Dünkirchen, insgesamt die große Volksbewegung des sozialen Nachholbedarfs in einem erzkonservativen Lande.

Ich wohnte in meinem alten, bescheidenen Studentenhotel in der Rue Casimir Delavigne und war mit der Metro oder dem Zug bald hier, bald dort, las mir in aller Frühe aus den Pariser Blättern zusammen, wo sich etwas ereignen würde, und war Journalist wie nie zuvor. Ich erinnere mich, eines Morgens in der Bourse du Travail, wo ich mich herumgetrieben hatte, um Stimmung und Stimmen aufzuschnappen, in einen Saal geraten zu sein, wo mir hübsche junge Weiblichkeiten auffielen. Da erfuhr ich, daß ich unter die Angestellten der Pariser Vergnügungsetablissements geraten war. Die streiklüsternen Mädchen konnten einem helles Vergnügen bereiten. Der Bericht, der anderentags darüber im B. T. zu lesen war, trägt die Spuren davon. Ich schlich mich durch Polizeiabsperrungen am Hafen von Le Havre und sah zu, wie Feuerwehrleute und Soldaten stundenlang einen der großen Luxusdampfer am Pier vergeblich festzumachen suchten, während die Hafenarbeiter höhnisch zuschauten und sich den Rotwein durch die Gurgeln laufen ließen. Ich habe die Folgen der Vorgänge für den kleinen unternehmerischen Mittelstand erkannt und geschrieben, daß die neuen Sozialabgaben samt Sozialleistungen der Großindustrie nichts anhaben konnten, während die Kleinbetriebe von fünf und weniger Angestellten daran eingehen könnten.

Als ich nach kaum zweieinhalb Wochen zurückkam, hatte ich meinen Mann gestanden. Warum ich nicht insistiert habe, für dauernd nach Paris geschickt zu werden, weiß ich nicht. Der Pariser Platz mußte bald nach Scheffers Abgang neu besetzt werden. Aber da war ich schon innerlich mit dem Berliner Tageblatt fertig und entschlossen, zu kündigen. Auch habe ich die Gabe, die im Journalismus für ein sogenanntes Vorwärts- und Weiterkommen unentbehrlich ist, die des beständigen Insistierens und, wenn nötig, Intriguierens nie besessen. Ich hatte nicht den Elan, mich zu befreien und das zu werden, was meinen journalistischen Gaben und Neigungen mehr entsprochen hätte als das Aushalten an einer brüchigen »Kulturfront«.

Kann brauchen, was es gelernt hat

1936 bis 1941

Am Jahresende 1936 war ich achtundzwanzig Jahre alt. Nun galt es, als mit Scheffer die letzte Vaterfigur aus meinem Leben verschwand, zu brauchen, was ich gelernt hatte. Ich wüßte mit keinem andern Satz als dem Buchtitel »Heidi kann brauchen, was es gelernt hat« (1881) der unvergeßlichen Johanna Spyri den Inhalt des letzten Kapitels meiner Lehrzeit anzugeben. Vor mir tat sich das noch unbekannte Feld der Erfahrungen auf eigene Faust auf.

Die neuen Herren, denen wir unterstellt wurden, kamen aus einer »Verwaltungsamt« genannten Behörde, die wir nicht kannten und nicht kennenlernen konnten. Ich fand mich unversehens in die Lage des Landvermessers K. in Kafkas Roman »Das Schloß« versetzt, wobei es wie ein Treppenwitz anmutet, daß der neue Chefredakteur ausgerechnet den Namen jenes Urtyps der verwalteten Welt in besagtem Roman trug. Er hieß Schwarzer. Wir wußten nicht und erfuhren nie, wer uns jetzt eigentlich in der Hand hatte. Der Versuch, zum Kern einer der neuen Personen vorzudringen, erwies sich allemal als ein Griff ins Unsichere, Unbestimmte, oft in ein Nichts. Margret Boveri hat in ihrem Bericht über eine Hauptstadtzeitung unter Hitler Beispiele angeführt, daß diejenigen, die uns nationalsozialistisch »auszurichten« gekommen waren, in der praktischen Arbeit sich als merkwürdig zwielichtig entpuppten. Einer schimpfte auf Goebbels; Schwarzer, der sich uns in der Uniform eines SS-Sturmführers vorgestellt hatte, verbot, als es sich herausstellte, daß wir binnen Tagen und Wochen Tausende Abonnements jüdischer Leser verloren, antisemitische Meldungen in das Blatt zu bringen. Das könnte so verstanden werden, als ob die neuen Herren doch wohl keine Nazis gewesen wären. Sie waren es auf sozusagen kafkaeske Weise.

Ich habe mit dem Typus bald eine höchst eindrucksvolle Erfahrung gemacht. Einen Monat nach Scheffers Ausscheiden schrieb ich, dem damals noch die Redaktion der täglichen Glossensparte »Für und Wider«, im politischen Teil des Blattes, anvertraut war, ein Glösslein jener Art, die Scheffer »eristisch« zubenannt hatte. Ich legte mich mit dem Philosophen Ernst Krieck, damals Rektor der Universität Heidelberg, an. Der hatte in seiner als militant bekannten Zeitschrift »Volk im Werden« geschrieben, die Preußische Akademie der Wissenschaften zu Berlin, immerhin eine Stiftung aus König Friedrichs I. Zeit und eines der angesehensten Institute der Forschung mit naturwissenschaftlichen und geisteswissenschaftlichen Sektionen, sei »eine Ansatzstelle und Heimstätte der Reaktion«, was sie im Sinne eines engagierten Nationalsozialisten vermutlich auch war. Dazu bemerkte ich, die Akademie könne solchen Angriff nicht mit Schweigen übergehen, da sie andernfalls den Anschein erwecke, sie sei selbst nicht sicher, ob sie noch eine Daseinsberechtigung habe. Das war bei Scheffer gelernt.

Sofort schrieb Krieck dem Verfasser einen wütenden Brief, den ich ungefähr so beantwortete, daß es doch wohl in Kriecks Sinne sein müsse, wenn sein Angriff bekanntgemacht und die Akademie zur Stellungnahme aufgefordert werde. Die Pikanterie der Sache bestand darin, daß der wilde Mann in Heidelberg seine Attacke mit der Bemerkung garniert hatte, die in der Staatsbibliothek Unter den Linden domizilierende Akademie könnte das Schicksal der alten Bäume, die man damals gefällt hatte, teilen.

Darauf schickte Krieck dem neuen Chefredakteur Schwarzer einen eingeschriebenen zweiten Brief, worin gesagt war, er verzichte nunmehr auf Wiedergutmachung, da es sich bei der Angelegenheit herausgestellt habe, daß das Tageblatt noch immer das alte Judenblatt und keinen Deut besser geworden sei, entgegen den Meldungen über einen neuen Geist im Hause Mosse.

Ich wurde in das Chefbüro beordert und sah mich dem vor Wut bebenden Schwarzer und Paul Fechter gegenüber, der kurz zuvor als neuer Feuilletonchef eingetreten war. Fechter galt nicht als Nazi und konnte auch nicht als solcher gelten. Fechter versuchte zu vermitteln und schlug vor, die Sache zu »bereinigen«. Das Tageblatt tat öffentlich Buße, indem es den Krieckschen Aufsatz, an dem ich mich »vergangen« hatte, zur Gänze auf einer vollen Zeitungsseite abdruckte und in einer redaktionellen Stellungnahme die unbedachte Glosse bedauerte. Einige Zeit später hat mir der etwa gleichaltrige Kollege Beer mitgeteilt, Herr Six, damals Abteilungsleiter für das Gebiet der hohen Schulen im Reichssicherheitshauptamt, habe ihm gesagt, daß Professor Kieck das Amt mit der Sache bereits befaßt hatte.

Ich war gewarnt. Es war mir nicht klargeworden, was Paul Fechter, ein damals in Berlin vielgelesener Theaterkritiker und Literaturhistoriker seit den Weimarer Jahren, sich bei dem Vorfall gedacht hat. Vermutlich hielt er es für aussichtslos, den tobenden Schwarzer davon zu überzeugen, daß die Glosse in einer Rubrik des Titels »Für und Wider« doch wohl ihren Platz hätte behaupten müssen. Solches hätte Scheffer mit seinem Namen und seiner taktischen Geschicklichkeit nicht mit einer hundertprozentigen Kapitulation »ausgeräumt«.

Paul Fechters Engagement war ein Schachzug Schwarzers. Man konnte vermuten, daß dieser Journalist, der aus dem deutschnationalen Verlag Scherl stammte und dem man das Verdienst nachrühmte, die Berliner Nachtausgabe in Schwung, will sagen zu hoher Auflage gebracht zu haben, den als konservativ geltenden Fechter verpflichtet hatte, um die fatal abbröckelnde Leserschaft der Zeitung zu beruhigen und bei der Stange zu halten. Es war mir klargeworden, daß die neuen Herren, wie verschieden geartet sie sein mochten, rein taktisch dachten und manövrierten.

Leider erwies sich Ähnliches in meiner Beziehung zu dem wohl anders gearteten Paul Fechter. Das »geistige Leben«, wie wir es bei Scheffer in Journalismus umsetzen gelernt hatten, gefiel dem alten Praktiker nicht. Bei Gelegenheit einer Besprechung der Essais des mit 25 Jahren aus dem Leben geschiedenen hochbegabten Eugen Gottlob Winkler, erschienen 1937 im Verlag von Karl Rauch in dem bis dahin von mir in alleiniger Verantwortung redigierten Literaturblatt, kam es zum Zusammenstoß. Winkler, der nach einem Verhör bei der Gestapo in München Selbstmord verübt hatte, war im Jahre 1937 so etwas wie ein intellektueller Meteor. Seine Deutungen Ernst Jüngers, des Obersten Lawrence, des späten Hölderlin waren nicht nur formal bestechend, sondern thematisch von ungehörter Kühnheit. Der Schüler E. R. Curtius' wagte es, vom Ende der spekulativen Vernunft und jeglicher Metaphysik zu schreiben. Wo ein Pseudodenken noch mit der Kategorie des Sinns (»Sinn des Lebens«) arbeite, sei Sinn allemal längst verloren, da helfe auch keine Theologie mehr. Fechter war über meine enthusiastische Besprechung außer sich. Er ließ sich nicht auf eine Diskussion ein, sondern ordnete, was unerhört war, die Schließung meines Redaktionszimmers an. Ich wurde in sein Büro an den Katzentisch gesetzt und hatte Fräulein Rodenwald, seine Sekretärin, eine ältere Bildungsdame, zu befragen, was »die Leute gern lesen«.

Nach diesen Erfahrungen war mir klar, daß es für mich sinnlos geworden war, dieser Zeitung noch länger anzugehören. Ich kündigte. Schwarzer fragte drohend, ob er die Kündigung als Protest gegen die Linie des Blattes anzusehen habe. Das war gefährlich. Ich antwortete, daß ich einer Berufung zum Hauptschriftleiter, nämlich der »Neuen Rundschau«, nicht widerstehen könne. Das leuchtete dem Hauptschriftleiter Schwarzer ein. Ich habe dann noch bis zum Jahresende und sogar darüber hinaus für das Berliner Tageblatt gearbeitet und sogar mehrere größere Reiseaufträge übernehmen müssen, so die Berichterstattung über den ersten deutschen Historikerkongreß seit 1933 in Erfurt, eine heikle Sache, da der Nationalsozialismus ideologisch Umwertung der Geschichte sein wollte, den ersten sogenannten »Tag der deutschen Kunst« 1937 in München und Berichte über die Pariser Weltausstellung im selben Jahr. Daraus könnte der Eindruck entstehen, daß ich nach den anfänglichen Schwierigkeiten unter den neuen Herren wieder Oberwasser bekommen hätte. In Wirklichkeit war noch kein geeigneter Nachfolger gefunden. Das B. T. wußte seine Redakteure voll »auszulasten«. Etwa vom Hochsommer 1937 an begann ich bereits für Peter Suhrkamp, der seinen Redakteur der »Neuen Rundschau«, Wolfgang von Einsiedel, nach London hatte abwandern lassen müssen, für die einstmals hochrenommierte, inzwischen sehr still gewordene Zeitschrift des S. Fischer Verlags zu arbeiten.

Nach etwa dem ersten Berliner Jahr, das ich am Stettiner Bahnhof im evangelischen Studentenheim verbracht hatte, hatte ich die Wohnung gewechselt. Ich fand ein möbliertes Zimmer in der Laubenheimer Straße im sogenannten Künstlerblock am Südwestkorso in Wilmersdorf. Es war der schiere Zufall, daß es mich in einen jener typischen Wohnblocks aus den zwanziger Jahren verschlagen hat, in dem es im Jahr 1933 unruhig zugegangen sein muß. Das riesige Wohngeviert soll dem Hörensagen nach nicht wenige Literaten und Künstler der Linken beherbergt haben. Wie ich nach Jahren erfuhr, hatte die SA dort nach Gegnern gefahndet und sie schrecklich aufgestöbert. Mein Gewährsmann für Andeutungen dieser Art war Hübel, der in derselben Wohnung wie ich als Lebensgefährte der Vermieterin hauste. Hübel war Bildhauer. Er stammte, wie mir seine Sprache sofort verriet, ausgerechnet aus einem armen rheinischen Höhendorf meiner nassauischen Heimat, das mir nur dem Namen nach bekannt war. Ein Mann von etwa vierzig Jahren, schien er einmal bessere Tage gekannt zu haben. Er war der typische Handwerkerkünstler, hatte irgendwo ein vermutlich armseliges Atelier, in das er mich nie Einblick nehmen ließ, war aber ungemein kontaktfroh. Über seine Beziehung zu der eleganten Vermieterin, einer verblühenden Schönheit, die sich eine große Dogge hielt und mich mit junonischen Augen maß, als wollte sie erfahren, was ich für einer sei, wurde nicht gesprochen. Vielleicht hat das gutgewachsene Weib dem Bildhauer in besseren Tagen einmal Modell gestanden. Die Wohnung war von dem Geruch des Hundes so erfüllt, daß ich mich heute noch wundere, wie ich es dort ein Jahr ausgehalten habe. Immerhin lernte ich ein neues, penetrant echtes Berlin kennen. Der Bildhauer war ein schlampiger Mann, nicht ohne Witz, ein Bohemien, den es nach Berlin verschlagen hatte. Er suchte das Gespräch mit mir und redete mich gern Koarl an, was ein wenig nach Heimat klang. Er las das Tageblatt aufmerksam und machte seine Glossen über die neue Zeit. Was er sagte, war grob, aber bauernschlau. Ein Nationalsozialist war der ganz gewiß auch nicht. Auf sich verwandte er kaum Sorgfalt. Was er aß, kam aus dem Einwickelpapier. Die Frau, mit der er schlief, kümmerte sich kaum um ihn. Aber sie war ihm und seiner starken Art zugetan, wenn auch unter einem dauernden feinen Spott über seine Manieren. Das focht den Hübel überhaupt nicht an.

Als wir etwas wärmer miteinander geworden waren, machte Hübel grimmige Glossen über die Kunstnazis. Seine eigenen Arbeiten kannte ich kaum. Er schien Aufträge von katholischen Pfarrgemeinden zu haben. In Dahlem gab es eine nüchterne Franziskuskirche, auf deren hohem Turm eine lebensgroße Steinplastik von H. stand. Er schien auch Kruzifixe zu machen und wollte meine Füße als Modell nutzen, weil er sagte, ich hätte gotische Hände und also wohl auch Füße. Es ist nicht dazu gekommen. Manchmal sagte er sarkastisch, die Künstler, die für ihn mit Bildhauern identisch waren, lebten jetzt von der Fertigung von Hoheitsadlern. Das waren jene klobigen steinernen Adler, die über jeder Kaserne und jedem Amts- oder Parteigebäude angebracht wurden. Ich wurde aus dem Mann nicht klug, ob auch er Hoheitsadler machte. Es schien möglich, blieb aber ungewiß. Hübel hätte gern Näheres erfahren, wie ich es mit den Frauen hielt. So versuchte er, mich mit meiner Kollegin Margret Boveri aufzuziehen, was ihm nicht gelang. Die Vermieterin hätte überhaupt nichts dagegen gehabt, wenn ich den Besuch einer Freundin in der Wohnung gehabt hätte. Da sich aber nichts Einschlägiges ereignete, blieb es bei der Neugier.

Ich bin dann nach einem Jahr ausgezogen, sehr zum Leidwesen Hübels, der seinen täglichen Schwatz mit mir haben wollte, was mir längst lästig war. Wiederum der schiere Zufall spielte mir eine sehr kleine, aber eigene Wohnung zu. Das war damals bereits schwierig, weil

Junggesellen als sogenannte bevölkerungspolitische Blindgänger kein Recht auf eine eigene Wohnung hatten. Ich verdankte das eigene Heim dem Umstand, daß ein mir bekannter Schriftsteller die Wohnung an jemand loswerden wollte, der die beiden letzten fälligen Mieten übernahm. Ich war froh, den penetranten Hundegeruch loszuwerden, und zog aus. Das neue Domizil, eineinhalb Zimmer, die von einer größeren Wohnung durch einen eigenen Abschluß abgetrennt worden waren, lag in einem Block am S-Bahnhof Hohenzollerndamm. Der Block hatte eine holländische Gesellschaft zum Eigentümer, was erklärt, wie ich als Unverheirateter doch zu einer Wohnung kam. Was ich mit übernahm, war die Zugehfrau Marie P., ein märkisches Weib mit der Seele eines Dragoners, strohblond, energisch und herrisch. Sie tratschte und trank meine Ration Kaffee, der aus Gründen der Devisenersparnis für die Rüstung etwa ums Jahr 1938 bereits rationiert wurde. Die Wohnung war winzig, ging auf den Hof, hatte aber eine kleine Küche und ein verhältnismäßig großes Bad, das aus der größeren, abgeteilten früheren Wohnung stammte. Von dieser ersten eigenen Wohnung gelang es mir, nach einem weiteren Jahr in eine Zweieinhalb-Zimmervorderhauswohnung, von der aus man über den Graben der S-Bahn hinweg und über den Hohenzollerndamm in Richtung Grunewald sehen konnte, umzuziehen. Mit dem Fahrrad, dessen ich mich in Berlin gern bediente, kam ich an Sommerabenden noch bequem nach Schluß meines Dienstes im S. Fischer Verlag an den Grunewaldsee zum Schwimmen.

Meine Wohnung war fast asketisch schlicht, eine Klause, in der kochen zu können, mir das Leben erhöhte. Das einzige, das ich in der Wohnung, die 1943 durch Brandbomben in Schutt und Asche sank, verloren zu haben bedaure, sind zwei Aquarelle von Otto Müller, köstliche Blätter, auf denen hagere tanzende Exotenweiber dargestellt waren, sozusagen deutscher Gauguin-Nachklang. Alles andere bis auf die Bücher war einfaches Zeug, Teppich, Tisch, Stuhl und Bett. Aber es war ein eigenes Heim, aus dem der Blockwart draußen blieb. Zu den Hausbewohnern hielt ich knappe Grußdistanz. Kochen ist mir aus meiner langen Berliner Junggesellenzeit geradezu eine Lebenserfüllung gewesen. Ich habe seit meinen Toulouser Jahren über den Tisch die Sinnlichkeit romanischer Völker verstanden. Es war und ist mir unbegreiflich, wie die Menschen in Transelbien es fertigbrachten, sich an Stullen zu genügen. Sosehr ich ein gutes Butterbrot auf der Wanderung als Atzung zu genießen weiß, aus meiner mittelrheinischen Heimat und aus der kräftigen und feinen Küche meiner Mutter hatte ich die Vorstellung mitgebracht, so müsse man überall essen. Immerhin ist mir die Umstellung auf die schlichtesten Gerichte bei Aschinger, einen eingelegten Hering und eine Terrine dicker heißer Erbsensuppe, gelungen. Das war Landsmannskost. Die feine Küche ist ja oft veredelte Landsmannskost. Was mich bis heute nicht zu begeistern vermag, waren kärgliche Gerichte in Ausflugslokalen rund um Berlin. Dann lieber eine kräftig belegte Stulle, ein Bier und einen Korn oder die obligate Bockwurst mit Salat! Seit ich die Wohnung in Berlin hatte, kochte ich oft, sei es für mich allein, sei es für Gäste, wobei ich Koch und Gastgeber zugleich war, einmal sogar für meinen alten väterlichen Freund und Gönner Professor Jean Boyer aus Toulouse, der wieder einmal einen Sommer eifrig studierend in der Preußischen Staatsbibliothek zubrachte. Er fragte mich, als er nach Rumpsteak und grünen Erbsen meinen mit Eischnee luftig gemachten, simplen Griesflammeri zu sich nahm, »C'est vous qui avez fabriqué ça«. Das war Triumph der deutschen Puddings über den langweiligen französischen Crême caramel. Eines meiner selbstfabrizierten Lieblingsgerichte bestand aus einem Schmortopf, in dem Lagen von Hammel und Schweinefleisch, in Stücke geschnitten, mit Lagen von zerkleinerter Paprika und Tomaten sowie in Würfel geschnittener Kartoffeln weich geschmort wurden. In meiner Klause roch und schmeckte es heimatlich. Original rheingauische und Bordeaux-Weine kaufte ich an der Ecke in einer Meinl-Filiale, deren Pächterin eine Wienerin war, auf die das berlinische Etikett »patent« paßte. Ich habe, was Margret Boveri auf ihrem Wochenendgrundstück zu Teupitz südlich Königswusterhausen trieb, nämlich innere Kolonisation durch ein Berliner Leben nach fränkischer Art, in meiner

Küche als Koch und an der Ecke Hohenzollerndamm/Bechstedter Weg als Käufer von Wein, Fleisch, Gemüse praktiziert. Manche der Verkäufer in den Läden haben mich vermutlich als einen Irren eingeschätzt. Auch das gefiel mir, bis dann der Krieg den kleinen Freuden ein Ende setzte.

Ich habe noch nicht von dem wichtigsten Aktivposten in meinem emotionellen Haushalt berichtet, dem Berliner Theater in jenen Jahren. In Hilperts Deutschem Theater an der Schumannstraße, das Kammerspiel eingeschlossen, war ich oft Premierengast, auch im großen Schauspielhaus am Gendarmenmarkt, gelegentlich in der Volksbühne, später im für George klotzig umgebauten Schillertheater sowie dem Theater in der Budapester Straße, das zu den preußischen Staatstheatern gehörte. Die Theater waren in ihrer Mehrheit auch so etwas wie eine Insel, die größte Insel wohl, die uns die Welt offenhielt. Die Bühnen unterstanden entweder dem preußischen Ministerpräsidenten Göring oder waren mehr oder weniger direkt dem »Schutz« des Reichsministers für Volksaufklärung und Propaganda anvertraut. Die Berliner waren und sind traditionell besonders theaterfreudig. Darin dürfte ein Grund für die schwer begreifliche Tatsache liegen, daß die Theater bis tief in den Krieg hinein kaum politisch ernsthaft gestört und umfunktioniert werden konnten. Für NS-Zwecke und NS-Stücke gab es das »Theater des Volkes«, die Volksbühne und andere Häuser. Selbst das Schillertheater, das 1938 umgebaut und unter Anwesenheit der höchsten Parteiprominenz wiedereröffnet worden war, hielt sich von völkischer Weltanschauungsdramatik fast frei. Wenn man die Spielpläne der großen Provinzbühnen mit denen der Reichshauptstadt damals vergleicht, wird man in den Bühnen zu Köln, Frankfurt, Leipzig, München, Kassel, Erfurt ein Vorherrschen typischer dramatischer NS-Autoren wie Johst, Langenbeck, Bethge, Möller feststellen. In Berlin war das Zahlenverhältnis zugunsten des freien Theaters weitaus besser. In keiner andern Stadt des großdeutschen Reiches wäre es möglich gewesen, daß bei des Marquis Posa (Ewald Balser) berühmtem Wort »Sire, geben Sie Gedankenfreiheit« in Gegenwart ausgerechnet des Reichsministers Goebbels minutenlang stürmischer Beifall losbrach, wie es sich in Hilperts Haus in der Schumannstraße 1938 ereignet hat. Als in der Pause die Lichter im Zuschauerraum aufflammten, schaute das Parkett zur Mittelloge hinauf. Der Minister, den man vor Beginn dort gesehen hatte, war verschwunden.

Man kann die Demonstration nicht als Heldenstück ansehen. Daß aber derartiges ohne Folgen blieb, kann nur aus der Einheit von Theater und Publikum, wie sie in Berlin noch funktionierte, begriffen werden. Am Gendarmenmarkt ergötzten wir uns an einer frechen Satire auf den Spießer, Apels »Hans Sonnenstößers Höllenfahrt«. Der ungeheure Spott, der da auf des Kleinbürgers Ansichten über Bayreuth herabregnete, hätte, wenn man Ähnliches in einem Zeitungsfeuilleton gewagt hätte, nach vielfältigen Erfahrungen zur Katastrophe geführt. Denn das war Geist vom Geiste eines Heinrich Mann.

Natürlich haben auch die geschützten Bühnen Konzessionen gemacht. Ihre Intendanten, voran der zum Staatsrat beförderte Gustaf Gründgens, waren nicht nur geniale Mimen und Regisseure, sondern ebenso gewandte, ihre Häuser und Mitglieder abschirmende Manager. Das vermutete und ahnte man mehr, als man es wußte. Gründgens hatte das Glück, daß seine Konzession an den heldischen Zeitgeist, nämlich Hans Rehbergs dramatisierte Preußenhistorie, höchst wirksames Theater war, wobei der Zuschauer wenig danach fragte, ob Spannung und Genuß mehr von Regie und Darstellern kamen als vom Text. In Gründgens' Haus wurde unter großem gesellschaftlichem Pomp – Mussolinis Außenminister Graf Ciano nahm neben dem Reichsmarschall und Frau Edda in der großen Hofloge Platz – das Stück »Cavour«, das den Duce selbst neben einem Ghostwriter zum Autor hatte, aufgeführt. Werner Krauss war wieder einmal in so faszinierend wirklicher Erscheinung zu sehen, daß Schauder sich in die Bewunderung mischte. Ich erinnere mich an den Auftritt des hervorragenden Aribert Wäscher, der auch Aperçus zu schreiben verstand, in der maskenechten Rolle Napoleons III. Der erschlaffte müde Kaiser läßt sich von seiner jungen Gemahlin nach einer Spieluhrmelodie im Privatkabinett einen graziösen Tanz vorführen. Tendenz: müdes Frankreich.

Solches Historienschauspiel mochte politisch im Sinne der offiziellen Führermythologie gemeint sein und wirken, es kam bei Gebildeten und kritischen Köpfen dem mächtigen Trend der Flucht in die Geschichte entgegen. Gründgens konnte solche Aufführung über den politischen Werbezweck hinaus als künstlerischen Erfolg buchen. Natürlich sind die Stücke der heroischen oder völkischen Richtung auch nach Berlin gekommen. Doch wurden sie wie man im 3. Band von Günther Rühles Ausgabe der Stücke der Langenbeck, Bethge, Möller, Johst u. a. nachlesen kann, meist auf Bühnen im Reich als Uraufführungen herausgebracht. In der Berliner Theaterlandschaft verloren sie sich eher als an Stadt- oder Landestheatern. Auch wäre es irrig zu glauben, die Berliner Theaterchefs hätten den schieren politischen Widerstand geleistet. Sie hätten unintellektuell, wie Theaterpraktiker sind, gute Stücke angenommen, von wem immer sie kamen. Der Widerstand der Theatermänner gegen die, sei es völkischen, sei es »gestalthaften« Stücke kam daher, daß diese entgegen der theoretischen Programmatik, die sie ankündigte, alles andere als szenisch kraftvoll oder im Dialog suggestiv waren. Es ist kein Zufall, daß der brutale Rehberg, der, sich als Jünger Shakespeares verstehend, kein Gemetzel und keine Grausamkeit ausließ, sie vielmehr als die Begleitumstände seines Zentralthemas »Mensch und Macht« sah, durchaus als spielbar galt und sein Publikum fand. Aber den haßte der Reichsleiter Rosenberg. Man konnte damals so wenig wie heute übersehen, daß auch unter den Parteigängern der »neuen Zeit« Spannungen, heftige Divergenzen und Konkurrenzen bestanden.

Ich hielt mich mit dem Berliner Instinkt an das Bühnenwirksame und an die bewährten Darsteller, an die Dorsch als Veilchen vom Potsdamer Platz, an die zauberhaft zarte Maria Bardt, an Käthe Dorsch, aber auch an jüngere Damen wie die herb aparte Anna Dammann oder an die innig mädchenhafte Maria Landrock als Julia unter der Regie Richard Weicherts in der Volksbühne. Hilpert inszenierte, als Österreich »Ostmark« geworden war, viel von

Raimund und Nestroy, indem er einen Teil der Darsteller vom Theater in der Josefstadt nach Berlin kommen ließ. Gründgens nutzte den Augenblick, da durch den Pakt mit den Sowjets der russische Osten »offen« wurde, zu einer Inszenierung von Ostrowskis »Wald«, in der Gustav Knuth und Will Dohm ein köstliches Vagabundengespann zwischen Exaltation und frechem Witz abgaben.

Was im Erinnerungsbild vom Theater nach mehr als dreißig Jahren noch lebendig ist, ergibt und kann kein vollständiges Bild ergeben. Daß einzelnes bis heute haftet und gegenwärtig blieb, scheint mir aber ein Beweis für die Lebendigkeit des Erlebnisses zu sein. Selbst Privattheater, etwa das der Agnes Straub am Kurfürstendamm oder des Ralph Artur Roberts in der Behrenstraße, hielten sich und hatten hohes Niveau. Die Beharrungskraft der Institution Theater und ihre Günde wäre ein Thema, der systematischen Untersuchung wert. Für mich persönlich war das Theater der Ort, an dem Weltstadt noch am deutlichsten intakt war. Das galt sogar für die Pausen und Premieren, in denen man bekannten und geistesverwandten Menschen oder Gesichtern gelöster begegnete als irgendwo sonst. Da lebte etwas aus den großen Tagen der Jessner und Max Reinhardt fort. Ich habe das instinktiv gespürt, wenn ich im Gedränge der engen Foyer-Bar in der Schumannstraße die vergilbten Mimenfotos an den Wänden sah und Menschen traf, von denen ich wußte oder annehmen konnte, daß sie in Person die Kontinuität darstellten, etwa der noch immer vom Premierenfieber förmlich zitternde Herbert Ihering oder der breit jovial lächelnde Paul Fechter oder der befreundete Wolfgang Drews, von dem ich wußte, daß Hilpert ihn als Dramaturg aufgefangen hatte, als er in Goebbels' Schußlinie geraten war. So hat mein angeborener rheinischer Sinn für Kontinuität im Berlin der Theater eine Bestätigung gefunden.

Anfang 1938 war ich bei Suhrkamp eingetreten, der das Haus S. Fischer seit der Trennung 1936 von der Witwe Fischer und deren Schwiegersohn Bermann in Deutschland weiterführte, und zeichnete von da an für die Zeitschrift verantwortlich. Ich kam nicht nur in ein völlig verändertes Milieu, sondern auch in einen anderen Arbeitsrhythmus. Was und wie meine Vorgänger, ich und meine Nachfolger dort gearbeitet haben, ist in einer sorgfältigen wissenschaftlichen Untersuchung des vom Buchhändler-Börsen-Verein des Deutschen Buchhandels herausgegebenen »Archivs für Geschichte des Buchwesens« unter dem Titel »Literarisches Zeitgespräch im Dritten Reich, dargestellt an der Zeitschrift Neue Rundschau«, aus den Archiven, aus der Zeitschrift selbst von 1933 bis zu ihrem Ende 1943 mit der Methode der quantifizierenden Statistik aufgearbeitet worden. Verfasser ist ein junger Wissenschaftler Falk Schwarz. Er hat die Akteure von damals schriftlich befragt, die Essais, Gedichte, dichterischen Stücke, Tagebücher, Reiseschilderungen gezählt, abgemessen und nach dem Kriterium, ob sie nazistisch infiziert gewesen seien, bewertet. Dabei ist durch die quantifizierende Methode vieles herausgekommen, was ich bis dahin nicht gewußt habe. So etwa, daß in meiner Ära, wie Falk schreibt, nicht nur ein Übergewicht aufs Aktuelle bezogener, geistespolitischer Essais nach dem Rückzug meines Vorgängers ins rein literarisch Interessante und Schöne deutlich wahrnehmbar sei, sondern auch zehn neue Autoren in die Zeitschrift ihren Einzug hielten.

Ich hatte das Berliner Tageblatt aus eigenem Entschluß verlassen. Man hat mich dort halten wollen, weil ich fleißig war und man mich zähmen zu können gewiß war. Schon zu Scheffers Zeiten hatte ich den Journalismus in der Diktatur als eine Sache kennengelernt, die zwischen Überzeugung und Kompromiß lag. Ob ich zur »Neuen Rundschau« mit der Illusion gegangen bin, dort von Kompromissen frei zu werden, weiß ich nicht mehr zu sagen. Bei der Tageszeitung war die Tagesschreiberei teilweise kabarettistisch geworden. Keiner von uns, der sich darin hielt, hat ein gewisses Maß von Zynismus vermeiden können. Wie dies mit einer eigenen Überzeugung zu vereinbaren sei, läßt sich nicht auf Formeln bringen. Es ergibt sich aus dem konkret Gelebten und Erlebten.

Sollte ich bei Suhrkamp im S. Fischer Verlag eine Insel

ohne Dreinrede von seiten der Partei- und Staatsinstanzen erwartet haben? Was nachweisbar nicht eintrat, war der Verzicht auf die »aktuellen« Themen und Probleme. Ich habe, wie mir durch die Erhebungen des Herrn Schwarz bestätigt worden ist, mein publizistisches Temperament in die Redaktion der »Neuen Rundschau« mitgenommen. Das erste größere redaktionelle Unternehmen, das ich in Gang setzte und realisierte, war eine Serie von Beiträgen zu dem Gesamtthema »Was ist der Mensch?«. Solches klingt heute eher fad, war damals aber unverkennbar ein Denkansatz, der nicht in der Richtung des »rassischen Weltbildes« lag. Beiträger waren der große Berliner Nationalökonom Werner Sombart, der evangelische Theologe Martin Dibelius, der Kulturhistoriker Karl Buchheim, der Heidelberger Kulturphilosoph Alfred Weber und der holländische Anthropologe F. J. J. Buytendijk, dessen Auseinandersetzung mit dem damals im Reich grassierenden Populär-Darwinismus den Titel »Tier und Mensch« trug.

Ich hätte mich, zumal die Serie eindeutig war, in der Hoffnung bestätigt fühlen können, in meinem äußerlich viel eingeschränkteren neuen Wirkungskreis – die Zeitschrift dürfte damals noch knapp viertausend Abonnenten gehabt haben – künftig ohne Kompromisse und ohne Veröffentlichungen auf Order aus dem Propagandaministerium zu arbeiten. Aber es kam anders.

Etwa gleichzeitig mit meinem Eintritt in den S. Fischer Verlag hatte eine neue Phase der »Erfassung« auch der Zeitschriften eingesetzt, die nicht ausdrücklich politisch waren, sondern unter den verschwommenen Begriff »schöngeistig« oder »belletristisch« fielen. Indem man die Zeitschriften allesamt als ein Politicum zu werten begann, unterstellte man sie etwa um das Jahr 1937/38 einem neuen im Propaganda-Ministerium hergestellten Organ, dem sogenannten »grünen Dienst«. So geriet die Neue Rundschau unter eine Kuratel, die es unter ihren Redakteuren Suhrkamp und von Einsiedel, meinen Vorgängern, nicht gegeben hatte. Mittels des grünen Dienstes wurden den Zeitschriften bestimmte Auflagen gemacht, darunter solche, die für alle strikt verbindlich waren. Ich war also dem System der Presseanweisungen, die die Journalisten der

Tageszeitungen seit langem kannten, jenen Sprachregelungen, wie man die peinliche Sache ungeniert benannte, mehr ausgesetzt als zuvor. Denn jetzt war ich Hauptschriftleiter, freilich in partibus infidelium, weil ich der einzige Redakteur war, und durch den forschen neuen »Dienst« der »kulturellen« Überwachung schärfer unterworfen als bei der Tageszeitung, die der politischen Gesamtüberwachung unterlag. Zugleich hatte der Ministerialrat Wilfried Bade, den ich mir, ohne es zu wissen, zum Feind gemacht hatte, sich mit dem Ressort der Zeitschriftenüberwachung auch das der Feuilletons der Zeitungen übertragen lassen.

Die neue Einrichtung hing wohl mit der 1938 beginnenden Phase der nationalsozialisuischen Eroberungspolitik zusammen. Wir kamen in die Jahre des »Anschlusses« Österreichs und der Aktionen gegen das Sudetenland, die Tschechoslowakei und schließlich Danzig. Bade, der in früheren Jahren Lyrik geschrieben und veröffentlicht haben soll, war der Typus Nationalsozialist, wie er meines Wissens noch nicht beschrieben worden ist. Wo und wann ich ihm einmal persönlich begegnet bin, weiß ich mich nicht zu erinnern. Ich erinnere mich eines Mannes von einer gewissen Eleganz, der in »Künstlerkreisen« verkehrte, sich selbst als Schriftsteller gerierte, und im Amt durch seine Blitzaktionen gefürchtet war. Er hat 1939, als die »Neue Rundschau« von Hitlers fünfzigstem Geburtstag in ihrem Aprilheft keine Notiz nahm, dem Verleger Suhrkamp den Befehl zur Einstellung der Zeitschrift erteilt, scharf, bösartig, hämisch, wie mir Suhrkamp sagte.

Bades neues Lenkungsinstrument war nicht einmal ohne Kennerschaft gemacht. Es schrieb vor und »regte an«. Ich ließ mich nicht anregen, wohl aber hatte ich den strikten Anweisungen, die als solche penetrant deutlich gekennzeichnet waren, zu folgen. Das war auch Peter Suhrkamps Meinung, der 1932 als von Samuel Fischer berufener Rundschauredakteur im alten S. Fischer Verlag angefangen hat und auch später, als er Verleger war, sein Lieblingskind, die »Neue Rundschau«, nie unbeachtet ließ.

Suhrkamp ist einer der eigenartigsten Menschen gewesen, die mir je begegnet sind. Sein männlicher Charme, den bösartige Zungen, darunter Damen, die ihm erlegen waren, als den des Heideschulmeisters vom Kurfürstendamm bezeichneten, rührte auch mich an. Erlegen bin ich ihm nie, was nicht alle, die mit »Peter«, der eigentlich Heinrich hieß, zu tun hatten, von sich sagen können. Mir war von vornherein, schon als er mir das erste Angebot machte, zu ihm in den Verlag zu kommen, klar, daß ich zu diesem Manne volles Vertrauen haben konnte. Doch habe ich wie mancher andere, der einige Zeit in seiner Nähe gelebt hat, auch die Schattenseiten der Zusammenarbeit mit ihm so gründlich kennengelernt, daß ich ihm nach etwa zweieinhalb Jahren davonlief, um mich von ihm und seiner Macht zu befreien. Suhrkamp war Friese, auf einem Bauernhof aufgewachsen, Schulmeister geworden und als Stoßtruppführer von der Art Ernst Jüngers, hoch ausgezeichnet auch er. Danach hatte Suhrkamp in der Weimarer Zeit das Leben eines Literaten geführt, an Bühnen, in Redaktionen, mit Brecht, Hartung und vielen anderen. Aufs Pädagogische war er durch Gustav Wyneken geraten, in dessen Freier Schulgemeinde Wickersdorf er eine Zeitlang Lehrer und Erzieher war. Davon wurde in den dreißiger Jahren an scharfen Trinkabenden in seiner Berliner Penthousewohnung am S-Bahnhof Heerstraße nie gesprochen. Suhrkamp war verschlossen, eigensinnig bis zum Störrischen, dies auch im literarisch-geistigen Felde. Er praktizierte damals Skepsis gegenüber aller Theorie und geistigen Spekulation. Die Literatur war ihm im Kern mit Mathias Claudius zu einem Grade der Erfüllung gediehen, daß er daran insgeheim vielleicht alles Dichterische maß. Suhrkamp war vielleicht ein Mensch von geradezu verschämter, religiös getönter Innerlichkeit. Er wirkte wie ein Mann von der See. Romanisches Wesen war ihm fremd. Ich war darin zu Hause. Es war meine zweite Natur. Suhrkamp dürfte wenig gereist sein. Ihm war Sylt, wo seine Frau Mirl, geborene Seidel, die jüngere Schwester der Ina Seidel, einer der frühesten Literateninselhäuser hatte, das Orplid seiner jugendbewegten, seiner wohl auch sehr verletzlichen Seele. Er war auf »männliche« Literatur eingeschworen, auf Josef Conrad, Melville, Richard Hughes. Seine innere Partizipationsfähigkeit reichte in südlicher Richtung zu Hermann Hesse in Montagnola, wo er von Zeit zu Zeit hinreiste, um den schwäbisch pietistischen Sektierer bei der Stange und das hieß beim Verlag zu halten.

Suhrkamp war nicht intellektuell. Sein Bildungsweg war derselbe, den ich vom eigenen Vater kannte, das Lehrerseminar. An herrischem Selbstbewußtsein hat es ihm nie gemangelt. Er hat manchen empfindlichen Romanautor durch seine als pedantisch empfundene Kritik verärgert. Elisabeth Langgässer und Stefan Andres waren nicht gut auf ihn zu sprechen. Nicht selten hat er als Verleger erleben müssen, daß ihm jüngere Autoren, die unter schweren äußeren Bedingungen den sogenannten Durchbruch brauchten, um überhaupt weitermachen zu können, verlorengingen und zu Eugen Claassen, den Suhrkamp intern den »Fuchs« nannte, abwanderten. Auch ich fühlte mich durch seine hartnäckige Dreinrede gelegentlich bevormundet. Sogar Oskar Loerke, der einzige aus der großen Zeit stammende, bedeutende Mann im Verlag, wo er als Lektor unermüdlich und unverdrossen schuftete, hat unter Peter Suhrkamp gelitten. Ich habe es miterlebt, wie der überaus liebenswerte Lyriker und Musiker sich härmte, daß Suhrkamp ihm die Veröffentlichung eines Gedichtzyklus, »Kärntner Sommer« betitelt, in der »Neuen Rundschau« verwehrte. Der Förderer junger lyrischer Talente, V. O. Stomps, Erfinder und Drucker der »Rabenpresse«, die unter Leuten vom Bau despektierlich auch Knabenpresse hieß, hat Loerke davon einen schönen Privatdruck auf Bütten gemacht, heute vermutlich eine bibliophile Kostbarkeit, die im Krieg durch Bombenbrand verloren zu haben ich um so mehr bedaure, als Loerke mir mit seiner zittrigen Klassikerhandschrift die wunderbare Strophe aus »Pansmusik« auf das Vorsatzblatt geschrieben hat, die hier wiederholt sei, weil darin etwas von der Lebensluft jener Jahre im S. Fischer Verlag aufbewahrt ist:

Heut fährt der Gott der Welt auf einem Floße,
Er sitzt auf Schilf und Rohr,
Und spielt die sanfte, abendliche, große
Und spielt die Welt sich vor.

So unter Dichtern war ich nie wie damals. Das eigenartig Suhrkampsche an dem hier mitgeteilten Konflikt mit Oskar Loerke war, daß der Schulmeister Suhrkamp wieder einmal recht gehabt hatte. Die verweigerten Loerkschen Verse waren Gelegenheitsgedichte von einem Feriensommer und nicht von dem Range seiner großen Lyrik.

Nicht lange nach meinem Eintritt in den Verlag ergänzte Suhrkamp den Kreis, zumal Loerke schon damals gebrechlich war. Richard Möhring, der als Schriftsteller Peter Gan hieß und mit der Fortführung des philosophischen Sinngedichts eine singuläre literarische Erscheinung war, überdies ein hervorragender Übersetzer, stieß zu uns. Der spielerische und Heiterkeit um sich verbreitende Ernst Penzoldt kam als Ausstatter und künstlerischer Beirat aus München nach Berlin. Dank Suhrkamps ausgezeichneten Beziehungen zu den beiden Bühnenherren Gründgens und Hilpert hatte der Verlag mit seinen dramatischen Autoren Gerhart Hauptmann, Richard Billinger und Hans Rehberg, Hausspezialist von Gründgens für Preußendramen, eine rentable materielle Basis.

Wir hatten uns ein großes Gemeinschaftswerk vorgenommen, das parallel zur »Neuen Rundschau« lief, die Essaisammlung »Deutscher Geist«, zwei starke Bände, die vor allem Loerke und Suhrkamp eine Unsumme von Arbeit machten. Ich hatte mich indessen mit der Erfahrung abzufinden, daß die »Neue Rundschau« kein Freiraum war. Da Suhrkamp wie alle Machtnaturen die direkte Beziehung zu den Behörden auf sich vereinte und keinen andern in dieses Sperrgebiet hineinließ, fühlte ich mich von den Entscheidungen oft ausgeschlossen. Aus Tageblattzeiten war ich unter der ungleich großzügigeren Zügelführung Scheffers anderes gewohnt gewesen. Im Umgang mit professoralen Autoren ließ mich Suhrkamp gewähren. Die Serie »Was ist der Mensch« ebenso wie die mit einem hervorragenden Aufsatz des von Hitler abgehalfterten ehemaligen Botschafters in Rom, Ulrich von Hassel, über Diplomatie blieb mir überlassen. Dagegen redete Suhrkamp mir viel herein, wie die leidigen Themen Sudeten und später Prag zu bewältigen seien, oft hilfreich taktisch, meist geschickt, gelegentlich aber so, daß ich nachträglich den Schaden hatte, da ich mich ja nicht nur nominell als Redakteur fühlte und wußte. Die redaktionelle Arbeit lief darauf hinaus, durch Zugeständnisse an die immer rabiateren Forderungen des Pro-Mi, wie das Haus am Wilhelmsplatz in Presse- und Verlagskreisen hieß, den Platz für freie Beiträge freizuhalten.

Mit dieser Erfahrung kam mir die Einsicht, daß die Situation von der beim Tageblatt im Prinzip nicht mehr sehr verschieden war. Wenn es noch eines Beweises für die hinterhältige Feindschaft des erwähnten Bade gegen das Verlagshaus und seine Zeitschrift bedurft hätte, dann würde uns der ebenso bezeichnende wie groteske Vorfall im April 1939 darüber vollends die Augen geöffnet haben. Ich hatte die »Anregung« des Zeitschriftendienstes, Hitlers 50. Geburtstag »groß herauszustellen«, wie solches formuliert zu werden pflegte, glatt übersehen. Ob Suhrkamp den Dienst auch regelmäßig las, weiß ich mich nicht mehr zu erinnern. Bade rief Suhrkamp sofort nach Erscheinen des Aprilheftes 1939 an und verfügte telefonisch die Einstellung der »Neuen Rundschau«. Da die Verbindungen zum Propagandaministerium und zu den Schrifttumsbehörden über Suhrkamp liefen, hatte dieser allein die Möglichkeit, zu intervenieren. Das hatte sich mehrfach in Verlagskrisen, die vor der Zeit meiner Zugehörigkeit lagen, bewährt.

Man hat wohl richtig vermutet, daß Suhrkamp als hoch ausgezeichneter Frontoffizier des Ersten Weltkriegs einen gewissen Schutz genoß. Tatsächlich gelang es den Verhandlungstaktiken des Verlegers, die Zeitschrift gegen das Versprechen zu retten, daß die »Geburtstagsehrung des Führers« nachgeholt würde. Sie sei wegen ungewöhnlich langer Druckzeiten – die Zeitschrift wurde im Bibliographischen Institut in Leipzig gedruckt – im Aprilheft versäumt worden. Um im Mai die zugesagte Genugtuung zu liefern, zögerte der Boß nicht lange. Hans Rehberg, der auf seine Weise ein Nazi war oder in den ersten Jahren, als er zur SA gehörte, gewesen war, wurde in den Verlag beordert. Suhrkamp, der sich auf den rauhen Frontschweinton verstand, wenn es nötig war, sperrte Rehberg in das Wartezimmer des Verlags regelrecht ein, nicht ohne dem Dichter eine Flasche Asbach Uralt auf den Tisch gestellt zu haben. Nach Stunden klopfte der Eingesperrte energisch und wies zwei Blatt Huldigungspoem und die mehr als halb leere Flasche vor. Im Hause herrschte bis zu den Sekretärinnen eine Stimmung, wie ich sie auch im Tageblatt an Höhepunkten des kollektiven Zynismus gekannt habe. Das »Gedicht« erschien in der Mainummer des 50. Jahrgangs der Neuen Rundschau und sei hier mit seinen Eingangsversen zitiert:

Dies nenn' ich ein Geschenk der Götter,
Wenn sich ein ganzes Volk verbündet,
Ein Halbjahrhundert festlich zu begehen.
Was sich aus Glück und Leid zur Größe ründet,
Das sehn wir staunend vor uns selbst entstehen,
Und grüßen's heut erschüttert als den Retter.

Ich erinnere mich nicht, einen Leserbrief zu dieser dichterischen Großtat erhalten zu haben.

Zu unsern ständigen bewährten Beiträgern gehörten Hermann Hesse, der uns hin und wieder ein Gedicht oder ein ungedrucktes Kapitel aus dem Glasperlenspiel gab, gehörten Rudolf Alexander Schröder, Gerhart Hauptmann, Wilhelm Lehmann, Hermann Kasack, Hellmuth von Cube, Manfred Hausmann, Albrecht Goes, Georg Britting, Bernt von Heiseler, Hans Erich Nossack, Felix Lützkendorf, dessen Beziehungen zu NS-Kreisen, wie wir das nannten, sich Suhrkamp mit List bediente, was freundschaftliche Kontakte nicht ausschloß.

Peter Suhrkamp hatte die Gabe, Freudlosigkeit um sich zu verbreiten. Gelegentlich übersetzte ich mir voll Unmut seinen Namen ins Hochdeutsche und nannte ihn im vertrauten Kreise Sauerfeld. Wo er war und herrschte, kam kaum einmal gelöste Stimmung, geschweige denn musische Laune auf, die ich unter Kollegen des Tageblatts oder Literaten und Künstlern angetroffen hatte. Bei Suhrkamp war alles gedämpft, selbst der Zorn oder die Niedergeschlagenheit.

Der einzige, der die Düsterkeit im Umkreis des Verlagshauses nicht ausstrahlte, war Oskar Loerke. Er bewohnte mit Gefährtin Klärchen das Obergeschoß einer zwar bescheidenen, aber freundlichen Villa in der Kreuzritterstraße zu Frohnau im Berliner Norden. Das Haus hatte Ockachen, wie er von Klärchen genannt wurde, zusammen mit einem Siemensingenieur, einem Junggesellen von knurrigem Humor namens Knopf, zusammen gebaut. Loerke lechzte nach Jugend und freudiger Stimmung. Ihm war als Seelenfreundin eine Konzertsängerin zugetan. Sie hieß Helene Grell, hatte einen kühl temperierten Alt und wird in Loerkes Tagebüchern oft erwähnt. Sie war offenbar vermögend, so daß sie nur einmal im Jahr im Berliner Bachsaal mit einem Liederabend auftrat. Von Zeit zu Zeit lud Loerke ein. Sein Haus war gastlich und strahlte die Wärme eines Mannes aus, der am Flügel wie an der Orgel ein Meister war, im Leben ein Dichter und ein liebenswert ungeschickter Phantast. Einmal im Sommer, als die Gäste zum Kaffee und Abendessen gebeten waren, hatte Oskar im Garten unter den märkischen Kiefern die Paravents an dem Steinpfad, der in einer seiner Gedichtfolgen vorkommt, aufgestellt. Sie stammten von dem 1932 in Berlin gestorbenen Maler Emil Orlik, mit dem Loerke befreundet gewesen war. Die Paravents waren in der Art von Rollbildern mit den köstlichsten Chinoiserien bemalt und ergaben unter den Kiefern der Mark eine märchenhafte Szenerie. Der Gastgeber war so glücklich, liebe Besucher zu empfangen, daß er den Geladenen, unter ihnen Helene Grell, die Freude machte, vor den fernöstlichen Dekorationen, angetan mit einem bunten, aus Japan stammenden Kimono, als Einsiedler zu lustwandeln. Sogar der mir unangenehme Hausdackel, ein eifersüchtiges, völlig unerzogenes Tier, hielt da still. Nach dem Kaffee auf der Terrasse las Loerke uns sein Gedicht »Chinesisches Drachensteigen«

Schiffe, voll getakelt, tragen
In die Wolkenberge Büßer,
Groß geschwänzte Drachen schlagen
Fische, Vögel, Tausendfüßler.

Schwebt die Heimat, die wir lieben,
Über unserm Haupt von hinnen,
Und wir sind zurückgeblieben,
Dem Entschwebten nachzusinnen?

Um die Dschunken aus Papiere
Harfen ausgespannte Drähte,
Durch die hohlen welken Tiere
Weint Musik der Totenstädte.

Danach das Abendessen, Kalbsbraten, Spargel, köstliche Rheinweine. Dann die Stunde der Musik. Die Sängerin, dem Dichter eine sehr diskret mäzenatische Freundin, trat neben den Flügel. Oskar setzte sich mit der ihm eigenen, hilflos verlegenen Gebärde an den Flügel und begleitete die Freundin zu Liedern von Schubert und Hugo Wolff. Das abendliche Haus wurde zum Ort der Entrükkung gemeinsam genossenen Glücks. Dann wurde Klärchen, ein Wesen von anrührender Schlichtheit, laut. Sie begehrte, auch etwas vorzutragen. Oskar ließ sie gewähren. Wir ahnten, was kommen würde. Klärchen trug »Der Sängers Fluch« vor, schrill wie sie es als Kind aus dem Volke, das sie ihr Leben lang geblieben war, in der Volksschule aufgesagt hat. Ob ihr als Kind schon vor vierzig Jahren der stolze Konsonant F versagt war? Sie sprach jedes F wie Sch aus. Das Satyrspiel trug den Titel »Der Sängers Schluch«. Wir warteten in hellem Entzücken auf jedes Wort mit einem F. Klärchen brachte die Ballade über die Runden, ungerührt von einigen im Schluchzen erstickten Lachern, und erntete den freundlichsten Beifall. Das gute Weib, eine vorzügliche Köchin und Besorgerin des Hauswesens, erntete als Dank einen Kuß der Sängerin. Oskar, Ockachen schwamm in leicht trunkener Seligkeit, und wir wanderten, still geworden, zur letzten S-Bahn nach dem fernen, nahen Berlin.

Ein anderer Ort der Musen war die Buchhandlung von Karl Buchholz mitten im dichtesten Berliner Verkehr an der Leipziger Straße zwischen Wertheim und der Kreuzung Friedrichstraße. Herr Buchholz, dichter ergrauender Haarschopf, war ein Buchhändler, von dem Bekannte als Gäste empfangen wurden. Sein Sortiment war und konnte dank einer gebildeten Kundschaft wahrhaft universal sein. Man fand sich ungezwungen an einem kleinen Tisch zu einem Gespräch gebeten und konnte stöbern, soviel man wollte. Für einen engeren Vertrautenkreis, zu dem ich bald zählte, war der Zutritt zu einer Art Zwischengeschoß offen. Da fand man, was damals offen auszulegen sich nicht empfahl, zum Beispiel Thomas Mann. Auch unterhielt der Hausherr dort ein kleines Kunstkabinett, das nicht auf der »Höhe« der Zeit war, eher ein Raritätenkabinett, Aquarelle und Zeichnungen von Hermann Hesse oder von R. A. Schröder. Buchholz' Haus wirkte wie eine kleine Botschaft des heimlichen Deutschland. Er ist dann aus mir unbekannten Gründen aus Berlin verschwunden und nach Spanien, später nach Südamerika gegangen. Die Buchhandlung ging in Flammen unter, als die Russen Berlin stürmten. Bis dahin war sie eine kleine, vom guten Geist ihres Gründers und Inhabers gehaltene Insel. Es waren nur ein paar hundert Schritte von da zu den Zentren der Macht in der Wilhelmstraße.

Als der Krieg ausbrach, verödete der S. Fischer Verlag zusehends. Jetzt war die Zeitschrift über die Papierzuteilung noch straffer zu lenken. Ich sah voraus, daß man uns zwingen würde, nicht nur deutsche Siege, sondern auch die Unterwerfung der besiegten Völker zu feiern. Zu Beginn des Krieges wurde ich, da ich nach der Kartei der Hauptschriftleiter mit den Chefredakteuren der Tageszeitungen geführt wurde, zu einer streng geheimen Sitzung in das Propagandaministerium an den Wilhelmplatz geladen. Es war das erstemal, daß ich das schöne alte Palais betrat, und es war das einzige Mal, daß ich den Propagandaminister persönlich aus der Nähe in Aktion sah.

Ich tat einen Blick ins Innere der Macht, der mich tief erschauern ließ. Goebbels redete im Plauderton, betont lässig, ganz feiner Mann, der den Herren Hauptschriftleitern zu schmeicheln schien. Der Tenor seiner Ausführungen lief darauf hinaus, daß das nationalsozialistische Regime in den zurückliegenden Jahren von der Rheinlandbesetzung an militärisch lebensgefährliche Risiken eingegangen sei. Er nannte sogar Zahlen der Divisionen auf seiten der Gegner, die gegen die Rheinlandbesetzung, gegen den Einmarsch in Österreich, im Sudetengau, in der Tschechoslowakei und sogar noch bei der Besetzung des Memellandes hätten aufgeboten werden können, ja müssen. Der schmächtige Mann schien sich an der Dummheit und Unentschlossenheit der Briten zu weiden. Dann plötzlich schlug er einen anderen Ton an. Dieses Mal sei alles anders. Inzwischen sei die Rüstungsüberlegenheit der Stukaverbände, der Panzer und der Motorisierung insgesamt so erdrückend, daß der Waffengang binnen kurzem dem Führer und der Wehrmacht den Sieg mit hundertprozentiger Gewißheit bringen werde.

Man ging, nachdem der Akteur die Szene verlassen hatte, rasch und ohne Gespräch auseinander. War das die auch von Gegnern, wenn nicht gerühmte, so doch konstatierte hohe Intelligenz des Einbläsers der deutschen Gehirne? Was mochte dieser Mensch von seinen Zuhörern halten, daß er ihnen solches zumutete? Zunächst fast das Eingeständnis eines geradezu verbrecherischen Vabanquespiels mit der Nation und dann die Forderung des unbedingten Glaubens an die erdrückende Übermacht der deutschen Waffen? Ich hatte in den Jahren etwa seit 1937/38 eine Informationsquelle, die mir aus dem Oberkommando des Heeres zum Beispiel über die schweren Sorgen der Militärs bei dem Unternehmen gegen die noch intakte Tschechoslowakei berichtet hatte. Goebbels mußte wissen und wußte, daß die versammelten Hauptschriftleiter der großen Zeitungen über diese zurückliegenden Dinge durchweg im Bilde waren.

So hemmungslos die voraufgegangenen »glückhaften« Aktionen des »größten Feldherrn aller Zeiten« als den schieren Bluff und Schwindel zu entlarven, schien mir der Gipfel des Zynismus.

Wie konnte man leben, während Menschen, die Bürger des Landes waren, durch Gesetze zu Parias gemacht wurden? Konnte es sein, daß man vom Elend der Verfolgten unberührt blieb? Die mit dem gräßlich abgegriffenen Verwaltungswort so benannte Judenfrage spitzte sich für jeden, der jene Jahre erwachsen und bewußt erlebt hat, auf die zentrale Gewissensfrage zu.

Von der Studentenfreundin Johanna hatte ich mich 1932, als ich nach Toulouse ging, getrennt. Sie hat im

Jahr 1933 die Universität Frankfurt verlassen, wo man ihr das Doktorat »aus rassischen Gründen« abschnitt, ist nach Bern gegangen und hat dort 1934 mit derselben Dissertation, die ein Frankfurter Professor als unzureichend zurückgewiesen hatte, promoviert. 1936 kam sie zu einem Abschiedsbesuch nach Berlin. Ich habe sie mit Margret Boveri bekannt gemacht und mit ihr, um sie in eine Öffentlichkeit zu bringen, ein Wohltätigkeitsfest besucht, das Frau Boveri mit anderen Dahlemer Damen zugunsten hilfsbedürftiger Menschen veranstaltete. Johannas Abschied galt auch ihren jüdischen Verwandten in Wilmersdorf, bei denen sie wohnte. Diese Leute hatten sich damals noch nicht zur Emigration entschlossen. Sie lebten noch auf ihrer Insel, auf Zeit »geschützte« Spezialisten.

Spezialist war auch P., ein Diplomingenieur bei Siemens, den ich öfter auf Frau Boveris Wochenendgrundstück am Teupitzsee traf. Er war ein good fellow. Wir bauten zu zweit für unsere Gönnerin ein Bootshaus. Auch P. war als Jude ein insularer Fall.

Das erste deutliche Erschrecken über die wahre Lage kam mir, wie wohl manchem andern, am Tag der deutschen Scherbe 1938, wie die Berliner mit mundflinkem Zynismus das Schreckliche benannten. Ich kann mich nicht mehr erinnern, ob ich mehr zufällig oder aus dem Trieb mitanzusehen, was vorging, in Berlin Zeuge schrecklicher Szenen wurde. Da wurde mir klar, was der Judenhaß wirklich war. Mein Weg hatte mich in die Ladenpassage geführt, die von der Ecke Friedrichstraße/Behrenstraße zu den Linden führte, eine Galerie. Der Fußgängerdurchgang war von dichtgedrängten Menschenmassen fast blockiert. Eingekeilt unter stummen Zuschauern, erblickte ich die zertrümmerten Schaufensterscheiben eines Galanteriewarengeschäfts. Auf den erhöhten Podesten, wo die Auslagen, meist Glaswaren, sich vor Spiegeln und auf gläsernen Etageren befunden hatten, vollbrachten mehrere SA-Männer in brauner Uniform ein geradezu groteskes Werk der Zerstörung. Sie wüteten gegen alles, was Glas war – und alles war Glas –, schlugen es zusammen, zerstampften und zerstückelten es mit ihren Stiefeln zu einem Haufen von kläglichen Scherben. Außer dem Klirren und Bersten war nichts zu hören. Das machte die Szene gespenstisch und lächerlich. Man wußte nicht, ob der jüdische Geschäftsinhaber etwa noch zitternd in den Hinterräumen war. Wer nicht in der Morgenzeitung von der Ermordung des deutschen Botschaftssekretärs vom Rath in Paris durch einen jungen Juden gelesen hatte, mochte zunächst verwirrt sein, weil ja niemand etwas sagte. Das Schrecklichste an dem Vorgang war das stumm Mechanische. Dann erst nahm man wahr, daß es ein paar Schritte weiter ähnlich zuging. Um Mittag las man dann in der BZ, daß in der Nacht die Synagoge im Westend gebrannt habe.

Als ich nach dem sinistren Erlebnis wie betäubt in den S. Fischer Verlag kam, traf ich dort eine Beklemmung an, die der unter den passiven Zuschauern nahe den Linden nicht unähnlich gewesen war. Unvergeßlich ist mir der Blick einer schönen, mütterlich üppigen Sekretärin, Fräulein C., die Jüdin war, ein unendlich trauriger und, wie mir schien, auch ein wenig feindseliger oder verachtender Blick. Dies stand nun zwischen den Menschen. Die Ohnmacht derer, die das mitansahen und dazu schwiegen, hat das bißchen Menschlichkeit und Solidarität, das man zuvor noch mühsam praktiziert hatte, vergiftet.

Etwa ein Jahr danach hatte ich ein anderes einschlägiges Erlebnis. Ich kannte aus dem Hause, in dem ich meine erste kleine Wohnung gefunden hatte, flüchtig eine alte Dame, die mit ihrer Tochter sehr zurückgezogen lebte. Erst nach einiger Zeit hatte ich von der Reinemachefrau erfahren, daß die alte Dame Jüdin war. Die Tochter sei mit einem in Athen tätigen »Arier« verheiratet und also in vergleichsweise besserer Lage als die Mutter. Eines Tages traf ich die Tochter, ein zierliches, scheu wirkendes Persönchen, die mir, offenbar weil sie uns unbeobachtet wußte, den Satz zuraunte, ich möchte sie nicht mehr grüßen, das sei doch gefährlich für mich und bessere auch nichts.

Da ich das Jahr 1933 nicht in Deutschland gelebt hatte, wurde mir erst jetzt das kommende Unheil spürbar, nachdem das Jahr der Olympischen Spiele, 1936, und das Jahr der großen Pariser Weltausstellung, 1937, vorbei waren und mit ihnen die zwar nicht ungetrübte, aber doch im Alltag geübte Euphorie. Niemand wußte etwas Genaues. Es lag etwas in der Luft. Aber was? Pogromstimmung war in den Berliner Wohnvierteln nicht wahrzunehmen, in den bürgerlichen so wenig wie in den proletarischen. Soweit man solches aus dem eigenen begrenzten Erlebnisbereich und vom Hörensagen erkennen konnte, war der Tag der deutschen Scherbe ein Fehlschlag gewesen. Er hatte die Bevölkerung nicht gegen die Juden mobilisiert. Doch nahm die Furcht zu. Man begann sich zu mißtrauen. Man wurde vorsichtig und schwieg. Jeder begann vor jedem Angst zu haben. Selbst im Fischer Verlag, einem verlorenen Häuflein von Leuten, die durch die große Tradition seit Samuel Fischers Lebzeiten noch so etwas wie eine solidarische Ehre hatten oder zu wahren suchten, begann man sich vor diesem oder jenem in acht zu nehmen. Auf den Gedanken, daß es einmal systematische Deportationen und Vernichtungslager geben würde, kam niemand. Wer aber war niemand? Es war die schweigende Mehrheit der Angst.

Ich habe mich wie Tausende geduckt und insgeheim gebetet, es möge mich auslassen. Damals wurde mir unversehens gelegentlich nach Kirchgang zumute.

In meiner Nähe gab es in Schmargendorf eine äußerlich unscheinbare Kirche, in die ich einmal zufällig geraten war. Mir tat es ein schlichter, sehr klarer Prediger an, der die schiere Zuversicht ausstrahlte. Die Gemeinde wurde von einem Orden, die Salvatorianer hießen, geistlich betreut. Die letzte Sonntagsmesse um halb zwölf Uhr war jedesmal, wenn ich dort war, bis auf den letzten Stehplatz besucht. In einer dieser Messen gewahrte ich, hinten unter der Empore stehend, plötzlich beim Gang zur Kommunion, von dem ich mich seit meinen Jünglingsjahren ausgeschlossen hatte, einen jüngeren Mann, den ich vom Ansehen her kannte. Er mochte etwa 23 bis 25 Jahre alt sein. Dem Typus nach konnte er Jude sein, doch hatte ich nicht darauf geachtet. Der Mann mußte irgendwo in meinem Wohnblock zu Hause sein. Da sah ich ihn nun in der Kirche. Er trug auf dem Mantel den gelben Judenstern. Die Erscheinung dieses Menschen hat sich mir als die leibhaftige Inkarnation des Schmerzensmanns fürs

Leben eingeprägt. Mit ungeheurer Sammlung und Ruhe schien er die Kommunion aus der Hand des Priesters entgegenzunehmen. An diesem Ort inmitten einer weltstädtischen Gemeinde schien das aussondernde Schandmal nicht wirksam.

Es dürfte im März 1940 gewesen sein, daß mich im Redaktionszimmer der »Neuen Rundschau« zu meiner großen Überraschung ein Telefonanruf des mir dem Namen nach bekannten Generaldirektors des Deutschen Verlags (früher Ullstein-Verlag), Max Wiesner, erreichte, der mir erklärte, er wünsche mich in einer interessanten Angelegenheit zu sprechen. Ich war seit meinem Abgang vom Berliner Tageblatt Ende 1937 den großen Zeitungshäusern so fern, daß ich begierig war, zu erfahren, was den großen Wiesner veranlaßt haben könnte, mit mir eine Unterredung haben zu wollen. Die Besprechung fand im Hause Kochstraße statt. Wiesner, ein Mann von damals etwa sechzig Jahren, bot mir an, die Leitung des kulturellen Teils einer neu zu gründenden Wochenzeitung, die in seinem Hause erscheinen werde, zu übernehmen. Der Deutsche Verlag sei seit dem Ende der Vossischen Zeitung ohne ein bedeutendes Organ. Die Deutsche Allgemeine Zeitung, ehedem im Besitz Stinnes', sei seit der Überführung in das Ullsteinhaus nicht geworden, was man sich davon versprochen habe. Man habe jetzt im Krieg die Chance einer Zeitungsneugründung, konkret eines Wochenblatts »auf hohem Niveau«. Chefredakteur werde der Doktor Eugen Mündler sein, ein Mann von Format, liberal, letzter Hauptschriftleiter des Berliner Tageblatts nach Schwarzers Scheitern, und ich werde eine Reihe ehemaliger Kollegen des inzwischen eingestellten Berliner Tageblatts in dem neuen Organ wiedersehen. Ich fragte, wie man auf mich, der ich doch bei einer literarischen Monatsschrift fast untergetaucht, jedenfalls dem Zeitungsgewerbe entfremdet gelebt hatte, gekommen sei. Die Antwort war, man habe den Redakteur gesucht, der die Sonntagsbeilagen »Geist der Zeit« und das Literaturblatt in den Schefferjahren redigiert habe. Über die organisatorischen Hintergründe des Plans erfuhr ich, daß der Deutsche Verlag als verlegerischen Unterdirektor der zu gründenden Wochenzeitung einen jüngeren Mann namens Anders, der ein Schwiegersohn des »Reichsleiters für die Presse« Amann sei, in das Haus nehmen werde. Auf diese Weise habe die Neugründung, die ja eine unerhörte Sache war, die einzige in Berlin seit der nationalsozialistischen Machtübernahme, so etwas wie eine Absicherung zur »Partei«. Immerhin wußte ich so viel von Augurengesprächen, um zu verstehen, daß durch die »Abdeckung« des neuen Organs in Richtung Partei das eifersüchtige Propagandaministerium zunächst einmal als neutralisiert in die Rechnung gesetzt wurde. Natürlich hatte ich mich über »Maxe« Wiesner vor meinem Besuch zu informieren versucht. Ehemalige BT-Kollegen, die in die Deutsche Allgemeine übernommen worden waren, hatten ihn mir als einen jovial-liberalen Mann geschildert, der gar einmal in lang zurückliegender Zeit Dresdner Korrespondent der Frankfurter Zeitung gewesen sei, alles andere als ein Nazi, ein Mann also, dem man die sentimentale Erinnerung an die großen Zeiten der Vossischen Zeitung abnehmen konnte.

Ich bat mir ein paar Tage Bedenkzeit aus, sprach auch kurz mit Eugen Mündler, der mir nicht mehr sagte, als ich von dem Verleger bereits wußte, und ging davon mit der Frage, ob ich meinen 1937 genommenen Abschied von der Tageszeitung jetzt revidieren sollte. Der Ruf an »Das Reich« kam, als ich bei der »Neuen Rundschau« in einer Krise war.

Ich hatte in mehr als zwei Jahren Zeitschriftenpraxis die Erfahrung gemacht, daß es unmöglich geworden war, das Organ von der Politik fernzuhalten, was meinem Vorgänger von Einsiedel noch möglich gewesen war. Jetzt waren Propaganda-Auflagen zu erfüllen, womit man sich den Raum für Eigenes erkaufte. Die Sondernummer »Österreich« bei Gelegenheit des Anschlusses war nicht das schwerste Problem. Ich habe das Thema Österreich mit einem Nachdruck aus Adalbert Stifter und einem Essai Oskar Loerkes über Anton Bruckner in Linz »bewältigt«. Als die Sudetenkrise ihrem Höhepunkt zutrieb, half ich mir mit einem Beitrag des Historikers Schürer »Eger, des Reiches Stadt« und veröffentlichte in derselben Nummer den abgesetzten deutschen Botschafter in Rom, Ulrich von Hassel, über »Bismarck als Meister der Diplomatie«, worin zu lesen stand, »Man darf keinen Krieg führen, wenn es mit Ehren zu vermeiden ist; die Chance günstigen Erfolgs ist keine gerechte Ursache, einen Krieg anzufangen«.

Das war noch sinnvoll. Dann kamen die Auflagen zum Thema Danzig. Ich machte im Einverständnis mit Suhrkamp weiter auf der Basis, daß die Zeitschrift erhalten werden müsse. Was das im Fortgang kosten würde, war abzusehen. Ich hatte zwar Autoren wie Robert Dvorak oder den tapferen Herbert Fritsche für ausgleichende Beiträge aus unserm Geist gewonnen. Aber auch dies wurde mit dem beginnenden Krieg unsicher und fragwürdig. Es kam hinzu, daß Suhrkamp es nicht lassen konnte, mich zu bevormunden.

Ich hatte Suhrkamp, der sich seinem »Hauptschriftleiter« gegenüber als Herausgeber fühlte, in jenen Jahren mehrfach gesagt, daß die »Neue Rundschau« wie in ihrer großen Zeit vor 1933 wieder eine Glossenspalte im Schlußteil haben müsse. Durch den Anschluß an das Draußen, zum Beispiel die großen Theater in Berlin oder an den einen oder andern Besuch von draußen oder ein Ereignis, das ein geschickter Glossator aus einem versteckten Vorgang zum Ereignis machen kann, würde die Zeitschrift nicht gar so ausschließlich papieren und fernab aller Wirklichkeit sein. Suhrkamp lehnte solches mit einem zwar freundlichen, aber aufreizenden Lächeln ab. Statt der Glossen bekamen wir dann die oktroyierte »Aktualität«. Ich sah keinen rechten Sinn mehr in der Arbeit und war, wie man das heute nennt, frustriert.

Bei der neuen Wochenzeitung »Das Reich« versprach ich mir zwar nicht Freiheit vom Druck. Das wäre naiv gewesen. Aber ich erhoffte mir publizistisches Leben und den Zugang zu den immer noch in Berlin reichlich fließenden Quellen von Ereignissen und Informationen. Vermutlich würde ich meine Lage weniger aussichtslos empfunden haben, wenn ich im damaligen S. Fischer Verlag mit dem Büchermachen befaßt gewesen wäre. Eine Zeitschrift als Sammelorgan für Essais oder literarische Werkproben –

das entsprach nicht meinem Temperament. Auch ohne die Belastung mit der verordneten Aktualität, die dem Wesen jeden periodischen Organs vollends zuwiderlief, würde ich einer »Neuen Rundschau«, wie sie Einsiedel gemacht hatte, wieder davongelaufen sein.

Ich erinnere mich, daß Suhrkamp einen ausgedehnten Spaziergang durch den Grunewald vorschlug, um das Problem zu besprechen. Damit schaltete er die Mitsprache seiner Frau Mirl aus.

Peter war großartig. Ihm stand fest, daß er die Rundschau über die Runden bringen würde, und sei es, indem er zu den übrigen auch noch diese Last auf sich nahm. In Hans Paeschke, den ich ihm vorschlug und den er aus seinen Kritiken und Aufsätzen in der Wochenschrift »Deutsche Zukunft« kannte, war ein akzeptabler Nachfolger benannt. Suhrkamp versuchte mich vor den Folgen zu warnen. Er hat damit recht behalten. Ich sagte, daß an meinem Entschluß zu gehen auch sein starres patriarchalisches Wesen und Gebaren schuld sei. Ich erwähnte ihm meine vergeblichen Bemühungen, der Rundschau wieder einen Glossenteil zu geben. Er sagte, ich hätte nicht genug darum gekämpft. Ich hätte überhaupt zu wenig mit ihm gekämpft. Das war richtig. Doch lag es meinem Naturell nicht und hat es mir nie gelegen, mich in aussichtslose Kämpfe einzulassen.

Am 1. April 1940 trat ich im Ullsteinhaus, nicht weit entfernt vom alten Mossehaus, im Zeitungsviertel zwischen der südlichen Friedrichstraße und dem Dönhoffplatz meinen neuen Dienst an. Ich habe noch eine Zeitlang den Übergang in der »Neuen Rundschau« nebenher erleichtern helfen. Was der alte Loerke zu meinem Entschluß gesagt hat, weiß ich nicht mehr. Ich meine mich zu erinnern, daß er mich verstanden hat. Es war eine meiner schönsten Erfahrungen mit einmal eingegangenen menschlichen Bindungen, daß Oskar Loerke auf meine Bitte mir für das »Reich« den Nachruf auf Hermann Stehr geschrieben hat.

Bei meinem Eintritt in das Ullsteinhaus traf ich als Kollegen aus alten Tageblattagen Ilse Urbach für die vorgesehene Frauenbeilage und vieles, was mit Fotos und dem sogenannten Lay-out zusammenhing, und Erich Peter Neumann für die Innenpolitik an. Der interessanteste Mann war von der Frankfurter Zeitung zu »uns« gekommen, Otto Philipp Häfner, ein gebürtiger Pfälzer, ein elementares Temperament, grob und zart, hochbegabt, ein jüngerer Mann etwa meines Alters, der noch ein Patriot im guten Sinne heißen konnte. Hinzu kamen der damals etwa fünfzigjährige, bieder-kollegiale Werner Wirths, Rheinländer, den man den Arbeitsplatz an der »Deutschen Zukunft« mit dem neuen am »Reich« einzutauschen gezwungen hatte (Friß Vogel oder stirb), zwei Wirtschaftsredakteure, aus Hamburg herbeigeholt, beide angenehme Kollegen, Könner in ihrem Fach, John Brech, der nach 1945 lange in Sowjethaft hat sitzen müssen, und Hans Otto Wesemann, ein Westfale, der es faustdick hinter den Ohren hatte und auch politischen Verstand besaß. Er konnte politische Kurzporträts schreiben. Fürs erste war und blieb klar, daß es in dieser Redaktion keinen Nationalsozialisten gab.

Das Feuilleton war karg genug außer mir mit Jürgen Petersen besetzt, einem Kollegen, den ich noch aus Wiesbadener Schulzeiten kannte und vor Jahren an das Berliner Tageblatt vermittelt hatte. Wie es in großen Zeitungshäusern zu sein pflegt, gab es im Hause einige Altgediente, die sich als Matadore des Gewerbes ansahen und als Berater aufdrängten. Einer von ihnen mit einigem Anhang im Hause Kochstraße, sah die Gelegenheit, sich als Erzähler wichtig zu machen. Ich fand auf meinem Tisch seitenlange »Novellen« von ihm vor, die zu drucken von mir als selbstverständlich erwartet wurde. Da war außerdem ein von seiner Originalität allzu überzeugter Maler und Graphiker Reetz, ein baumlanger Norddeutscher, der bei Ullstein/Deutscher Verlag ein gutes Auskommen hatte und als Expertissimus in typografischen Fragen galt. Als anerkannter Lay-outer für Publikumszeitschriften hatte er eine Fülle von Macht, zumal das Organ mit Fotos illustriert werden sollte. Wer den Titel »Das Reich« mit der Quadriga gezeichnet hat, erinnere ich mich nicht mehr. Es war nicht Reetz. Dieser Zeitungskopf in grazilen und doch der Wahrnehmung sich geradezu aufdrängenden Antiqua-Versalien war der genialste Coup des Starts. Ich erinnere mich, daß der Verlag, der sich bis heute auf dynamische

Werbung versteht, vor dem Erscheinen der ersten Nummer die Berliner Litfaßsäulen voll gemietet hatte und sie auf beiden Seiten mit langen weißen Plakaten, die die Quadriga und den Titelkopf »Das Reich« zeigten, bekleben ließ. Ich habe nie wieder eine so großangelegte, durchschlagende graphische Werbeaktion erlebt. Der Werbeslogan lautete: »Das Reich sieht die Welt von hoher Warte«.

Der kulturelle Teil begann mit der zweiten Lage, das heißt auf Seite 17 der ursprünglich 32 Seiten umfassenden Einzelnummer. Wir hatten, selbst wenn man die Inserate abrechnete, mit den andern Ressorts verglichen, den umfänglichsten Raum zu füllen. Nie in meinem journalistischen Leben hatte ich so viel zu arbeiten. Obwohl wir nur wöchentlich erschienen, war der Termindruck vom Manuskript zum Erscheinungstermin scharf. Mein journalistisches Temperament wurde nach der geruhsamen Gangart in Suhrkamps Verlag bis zum äußersten strapaziert. Da gab es kein Privatleben, sondern nur Arbeit. Als ich mich dem Diktat des Herrn Reetz gegenübersah, die sogenannte Aufschlagseite jedesmal mit einem hochformatigen dreispaltigen Fotobild eröffnen zu müssen, was zu Folge hatte, daß sich je ein einspaltiger Titel samt Aufsatz links und rechts vom Bild ergab, geriet ich in Wut. An diesem Fall wird die Macht der »schönen« Typographie deutlich. Zwei von der Bildanordnung erzwungene einspaltige Artikel links und rechts brachten den Redakteur in die Zwangslage, auf seiner ersten Seite sozusagen zwei kulturpolitische Leitartikel zu haben. Dies in dieser Zeit! Was typographisch wie ein Leitartikel aussieht, muß es nach der unbewußten Lesererwartung auch sein.

Ich war, als ich den harten Widerstand des Reetz nicht zu brechen wußte, so verzweifelt, daß ich den Kram hinzuschmeißen erklärte. Bei Neugründungen geht es in Verlagshäusern zu wie auf Bühnen vor den Premieren. Max Wiesner, der sich in derlei Lagen auskannte, sagte mir im jovialsten Ton, hinter dem Härte spürbar war, ich könne gar nicht aussteigen, da ich »dienstverpflichtet« sei, was so viel hieß wie in militärähnlicher Weise gebunden.

Ich habe, dem guten Zureden Reetz' folgend, eingesehen, daß die Aufmachung in einem solchen Organ, wenn nicht alles, so doch die Hälfte des Erfolgs ist. Die Einspalter erschienen regelmäßig, und nicht ungern erinnere ich mich an einen der ersten aus der Feder meines militärischen Bekannten Karl Pintschovius und eines andern, worin Eduard Spranger den Berliner als Typus zeichnete. Der starke Bildakzent auf der ersten »Kulturseite« erwies sich als wirkungsvoll. Ich erinnere mich eines Gedichts der jungen Sophie Dorothee Podewils unter einem solchen Bild zum Einmarsch der deutschen Truppen in Paris 1940, worin die adlige Dame den Feldgrauen Respekt vor der alten Lutetia empfahl, was prompt Verstimmung auslöste. Verstimmungen hat es, wie sich später herausstellte, vom ersten Tag des Erscheinens Mitte Mai 1940, also vom Beginn der deutschen Offensiven an, gegeben. Verlag und Hauptschriftleiter schirmten uns, die den Kopf nur vom Redaktionstisch hoch bekamen, um ihn über das Blei in der Mettage zu beugen, gegen die Außenwelt vorsichtig ab. Man wollte, mußte uns gewähren lassen, damit wir den Anfang durchhielten.

Das Unternehmen war trotz Reichsleiter Amann ein Wagnis. Niemand wußte, wie sich Goebbels, der als oberster Presseherr zwar den ersten Leitartikel schrieb, auf die Dauer verhalten würde. Er hat nach diesem ersten Artikel lange keinen weiteren folgen lassen und abgewartet, wie sich das Blatt, das aus der Regie seines Presserivalen kam, entwickeln würde. Ich erinnere mich einer Gründungssitzung im Ullsteinhaus, wohl noch im April 1940. Zwei Dinge sind mir davon in Erinnerung geblieben. Das ist die damals erstellte Rentabilitätsberechnung. »Das Reich« würde bei einer Auflage von 150 000 Stück seine Kosten einbringen. Als ich nach einem halben Jahr das Blatt verließ, betrug die Auflage 550 000. Sie hat sich in den folgenden Jahren auf über eine Million eingependelt. Das andere, woran ich mich erinnere, war die Anwesenheit eines jungen Mannes namens Anders, der des mächtigen Reichsleiters Amann Schwiegersohn gewesen ist. Anders ist noch vor dem ersten Erscheinen des »Reichs« beim Segeln im Wannsee ertrunken und nie in der ihm zugedachten Funktion tätig geworden. Er mochte kaum mehr als dreißig Jahre alt gewesen sein und sagte in der Runde kein einziges Wort.

Den Redakteuren war zu Beginn durchweg erklärt worden, man werde ihnen größeren Spielraum einräumen als vergleichbaren andern Blättern. Ob dies, bevor die großen Hitleroffensiven des Mai 1940 begonnen hatten, bei der Planung des Blattes bereits im Hinblick auf die Okkupation von halb Europa gedacht war, weiß ich nicht. So frei sprach man mit den Redakteuren nicht. Doch schien es zunächst so, als ob man uns mit relativ lockerem Zügel führte. Das Blatt sollte auch von bürgerlichen, des Deutschen kundigen Lesern fremder Nationen gelesen werden. Natürlich wußten wir, die durchweg ihre Erfahrungen mit nationalsozialistischer Pressepolitik gemacht hatten, daß das bißchen Spielraum leicht gefährdet werden konnte.

Für den Spielraum, wie er zu verstehen war und wie weit er reichte, gebe ich zwei Belege aus eigener Erfahrung. Zum ersten Umbruch der vom Ressort Feuilleton zu füllenden 12 Seiten erschien zu meiner und des altbewährten Metteurs Herrn Kahl Überraschung unangemeldet ein Mann, dessen Name mir aus den Tagen der Gleichschaltung des Berliner Tageblatts undeutlich in Erinnerung war. Es war einer jener ehemaligen Scherlredakteure, die in Diensten des ominösen Verwaltungsamtes standen, welches wiederum eine vorgeschaltete Institution der Reichsleitung der Presse war, also Amanns. Man muß sich die Parallelität und Rivalität von Partei- und Staatsinstanzen nach Analogie kommunistischer Länder heute vorstellen. Das Propaganda-Ministerium war Staat und trat in Zeitungshäusern nicht direkt in Erscheinung. »Das Reich«, ein Unternehmen des Deutschen Verlags, verdankte seine Legitimation der Partei, konkret deren Abteilung für die Zeitungsverleger. Wir waren dem Schein nach eine private Gründung des größten Verlags in Deutschland, des Verlags der Deutschen Allgemeinen Zeitung, der Grünen Post, der Berliner Illustrirten, der Dame, der BZ am Mittag, der Berliner Morgenpost. Wir hätten nicht neu gegründet werden können ohne die dafür zuständige Parteiinstanz.

Als Repräsentant dieser fernen, nie voll sichtbar werdenden Instanz erschien also besagter Mann im Mettagesaal. Sofort war die Arbeitslaune verdorben. Aufsicht vertrug sich weder mit dem traditionellen Stolz des Druckers noch mit dem des Redakteurs. Da ereignete sich, daß der etwa fünfzigjährige Herr Kahl, ein gestandener alter Ullsteiner, sich drei Schiffe Bleisatz auf die Arme lud, sie an den Umbruchstisch herbeischleppte und den Inhalt einfach zu Boden fallen ließ. Kahl warf mir einen kurzen Blick zu, entschuldigte sich knapp wegen des Mißgeschicks und fügte hinzu, es würde bis zum Abend dauern, daß der Drucksatz, der in einigen hundert losen Bleizeilen am Boden lag, wiederhergestellt sei, da die Setzmaschinen im Augenblick alle für die Deutsche Allgemeine, Silex' Organ, besetzt seien. Der Aufseher, der begonnen hatte, in den Fahnenabzügen der geplanten Artikel herumzulesen, ging grußlos hochroten Kopfs von dannen und kam nie wieder. Kahl grinste befriedigt und ließ mich wissen, daß »der Kram« in etwa einer Stunde wieder zur Verfügung stehen werde; ich möge mir die Zeit inzwischen bei einem Bier im Kasino vertreiben. Das Bier haben wir, ohne den Vorgang weiter zu erwähnen, gemeinsam getrunken.

Der andere, weniger anekdotische Beweis für die Art der Führung betraf eine »Idee« des Erzjournalisten Erich Peter Neumann, an deren Verwirklichung die Feuilletonisten mitwirkten. Neumann hatte den Einfall, durch mehrere Nummern eine Serie über den Humor der deutschen Stämme laufen zu lassen. Gegen das Konzept »Deutsche Stämme« konnten auch kernigste Nationalsozialisten nichts einwenden. Wir brachten also nacheinander je eine Fortsetzung über den eigenartigen Witz der Kölner, der Ostpreußen, der Sachsen, der Berliner. Der Erfolg war geradezu überwältigend, verstanden es doch unsere Mitwirkenden, unter ihnen der damalige Anglist der Universität Göttingen, in den Witz auch Absonderlichkeiten und Gemütsart der Stämme einzubringen. So hieß es von den Kölnern, sie seien langsamen Geistes, bevor ihre Pointen zünden. Die Sachsen kamen auch nicht gut weg. Den Ostpreußen wurde die einschlägige Gabe mit einigem Spott überhaupt abgesprochen oder doch nur in Ausnahmen und mit Vorbehalt zugebilligt.

Die Serie lebte davon, daß Derartiges wegen der seit Jahren üblichen Ideologisierung der Stammescharaktere unerhört war und man sich draußen im Lande, wo keine

Provinzzeitung sich solches erlauben konnte, mit vollen Zügen dem Vergnügen der Schadenfreude am andern überließ, bis man selbst drankam und empört war. Nach jeder neuen Fortsetzung traf prompt von dem zuständigen Gauleiter ein geharnischtes Protestschreiben ein, das wie auf Verabredung mit dem Satz schloß, es möge sich keiner der Schriftleiter dieses Blattes je in »meinem Reichsgau« blicken lassen. Man werde ihn verhaften und zur Rechenschaft ziehen.

Es war auffällig, daß uns niemand in die windige Sache hineinredete, dies vielleicht auch darum nicht, weil die Berliner, deren Witz gerühmt wurde, als Reichssieger aus dem von uns veranstalteten Wettstreit hervorgingen.

Man mag solche Dinge heute für geringfügig, ja geradezu für läppisch halten. Sie wirkten damals wie ein Signal. Sie waren nicht einmal hochpolitisch. Es ging uns darum, durch unsere kecken Angriffe auf den provinziellen Muff und Mief aufzufallen. Auch lag es in unserer Absicht, der früher oder später erwarteten Einengung des Spielraums zuvorzukommen, indem wir kurz nach dem Start zunächst einmal das Feld so weit wie vermutlich möglich, und sei es nur in der Tonart, absteckten.

Einen ersten gravierenden Beweis dafür, daß die redaktionellen Unternehmungen kritisch und keineswegs immer wohlwollend beobachtet wurden, erlebte mein Ressort. Ein alter Freund und Kollege aus den Tagen des Berliner Tageblatts, Fritz Nemitz, angesehener Kunstkritiker, hatte einen ganzseitigen beweiskräftig bebilderten Aufsatz über die Gestalt des jungen Menschen in der zeitgenössischen deutschen Plastik geschrieben. Von der im Propaganda-Ministerium organisierten Spitze der NS-Künstlerschaft kam so heftige Reaktion, daß der Hauptschriftleiter heftig erschrak und mich dringend ersuchte, Wiedergutmachung zu leisten. Die bestand in einem ganzseitigen Aufsatz über des Führers größten lebenden Bildhauer Arno Breker, geschrieben von einem Adlatus des Meisters. Mündler war zu näheren Auskünften nicht zu bewegen, seine Unruhe aber war so bewegend, daß ich, in solchen Vorgängen aus den Jahren beim Tageblatt nicht unerfahren, den peinlich superlativischen Lobpreis des »Größten« aller Bildhauer abdruckte. Nach dieser und anderen Erfahrungen mit dem Räderwerk der Diktatur war die Verletzung von Künstlerempfindlichkeiten in den personellen Folgen oft schlimmer als eine politische »Verfehlung«. Wir machten weiter. Es war uns gelungen, binnen kurzem ein Literaturblatt auf die Beine zu stellen, das es in der Auswahl der gewürdigten Bücher, in der Kompetenz der Kritiken und der Schnelligkeit des Reagierens auf Neuerscheinungen mit Blättern wie der Frankfurter Zeitung oder der Deutschen Allgemeinen aufnehmen konnte. Ähnlich stand es mit der Theater- und Filmkritik, die wir zunächst auf den zentralen Platz Berlin beschränkten. Meine Verbindungen zu einer breitgestreuten Mitarbeiterschar aus den BT-Tagen funktionierten. Offenbar hatten Chefredakteur und Verleger richtig taktiert, als sie sich an eine Gruppe von Redakteuren wandten, die Berlin kannten und dort gearbeitet hatten.

Über »Das Reich« insgesamt gibt es meines Wissens noch keine Arbeit, die den Stoff insgesamt so gründlich und vollständig aufarbeitet wie die von Falk Schwarz über die »Neue Rundschau«. Sie wäre zu wünschen. Der Faksimiledruck mit einer Einleitung von Hans Dieter Müller gibt eine Auswahl, die unvermeidlich zufällig bleiben muß.

Ich bin etwa sechs Monate für den kulturellen Teil der neuen Wochenzeitung redaktionell tätig gewesen. Wenn ich daran zurückdenke, habe ich etwa so gearbeitet wie zu Scheffers Zeiten beim Berliner Tageblatt. Ich konnte wie beim Übergang vom Tageblatt zur Neuen Rundschau wiederum einige Mitarbeiter mitnehmen. So Robert Dvorak, der damals eine Art des Essais pflegte, die neu war oder neu wirkte. Dvorak, der bei Bayer Leverkusen in einer Abteilung, die man heute »Public Relations« oder »Design-Werbung« nennen würde, als Texter tätig war, behandelte zum Beispiel mit listiger Behutsamkeit ein Thema wie das der modernen Fotografie. Unversehens wurde der Leser so geführt, daß er das Foto als einen Faktor der technisch-industriellen, der modernen Welt erkennen lernte. Herbert Fritsche, mein Hausbiologe seit langem, focht unverdrossen weiter gegen den Vulgärdarwinismus. Ich habe damals viel Theaterkritik geschrieben, was für Paul Fechter ein Ärger war, der nach seinem Gastspiel bei dem ungeliebten Berliner Tageblatt gern ins »Reich« eingezogen wäre. Mir lag das Feld der Theaterkritik zum ersten Male offen, und ich genoß es, über Stroux' »Antigone«, Lothar Müthels Inszenierung von Ostrowskis »Wald« oder die problematische dramatische Bearbeitung des Michael Kohlhaas des Kritikers der Frankfurter Zeitung, Max Geisenheyner, in der Regie Felsensteins im Schillertheater zu schreiben.

Aus meiner altvertrauten Wahlheimat Frankreich stammte ein großer Aufsatz im politischen Teil »Doulce France, Studie über die französische Provinz«.

Ich habe die Anfänge des neuen Blatts als eine Zeit relativ größerer Bewegungsfreiheit im Gedächtnis.

Ob ich das redaktionelle Arbeitstempo durchgehalten hätte, weiß ich nicht zu sagen. Etwa gegen Ende Oktober wurde meine Arbeit an der Wochenzeitung »Das Reich« jäh abgeschnitten.

Der Anlaß der Ungnade, in die ich fiel, ist so geringfügig, daß allenfalls dieser Umstand interessant sein kann, wurde ich doch für ein paar Sätze aus einem Bericht über die große Deutsche Kunstausstellung 1940 mit der fristlosen Entfernung aus der Redaktion und zweijährigem Schreib- und Berufsverbot »bestraft«.

Die bildende Kunst war nicht mein Gebiet. Ich tappte in unsicherem Gelände. Schon 1937 war mir widerfahren, daß die eigentlichen Fachkenner sich vor diesem Unternehmen drückten und lieber den jungen Mann nach München schickten, wo er von den Dingen förmlich überfallen wurde. Was war an dieser peinlichen offiziösen Malerei gefährlich? In der Tat sind die riesigen Ölschinken, die damals im »Haus der Deutschen Kunst« am Englischen Garten zu München, einem Bau nach den Entwürfen des 1934 gestorbenen »Baumeisters des Führers«, P. L. Troost, gezeigt wurden, bis auf wenige Ausnahmen von einer allenfalls skurrilen Belanglosigkeit. Der Bau selbst, der erhalten ist und als Haus der Kunst die Münchener Jahresausstellungen, zuweilen auch große Schauen von auswärts zeigt, ist im Äußeren bis heute nicht das schlechteste Beispiel eines zwar kalten und nüchternen Klassizismus, hat aber bei aller Monotonie im baulichen Dekor annehmbare Proportionen. Der Inhalt, der die kahlen Säle des Hauses damals füllte, war eher unfreiwillig komisch als irgendwie aufregend, zumal diese Malerei nach dem unkünstlerischsten Prinzip gegliedert war, auf das man verfallen konnte, nämlich nach Sachgruppen. Da sah man einen Saal ackerndes Rindvieh, einen andern voller Fabrikschlote, einen dritten voller nackter Damen, die wie soeben entkleidete Stenotypistinnen wirkten, oder heroische Eisenfresser, alles meist in Großformaten. Der unvergeßliche Witz des damaligen französischen Botschafters François Poncet vor einer der nackten Gestalten – es war wohl eine der Grazien des Präsidenten der Kunst, Ziegler – hatte das Unternehmen bereits 1937 ein für allemal in Kreisen der Eingeweihten dem Fluch der Lächerlichkeit preisgegeben. Die Pointe muß authentisch sein, weil sie zu gut ist, um von einem andern zu stammen. Sie lautete: »Ah, voilà Madame de Berlichingen!«

Es hat bei dem Ereignis der »wiedererstandenen« deutschen Kunst (1937) auch sonst nicht an burlesken Zügen gefehlt. Ich war so kurzfristig nach München beordert worden – es war der erste Flug meines Lebens –, daß ich in München kein Unterkommen fand. Gert H. Theunissen, der als Berichterstatter für die »Kölnische Zeitung« in München war, bot mir ein Notquartier an. Am Sonntag wohnte man nachmittags dem großen Festzug bei. Die Pressetribüne war am Odeonsplatz auf der Seite des Hofgarteneingangs, während gegenüber die Ehrentribüne der Reichsregierung und des Diplomatischen Korps aufgebaut war. Die Münchner Straßenfassaden waren in voller Höhe in riesige Tuchbahnen mit allerlei Emblemen, natürlich reichlich Hakenkreuz, gekleidet. Man wartete auf den Zug. François Poncet, dessen geflügeltes Wort bei den Presseleuten, unter ihnen viele Briten, die Runde machte, war im grauen Zylinder und in der Redingote wie zum Rennen erschienen. Dabei mußte ich an die Szene denken, die ich am Vormittag mit dem zu allerlei Verrücktheiten aufgelegten Theunissen erlebt hatte. Er wollte mich partout zu einem sportlichen Dauerlauf zu zweien durch die Kunstausstellung animieren und hatte dazu bereits angesetzt. Es war mir nur mit Mühe gelungen, den dionysisch Erregten zurückzuhalten.

Der Festzug ließ auf sich warten. Es fiel allgemein auf, daß mit enervierender Monotonie immer wieder »Deutschland, Deutschland über alles«, von einer dröhnenden Blaskapelle gespielt, aus den Lautsprechern ertönte. Ein amerikanischer Journalist wußte zu berichten, der Führer habe in letzter Minute die eigens für das Fest komponierte Musik abgesetzt, da sie entartet gewesen sei.

Das war also der Grund, daß das Deutschlandlied in entsetzlich getragenem Tempo bis zur Entnervung strapaziert wurde. Es paßte in die makabre Szene. Dann ereignete es sich, daß der Festzug ins Stocken kam, weil ein überladener Wagen beim Einbiegen aus der Thierschstraße in die Ludwigstraße zusammengebrochen war und aufgeräumt werden mußte. Das Zeitungsvolk jubelte ob so interessanter Stories, die freilich in keiner deutschen Zeitung je erwähnt worden sein dürften. Von den Schauwagen des Karnevals der Künstler ist mir außer viel Wagnerei und Spruchbändern aus den Meistersingern im Gedächtnis geblieben, daß es Kolonnen luftig bekleideter, bildschöner junger Mädchen gab, die als Germaninnen in Anlehnung an des alten Römers Tacitus »Germania« entblößten Busens einherkamen. Der Jubel der Künstlerwelt war unbeschreiblich. Es war, als hätten alle Kunstmaler der »Hauptstadt der Bewegung« und der Künste alle verfügbaren Modelle aus den Ateliers aufgetrieben, um sie in anmutigem Reigen dem Führer unter Augen zu führen. Welch ein Schauspiel, welch eine Bestätigung dafür, daß das München der Jahrhundertwende, für die die Franzosen den beneidenswerten Ausdruck Belle Epoque haben, nicht totzukriegen war!

Theunissen und ich beschlossen, die Nacht im Englischen Garten zu verbringen, wo ein großes Feuerwerk angesagt war. Wir wollten uns artig den Germaninnen nähern. Doch ließen sich die Damen leider nicht sehen. Ich habe dann auf einer Bank im Englischen Garten genächtigt, da mir der gute Theunissen auf einer Sommernachtsunternehmung abhanden gekommen war. So hat es im Dritten Reich gelegentlich an ausgelassener Gaudi nicht gefehlt. Honni soit qui mal y pense.

Die Sache Kunst war aber gerade um ihrer Lächerlichkeit willen gefährlich. Wer daran gezweifelt hätte, würde durch Hitlers Rede 1937 über die neue deutsche Kunst eines Besseren belehrt worden sein. Selten hat der »Führer« sich in solche Raserei des Hasses und der Hysterie gesteigert wie damals. Er drohte Malern, die es in Zukunft noch wagen würden, Rot statt Grün und verzerrte Gestalten zu produzieren, womit offensichtlich der Expressionismus etwa eines Kirchner oder Max Beckmann gemeint waren, Verfolgung und Schlimmeres an. Wie das mit Hitlers Anfängen als Kunstmaler und seinen vermutlich traumatisch besetzten Jugenderlebnissen zusammenhängt, kann in Joachim Fests großer Hitlerbiographie nachgelesen werden. Die Berichterstattung über den fatalen »Tag der Deutschen Kunst« war für die Zeitungen in jedem Hochsommer von neuem ein Kreuz. Das Berliner Tageblatt hatte es 1937 nicht vermocht, einen auf diesem Gebiet gestandenen Sachkenner nach München zu entsenden. Weder Paul Fechter noch Fritz Nemitz, beides erfahrene Kunstkritiker, waren »verfügbar«. Man schickte in letzter Minute mich, und ich bekam es mit der Angst zu tun, als ich den Hitler so brüllen und drohen hörte. Als ich von München nach Berlin zurückkam, mußte ich gar erleben, daß Unbekannt mir in meine telefonisch übermittelten, unsicheren und zaghaften Berichte einige Worte und Sätze hineinredigiert hatte. Ich hatte von Anfang an Pech mit der »neuen deutschen Kunst«. Es wiederholte sich 1940. Der Hauptschriftleiter des »Reichs«, Mündler, ein grundanständiger, aber schwacher Mann, erklärte mir, die Berichterstattung müsse ich als Leiter des Feuilletons wohl selbst übernehmen, zumal das Wochenblatt keinen ständigen Kunstkritiker hatte. Nemitz wäre zu solcher Fron schon deshalb nicht zu bewegen gewesen, weil er beim »Reich« nur als gelegentlicher und bereits gemaßregelter Mitarbeiter in bildender Kunst fungierte. Also fuhr ich.

Es war dieselbe Kunst wie vor drei Jahren. Inzwischen hatte allerdings das »soldatische« Thema einen entsprechend höheren Anteil. Ich betitelte meinen Bericht, um meine fachliche Inkompetenz anzudeuten, vorsichtig »Publikum im Haus der Kunst« und mogelte mich über die Runden. Es schien und scheint mir angesichts dessen, was ich in einem langen Feuilletonistenleben von dem Umgang oder Nichtumgang mit Kunst in breiten Schichten zu wissen glaube, keine Heuchelei, daß der Bericht darauf hinauslief, die Aktion »Tag der deutschen Kunst« sei eine volkspädagogische Leistung, weil Leute überhaupt vor die Bilder gebracht würden.

Um mich selbst wenigstens andeutungsweise außerhalb zu stellen, steckte ich auf die Landkarte mein Fähnchen. Da ich über das Publikum vor den Bildern schrieb, verweilte ich mit den Betrachtern auch vor einem Musterfall heruntergekommener Genremalerei. Der Maler hieß Karl Truppe und hatte ein Zweifigurenbild arrangiert, »ein nacktes Mädchen, das die Knie hochgezogen hat und schwärmerisch melancholisch den Kopf auf den zurückgebogenen rechten Arm stützt, während die Linke lässig herabfällt. Am Kopfende des Ruhebettes sitzt eine alte Frau mit Kopftuch. Ihre alten Hände lassen die Adern deutlich hervortreten. Aber alles schmelzende Licht ist auf den reizenden Körper der Schönen und auf das weiße Tuch versammelt. Die effektvolle Komposition, deren Titel übrigens nicht ganz zutrifft, wenngleich er seine offensichtliche Wirkung tut, läßt die Besucher mit fragenden Augen verweilen. Die beabsichtigte Allegorie, die Anspielung auf ein geradezu Philosophisches, Allgemeinmenschliches, dieses rein Motivische sichert dem Bild Aufmerksamkeit.« So wörtlich meine »Bildbeschreibung«, damals der offizielle Terminus, da Kunstkritik ausdrücklich verboten war. Ich hatte dann, um über meine persönliche Meinung beim Leser keinen Zweifel aufkommen zu lassen, einen Satz hinzugefügt, der gleichfalls hier zitiert sei, weil er mich einige Zeit darauf in schwere politische Bedrängnis gebracht hat. Hier der Satz, dessen stilistische Ungelenkheit ich im Rückblick auf die Angst vor möglichen Folgen zurückführe: »Kunstkenner, die auf das Technische achten und einen unserer Zeit angemessenen Stil fordern, mögen sich an der verbrauchten malerischen Technik dieses Bildes vielleicht stoßen und den vom Maler gewollten Effekt als fragwürdig empfinden.«

Dieser Satz war es, der meine fristlose Entfernung aus der Redaktion der Wochenzeitung »Das Reich« zur Folge hatte. Der das verfügt hat, war kein anderer als Hitler selbst. Und das kam so: Der Artikel war am 18. August 1940 erschienen, ohne daß irgend jemand daran Anstoß genommen hätte. Er ist kurz nach den militärischen Ereignissen des Sommers 1940, zumal man von der bevorstehenden Landung in England munkelte, in »höchsten Kreisen« wohl nicht wahrgenommen worden. Da passierte es, daß im Oktober ein Anruf des »Reichspressechefs« Dietrich an Eugen Mündler aus dem Führerhauptquartier kam, der Schriftleiter Korn sei sofort seines Postens zu entheben und zu bestrafen, weil er die deutsche Kunst verunglimpft habe. Der Führer sei in höchstem Maße erbost. Was war geschehen? Der damalige Gauleiter von München, Wagner, hatte sich zu seiner Wiedervermählung das Bild von seinem Führer zur Hochzeit als Geschenk erbeten, dessen fragwürdigen Effekts und verbrauchter Technik ich mich angenommen hatte. Das Bild, das wegen seiner Pornoreize in Abertausenden von Buntpostkarten der Monopolfirma Heinrich Hoffmann verbreitet war, wurde dem Wagner von Hitler selbst übergeben. Die Zeremonie fand im Führerhauptquartier, wo immer das damals gewesen sein mag, in Gegenwart des, wie ich später erfuhr, bereits betagten Malers statt. Der hat es bei der Gelegenheit nicht unterlassen, dem Führer von der schnöden Herabsetzung seiner Kunst in »Das Reich« zu berichten. Daß ich von der Szene so detailliert erfuhr, hatte ich zwei Umständen zu verdanken. Mein damaliger Hauptschriftleiter kannte aus den Jahren 1925–30 als Chefredakteur bei der »München-Augsburger Abendzeitung« den späteren Reichspressechef Dietrich als am gleichen Blatt tätigen Wirtschaftsredakteur. So kam es, daß der Chef der Redaktion des »Reichs« über den Vorgang genau ins Bild gesetzt wurde. Mündler war so sichtlich erschrocken und ehrlich teilnahmsvoll, daß er mich seinerseits über den Hergang ins Bild setzte. Er vertraute mir, daß ich den Vorgang nicht an die große Glocke hängen würde. Das würde ich aus Vorsicht auch von mir aus nicht getan haben. Ich wußte inzwischen wohl, wie gefährlich Kunst im Dritten Reich war. Mit den Bemerkungen, daß das Bild keinen unserer Zeit angemessenen Stil und eine verbrauchte malerische Technik habe und einen fragwürdigen Effekt mache, hatte ich mir den allerhöchsten Zorn zugezogen.

Ich bekam Order, das Verlagshaus sofort zu verlassen und es nicht mehr zu betreten. Vermutlich waren die zwei Jahre Schreibverbot nicht Hitlers direkte Anordnung. Sobald einer »angeschossen« war, wie man das in der Waidmannssprache ausdrückte, sicherten sich die Paladine und Amtsleiter, im Berliner Volksmund Goldfasane zubenannt, weil sie zu hellbraunen Monturen prächtig viel Gold an Kragenspiegeln und Mützen trugen, gegen Eventualitäten ab. Hitlers Zorn war gefürchtet. Es mußte etwas gegen mich geschehen. Daß das Malheur in einer inzwischen offiziell gewordenen Zeitung passiert war, verschlimmerte natürlich die Sache, die von heute gesehen eine Lappalie ist.

Ein paar Tage darauf erreichte mich in meiner kleinen Wohnung, wo ich untätig herumsaß, ein telefonischer Anruf. Es meldete sich eine energische Stimme: »Hier stellvertretender Gauleiter von Berlin, Staatsrat Görlitzer. Damit Sie nicht glauben, Sie werden zum besten gehalten, wählen Sie die Nummer... Sie werden mit der Gauleitung und danach sofort mit mir verbunden. Heil Hitler!« Noch bevor ich ein erschrecktes Heil Hitler!« stammeln konnte, war der Hörer am anderen Ende aufgelegt. Ich war glücklicherweise allein und dachte blitzschnell konzentriert nach. Wenn der Anruf echt war und ich mich nicht telefonisch meldete, würde ich binnen kurzem abgeholt und dem Anrufer vorgeführt werden. Sollte sich ein makabrer Spaßvogel einen Scherz mit mir erlaubt haben, würde sich das sofort bei der Zentrale der Gauleitung, deren Sammelnummer ich im Telefonbuch unter NSDAP bestätigt fand, herausstellen.

Ich rief an und wurde sofort mit derselben Stimme verbunden. Es entspann sich folgendes Gespräch, das ich in den entscheidenden Sätzen bis heute behalten habe. Wer ich sei, wann geboren, Eltern. Dann kam die Frage »Warum sind Sie nicht in der Partei?« Meine Antwort: »Zu der Zeit, als Leute meines Schlages in die Partei eintraten – ich spielte auf die sogenannten ›Märzgefallenen‹ des Jahres 1933 an – war ich nicht in Deutschland.« Frage: »Wo waren Sie?« Antwort: »In Frankreich.« Frage: »Was haben Sie da gemacht?« Antwort: »Ich war Lektor für deutsche Sprache und Literatur an der Universität und am Gymnasium von Toulouse.« Frage: »Warum treten Sie nicht jetzt in die Partei ein?« Antwort: »Die Partei ist seit Kriegsbeginn geschlossen.« Da fing mein telefonischer Gesprächspartner an zu brüllen: »Wenn der Gauleiter von Berlin Sie fragt, warum Sie nicht in die Partei eintreten, dann ist die Partei offen, und zwar für Sie. Ich frage Sie erneut. Wollen Sie in die Partei eintreten?« Antwort: »Nein.« Schlußbemerkung des stellvertretenden Gauleiters von Berlin und Staatsrats Görlitzer: »Es wundert mich nicht, daß es für Leute Ihres Schlages keine Zuckerlecke ist, wie man bei uns in Schlesien sagt, jetzt in die Partei einzutreten. Heil Hitler!« Aus.

Ich zweifelte und zweifle nicht, mit dem Gauleiter von Berlin gesprochen zu haben. Da ich vermuten konnte, mein Telefon würde überwacht, eilte ich auf die Straße zur nächsten Telefonzelle und rief den Verleger Wiesner an. Als der in Andeutung vernahm, was ich erlebt hatte, bat er mich umgehend in die Bar des Hotels Kaiserhof, wo er nachmittags Kaffee mit viel Kirschwasser zu nehmen pflegte. Ich fuhr mit der U-Bahn vom Fehrbelliner Platz zur Station Kaiserhof und traf Wiesner bereits an. Er hörte sich die Sache an, war wie ich von der Echtheit überzeugt und fragte mich, ob ich eine Freundin hätte, die mir aus der Wohnung einen Koffer holen würde. Ich täte gut daran, für ein paar Wochen aus Berlin zu verschwinden. Inzwischen werde man über den »Reichsleiter für die Presse« versuchen, mich freizubekommen. Das war offensichtlich ehrlich gemeint. Ich war bei den dann einsetzenden Versuchen das schiere Objekt. Hätte ich widerstrebt, würde ich die wenigen Gutmeinenden gegen mich aufgebracht haben. An eine Möglichkeit der »Rettung« habe ich nicht geglaubt, weil ich instinktiv ahnte, was jetzt losgehen werde. Der Fall ging durch die Ämter und weckte schlafende Hunde. Während ich in einem kleinen Alpengasthof in Hinterstein im Allgäu saß und in einem herrlichen Spätherbst aufs Geishorn und andere Berge stieg, irgendwie von dem seltsamen Gefühl, wie durch Zauber einem Spuk entronnen zu sein, erfüllt, liefen die »Rettungsversuche«. Als ich nach etwa fünf Wochen zurückkam, hieß es, man wolle testen, ob über den Fall Gras gewachsen sei. Der für das Feuilleton zuständige Ministerialrat im Propaganda-Ministerium, Wilfried Bade, derselbe, der die »Neue Rundschau« auf kaltem Wege hatte abwürgen wollen, habe sein Einverständnis gegeben, daß ich in der Zeitung versuchsweise wieder etwas schriebe. Das geschah. Bei dem zweiten Artikel schlug der Ministerialrat zu. Er rief den vor Angst zitternden Mündler an, stellte drohend in Abrede, daß er je einem Wiederauftauchen meiner Person in der Presse zugestimmt habe, sagte etwas über Beleidigung des Führers, die gesühnt werden müsse, und schob jedem weiteren Gespräch einen Riegel vor. Ich war heilfroh, mich Bade nicht persönlich gestellt zu haben, wie es der gutmeinende Mündler vorgeschlagen hatte.

Am 1. April 1941 wurde ich zum Wehrdienst einberufen.

Inhalt

Aus dem 1954 im S. Fischer Verlag, Frankfurt am Main, erschienenen Werk »Die Rheingauer Jahre« wurden die Abschnitte auf den Seiten 33 bis 44, 61 bis 64, 70 bis 90, 98 bis 102 übernommen. Die Niederschrift dieses Buches wurde im Sommer 1975 abgeschlossen.